CW01499269

25 Geschichten
für mein jüngeres Ich
von Dr. Julian Hosp

25 Geschichten für mein jüngeres Ich

ISBN-13: 978-988-14850-3-8

Wenn du gerne Feedback zum Buch geben möchtest:

www.facebook.com/25stories

Mehr Infos zum Buch – hol sie dir hier:

www.25stories.de

Für meine Mutter,
da sie es war, die meinen Weg geebnet hat.

25 Geschichten für mein jüngeres Ich
von Dr. Julian Hosp

*"Wie deine scheinbar kleinen und unwichtigen
Entscheidungen einen oft riesigen und unerwarteten Einfluss
auf dein Leben haben."*

VORWORT

"Es ist immer Platz für eine Geschichte, die Menschen zu einem anderen Ort transportiert." – J.K. Rowling

Jeder von uns macht Fehler, und dies scheint oft normal zu sein. Was aber, wenn dies reine Blödheit wäre? "Wie denn das?", wirst du mich wahrscheinlich fragen. "Überlege, wie toll das wäre, wenn du bereits im Vorhinein wüsstest, dass das was du vorhast, ein Fehler ist, weil du die Möglichkeit hättest, die Konsequenzen deiner Entscheidung zu kennen?" "Unmöglich!", denkst du vielleicht, und wenn du etwas zum ersten Mal versuchst, ist es auch äußerst wahrscheinlich, dass du es nicht richtig hinbekommst. Ich möchte deshalb das Vorwort mit einer Geschichte beginnen, welche wahrscheinlich die meisten von uns in unserer früheren Kindheit erleben:

Denk an deine erste Fahrt mit dem Fahrrad – als deine Mutter oder dein Vater dich aufs Rad setzte und du zum ersten Mal versuchtest vorwärts zu strampeln. Ich kann mir gut vorstellen, dass du nicht sehr weit gekommen oder sogar heruntergefallen bist. Auch wenn es dein erstes Mal war, ist dir etwas Schlimmes passiert? Höchstwahrscheinlich nicht, und der Grund dafür ist ziemlich einfach: Deine Eltern haben gewusst, dass du wahrscheinlich fällst - sie hatten nämlich genau diese Situation selbst als Kinder mitgemacht. Deshalb rannten sie dir hinterher, gleich nachdem sie dich auf deinem Fahrrad angeschubst hatten. Eventuell haben sie dir sogar einen Helm gegeben ... für den Fall der Fälle ... Letztendlich haben wir alle unsere erste Fahrt mit dem Fahrrad ohne größere Kratzer überlebt. Doch was will ich damit sagen? Nun, wann auch immer ich mich an diese uns allen bekannte Situation erinnere, frage ich mich, warum wir

uns in diesem Fall richtig vorbereitet haben, doch versäumen
es in unserem späteren Leben in so vielen anderen Fällen?
Beispielsweise als du das erste Mal Geld in etwas investiert
hast – und verloren hast, stimmts? Deine erste Liebe -
Herzschmerz? Der erste Horrorfilm - seit welchem du
dich vor Clowns fürchtest? Das erste Mal, als du vor einer
Gruppe von Menschen eine Rede halten musstest - rot
wurdest und kein Wort herausbrachtest? Du warst eventuell
ein bisschen vorbereitet, aber du hattest wahrscheinlich
"weder deinen Helm auf", noch rannten deine Eltern hinter
dir her, um dich zu beschützen. Natürlich lernen wir aus
diesen Erfahrungen durch positive Kritik und Anregungen:
Wenn etwas funktioniert, wiederholen wir es. Das gleiche
gilt für negative Resultate: Verletzt oder blamierst du dich,
dann hörst du danach eventuell auf. Die oben genannten
Beispiele sind einfach gestrickt, und doch hoffe ich, du
verstehst meine Frage: "Warum lernen wir nicht immer von
den Fehlern anderer und bereiten uns korrekt auf etwas vor,
sondern müssen immer erst eigene oft sogar fatale Fehler
machen?" Warum nicht den ganzen Lernprozess verbessern,
so wie in der Fahrradgeschichte, in der es einen "Helm" gibt?
Das Ergebnis wäre, dass man anstatt zu "fallen", nur stolpern
würde, ohne ernsthafte Verletzungen davonzutragen.

Wie lernen wir also, besser zu "fallen"? Es gibt ungefähr
eine Million "Selbsthilfebücher" und Online Artikel zum
Thema "Persönlichkeitsentwicklung" oder ähnliches im
Internet, wie z.B. "Die zehn wichtigsten Dinge, die man als
Teenager vermeiden sollte". Allerdings, wie es bei mir und
wahrscheinlich bei den meisten anderen Menschen auch der
Fall sein wird, bleiben die Punkte und Tipps dieser Artikel
oder Bücher meist nicht in Erinnerung. Diese sind oft zu
sachlich und es fällt schwer sie in Verbindung zur eigenen
Lebenssituation zu bringen. Zum Beispiel ein Tipp wie:
"Spare immer 10% von deinem monatlichen Einkommen"
hört sich gut an – nur wie sieht dies in der Realität aus?
Meistens liest man einen solchen Tipp und keinen Monat
später geben die Meisten trotzdem wieder 100% von ihrem

Geld aus und am Ende des Monats ist nichts mehr übrig. Geht es dir zufällig auch so?

Je länger ich über Obenstehendes nachdachte, desto entschlossener wurde ich, dass es einen besseren Weg geben müsste. Während meiner Tätigkeit Firmen und Personen zu helfen nach Asien zu expandieren, hatten wir stets ein klares Motto, um neue Geschäftspartner von einem innovativen Geschäftskonzept zu begeistern: "Fakten sprechen für sich, doch nur Geschichten verkaufen!" Das Prinzip dahinter ist, dass Kunden keine Produkte aufgrund bloßer Fakten oder Informationen kaufen, egal, wie gut diese auch sind oder für das Produkt sprechen mögen. Kunden suchen bewusst oder unbewusst ein Produkt, bei dem sie sich mit dessen Hintergrundgeschichte und den damit verbundenen Emotionen identifizieren können. Es hörte sich anfangs immer etwas eigenartig an, wenn wir neue Vertriebsmitarbeiter mit diesem Motto ausbildeten, und doch wusste jeder, dass dies der erfolgversprechendste Weg war. Denk zum Beispiel mal über deine letzte Kaufentscheidung nach – warum hast du dieses Produkt oder diesen Service gekauft? Wahrscheinlich auch, weil dessen Geschichte oder Begeisterung für dich ausschlaggebend war. Oder, was war das letzte YouTube Video, das du gesehen hast, der letzte Podcast, dem du zugehört hast, oder die letzte Veranstaltung, die du besucht hast? Was hast du daraus mitgenommen? Es ist wahrscheinlich eine Geschichte, mit einer darin enthaltenen Lehre, habe ich Recht? Ich bin mir sicher, es ist nicht die Information selbst, die dir in Erinnerung geblieben ist, sondern es ist die Geschichte, verbunden mit der Lektion.

Nachdem dies beim reinen Produktverkauf funktioniert, war ich davon überzeugt, dass man Leute eher offen für Neues bekommt, wenn man Fakten und Probleme in eine Geschichte verpackt, anstatt bloße Listen mit Tipps zu erstellen. Die Geschichten mit dazugehörigen Erkenntnissen und Lehren waren der Schlüssel, andernfalls würden jene nicht in Erinnerung bleiben und die Leser oder Zuhörer würden keinen "Helm" zum Tragen bekommen. Auf dieser Idee basierend begann ich kleine Vorträge in Hong Kong zu geben. Ich erzählte Geschichten aus meinem eigenen Leben und gab konkrete Tipps, welche daraus hervorgingen. Diese blieben dann tatsächlich in Erinnerung - nicht wegen den Tipps selbst - sondern wegen den Geschichten, in die sich die Zuhörer selbst hineinversetzen konnten und die sie bewegten. Das Feedback war stets großartig, sodass diese kleinen Reden schnell zu größeren Präsentationen und schließlich zu Aufträgen in vielen Teilen der Welt wie Europa, USA, Hong Kong, Singapur, Thailand etc. wurden. Über die Jahre hinweg hielt ich so viele Reden, dass ich eine lange Liste von all den Geschichten die ich je erzählt hatte, sammeln konnte. Dies war äußerst hilfreich, da ich so vor einem Event mit dem Organisator über die Erwartungen des Publikums und den am besten passendsten Inhalt sprechen konnte. Schließlich kam mir ein Gedanke: "Würde es Leuten nicht viel mehr Wert bringen, ALLE Geschichten hören zu können, anstatt vergleichsweise nur wenige Geschichten als Teilnehmer eines einzelnen Events? Vielleicht waren nämlich für einige im Raum genau jene drei Geschichten relevant, für manche jedoch drei komplett andere." Gemeinsam mit nahen Freunden, Bekannten und einigen der bisherigen Zuhörer erstellte ich so eine Liste der 25 Geschichten, welche für sie als "am einprägsamsten und hilfreichsten" gewählt wurden. Es waren also jene Geschichten, welche ich nur allzu gerne an mein jüngeres Ich in einer Zeitmaschine geschickt hätte, um ihm einen "Helm zu schicken". Auf diesem Weg wurde der Titel des Buches "25 Geschichten für mein jüngeres Ich" geboren.

Während du diese 25 Geschichten liest, wirst du viele Parallelen zu Dingen aus deinem eigenen Leben erkennen. Du wirst dadurch bemerken, dass es nicht so sehr darum geht, dass meine Geschichten äußerst einzigartig sind – das sind sie nicht. Vielmehr sollen diese Geschichten dich dazu inspirieren, die Kernaussagen aus jeder einzelnen zu erkennen und sie an dein eigenes Leben anzupassen.

Die 25 Geschichten sind chronologisch so angeordnet, wie ich sie selbst in meinem eigenen Leben erfahren habe. Persönlich denke ich, dass du so am meisten für dich selbst mitnehmen kannst. Selbstverständlich sind unsere eigenen Geschichten und Situationen für jeden von uns einzigartig, doch schlussendlich können wir, nein *sollten* wir, kostbare Erfahrungen sammeln, indem wir nicht nur auf den eigenen Weg schauen, sondern vielmehr von anderen Menschen lernen, welche diesen Weg bereits vor uns gegangen sind. Schau dir an, wohin dieser sie letztendlich geführt hat – und ob dieses Ergebnis mit der eigenen Zielvorstellung überein stimmt oder nicht. Der Sinn dieses Buches ist also nicht, den Leser nach dem Schulprinzip zu belehren, wie man Fehler im Allgemeinen vermeidet, denn das würde bedeuten aufzuhören neue Dinge auszuprobieren. Das Ziel ist vielmehr zu lernen, die Erfahrungen anderer nachzuvollziehen und im Umkehrschluss das Bestmögliche für einen Selbst daraus zu lernen. Viele Menschen fragen mich, ob ich keine Fehler mehr gemacht hätte, wenn ich dieses Buch als jüngeres Ich erhalten hätte? Ganz klar – ich hätte noch immer hunderte Fehler gemacht. Allerdings hätte ich schneller aus meinen Fehlern gelernt oder wäre besser vorbereitet gewesen – und genau das ist das Ziel des Buches. Jede Entscheidung im Leben hat Auswirkungen auf unsere Zukunft – ganz egal, ob man "ja" oder "nein" zu etwas sagt. Jede Wahl hat Konsequenzen – manchmal unvorhergesehene und massive. Es bringt also nichts, sich den Kopf darüber zu zerbrechen, welche Wahl die Richtige ist – es gibt sowieso kein Richtig oder Falsch. Man kann lediglich das Beste aus jeder Wahl machen. Wenn ich also nur eines mit diesem Buch erreichen kann, dann würde ich wollen, dass du genau dieses Gesetz von "Ursache und Wirkung" verstehst und befolgst: Wenn du gerne das hättest was jemand anderer hat, dann nimm den gleichen Weg den diese Person vor dir genommen hat. Wenn du das nicht möchtest, dann nimm einen anderen Weg, und treffe somit eine andere Entscheidung. Es ist eine der einfachsten Regeln im Leben, doch trotz dieser Einfachheit folgen diesem Prinzip nur sehr wenige. In den nächsten 25 Geschichten werde ich dir viele jener Wege zeigen, die ich selbst gegangen bin und wenn dir die Ergebnisse gefallen, wähle die gleichen Entscheidungen - und wenn nicht, dann wähle andere.

Als ich dieses Buch schrieb, wollte ich, dass du meine Geschichten mit meinen eigenen Worten und Gedanken erlebst. Ich werde deshalb das "Du" verwenden und kein "Sie". Außerdem benutze ich manchmal Wörter oder Sätze, die vielleicht im Deutschen nicht ganz korrekt sind. Ich will aber die Geschichten, Punkte und Lehren 100% authentisch halten, und so war es mir äußerst wichtig, dass meine eigene Ausdrucksweise erhalten bleibt, und keine Verfälschung entsteht. Hier möchte ich hinzufügen, dass meine Fähigkeit Geschichten zu erzählen bei vielen Lehrern in meiner Schulzeit besonders positiv ausfiel. Meine Fähigkeit mich immer korrekt auszudrücken oder keine Rechtschreibfehler zu machen dafür eher nicht. Solltest du also noch den einen oder anderen Fehler finden, dann versteh bitte, dass auch das zu meinem Charakter gehört und behalte den Fehler für dich :-) Ein großer Teil des Dankes geht an Bettina Schmidt und Patricia Zinnecker. Ohne sie wäre das Buch nie so gut geworden, denn die Korrekturen und Anpassungen zu bewältigen und dabei doch den richtigen Stil zu behalten, ist eine Kunst für sich.

Obwohl alle 25 Geschichten miteinander verbunden sind, ist jede einzelne in sich geschlossen und kann daher unabhängig voneinander gelesen und verwendet werden. Die Geschichten sind einfach geschrieben und sind meist nur ein paar Seiten lang, sodass es nicht nur machbar, sondern auch sinnvoll ist, ein Kapitel komplett zu lesen oder zu hören. Versuche also nicht mitten in einer Geschichte aufzuhören, sondern diese zu beenden. Jede Geschichte zählt am Ende die drei wichtigsten daraus gezogenen Lektionen auf, welche es dir einfacher machen, die Tipps aus der Geschichte in die Tat umzusetzen. Wenn du also das Maximum aus den Geschichten herausholen möchtest, denke nicht nur an die Tipps, sondern vielmehr, was dein TUN, basierend auf dem was du gerade gelernt hast, sein wird. Halte einen Notizblock bereit oder nutze die Notizfelder am Ende jedes Kapitels und schreibe DEINE persönlichen Knackpunkte und Aktivitätsziele auf. Denke daran, dass du dieses Buch oder Hörbuch als reine Unterhaltung betrachten kannst und es deine Erwartungen erfüllen wird. Die wahre Kraft liegt jedoch darin, die Tipps und Lektionen in dein eigenes Leben umzusetzen und das Buch wie eine Wertanlage zu behandeln – das passiert jedoch nur durch aktive Reflektion gefolgt von Handeln. Einige der Konzepte und Ideen mögen neu oder herausfordernd für dich wirken, bedenke also, dass dein Verstand genau wie ein Fallschirm funktioniert: Nämlich nur dann, wenn er offen ist!

Hab viel Spaß und genieße das Lesen!

Cheers,

Dr. Julian Hosp

INHALT

WER SIND DIE HOSPs

"Diejenigen, die verrückt genug sind zu glauben, dass sie die Welt verändern könnten, sind diejenigen, die es auch tun!" – Steve Jobs

Ich, Julian Hosp, wurde am 3. Februar 1986 am frühen Nachmittag in der kleinen österreichischen Stadt namens "Hall" geboren. Meine Mutter erzählt witzelnd, dass ich schon vor meiner Geburt ein Problemkind war, weil ich sie ein paarmal austrickste und meine Geburt scheinbar ankündigte. Sie kam dann aber fast zu spät ins Krankenhaus, als es tatsächlich soweit war, weil sie mir aufgrund der vielen "falschen Alarme" nicht mehr glaubte. Im Krankenhaus machte die Krankenschwester einen Fehler und klemmte meine Nabelschnur nicht richtig ab. Da ich dadurch eine Menge Blut verlor, musste ich meine ersten zehn Tage im Brutkasten verbringen. Wahrscheinlich mochte ich Herausforderungen in meinem Leben bereits von Tag eins an. Meine Eltern hingegen beschreiben dies als eine der schwierigsten Zeit in ihrer Elternschaft – die zweitschwierigste war ein bisschen mehr als ein Jahrzehnt später, als ich in die Pubertät kam. Mein Vater, Laurin, war und ist noch immer ein selbstständiger Architekt und meine Mutter, Anneliese, war eine Vollzeit-Mutter, mit all den dazugehörigen, anspruchsvollen Aufgaben. Hätte sie wie mein Vater auch gearbeitet, hätte sie nicht so viel Zeit gehabt, sich um meine Schwester und mich zu kümmern. Dieses Leben-Arbeit-Arrangement war das Beste, was meine Eltern uns Kindern als Geschenk geben konnten und ich bin ihnen noch heute dafür dankbar. Meine Großeltern (die Eltern meines Vaters) sind über 90 Jahre alt und fahren noch immer Rad, gehen Windsurfen und Bergsteigen.

Wenn du das nicht glaubst (was auf die meisten Menschen zutrifft), dann schaue auf meinem YouTube Kanal, wie "Tirol Heute", ein lokaler Fernsehsender, über ihre tägliche Routine, welche die meisten 60-jährigen gerne noch in der Lage wären zu tun, interviewt wurden. Obwohl ich eine ziemlich durchschnittliche Ausgangslage hatte, wie du in den kommenden Kapiteln erfahren wirst, so muss ich doch einen recht guten Gen-Pool haben, wenn es zu Ausdauer und Energie kommt. Zumindest hoffe ich das.

Ich weiß nicht viel von meinen ersten Jahren, erinnere mich aber, als ich ca. zwei Jahre alt war, dass mir meine Eltern eine jüngere Schwester, Simona, "schenkten". Der Fokus meiner Eltern, der bis dahin ausschließlich mir galt, veränderte sich nahezu komplett zu ihr. Die daraus entstehende Geschwister-Rivalität brachte mich später dazu, mich ständig unter Beweis stellen zu wollen, was sich als wichtiges Motiv für meine Errungenschaften herausstellen sollte. Trotzdem verstanden meine Schwester und ich uns ziemlich gut – zum Teil wahrscheinlich, weil ich meine Eltern zurückgewinnen wollte indem ich immer besser war als sie, und sie das aber nicht wirklich kümmerte und mich einfach "machen ließ". Wir wuchsen in einem durchschnittlichen Haus in einem durchschnittlichen Dorf namens Mils auf. Meine Familie hatte ein durchschnittliches Einkommen und mit vier Personen waren wir eine Familie mit durchschnittlicher Größe. Warum betone ich das so? Du kannst total gewöhnlich sein und eine gewöhnliche Ausgangslage haben und trotzdem außergewöhnliche Ergebnisse erzielen – solange du bereit bist, alles zu tun was dafür notwendig ist. Meine Schwester und ich besuchten den gleichen Kindergarten; sie war natürlich zwei Jahre hinter mir. Danach gingen wir zur gleichen Grundschule und anschließend auch zum gleichen Gymnasium. Mit 16 Jahren entschied ich mich allerdings, für einige Zeit in die USA zu gehen, während meine Schwester in Österreich blieb. Ich wäre heute nicht die gleiche Person, wenn ich auch in Österreich geblieben wäre. In den USA zu sein, weit weg von meinen

Eltern und der gewohnten Umgebung, öffnete nicht nur meinen Horizont, sondern gab mir viele andere Fähigkeiten, welche später in meinem Leben eine entscheidende Rolle spielen sollten. Ich bin mir nicht sicher, ob ich ein professioneller Basketball-Spieler oder Profikitesurfer hätte werden können, wenn ich in Österreich geblieben wäre. Vielleicht hätte ich auch nie Medizin studiert oder wäre geschäftlich nach Asien gereist. Viele der Grundsteine für all das wurden in dieser Zeit in den USA gelegt.

Heute ist meine Schwester eine erfolgreiche Sporttherapeutin, meine Mutter hat sich komplett dem Sport gewidmet und mein Vater arbeitet noch immer als Architekt. Ich betreibe mehrere erfolgreiche online und offline Firmen und bin ebenfalls sportbegeistert. Mein Handy ist voller produktiver Podcasts, inspirierenden Mottos, großartigen Hörbüchern und motivierenden Fotos. Ich lebe zur Zeit in Hong Kong und bin geschäftlich, sowie privat viel auf Reisen. Ich betrachte den Planeten Erde als meine Heimat, mit meinen Freunden und Geschäftspartnern auf der ganzen Welt verteilt. Ich möchte meiner Mutter und meinem Vater von ganzem Herzen dafür danken, wie sie mich großgezogen haben. In jungen Jahren habe ich mehr Zeit mit meiner Mutter verbracht, doch die Zeit, welche ich mit meinem Vater verbringen durfte, könnte nicht kostbarer sein. Rückblickend hatten wir hunderte Diskussionen über Fehler oder verpasste Möglichkeiten... Aber das ist genau das, worum es in diesem Buch geht. 25 Geschichten, die wir alle gerne als jüngeres Ich gehabt hätten! Danke, Mama und Papa – Ich liebe euch und Ihr seid die besten Eltern, die man sich wünschen kann. Ich möchte mich auch bei meiner Schwester Simona für all den "Blödsinn", den ich mit ihr angestellt habe, bedanken, und dafür, dass sie mich dauernd herausforderte der ältere Bruder zu sein. Auch danke an meinen Freund Daniel, der wie der große Bruder für mich war, den ich nie hatte. Ich werde die Kiteboarding-Zeiten und unsere Freundschaft für immer schätzen. Und nicht zuletzt meine Freundin Bettina! Ohne dich hätte ich niemals die Energie und Inspiration gehabt, dieses Buch zu schreiben. Ich liebe dich, Prinzessin!

Ok, genug blabla, 25 Geschichten mit wertvollen Tipps stehen vor der Tür.

Los geht's!

1.

DIE SCHWIMM-GESCHICHTE – EIS ALS BELOHNUNG

"Die einzige Liebe an die ich wirklich glaube, ist die Liebe einer Mutter für ihre Kinder." – Karl Lagerfeld

Meine Mutter kam in den 50er Jahren in der gleichen Stadt auf die Welt, in der auch ich 30 Jahre später aufwuchs. Ihre Familie wohnte in einem heruntergekommenen Bauernhaus mit sechs Kindern, Hausmädchen und Arbeitern. Es waren die Überreste der Nachkriegszeit, was keine leichte Kindheit bedeutete. Vor allem für Bauern waren die Zeiten nicht einfach. Während andere Kinder im Sommer spielen oder schwimmen gehen konnten, musste meine Mutter schon im frühen Alter auf den Feldern arbeiten, um bei der Ernte zu helfen. Noch heute redet sie darüber, welch hart-arbeitende Denkweise die Familie vorlebte. Ihre Eltern versprachen ihr jedoch immer und immer wieder, dass sie, sobald sie älter wäre, die zehnfache Belohnung für ihr Erbrachtes erhalten würde. Sie hielten ihr Wort und als meine Mutter 25 Jahre später meinen Vater heiratete, schenkte ihr Vater ihr genug Land und Geld, sodass meine Eltern ein schönes, dreistöckiges Haus für die Familie bauen konnten. Von ihrer Kindheit geprägt, brachte sie mir die gleiche Denkweise bereits im frühen Alter bei. Glücklicherweise blieb mir die harte Arbeit auf dem Bauernhof meiner Familie erspart (obwohl ich ein paar Mal mitgeholfen habe), wann immer ich jedoch ein Geschenk oder ein kleines Extra haben wollte, musste ich zuerst etwas dafür leisten.

Meine Cousins und Freunde necken mich noch heute, wenn wir uns an die Erfahrungen im Schwimmbad erinnern: Ich war fünf oder sechs Jahre alt und nach ein paar Stunden im örtlichen Bad fragte ich, wie auch viele andere Kinder in meinem Alter, ob ich ein Eis an diesem heißen Sommertag haben dürfte. Ich war wohlerzogen und wusste zudem, dass ein Lächeln meine Chancen steigen ließen, jemanden für mich zu gewinnen. Während ich also meine Mutter um ein Eis anbettelte, (als Anmerkung: der Preis war damals zirka EUR 1) machte ich deshalb das niedlichste Gesicht, das ich als Sechsjähriger zeigen konnte. Meine Mutter liebte es, wenn ich sie anlächelte, und ihr Gesicht leuchtete stets auf. Sie antwortete jedoch: "Klar mein Schatz, doch denk daran: Wenn du etwas im Leben haben willst, musst du es dir zuerst verdienen. Ich kaufe dir das Eis erst, nachdem du im großen Pool fünfmal hin- und hergeschwommen bist!" Als ich diese Antwort zum ersten Mal hörte, konnte ich es kaum glauben. Ich war den ganzen Tag über brav gewesen, hatte mit den anderen Kindern gespielt und nun zusätzlich mein magisches Lächeln aufgesetzt – und trotzdem kaufte sie mir noch immer kein Eis. Ich war außerdem ziemlich müde, und all meine Freunde hatten bereits ein oder zwei Eis bekommen – ohne etwas dafür tun zu müssen. "Aber Mama, alle meine Freunde essen schon ein Eis. Sie haben es von ihren Eltern bekommen – einfach so! Komm schon Mama, es ist nur Eis! Bittteeeeee!" Doch sie blieb eisern und hielt an ihrem Angebot fest. Stell dir einen Sechsjährigen vor, der herzzerreißend bettelt. Du warst selbst einmal ein Kind – hast du Eis bekommen, wenn du danach gefragt hast? Hast du selber Kinder? Würdest du nachgeben und es ihnen geben? Warum machte meine Mutter so eine große Sache daraus? Ich bettelte und flehte, aber sie gab nicht nach: "Schwimme fünfmal hin und zurück und ich werde dir eines kaufen. Komm schon Schatz, es ist nicht zu viel verlangt und du bist ein guter Schwimmer!"

Ich war damals kein guter Schwimmer (Wie viele Sechsjährige sind das schon?) und obendrauf war mir ein bisschen kalt, ich war erschöpft vom Spielen und wollte schon gar nicht zurück ins Becken, um fünfmal hin- und herschwimmen (250m Gesamtlänge). Dies würde 15 oder 20 Minuten dauern, oder sogar noch länger. In der Hoffnung sie würde ihre Meinung ändern, blieb ich sitzen und begann zu weinen. Das Schwimmbad war dabei zu schließen und so mussten wir gehen – ohne Eis! Ich weinte auf dem gesamten Heimweg. Ich war enttäuscht und sagte meiner Mutter, dass ich sie nicht lieben würde. Ich war mir sicher, dass sie mich auch nicht liebte, so wie sie mich behandelte.

"All die anderen Eltern lieben ihre Kinder viel mehr als du es tust!" schrie ich wutentbrannt, bevor ich in mein Zimmer rannte.

Ich habe selbst noch keine Kinder, aber das musste eine extrem harte Erfahrung für sie sein. Es war nicht nur, dass ich meinen Unmut kundtat, auch die anderen Eltern runzelten aus Unverständnis für die Strenge meiner Mutter die Stirn. Sie war jedoch entschlossen, mir dieselbe Lektion zu lehren, wenn auch im Kleinen, die auch sie von ihren Eltern gelernt hatte.

Als wir das nächste Mal ins Schwimmbad gingen und ich nach einem Eis fragte, wiederholte sich das gleiche Szenario: Ich fragte nach dem Eis. Ich bettelte. Ich weinte. Irgendwann erkannte ich, dass ich derjenige sein musste, der nachzugeben hatte. Sie hielt felsenfest an ihrer Entscheidung. Also blieb mir nur eine Wahl, wenn ich das Eis wirklich wollte: Ich begann zu schwimmen: Eine Länge. Zwei. Drei. Vier. Ich versuchte zu schwindeln und wollte nach vier Längen aufhören. Sie war aber schlau genug mitzuzählen und zwang mich auch die letzte Runde zu schwimmen. Nachdem ich die fünf Runden beendet hatte, tat sie etwas Erstaunliches: Anstatt mir nur ein Eis zu kaufen, holte sie das letzte Mal nach und kaufte mir zwei. Diese schmeckten wie das beste Eis meines Lebens. Ich war zwar erschöpft, aber das Gefühl etwas erreicht zu haben war wunderbar. Ich hatte mir definitiv die Belohnung verdient. Von da an wiederholte sich jedes Mal das Selbe im Schwimmbad. Ich wollte Eis, ich fragte, ich bettelte, ich weinte - aber gab dann schließlich nach, weil ich wusste, dass ihre Entscheidungen unumstößlich waren. Meine Mutter erklärte mir ständig, dass ich ihr später für diese Erfahrung dankbar sein würde und dass diese Anstrengungen mir später im Leben eine Menge bringen und erleichtern würden. Was meinte sie damit? Wenn ich jetzt schwimme, bekomme ich kostenloses Eis für den Rest meines Lebens? Es machte rein gar keinen Sinn, denn ich hatte noch nie jemanden mit kostenlosem Eis gesehen. Sie sollte aber Recht behalten - die Gewohnheit, welche sie mir hier einträufelte, sollte mir in meinem späteren Leben tatsächlich "kostenloses Eis" bringen. Ich konnte es in dem Alter nicht verstehen, und es war auch nicht wortwörtlich Eis. All dies half mir damals aber nicht wirklich weiter und so wiederholte sich der gleiche Streit immer und immer wieder. Nach ein paar Mal war ich aber an die extra Schwimmroutine gewöhnt und die fünfmal Hin- und Herschwimmen waren ein Kinderspiel geworden – doch so einfach sollte es nicht bleiben!

Meine Mutter bemerkte, dass ich ein ziemlich guter Schwimmer geworden war und dass die fünf Runden für mich keine Herausforderungen mehr darstellten. Zuerst hatte ich angenommen, dass ihr ursprünglicher Plan gewesen war, mich ans Schwimmen zu gewöhnen. Doch dann erkannte ich, dass dem nicht so war.

Eines Tages, als ich gerade nach der fünften Runde aus dem Becken steigen wollte, lächelte meine Mutter und sagte: "Gut gemacht mein Schatz, aber nachdem du jetzt so gut bist, möchte ich, dass du sechsmal für dein Eis hin- und herschwimmst!"

WAS?! Ich konnte es nicht glauben. Sie hat die Latte ohne ersichtlichen Grund angehoben. Wie gemein und unfair! Abgemacht war, dass ich fünf Runden schwimmen musste und nicht sechs. Sofort fiel ich in mein altes Muster: Ich weinte, beschwerte mich, bettelte und schrie. Nichts half. Sie war unerschütterlich. Ich erinnerte mich an den ersten Tag, als ich ohne Eis heimgehen musste und ich wollte auf keinen Fall dessen Wiederholung. Ich hatte mich bereits den ganzen Tag auf ein gutes Schokoladeeis gefreut, und so gab ich nach und schwamm die sechste Runde. Wie versprochen bekam ich mein Eis. Nur diesmal nach sechs, und nicht mehr nach fünf Runden wie zuvor. Bald hob sie das Limit auf sieben, dann auf acht, dann neun und letztendlich auf zehn Runden. Sie ging nie höher, weil ich dafür eine knappe halbe Stunde benötigte. Bald begann ich mich an ihre Methoden im Schwimmbad zu gewöhnen und als wir später zum Ski fahren, Schlittenfahren, oder Mountainbiken gingen, wiederholte sie dieselbe Strategie. Am Anfang beschwerte ich mich stets, jedoch wissend, dass dies nichts bringen würde. Meine Mutter würde nicht nachgeben, und anstatt Belohnungen ohne Anstrengung zu bekommen, wie die meisten meiner Freunde, gewöhnte ich mich daran, etwas leisten zu müssen, um mir diese zu verdienen.

Ich war damals nur ein paar Jahre alt, aber es ist erstaunlich, welche wichtigen Tipps mir meine Mutter bereits in diesem Alter für mein späteres Leben mitgab. Ich wurde nicht nur ein exzellenter Schwimmer, was mir enorm half ein professioneller Kitesurfer zu werden, ich lernte vielmehr, dass nichts im Leben, das irgendeinen Wert hat, zu dir kommt, wenn du nicht bereit bist zuerst etwas dafür tun. Je höher dieser Wert ist, desto mehr Leistung wird benötigt. Ich möchte aber mit keinem Wort sagen, dass Geld für etwas bezahlt werden muss, um etwas anderes zurück zu bekommen. Es ist möglich etwas zu bekommen, ohne dass Geld den Besitzer wechselt. Der Grund, warum ich das so deutlich anmerke ist, dass viele Menschen denken, sie brauchen eine Menge Geld, um etwas anderes zu bekommen. Dies ist meist absolut falsch. Meistens lässt sich ein anderer Weg finden, etwas ohne Geld zu bekommen. Man muss nur bereit sein herauszufinden wie. Für mich war der eine Euro, den ich für das Eis brauchte, eine Menge Geld. Es war mehr als ich hatte und ähnlich wie viele andere Menschen, die gerne etwas hätten, überstieg es in diesem Moment meine finanziellen Fähigkeiten. Ich kenne deine derzeitige Situation nicht, aber vielleicht möchtest du ein schöneres Auto kaufen, deine Hypothek abbezahlen, einen neuen Partner finden, deinen derzeitigen verlassen, einen anderen Job haben, mehr reisen, usw. Was auch immer es ist, es ist wie mein Eis. Ich hatte keinen Euro. Und vielleicht hast du nicht die EUR 100.000 etc. die du brauchst, um deine Träume zu erfüllen.

Am ersten Tag, an dem ich mein Eis wollte, sagte ich mir: "Weißt du was, ich strenge mich nicht extra an. Wie gemein ist denn meine Mutter, weil sie mir das Eis nicht so einfach gibt."

Nur weil meine Mutter nicht nachgab, lernte ich meine Lektion. Ich wollte das Eis wirklich, also wusste ich, dass ich hin- und herschwimmen musste. Es war meiner Mutter wichtig, dass ich verstand, dass nichts im Leben kommt ohne dass man vorher etwas gibt. Das "Etwas" kann Geld sein, aber viel öfter ist es Zeit, Anstrengung oder Arbeit. Was immer es ist, du musst das Konzept dahinter verstehen. Du wirst in vielen späteren Geschichten sehen, dass es sehr wichtig für mich war große Dinge zu erreichen, und ich hatte im frühen Alter gelernt, dass ich viele Dinge erreichen kann, so lange ich etwas leiste. Wenn du noch mal kurz an deine Ziele und Träume von zuvor denkst, dann sei dir bewusst, dass nichts von dem einfach so zu dir kommt. Erinnere dich an meine Mutter, die hartnäckig blieb und mir auch kein Eis gab. Das ist genauso, wie die Welt dich in der Realität behandelt. Wenn du "schwimmst", kannst du bekommen was du möchtest. Natürlich werden die Herausforderungen größer, je älter du wirst und das "Schwimmen" wird anspruchsvoller. Aber weißt du was? Genau dies erleben wir bewusst oder unbewusst jeden Tag. Dies war die erste Lektion für mein Leben.

Das Zweite, das man dieser Geschichte entnehmen sollte, ist, dass man darauf vorbereitet sein muss, dass die Anforderungen unvorhergesehen steigen können. Am Tag bevor meine Mutter die Anforderungen anhob, hätte ich das Eis für fünf Mal hin- und herschwimmen bekommen. Plötzlich jedoch erhöhte sie es auf sechs Mal. Du denkst vielleicht das passiert nie in unserer Welt, aber ganz im Gegenteil! Jedes Jahr müssen Firmen aufgrund der Inflation ein bisschen mehr Profit hereinarbeiten. Die Kosten um ein Haus zu kaufen steigen über die Jahrzehnte erheblich. Die Preise für Waren des täglichen Bedarfs erhöhen sich jedes Jahr spürbar um ein paar Prozent. Dein Chef will jedes Jahr ein bisschen mehr Arbeit geliefert bekommen, ohne dass du dafür zwangsweise mehr erhältst. Bestehende Sportrekorde werden immer und immer wieder geknackt und was noch vor zwanzig Jahren Weltklasse war, ist heute meist oft nur noch Durchschnitt. Meine Mutter erkannte, dass ich mich daran gewöhnte hatte, fünfmal hin- und herzuschwimmen, und so erhöhte sie die Anforderungen. Dadurch bereitete sie mich auf die Realität vor. Es bedeutet, sich niemals auf den Ergebnissen von gestern auszuruhen. Bereite dich darauf vor, dass die Herausforderungen ohne Ankündigung schwerer werden. Bemühe dich, deine Fähigkeiten weiterzuentwickeln. Arbeite also stets daran dich zu verbessern. Gewinner stellen sich der Herausforderung, während Verlierer nachgeben. Als meine Mutter die Anforderungen auf acht Runden anhob, war ich ganz nahe am Aufgeben. Ich war davon überzeugt, sie sei verrückt. Nichts desto trotz wusste ich, dass ich nur so das Eis bekommen würde – und das war mein klares Ziel. Im Zuge von meinen späteren Unternehmungen wurde mir eines klar: viele Menschen sind nicht bereit zu wachsen. Bei neuen Anforderungen geben sie schnell auf und bekommen so nicht das was sie wirklich wollten. Noch einmal zum Verinnerlichen: Gewinner akzeptieren Herausforderungen. Sie werden den Anforderungen gerecht und freuen sich darauf. Dies heißt nicht, dass du ein Verlierer bist, wenn du ein unüberwindbares Hindernis bekommst und die Herausforderung nicht annimmst. Es heißt, dass Gewinner es lieben, immer wieder aufs Neue herausgefordert zu werden, so lange dies irgendwie machbar ist. Aus irgendeinem Grund lieben sie es, über den eigenen Schatten zu springen und das gewisse Quäntchen Extra zu liefern. Und du solltest lernen, genau ein solcher Gewinner zu werden (wenn du es nicht bereits bist).

Die dritte Lektion beinhaltet Tipps, wie man Menschen richtig motiviert. Dies war eine meiner Hauptaufgaben im Geschäftsleben und wenn du selbst Kinder hast, kannst du diese Tipps vielleicht gut gebrauchen. Ich bin überzeugt, dass Menschen es lieben, herausgefordert zu werden, allerdings nur unter bestimmten Voraussetzungen: Zuerst müssen sie klar verstehen, wie sie von etwas profitieren und sie müssen diesen Profit natürlich haben wollen. Weiters müssen sie daran glauben, dass die Anforderung erfüllbar sind (hier brauchen viele Menschen oftmals einen Trainer, Mentor bzw. jemanden, der sie motiviert). Der letzte wichtige Punkt ist, sobald die Herausforderung bezwungen wurde, muss man die Belohnung auch wirklich, wie zuvor versprochen, erhalten. Wenn diese drei Voraussetzungen zutreffen, liegt es in unserer Natur, alles Mögliche dafür zu tun. Lass mich anhand meiner Geschichte verdeutlichen wie diese Punkte zusammenspielen. Punkt eins: Ich wollte Eis und es war klar, was ich leisten musste, um es zu bekommen. Punkt zwei: Meine Mutter wählte etwas, das für mich nicht ohne Anstrengung erreichbar war, jedoch im Bereich des Möglichen lag. Hätte sie gleich am Anfang zehn Mal Hin- und Herschwimmen als Anforderung gewählt, hätte ich es wahrscheinlich nicht einmal versucht und wäre eher frustriert gewesen. Punkt drei: Sie hat ihren Teil der Abmachung gehalten und gab mir das Eis, nachdem ich geschwommen war. Manchmal gab sie mir auch zwei, was mich besonders motivierte. In der heutigen Gesellschaft erlebe ich allzu oft, dass Menschen überhaupt nicht motiviert sind und ihren Durst für "mehr" komplett verloren haben. Der Grund dafür ist einfach – die Lösung leider nicht immer: Eine oder mehrere dieser drei Konditionen werden gar nicht oder nicht richtig erfüllt. Zum Beispiel ist oft nicht klar, was der eigentliche Vorteil ist, eine Zusatzleistung zu bringen, oder der Vorteil ist klar, aber es ist nicht verständlich, was getan werden muss, um ihn zu erreichen. Andere Male scheinen die Herausforderungen unerreichbar zu sein. Ich erlebte genau diese Situation in einer Firma mit der ich selbst gearbeitet habe: Die meisten Leute darin waren eigentlich bereit hart zu arbeiten, aber sie wurden durch die Fehler innerhalb der Organisation immer wieder demotiviert. Verständlicherweise haben die Leute dann irgendwann komplett aufgehört "mehr" zu erreichen zu versuchen.

Obwohl es nicht darum geht, die gleichen Erfahrungen wie ich zu haben, behalte diese Geschichte im Hinterkopf und nimm die drei Kernaussagen für dich mit. Am Ende jedes Kapitels möchte ich DICH immer dazu ermutigen, das, was du gerade gelesen hast, in die Tat umzusetzen. Verstehst du das Prinzip des "Gebens und Nehmens"? Welche Aktion darauf basiert wirst du persönlich setzen, nachdem du diese Geschichte gelesen hast? Oder lehrst du deinen Kindern das Gleiche, indem du ihnen erst eine Belohnung gibst, wenn sie etwas dafür getan haben? Handle jetzt, bzw. schreibe es dir als Aufgabe in die untenstehenden Notizen!

NOTIZEN

2.

DIE BAUM-GESCHICHTE – BELOHNUNGSAUFSCHUB LERNEN

"Jemand sitzt heute im Schatten, weil dieser jemand vor einer langen Zeit einen Baum pflanzte." – Warren Buffet

Hast du jemals einen Baum gepflanzt? Ich rede nicht darüber einen Baum von einer Gärtnerei zu kaufen, um ihn dann wieder in deinem eigenen Garten einzupflanzen. Nein – Ich rede davon, ob du je einen Samen gekauft hast und ihn dann zu einem schönen zwei Meter großen Baum hast heranwachsen lassen. Nun, ob du es glaubst oder nicht, ich habe genau das als Kind getan. Haha, andernfalls würde das nicht der Titel unserer zweiten Geschichte sein, oder? Im ersten Jahr in der Grundschule (Alter sechs bis sieben Jahre) gaben unsere Lehrer jedem Schüler ein spezielles Projekt für das gesamte Jahr. Wir waren 27 Schüler in einer Klasse. Jeder musste einen Baumsamen pflanzen und diesem Samen dann helfen zu einem Baum zu wachsen. Dieses Projekt sollte uns laut Lehrerin eine Lektion fürs Leben geben. Da Pfirsiche schon immer zu meinen Lieblingsfrüchten gehörten, entschloss ich einen Pfirsichsamen zu wählen. Wenn du schon einmal einen dieser Samen gesehen hast, weißt du wie schwer vorstellbar es ist, dass dieses zerbrechliche winzige Teilchen in einen meterhohen Baum wachsen kann. Ich kann dir auf jeden Fall empfehlen dir einen zu besorgen und es selbst auszuprobieren. Halt, warte! Nimm besser eine Handvoll Samen und versuche es mit diesen. Ich denke, du kannst bereits erkennen, was ich in den nächsten Zeilen schildern werde.

Ich kam mit meinem kostbaren Samen nach Hause und ging in unseren Garten, um nach dem perfekten Platz für einen Pfirsichbaum zu suchen. Unsere Lehrerin hatte uns befohlen, dass die Umgebung am besten feucht sein sollte, damit der Baum immer genügend Wasser bekommt, sonnig, um Energie zu bekommen und nicht zu nah oder zu weit von anderen Bäumen, damit die Wurzeln nicht ineinander wachsen, sobald der Baum grösser wird. Warum nicht zu weit weg? Ich kann mich ehrlich gesagt nicht mehr an den Grund dafür erinnern, aber ich hatte das Gefühl, dass sich der Baum in unserem Garten nicht alleine fühlen sollte. Zurückschauend hört es sich irgendwie lächerlich an, doch damals war ich davon überzeugt. Ich nahm eine kleine Schaufel und begann im Garten an der für mich am besten erscheinenden Stelle ein Loch zu graben. Als mich mein Vater sah, stürzte er wutentbrannt auf mich zu, weil er dachte, dass ich den Garten aus Spaß zerstören würde. Als ich ihm jedoch mein Projekt schilderte, lächelte er und sah mir zu. Während ich grub, erinnerte ich mich an die Anweisungen, die wir in der Klasse bekommen hatten: "Grabe nicht zu tief, sonst kann der Setzling nicht herauswachsen. Grabe aber auch nicht zu wenig tief, sonst wird er zu leicht beschädigt." "Ok, aber was sollte das heißen? Nicht zu tief? Nicht zu flach?" Ich folgte meinem Bauchgefühl und grub ein ca. 15-20 Zentimeter tiefes Loch. Ich hatte einen guten Platz gewählt: weiche, feuchte Erde ohne Steine oder Kiesel. Ich legte meinen Samen vorsichtig in das Loch und deckte ihn lose mit Erde zu, darauf bedacht diese nicht zu fest anzudrücken. Das Ganze dauerte ungefähr eine halbe Stunde, immer unter den beobachtenden Augen meines Vaters. Er half mir sogar einen kleinen Draht um den Platz zu spannen, damit dieser leicht auffindbar blieb und gleichzeitig Tiere fernhielt. Nachdem ich fertig war, ging ich total aufgeregt zurück ins Haus. Ich hatte alles perfekt geplant: Ich würde den Baum täglich bewässern, gut darauf aufpassen und sogar Dünger benutzen, damit er schnell wächst, stark wird und uns später mit vielen Pfirsichen versorgt. Meine Mutter konnte mich kaum vom Fenster wegbekommen, von welchem aus ich beinahe ohne Pause auf den Ort starrte an dem ich den Baum gepflanzt hatte. Ich hoffte, jeden Moment einen Fortschritt sehen zu können. Aber natürlich passierte an dem Tag nichts – das machte sogar für mich als Siebenjähriger Sinn. Hier kommt allerdings ins Spiel, dass es einem als Kind nicht leicht fällt den Zeitaufwand richtig zu berechnen, den es benötigt, einen Baum heranwachsen zu lassen. Es war schließlich ein Pfirsichbaum, und kein Bambus (welcher bis zu 30cm am Tag wachsen kann).

Am nächsten Tag in der Schule teilten wir unsere Erfahrungen mit dem Rest der Klasse. Alle Kinder waren sehr aufgeregt darüber den besten Ort ausgesucht zu haben, oder über spezielle Strategien, die benutzt wurden. Du kannst dir sicher vorstellen, wie sich Siebenjährige fühlen. Nach der Schule rannte ich sofort in unseren Garten, um den Fortschritt zu begutachten. Der schachtelförmige Draht war noch immer da. Und was war dazwischen zu sehen? Nichts. Der Platz sah noch genauso aus wie am Tag zuvor. "Natürlich", dachte ich, "Das macht Sinn. Es ist erst der erste Tag und es wird eine Weile dauern, bis der Baum herauskommt." Ich nahm den Schlauch und sprenkelte Wasser auf den Platz. Meine Aufregung war ungetrübt. Es war noch nichts passiert, aber was solls? "Es war doch erst der erste Tag!" Ich wusste, dass ein Baum nicht über Nacht wachsen kann. Der folgende Tag war genau gleich und so waren Tag drei, vier, fünf, sechs und sieben. An Tag acht allerdings hatte sich etwas geändert. Etwas GROßES. Rate mal, was ich an der Stelle, wo ich den Baum gepflanzt hatte, sah, nachdem ich von der Schule nach Hause gekommen war? Immer noch NICHTS. Was sich jedoch dramatisch verändert hatte, war meine Aufregung und mein Engagement für das Projekt. Über die gesamte Woche hatte ich den Samen gewässert und gut darauf aufgepasst. Als sich nun jedoch "immer noch" keine Ergebnisse sehen ließen, verflog meine Aufregung Schritt für Schritt. Unsere Lehrerin hatte uns gewarnt, dass dieses Projekt Geduld brauchen würde, doch eine ganze Woche erschien mir viel zu lange! Ich hatte viele Bemühungen in die letzten Tage investiert, und so erwartete ich auch eine Belohnung zu ernten. Ich versuchte, meinen Kopf nicht hängen zu lassen, aber in den nächsten Tagen und Wochen erwartete ich immer weniger und weniger, wenn ich von der Schule nach Hause kam. Meine Aufregung über das Baumprojekt verblasste mehr und mehr und andere kurzfristigere und wichtiger erscheinende Schulprojekte erlangten meine Aufmerksamkeit. Eines dieser Projekte war ein Vogelhaus, das wir aus Holzstücken zusammen bauten. Wir würden es dann während des Winters außerhalb des Klassenzimmers aufhängen. Ich genoss dieses Projekt. Wir hatten sehr viel Spaß und nach ein paar Tagen Werkeln und Kleben war es fertig. Es erinnerte mich an die Schwimm-Geschichte (siehe die erste Geschichte, falls du sie nicht schon gelesen hast): wenn du X tust, erhältst du Y. Die Vogelhaus-Stücke würden sich nicht von alleine zusammenbauen, aber nach ein paar Tagen Arbeit sah es wunderbar aus und war bereit draußen aufgehängt zu werden. Das Baumprojekt war im Vergleich richtig öde und lahm. Da es mit dem Samen keinen sichtbaren Erfolg gab, hörte ich sogar irgendwann auf, die Stelle regelmäßig zu bewässern.

Die anderen Kinder in der Schule hatten ähnliche Erfahrungen gemacht. Manche meinten sogar, dass sie den Samen ausgegraben hätten, um sicher zu gehen, dass er noch dort war. Dann hätten sie ihn an einem besseren Ort wieder eingepflanzt. Je mehr ich ihnen zuhörte, desto mehr fragte ich mich, ob ich das auch tun sollte. Vielleicht war mein Platz nicht gut genug? Oder war es der Samen? Vielleicht hatte ich ein paar Fehler am Anfang gemacht? Habe ich zu viel bewässert? Ernsthafte Zweifel stiegen in mir hoch. Es war nicht der kleinste Fortschritt erkennbar. Unsere Lehrerin versuchte uns konstant zu motivieren, um weiterzumachen. Es würde alles in Ordnung sein, meinte sie. Aber ich war nicht wirklich überzeugt. Als ich an diesem Tag von der Schule nach Hause kam, packte ich meine Schaufel und schob den

Draht weg. Gerade als ich zu graben beginnen wollte, rief meine Mutter, die mir vom Fenster aus zusah: "Was glaubst du, was du da machst??" "Ich will nach dem Sämling sehen. Ich bin mir nicht sicher, ob ich ihn richtig eingepflanzt habe. Ich will nur sichergehen, dass er ok ist!", erwiderte ich ehrlich. Ich erzählte ihr von dem Vogelhaus-Projekt in der Schule und wie sehr es mich daran erinnerte ein Eis von ihr zu bekommen, nachdem ich etwas geleistet hatte. Außerdem erzählte ich ihr von den anderen Kindern in der Schule und dass diese mir geraten hätten den Sämling herauszuholen, um nachzusehen und ihn dann woanders einzupflanzen.

"Was hat deine Lehrerin dazu gesagt?", fragte meine Mutter.

"Sie meinte, ich sollte mich einfach weiterhin um den Baum kümmern und Geduld haben!", antwortete ich.

"Warum hörst du also auf die anderen Kinder, die genauso ahnungslos sind wie du, und nicht auf deine Klassenlehrerin, die diese Aufgabe mit hunderten von anderen Kindern vor dir bereits gemacht hat?"

Darauf hatte ich nicht wirklich eine Antwort. Meine Mutter wusste stets, wie sie mich von etwas überzeugen konnte ohne es mir direkt aufzuzwingen.

"Was soll ich also machen? Ich bin nicht sicher, ob ich alles richtig gemacht habe!", stichelte ich.

"Ich erzähle dir jetzt eine Geschichte als ich in deinem Alter war", begann sie mit sicherer Stimme: "Jeden Frühling pflanzte unsere Familie die Samen für die Ernte. Wir gingen hinaus und streuten sie über alle Felder. Wir taten es, wissend, dass wir unser Bestes gaben und bis nach dem Sommer warten mussten, bis das Gemüse, Kartoffeln und all die anderen fantastischen Dinge, die wir gepflanzt hatten, wachsen würden, um im Herbst geerntet zu werden. Weißt du was passiert wäre, wenn wir nur ein paar Monate nachdem wir sie gepflanzt haben, nachgesehen hätten, nur, weil noch nichts gewachsen war?"

Ich wusste nicht was ich antworten sollte, da dies ja die gleiche Situation war wie meine eigene – also hörte ich weiter zu.

Meine Mutter fuhr fort: "Wir hätten im Herbst nichts zu ernten gehabt, weil wir die Ernte damit "getötet" hätten!"

Ich sah sie an und sie lächelte, weil ich wohl aussah als ob eine Glühbirne über meinem Kopf angegangen wäre.

"Was soll ich also machen?", fragte ich.

Meine Mutter sah mich kontrollierend an "Hast du alles richtig gepflanzt?".

"Ja, zumindest denke ich so!", Ich nickte.

"Denkst du, der Baum bekommt alles von Mutter Natur was er zum Wachsen braucht?" fuhr sie fort.

"Ja, ich denke schon!", Ich nickte weiter.

"Dann darfst du jetzt nicht aufgeben! Arbeite hart weiter, denn was du jetzt brauchst ist der Glaube, dass alles in bester Ordnung ist!", versicherte sie mir.

Ich sah meine Mutter an, nicht 100% sicher, ob ich zustimmen sollte oder nicht. Außerdem war ich nicht überzeugt, dass ich Glauben hatte. Ich war nur zu 99% sicher, dass ich alles richtiggemacht hatte, es war also immer noch dieses 1% Unsicherheit.

Meine Mutter bemerkte dies und fügte hinzu: "Als du dein Eis fürs Schwimmen bekommen hast, oder als du das

Vogelhaus gebaut hast, hast du eine sofortige Belohnung bekommen. Die richtig großen Belohnungen im Leben kommen jedoch erst, wenn du für ein Projekt lange und nachhaltig arbeitest, ohne den Glauben zu verlieren, dass das Ergebnis am Ende passt. Du kannst dazwischen nicht wissen, ob es wirklich funktioniert – aber wenn es das tut, dann ist die Belohnung ungleich höher. Nachdem du richtig angefangen hast und dich um den Sämling bisher brav gekümmert hast, darfst du dich jetzt nicht verunsichern lassen. Denk zurück an deine Überzeugung vom ersten Tag. Du wirst sehen - der Baum wird aus dem Boden wachsen!"

In der Schule wurde es jedoch nicht einfacher und die Kinder redeten meistens darüber, dass das Projekt nicht funktionierte, ja vielleicht gar nicht funktionieren konnte. Ein paar von ihnen hatten bereits komplett aufgegeben und das Projekt abgebrochen.

Als ich mit meiner Lehrerin darüber redete, lächelte sie und meinte: "Julian, ich habe dieses Projekt jedes Jahr mit meinen Schülern gemacht und jedes Mal schaffen es nur ein paar wenige Schüler, den Baum wachsen zu lassen. Es ist nicht so, dass es so schwer ist, dies zu bewerkstelligen, aber du musst Geduld und Vertrauen haben dass es funktioniert. Das ist es, was diese Aufgabe so schwierig macht."

"Wie lange wird es dauern, bis mein Baum endlich auftaucht?", fragte ich sie.

"Der Grund, warum ich es dir nicht sage ist, weil ich will dass du lernst, dass man für die besten Dinge im Leben konstant arbeiten muss, ohne den Fortschritt gleich sehen zu können. Der Fortschritt passiert versteckt unter der Oberfläche und wird dann plötzlich sichtbar. Niemand weiß wann genau, doch es wird auf einmal passieren!"

"Ok, aber was ist, wenn die anderen Kinder Recht haben und ich den Sämling getötet habe?", bohrte ich weiter.

"Weißt du Julian, das ist sehr unwahrscheinlich. Die Natur hat das Ziel, Leben entstehen zu lassen und dies auch zu erhalten. Solange du dich darum kümmerst und den Samen nicht willentlich kaputt machst, wird er es schaffen. Das Universum will, dass dies so funktioniert, sonst wäre niemand von uns hier." Ihre Argumente klangen sinnvoll und so entschied ich mich ihrem Rat zu folgen. Meine Motivation war auf keinem Rekordhoch, doch ich begann den Prozess zu verstehen und akzeptierte, kein schnelles Ergebnis zu erhalten. Dies war das erste Mal im Leben, wo ich das Prinzip des Belohnungsaufschubs erlebte.

Ich kümmerte mich also weiterhin um den Platz, wo zukünftig mein Bäumchen wachsen sollte, mal mehr, mal weniger motiviert. Ein paar Wochen später kam ich von der Schule nach Hause und meine Mutter erwartete mich einem größeren Lächeln als üblich. "Schau mal nach deinem Sämling!", schlug sie vor. Ich rannte sofort in den Garten – Ich denke, du erahnst, was ich sah? Eine kleine grünlich-braune Spitze sah aus dem Boden heraus. Der Baum hatte endlich den sichtbaren Fortschritt gemacht, auf den ich Monate lang gewartet hatte. Ich war vor Freude wie weggeblasen. Es war ein wahrlich magischer Moment. Die vielen Stunden hatten sich endlich, nach mehr als einem halben Jahr, ausgezahlt. Wow! Hätten wir damals Handys gehabt, hätte ich alle meine Schulfreunde angerufen. So musste ich bis zum nächsten Tag warten. Ich war unglaublich aufgeregt und war mir sicher, dass meine Freunde meine Begeisterung teilen würden. An diesem Tag kümmerte ich mich besonders gut und bat meinen Vater den Draht als Schutz noch einmal zu verstärken. So konnten keine Vögel oder andere Tiere an der verletzlichen Spitze knabbern. Außerdem nahm ich eine kleine Puppe von meiner Schwester, die als Mini-Vogelscheuche diente. Gelinde gesagt war meine Schwester nicht gerade glücklich über den neuen Beruf ihrer Puppe, aber nach einiger Überzeugungsarbeit über die Wichtigkeit gab sie nach. Ich setzte die Vogelscheuchen-Puppe neben den Draht, um meinem zukünftigen Baum extra Schutz zu geben.

Zurück in der Schule am nächsten Tag rannte ich zu meiner Lehrerin und erzählte ihr von meinem Erfolg. Sie lächelte mich an und gab mir ein "High Five". Ich platzte fast vor Stolz. Dann teilte ich meinen Erfolg mit meinen Freunden. Schockierenderweise schienen diese nicht allzu sehr erfreut darüber. Sie winkten ab und meinten, dass ich entweder Glück gehabt hatte, oder sie andernfalls Pech, weil ihr Baum ja noch nicht herausgekommen war. Sie fragten außerdem, ob ich geschwindelt hatte und statt eines Samens einen kleinen Baum gekauft hatte. Meine morgendliche Begeisterung und Aufregung war mit einem Schlag verflogen, und stattdessen war ich traurig und enttäuscht, als ich hörte wie meine Freunde über mich dachten. Ich konnte ihre Reaktion überhaupt nicht nachvollziehen. Warum freuten sie sich nicht mit mir? Nur eine Woche vorher hatten wir Witze gemacht und über das "blöde Baumprojekt" geschimpft und nun schien es, als wäre ich ein schlechter Freund, weil ich es als Einziger geschaffte hatte den Baum aus dem Boden zu bekommen. Das war mir viel zu viel und so saß ich während der Mittagspause alleine. Meine Mutter hatte mir eine kleine Ich-Liebe-Dich-Notiz eingepackt und gratulierte mir, dass ich nicht aufgegeben hatte. Ich warf die Notiz geradewegs in den Müll. Ich war wütend und enttäuscht. Da ich nicht wusste, was ich tun sollte ging ich zu unserer Lehrerin und erzählte ihr, was zwischen mir und den anderen Kindern vorgefallen war.

"Julian, die anderen Kinder sind frustriert. Sie gingen durch den gleichen Prozess wie du. Es ist für alle gleich schwer. Alles scheint immer einfach zu sein, wenn man anderen Leuten zuschaut, aber am Ende müssen sich alle den gleichen Herausforderungen stellen. Du bist geduldig geblieben, während andere es nicht schafften. Jetzt sind sie verärgert, weil sie auch gerne dein Ergebnis hätten, aber sie haben die notwendige Geduld nicht aufgebracht. Anstatt dies zuzugeben, dass sie, als sie das Projekt abgebrochen haben, einen Fehler gemacht haben, versuchen sie, sich lustig über dich zu machen oder dich beschuldigen, dass du geschwindelt hast." Ich war ziemlich frustriert, als aber ein paar meiner Klassenkameraden auch über ihre ersten Erfolge berichten konnten, hatten wir jede Menge Spaß uns untereinander auszutauschen. Diejenigen, die aufgegeben hatten oder ihre Strategien ständig änderten, schafften es nie ihren Baum aus dem Boden wachsen zu lassen. Ihre Anschuldigungen uns gegenüber blieben die Gleichen und sie beschwerten sich, dass es nicht ihre Schuld war. Es dauerte eine ganze Weile bis ich wirklich begriff was meine Lehrerin meinte, und irgendwann entschied ich nicht mehr auf die negativen Stimmen zu hören. Ich hoffte einfach, dass das Baumprojekt irgendwann der Vergangenheit angehören würde und andere Themen aufkamen, worüber ich wieder mit meinen Freunden reden konnte.

Über die nächsten Wochen und Monate hinweg kümmerte ich mich intensiv um den Baum und stellte sicher, dass ihn nichts beim Wachsen störte. Es warteten einige kleine Herausforderungen auf mich bevor der Baum schlussendlich groß und stark wurde: Einmal riss eine Krähe den Draht auseinander und es fehlten nur Sekunden bevor sie den 30cm großen Baum erwischte - ich kam gerade noch rechtzeitig, um den Vogel zu verjagen. Ein anderes Mal war es einer unserer Nachbarskinder, mit dem ich die selbe Klasse besuchte, der so enttäuscht war, weil er keinen Erfolg hatte und deshalb versuchte meinen Baum aus dem Boden zu reißen. Ich konnte meinen Baum gerade noch in letzter Minute beschützen. Es machte mich unglaublich wütend, dass er versuchte meinen Erfolg zu zerstören, nur weil seiner nicht eingetreten war. In den nächsten Monaten wurde mein Baum grösser und stärker und brauchte immer weniger Arbeit. Glücklicherweise wurde es ein ziemlich milder Winter ohne viel Schnee, weswegen der Wachstumsfortschritt während der sonst kalten Jahreszeit nicht behindert wurde. Fast ein Jahr nachdem ich den Sämling eingepflanzt hatte, kamen kleine Zweige und Blätter heraus. In den ersten paar Monaten hatte man keine Veränderungen sehen können, doch jetzt war jedes Mal, wenn ich nachsah, etwas Neues und Aufregendes zu entdecken. Die Sommerferien begannen und meine Familie würde zum ersten Mal, seitdem ich den Sämling gepflanzt hatte, für mehr als ein Monat von zu Hause wegfahren. Ich war ziemlich nervös den Baum ohne "Betreuung" zu lassen, meine Mutter versicherte mir jedoch, dass alles ok sein würde. Als wir wieder nach Hause kamen war der Baum nicht nur noch da, sondern sogar weiter gewachsen. Bald war der Baum so groß, dass ich den Draht entfernen musste - es brauchte ihn sowieso nicht mehr. Das aufregendste Erlebnis war jedoch, als ein paar Jahre später Pfirsiche auf dem Baum wuchsen. Echte Pfirsiche! Es war rund um mein letztes Grundschuljahr und ich war mächtig stolz. Der Baum wuchs und wuchs und außer, dass ich ihn ein bisschen beschnitt, musste ich nicht mehr viel Zeit oder Energie hinein investieren, außer die Pfirsiche im Herbst zu ernten. Für mich sind es die besten Pfirsiche, die es gibt - jeder Bissen erinnert mich an die Beharrlichkeit, die ich brauchte, um den Baum in seinen Babyjahren zu pflegen, sowie meinen Mut nicht zu verlieren. Damals war er zerbrechlich, doch heute ist dieser Baum komplett selbsterhaltend. Meine Lehrerin und meine Mutter hatten Recht: Das Universum und die Natur wollen das Beste für uns alle. Wir müssen hart arbeiten, daran glauben und lernen, unsere Belohnung aufzuschieben. Wann immer ich heute vor einem großen Projekt stehe und aufgeben will, erinnere ich mich an den Baum, und weiß dass die wahren Belohnungen nur dann kommen, wenn ich weitermache und nicht aufgebe.

Du willst vielleicht keinen Baum wachsen lassen, doch diese Geschichte sollte uns an all die Dinge erinnern, die wir anfangen, dann aber Zeit brauchen bevor man die Belohnung erntet. Als ich in der ersten Geschichte für mein Eis geschwommen bin, bekam ich das Eis sofort. Diese "Arbeit-Belohnungsstrategie" war einfach zu verstehen, deswegen bin ich auch am nächsten Tag wieder geschwommen. Ich bin sicher, du hast auch Momente, in denen du etwas leisten musst und gleich darauf die Belohnung erhältst, ohne lange darauf warten zu müssen. Bereit zu sein die Belohnung verzögernd

zu erhalten ist allerdings der Schlüssel, um wirklich große
Erfolge zu feiern. Viele Dinge im wahren Leben basieren auf
diesem Konzept – oft unbewusst. Im eigenen Unternehmen
verdient man in den ersten Jahren nicht sehr viel, man
macht aber gutes Geld nachdem die Geschäfte "aus dem
Boden" sind. Während dem Studium sieht man nahezu kein
Einkommen, "erntet" dann aber umso mehr hinterher. Ich
bin sicher, du kannst dieses Konzept mit vielen eigenen
Beispielen in deinem eigenen Leben vergleichen. Mein Tipp
für alle Eltern, die das hier lesen, ist, ihre Kinder auf genau
diesen Belohnungsaufschub vorzubereiten. In den 60er und
70er Jahren führte ein Stanford Psychologe namens Walter
Mischel das "Schaumzucker Experiment"[1] durch, um die
Effekte des Belohnungsaufschubs an Kindern zu testen. Der
Ablauf war ziemlich einfach: Ein Lehrer und ein Kind waren
in einem Zimmer. Der Lehrer legte einen Schaumzucker
auf einen Teller vor das Kind und erklärte, dass das Kind
ihn entweder gleich essen, oder, wenn der Lehrer von
einer kurzen Pause wiederkommt, zwei Stück davon haben
könne –sofern das Kind in der Lage war, zu warten. Der
Lehrer stand dann auf und verließ das Zimmer. Er war nicht
lange weg, nur ein paar Minuten. Es gibt ausgezeichnete
Videos auf YouTube, die das Experiment zeigen und es ist
interessant, den Kindern mit ihren Reaktionen vor den
Schaumzuckern zuzusehen. Man muss das meiner Meinung
nach gesehen haben. Was dann passierte war ziemlich
vorhersehbar: ein paar Kinder konnten warten, bis der Lehrer
wiederkam, während die meisten es nicht schafften und den
Schaumzucker gleich gegessen hatten. Das Experiment hört
sich vielleicht einfach und lächerlich an, man darf aber nicht
vergessen, dass diese Kinder im Schnitt nur drei bis fünf
Jahre alt waren. Hättest du in diesem Alter warten können?
Das Bemerkenswerteste an dem Experiment war jedoch, dass
Dr. Mischel den zukünftigen Erfolg dieser Kinder weiterhin
verfolgte. Er wollte sehen, wie gut sich die einzelnen Kinder
im späteren Leben entwickelten. Die Erkenntnisse waren

---

1 http://psycnet.apa.org/journals/psp/21/2/204/

erstaunlich: wenn Kinder vom frühen Alter an gut mit Belohnungsaufschub umgehen konnten (also kein Problem damit hatten zu warten bis der Lehrer zurück kam), dann hatten sie auch eine höhere Wahrscheinlichkeit später im Leben erfolgreicher zu werden. Dies macht auch Sinn, wenn man bedenkt, dass die Dinge, die sich im Leben am meisten lohnen, nur nach langen Perioden der Arbeit kommen, ohne sofortigen sichtbaren Erfolg. Den Baum wachsen zu lassen war eine ähnliche Erfahrung für mich und hat mich gut auf das richtige, spätere Leben vorbereitet.

Die zweite Lektion ist, einen "Wendepunkt" in einem Prozess zu erreichen. Für mich war es jener Zeitpunkt, an dem ich mich plötzlich nicht mehr um meinen Baum kümmern musste und er trotzdem weiterwuchs. Bis dahin musste ich den Baum für Monate pflegen, ohne die Ergebnisse über dem Boden zu sehen. Natürlich passierte das Wachsen unterhalb der Oberfläche, doch ich konnte das für eine ziemlich lange Zeit nicht erkennen. Irgendwann tauchte dann die Spitze des Baumes auf und von dem Zeitpunkt an war das Wachstum des Baumes auch von außen sichtbar, was die Arbeit vereinfachte. Das war dieser wichtige Wendepunkt, denn von da an wuchs der Baum weiter, auch wenn ich mich nicht mehr darum kümmerte, sogar wenn ich auf Urlaub war. Je näher ich zu diesem Wendepunkt kam, desto mehr mentale Anstrengung benötigte ich, um die tägliche Eintönigkeit der Arbeit, ohne Aussicht auf ein Resultat, durchzuhalten. Mehr als einmal wollte ich nur zu gerne aufgeben. Dann plötzlich, mit einem Mal, drehte sich das Kosten-Nutzen-Verhältnis und ich benötigte immer weniger mentale Anstrengung um weiterzuarbeiten, weil ich nicht nur sah wie der Baum wuchs, sondern später sogar die Früchte ernten konnte. Nach dem Wendepunkt war es nahezu unmöglich zu "versagen", weil alles leichter und leichter wurde während die Belohnungen größer und größer wurden. Der Autor Malcolm Gladwell schreibt in seinem Buch "The Tipping Point" darüber. Vor allem in Prozessen, in denen es um den Belohnungsaufschub geht, muss das Arbeits-Belohnungs-Verhältnis klar verständlich sein. Das Phänomenon hört sich so einfach an, jedoch ziehen es viele Menschen nicht in Betracht, wenn sie auf ein herausforderndes Ziel hin über einen nachhaltigen Zeitraum arbeiten müssen. Viele Male geben sie auf, kurz bevor sie den Wendepunkt erreicht hätten, weil der mentale Stress zu groß wurde. Stell dir ein Stück Holz vor das auf einem Metallstand liegt. Dein Ziel ist es, mit einem scharfen Werkzeug auf das Holz zu schlagen, bis es in zwei Teile zerbricht. Nehmen wir an, du brauchst zehn Schläge und beim Zehnten bricht es. Welcher Schlag war nun der Wichtigste? Nun, keiner von ihnen; sie sind alle gleich wichtig. Es ist aber möglich, dass der letzte Schlag der Härteste für dich mental war, weil du ja schon neunmal ohne ersichtlichen Erfolg darauf schlagen musstest. Die zehn Schläge sind wahrscheinlich ziemlich machbar, doch in den meisten Fällen müsstest du eine unbekannte Anzahl an Schlägen tätigen, bis das Holz endlich bricht. Du würdest nicht wissen, ob es nach zehn, fünfzig oder einhundert Schlägen bricht. Hättest du nach 60 aufgehört oder wärst du bis 100 gegangen? Genau so funktioniert unsere Welt und dieser Ungewissheitsfaktor macht es für Menschen so trickreich eine Belohnung aufzuschieben. Wir wissen nicht, wann der Wendepunkt erreicht ist. Wir wissen nur eines sicher: Er wird irgendwann erreicht und so lange du durchhältst, wirst du irgendwann "deinen Baum wachsen sehen".

Die dritte Lektion, die ich lernte, war das Verhalten der Menschen in meiner Umgebung in Bezug zum Belohnungsaufschub zu verstehen. Wie oben erwähnt, ist es für Menschen schwierig durch diesen Prozess zu gehen – aufgeben und eine andere Beschäftigung mit sofortiger Belohnung zu suchen ist eine oft gewählte Alternative. Das Denken vieler meiner Schulkameraden unterscheidet sich nicht großartig vom Denken vieler Erwachsener "Vielleicht hat es nicht funktionieren sollen. Es ist kaputt. Ich bin sicher, die andere Person hat betrogen. Kein Wunder, dass es für dich funktioniert, aber für mich würde es nie funktionieren." Das sind die Kommentare, die wir hören, wenn wir es schaffen, den Belohnungsaufschub durchzustehen und die Anderen nicht. Vielen Menschen fehlt es an Geduld und anderen die Schuld zu geben scheint die einfachere Methode – gefüttert von Eifersucht und sogar Hass gegenüber denjenigen, die die Geduld aufbrachten, obwohl sie es selbst auch schaffen hätten können. In meinem Beispiel zogen mich die Kinder nach unten, entmutigten mich und einer versuchte sogar, meinen Baum zu zerstören. Ich habe seit jeher ein Problem damit, mich mit einem solchen Verhalten auseinanderzusetzen und du wirst sehen, dass mich das auch in einigen späteren Geschichten beschäftigt. Obwohl ich weiß, dass es unfair ist wie andere Menschen reagieren, ist es wie unsere Gesellschaft gestrickt ist. Also habe ich gelernt, mich daran zu gewöhnen und anzupassen – und du solltest das auch.

Jetzt möchte ich dich herausfordern, dass du dir selbst ein paar Fragen stellst: "Wo in deinem Leben lässt du "einen Baum wachsen"? Denkst du eventuell daran aufzugeben, weil es schwer ist durchzuhalten? Bist du bereit viel mehr zu erreichen, indem du bis zum Wendepunkt durchhältst? Was tust du jetzt sofort, basierend auf den Informationen, die du gerade erhalten hast?" Was auch immer es ist, tu es jetzt oder schreib es unterhalb als Notiz auf und unternimm die Schritte, die dazu notwendig sind. Denke daran: nur wenn du etwas dafür tust, bekommst du auch die gewünschten Ergebnisse.

NOTIZEN

3.
DIE KUNSTTURN-GESCHICHTE –
AUFGEBEN TUT MAN
EINEN BRIEF

"Gewinner geben nie auf und Aufgeber gewinnen nie."
– Vince Lombardi

Sport war seit meiner Kindheit eine meiner Leidenschaften. Gemeinsam mit der gesamten Familie gingen wir nahezu täglich, wann immer es wettertechnisch und zeitlich möglich war, Radfahren, Wandern oder Skifahren. Ich genoss vor allem den Sport in der freien Natur, was ebenfalls dazu beitrug, dass ich später ein professioneller Kitesurfer wurde. Nachdem das Wetter in Österreich jedoch nicht das ganze Jahr über für einen Sport draußen geeignet war, entschied ich mich in der Grundschule dazu, mich auch für einen Hallensport einzutragen. Ich versuchte Badminton und Tischtennis, doch keines davon gefiel mir wirklich. Eines Tages sah ich im Fernsehen Menschen die Saltos und Rotationen machten und fand heraus, dass man diese Sportart Kunstturnen nennt. Ich war fasziniert und wollte dies auch können. Meine Mutter war von dieser Idee nicht allzu begeistert, nicht so sehr wegen der gewählten Sportart, sondern da dies bedeutete, dass sie mich drei bis viermal pro Woche zum Kunstturnzentrum fahren und wieder abholen musste – jeweils 20 Minuten Fahrt pro Strecke.

Ich überzeugte meinen Freund Chris mitzukommen. Er hatte ebenfalls bereits andere Sportarten ausprobiert, inklusive Judo, aber bislang konnte auch er nichts finden was ihn begeisterte. Es würde einfacher sein meine Mutter davon zu überzeugen, wenn Chris und ich gemeinsam gingen und natürlich machte es zusammen mit einem Freund viel mehr Spaß. Wir hatten jeden Montag, Mittwoch und Freitag einen 90-minütigen Kunstturnkurs.

Vor dem ersten Mal traf ich eine Abmachung mit meiner Mutter: wenn sie uns hin- und herfährt, dann verpflichtete ich mich dazu, ein ganzes Jahr dabei zu bleiben und nicht mittendrin aufzuhören. Sie mochte es ganz und gar nicht, wenn ich etwas startete, aber dann nicht beendete. Beim Kunstturnen sei es eine Zeitverschwendung für sie, wenn sie uns erst dreimal pro Woche dort hinfährt und wir kurz danach aufgeben würden. Also versprach ich ihr, dass ich zumindest das ganze erste Jahr mitmachen und erst danach Bilanz ziehen würde. Als Chris und ich zum ersten Mal in der Turnhalle ankamen, hatten wir erwartet, sofort Saltos, tolle Sprünge und Rotationen zu lernen. Zu unserer großen Enttäuschung taten wir nichts dergleichen. Ganz im Gegenteil - als wir ankamen wärmten wir uns für zehn bis fünfzehn Minuten auf, nur um dann ganze sechzig Minuten ohne Pause Dehnübungen zu machen. Wir dehnten jeden einzelnen Muskel unseres Körpers – vom kleinen Zeh bis hin zu den Muskeln hinterm Ohr. Ich konnte es nicht glauben, was für eine Enttäuschung. Obendrauf hatten wir einen ungarischen Trainer, dessen Name Attila war. Er erinnerte mich an den gleichnamigen Krieger, und genauso benahm er sich auch. Er schrie uns in einem Mix aus Deutsch, und ich glaube es sollte Ungarisch sein, an, unsere Muskeln angespannt zu halten und nicht "weich werden zu lassen" – was auch immer das bedeuten sollte. Ich war mir nie sicher, was er eigentlich wollte, also beugte ich meinen Kopf leicht nach unten, in der Hoffnung er würde mich in Ruhe lassen. Das Ergebnis war, dass ich nicht mehr kerzengerade dastand. Attila kam zu mir herüber geschossen, um mich zu verbessern. Er hob mein Kinn und klopfte gegen meine

Arme und Beine um sicher zu stellen, dass ich meine Körperhaltung korrigierte. Er war der Alptraum eines Trainers (zumindest dachte ich das am Anfang) und auf eine weiße Wand zu starren wäre genauso aufregend gewesen wie die ersten Kunstturnstunden.

Als meine Mutter uns nach der Stunde abholte, wollte sie natürlich wissen wie es uns gefallen hätte. Wir erzählten ihr von unserem Frust, worauf sie sofort versuchte uns aufzumuntern: "Kommt schon Jungs, es war nur der erste Tag. Das nächste Mal wird's besser, ihr werdet sehen. Ihr müsst eure Körper auf die Herausforderungen vorbereiten, die auf euch warten, wenn ihr Saltos und Sprünge macht!" Was sie sagte machte Sinn und Chris und ich beschlossen, es noch ein zweites Mal zu versuchen. Beim zweiten Besuch wiederholte sich die 90-Minuten-Dehnfolter. Attila ließ uns komplett das Gleiche wie beim ersten Mal wiederholen: Aufwärmen, Dehnen, mehr Dehnen, noch mehr Dehnen, Dehnen beenden, Abwärmen. Wow, sehr aufregend. Niiiiicht. Ich war ein extrem hyperaktiver, achtjähriger Junge und wurde nun gezwungen, ruhig zu stehen, mich zu dehnen und mich auf meine Haltung zu konzentrieren – all das für einen scheinbar nicht enden wollenden Zeitraum. Chris war auch nicht sehr begeistert, allerdings überzeugte uns meine Mutter ein weiteres Mal dem Kunstturnkurs noch eine Chance zu geben. Sie behauptete gehört zu haben, dass es ab der zweiten Woche besser und mehr Spaß machen würde. Leichtgläubig wie wir waren, überzeugte sie uns. Ich kann dir versichern, es hat nicht mehr Spaß gemacht – die zweite Woche war genauso langweilig wie die Erste. Das ruhige Stehen und langweilige Dehnen wiederholte sich und wenn ich daran dachte, dass dies nur die zweite von 40 kommenden Wochen bis zu den Sommerferien war, wusste ich nicht, wie ich mein Versprechen, den Kurs vollständig zu beenden, einhalten sollte. Ich war zumindest froh, dass Chris und ich den Kurs gemeinsam besuchten ... wenigstens war ich davon ausgegangen.

Chris hatte seinen Eltern das gleiche Versprechen gegeben und wollte auch bis zum Ende des Jahres durchhalten. Jedoch überzeugte er sie in der dritten Woche ihn aufhören zu lassen. Anstelle des Kunstturnens nahm er jetzt Eishockey-Stunden. Er versuchte mich davon zu überzeugen, auch mitzumachen. Ich wollte aber mein Versprechen gegenüber meiner Mutter halten. Jeden Tag in der Schule erzählte er mir von neuem, wie viel Spaß Eishockey machte, wie wunderbar der Trainer und wie aufregend der Sport an sich war. Ich fühlte mich wirklich schlecht ihm dabei zuzuhören, als ich bemerkte, was ich alles verpassen würde während ich in meinen langweiligen Kunstturnstunden feststecke. Noch enttäuschter war ich allerdings, dass Chris sein Versprechen mir gegenüber gebrochen hatte, und anstatt sein Versprechen einzuhalten, versuchte er jetzt, mich zum Eishockey zu überreden. Er bohrte weiter, dass auch ich meine Mutter davon überzeugen sollte, mich mit Kunstturnen aufhören zu lassen. Daheim konfrontierte ich sie mit der Idee die Sportart zu wechseln. Sie hatte diese Diskussion bereits kommen sehen und war darauf vorbereitet. Ohne darauf einzugehen fragte sie mich:

"Julian, Kind, hör zu. Hast du mir versprochen das ganze Jahr durchzuhalten, als ich dich ein paar Mal gefragt hatte, ob du wirklich Kunstturnen lernen willst?"

"Ja, Mama!", erwiderte ich. Sie hätte eine fantastische Anwältin werden können, da sie mich quasi dazu brachte, meinen eigenen Fall zu schließen.

"Wenn du dein Versprechen brichst, denkst du, dass ich dir jemals wieder glauben werde, wenn du mir wieder was versprichst?", fragte sie.

"Aber Mama, mir gefallen die Stunden wirklich nicht und wir sind noch ganz am Anfang von..."

"Julian!", sie unterbrach mich forsch, "Das ist mir egal! Wir haben abgemacht, dass du das ganze Jahr dabeibleibst und **aufgeben tust du sicher nicht, denn aufgeben tut man nur einen Brief**! Du gehst weiter zu den Trainingsstunden und wenn ich dich selbst dorthin zerren muss!"

Das war dann auch genau das was sie tat. Ich versuchte mich zu verstecken, damit wir dort ein paar mal zu spät ankamen. Es gab die Regel, dass wenn man fünf Minuten zu spät war, die Tür zugesperrt wurde und man nicht an der Stunde teilnehmen durfte. Meine Mutter hatte allerdings bereits erwartet, dass ich versuchen würde uns zu verspäten und hatte extra Zeit eingeplant. Mein Plan schoss nach hinten los, da wir von da an noch früher als vorher dort ankamen. Nebenbei bemerkt möchte ich hervorheben, dass die "zugesperrte-Türen-Methode" einen bleibenden Eindruck bei mir hinterließ und ich die gleiche Methode heute benutze, um Menschen dazu zu bringen rechtzeitig für Präsentationen und Workshops zu erscheinen. Fluglinien oder Züge tun das Gleiche – sie fliegen/fahren los, egal ob man sich verspätet. Bei einer Präsentation ist das nicht so, also nehmen es die meisten nicht so genau mit der Zeit. Um das zu vermeiden, benutze ich die gleiche Strategie, die Attila für die Kunstturnstunden verwendet hat: Ich sperre die Türen einfach fünf Minuten nach Beginn zu und "Spätkommende" können nicht mehr teilnehmen. Zuerst beschweren sich die Leute, sie lernen dann aber recht schnell pünktlich zu erscheinen. Du kannst das selbst mal ausprobieren, wenn du auch Probleme mit großen Verspätungen bei Veranstaltungen hast.

Die Kunstturnstunden wurden auch im zweiten und dritten Monat nicht aufregender. Was ich allerdings bemerkte war, wie flexibel mein Körper wurde. Kein Wunder, ich hatte mich mindestens drei Stunden die Woche gedehnt – und ich rede über "Extrem-Dehnen". Ich konnte einen Spagat in alle denkbaren Richtungen machen, meine Beine von oben nach unten verdrehen und trotzdem noch bequem auf dem Boden liegen. Ich gewöhnte mich auch an Attilas schwer zu verstehenden Akzent und bemerkte, dass mein Ungarisch langsam fließend wurde – oder mit welcher Sprache auch

immer er auf uns einbrüllte wenn er verärgert war oder
wir nicht sofort verstanden, was er von uns wollte. Weiters
schloss ich neue Freundschaften mit ein paar netten Kindern:
Florian, Dominic, Markus und Christian. Zu dem Zeitpunkt
traf ich auch einen Jungen namens Daniel zum ersten Mal.
Damals war der zweijährige Altersunterschied zu groß für
uns um beste Freunde zu werden, doch zehn Jahre später
trafen wir uns wieder und da wurden wir es – und sind es
bis heute geblieben. Ich bin immer noch erstaunt, wie früh
sich unsere Wege eigentlich gekreuzt haben. Nach einiger
Zeit hörte Chris komplett auf vom Eishockey zu schwärmen
und zu meiner Überraschung fragte er mich nun wieder nach
meinen Kunstturnstunden. Ich erzählte ihm, dass diese nun
besser waren. Sie waren genau genommen noch genauso
wie am Anfang, nur hatte ich mich jetzt daran gewöhnt.
Obendrauf hatte ich mit den anderen Kindern vor und nach
den Stunden eine Menge Spaß im großen Trainingspool, der
mit weichen, flauschigen Bällen gefüllt war. Normalerweise
nutzten die erfahreneren Gymnasten diesen Bereich, um
neue Sprünge zu üben ohne dabei verletzt zu werden. Am
Anfang des Jahres durften wir noch nicht darin spielen, doch
jetzt nutzten die anderen Kinder und ich die dreißig Minuten
vor der Trainingsstunde oder gingen erst dreißig Minuten
später nach Hause, um im Pool herum zu albern. Es war
extrem lustig und eine schöne Belohnung für all die langen
Stunden des Dehnens. Von dem was ich erzählte schien Chris
nicht gerade sehr erfreut zu sein. Ich fand dann später heraus,
dass er auch das Eishockey aufgegeben hatte, weil er ein paar
Mal zu hart geschubst worden war. Danach probierte er noch
ein paar andere Sportarten aus, welche er aber auch nach ein
paar Wochen aufgab. Er lernte nie länger bei einer Sportart
zu bleiben, bis er besser darin gut geworden wäre.

In der Mitte des Jahres begann Attila plötzlich die
neunzig-Minuten Trainings aufzupeppen. Wir wärmten uns
noch so wie immer fünfzehn Minuten auf, aber anstelle des
langen Dehnens danach, taten wir dies nur noch für zehn
Minuten. Dann lernten und trainierten wir verschiedene

aufeinander aufbauende Übungen. Die Bewegungen wurden mit jeder Stunde schwieriger und schwieriger. Wir begannen mit Grundrotationen und gingen weiter zu Saltos und fortgeschrittenen Rotationen, immer Schritt für Schritt. Das Training wurde extrem aufregend und war genau das, warum ich mich am Anfang des Jahres beim Kunstturnen angemeldet hatte. Wir benutzten nun auch den Trainingspool nicht mehr nur zum Herumblödeln, sondern auch fürs eigentliche Training. Wir halfen uns gegenseitig, wenn wir neue Tricks ausprobierten. Das Vertrauen ineinander stieg enorm, und der Teamgeist wurde stark geweckt, was eine tolle Erfahrung für viele Siebenjährige ist. Es war auch eine Menge Spaß, wenn andere Kinder hinfielen, sich aber natürlich nicht verletzten. Jetzt verstand ich auch Attilas Plan: Wir hätten diese schwierigen Dinge niemals sofort machen können, weil unsere Körper, so wie meine Mutter es vorhergesagt hatte, noch nicht bereit dazu waren. Attila ließ uns all das Dehnen und Aufwärmen trainieren, damit jede Faser in unserem Körper auf die anstrengenden Sprünge und Figuren, die er uns jetzt lehrte, vorbereitet war. Es funktionierte. Ich lernte all die Saltos und Sprünge von denen ich geträumt und einige davon im Fernsehen zuvor gesehen hatte. Attila hatte uns eine großartige Basis gegeben, von der aus wir aufbauen konnten. Einer der Gründe, warum sich niemand von uns verletzte, war die Flexibilität und Stärke, die wir durch dieses frühe, konstante Training lernten und von dem ich noch in all den späteren Jahren im Profisport profitierte. Ich hielt nicht nur mein Versprechen meiner Mutter gegenüber, sondern blieb beim Kunstturnen sogar während meiner gesamten Grundschulzeit aktiv. Dies ging sogar soweit, dass ich zu den österreichischen Meisterschaften in die Bundeshauptstadt Wien fahren durfte - ich habe dort zwar nicht gewonnen, jedoch alleine die Erfahrung dort gewesen zu sein war unvergesslich.

Die Grundlage, die ich in dieser Zeit erhielt, half meiner Sportkarriere bis heute. Als ich später Basketball spielte, verstauchten sich viele Spieler ihre Knöchel oder verdrehten sich ein Knie. Beim Kitesurfen luxierten sich viele Freunde ihre Schultern. Dank meiner Kunstturnstunden konnte ich mich immer auf meinen flexiblen und fitten Körper verlassen (Klopf auf Holz!). Genau so wie in der Schwimm- und Baum-Geschichte habe ich einige wertvolle Lektionen mitgenommen, welche mir heute noch helfen, erfolgreich zu sein:

Die erste Lektion ist, dein Team gut auszusuchen bevor du etwas beginnst. Es war nicht so, dass Chris und ich in einem gemeinsamen Team waren, aber ich hatte das Gefühl, dass wir etwas gemeinsam schaffen wollten. Ich machte meiner Mutter gegenüber ein Versprechen und fühlte mich verpflichtet, es auch durchzuziehen. Für ihn war das offensichtlich nicht so wichtig. Ich lernte aus der Geschichte, weshalb ich in vielen zukünftigen Projekten äußerst vorsichtig war mit wem ich zusammenarbeite. Die Fragen, die ich immer stelle, sind, ob wir die gleiche Zielvorstellung haben und was unser Engagement ist, dieses Ziel zu erreichen. Viele Male hat sich das bereits als gute Lektion erwiesen, nur einige Male bin ich von dieser Regel abgewichen – und habe dies jedes Mal bereut. Du kannst das zum Beispiel in der "Brasilien-Geschichte" lesen, in der ich mein Team nicht gründlich aussuchte und deswegen hohe Verluste erlitt. Im Kunstturnen traf ich auf ein "großartiges Team" mit den anderen Freunden, die ich dort kennenlernte. Sie hatten die gleichen Ziele und Interessen wie ich, und gemeinsam gingen wir durch Dick und Dünn. Es gibt eine großartige Geschichte von Ernest Shackleton[2], die ich später in meinem Leben las. Er war ein gefeierter und bekannter Erkunder der Antarktis. Obwohl er während seinen Forschungen immer das gefährlichste und scheinbar unmöglichste Terrain erkundete, konnte er seine Crew stets zusammenhalten. Er wurde aus diesem Grund zu einem exzellenten Teamführer, was ihm zudem den Spitznamen "Der Boss" einbrachte. Als er gefragt wurde, wie er dies bewerkstelligte, antwortete er, dass er immer

---

2 http://en.wikipedia.org/wiki/Ernest_Shackleton

im Vorhinein klarmachte, wie die Umstände während der Reise sein würden und was er von jedem Einzelnen auf der Reise erwartete. Wenn Probleme aufkamen, erinnerte er die Männer an ihre Versprechen und stellte sicher, dass sie sich daran hielten. Ein schlauer Mann, dieser Ernest Shackleton.

Lektion Nummer zwei: Die meisten Dinge, die man als Anfänger beginnt, machen keinen Spaß bis man gut darin ist. Das hört sich nach einer "na, logo" Aussage an, ist allerdings oft nicht so einfach umzusetzen, wenn Menschen neue Dinge lernen oder ausprobieren. Viele Menschen würden Surfen lernen, oder wären gerne gute Skifahrer. Sie unterschätzen jedoch den Übungsaufwand und geben verfrüht auf. Malcolm Gladwell schrieb ein großartiges Buch namens "The Outliers"[3] . Er beschreibt darin, dass Talent eine angeborene Fähigkeit ist und oft sehr überbewertet wird. Die meisten Menschen denken, Talent sei die Basis um in etwas gut zu werden, Studien zeigen jedoch, dass Durchhaltevermögen und hartes Training der eigentliche Knackpunkt sind. Wahres Können wird nur durch jahrelanges Training erreicht und Talent stellt dann lediglich die Spitze des Erfolges dar. Sei es Programmieren, ein Instrument zu spielen, in Sportarten gut zu werden, usw. Wenn du 100 Stunden an etwas arbeitest, siehst du starke Verbesserungen und wenn du 1.000 Stunden erreichst, wirst du zu den Besten gehören. Mit 10.000 Stunden bist du dann Weltklasse. Für die meisten Aktivitäten bedeutet das, dass man fast 10 Jahre ununterbrochen (nämlich circa drei Stunden am Tag) etwas machen muss, um wirklich ganz oben mit dabei zu sein. In unseren Kunstturnkursen trainierten wir ungefähr fünf Stunden pro Woche. Wir hatten also nach einem halben Jahr ziemlich viel gedehnt und waren bereit für mehr. Das war der Zeitpunkt, wo wir die 100-Stunden-Marke erreicht hatten und wo der Sport anfing Spaß zu machen und leichter wurde. Als ich später in meinem Leben anfing, Basketball zu spielen, wiederholte sich das Ganze. Es war auch das gleiche beim Kitesurfen.

---

3 http://gladwell.com/outliers/

Viele meiner Freunde probierten Neues aus, verstanden das Prinzip nie wirklich und gaben auf, da sie glaubten "kein Talent zu besitzen". Sie hätten einfach nur mehr trainieren und üben müssen, und das eigentliche Können und somit auch der Spaß wären hinzugekommen.

Lektion drei (und für mich persönlich eine sehr wichtige Lektion) war, ein von mir gegebenes Versprechen immer zu halten – sei es groß oder klein. Ich hatte mit meiner Mutter eine Abmachung und es war mir klar, dass sie es ihrerseits einhalten würde, solange ich bei meinem Teil blieb. Sie würde mich hin- und herfahren, so lange ich am nächsten Tag nicht aufgeben würde. Ich versprach ihr, dass ich meine Entscheidung nach einem Jahr überdenken würde, aber nicht früher. Ein Versprechen in diesem Alter zu brechen wäre vielleicht nicht so schlimm gewesen, doch es hätte meine Glaubwürdigkeit für zukünftige Versprechen verletzt. Ich wäre auch verletzt gewesen, wenn meine Mutter es sich auf einmal anders überlegt und mich nicht mehr zu den Stunden gefahren hätte. Alle meine Partner, mit denen ich heute arbeite, wissen, dass mein Wort wie eine Unterschrift zählt. Wenn ich sage ich tue etwas, dann tue ich es auch, und wenn ich sage ich werde es nicht tun – sei versichert, dass ich es nicht tun werde. Manche Menschen verwechseln das Halten eines Versprechens damit nur kleine Träume zu haben. Sie sagen, dass du besser nicht zu große Ziele und Träume haben solltest, damit du diese auch ja immer einhältst und erreichst. Du wirst in einem der späteren Kapitel lesen, dass das meiner Meinung nach absoluter Schrott ist. Es gibt einen klaren Unterschied darin ein Versprechen zu machen, das man halten sollte und zwischen einer Vision, oder einem Traum. Solch ein Traum oder solch eine Vision muss riesig sein und meist liegt das eigentliche Ergebnis ein bisschen darunter. Das ist absolut in Ordnung und ist in diesen Fällen sogar gewollt. Doch merke dir, wenn du jemals mit jemandem arbeitest, der ein klares Versprechen bricht, halte ab sofort Abstand von ihr/ihm. So wie du zu deinen eigenen Werten stehen solltest, solltest du auch nur mit ehrlichen und verlässlichen

Menschen zusammen arbeiten. Es wird dich geschäftlich und persönlich weitaus erfolgreicher machen.

Dir ist in deinem eigenen Leben vielleicht etwas Ähnliches passiert. Bevor du also zum nächsten Kapitel gehst, lass mich dich das fragen: Was machst Du JETZT SOFORT, nachdem du dieses Kapitel gelesen hast? Wozu verpflichtest du dich und bleibst auch dabei? Was ist dein Schlüsselkriterium, wenn du das nächste Mal einen persönlichen Partner oder Geschäftspartner suchst? Schreib es nieder (dein Versprechen an dich selber) und mache es jetzt. Andernfalls erledigst du es wahrscheinlich nie!

NOTIZEN

4.

DIE BASKETBALL-GESCHICHTE – "ICH KANN NICHT MEHR" GIBT ES NICHT

"Ob du denkst du kannst, oder du kannst nicht – du wirst Recht haben." – Henry Ford

In meiner ersten Geschichte lernte ich, dass ich geben muss, um zu bekommen. In der zweiten erkannte ich, dass die meisten Dinge keine Schnellschüsse sein sollten, sondern man dabei bleiben muss und nicht aufgeben darf. Die dritte Geschichte handelt vor allem davon, dass viele Dinge am Anfang schwer sind, bevor man gut darin wird. Die vierte Geschichte jetzt erzählt von meiner Erfahrung im Basketball, die mir eine der wichtigsten Lektionen meines Lebens, wenn es um mentale Einstellung geht, lehrte. Ich war nun ein bisschen älter als 10 Jahre und kam in die Unterstufe des Gymnasiums. Bis zu diesem Zeitpunkt war ich hoch aktiv im Kunstturnen und die daraus entwickelte Körperkontrolle und Geschwindigkeit würden mir in vielen anderen Sportarten später helfen. Meine neue Schule jedoch war ziemlich weit von der Kunstturnhalle weg. Es wurde dadurch logistisch immer schwieriger Schule und Sport miteinander zu vereinbaren. Ich liebte Sport und brauchte täglich Bewegung. So schaute ich mich nach anderen Sportarten um. Einige Kinder in meiner Kunstturngruppe traten einem Fußballclub bei. Mir gefiel Fußball nie wirklich, obwohl es eine er beliebtesten Sportarten in Österreich ist. Andere meiner Freunde wurden im Wintersport aktiv. Zwar war ich ein guter Skifahrer, aber nur, weil wir seit ich jünger war oft Skifahren gingen und nicht, weil es mir so viel Spaß machte (Malcolm Gladwells 'Stundenprinzip' kommt hier wieder zum Tragen). Ich war also unsicher was ich tun sollte, doch drei meiner neuen Schulfreunde, Lukas, Peter, und Nicolas, wollten es mit Basketball probieren.

Bis dahin hatte ich nur ansatzweise von Basketball gehört, weder selbst gespielt, noch gesehen wie man es spielt. Dieser Sport machte mich allerdings neugierig und so ging ich zu unserer Schulbücherei. Schon in der Vergangenheit liebte ich es mir durch Lesen selbst etwas beizubringen. Bereits in der Bücherei unserer Grundschule hatte ich jedes verfügbare Buch gelesen. Meine Verwandtschaft hatte dies damals bemerkt und gaben mir Wörter- oder Sachbücher als Geburtstagsgeschenk. Jedes andere Kind hätte das wahrscheinlich gehasst, doch ich war der glücklichste Junge damit. Es gab eine Bücherreihe namens "Was ist..." und die Autoren schrieben in einfacher Sprache über verschiedene Themen wie Wissenschaft, Psychologie und Astronomie. Stundenlang konnte ich dort sitzen und über Dinge wie Flugzeuge und Raumschiffe, bis hin zu wie der menschliche Körper funktioniert lernen. Dies war zu einer Zeit lange vor der Massentauglichkeit des Internets. In der modernen Bücherei unseres Gymnasiums hatten sie Videokassetten, die man sich ausleihen und dort auf einem Videorekorder ansehen konnte. Ich fragte die Bibliothekarin, ob sie etwas über Basketball haben würde. Sie sah kurz nach und sagte sie mir, dass sie eine Videokassette habe, die sich jedoch noch nie jemand ausgeliehen hätte – Basketball war in Österreich einfach nicht so bekannt. Ausgezeichnet, dachte ich und lies mich von ihr in den Gang führen, wo ich das Video ansehen konnte. Es ist erstaunlich, dass wir gerade mal zehn Jahre später alles auf YouTube ansehen könnten (oder vielleicht, wenn Du das liest, gibt es schon wieder etwas Neues).

Das Video zeigte einen (mir) unbekannten afro-amerikanischen Spieler. Zu dem Zeitpunkt war ich nicht einmal sicher, ob er gut war oder nicht. Sein Name war Michael Jordan. Heute weiß ich, dass er der beste Basketballspieler aller Zeiten ist, doch damals konnte ich nur dort sitzen und zusehen. Das Video war auf Deutsch übersetzt worden und es erzählte davon, wie Michael aus dem High School Team geworfen wurde, weil er deren Meinung nach damals nicht gut genug war. Er erzählte außerdem, wie er den NCAA Collegetitel in der Uni gewann und berichtete über seine (damals) drei Meisterschaften mit den Chicago Bulls in der NBA, der besten Basketball Liga der Welt. Es schien als ob er durch die Luft fliegen konnte, wenn er, wie ich später herausfand, einen so genannten "Dunk" machte, (ein kraftvoller Spielzug bei dem der Spieler den Ball von oben durch den Korb stopft) Dieses Video von Michael Jordan inspirierte mich, ebenfalls Basketball zu lernen. Es sah temporeich, strategisch und nach viel Spaß aus. Das Video (heute weiß ich, dass das Video "Air Time" heißt – du kannst es dir auf YouTube ansehen) hatte mich vor Begeisterung total gefesselt und so begleitete ich meine Freunde am folgenden Mittwoch zu meiner allerersten Basketball Trainingsstunde.

Im Gegensatz zum Kunstturnen, wo wir meist barfuß trainierten, trugen die meisten Kinder zu meiner Überraschung Sneakers, wenn sie Basketball spielten. Ich musste wohl total dämlich ausgesehen haben, als ich zum Training barfuß in der Halle erschien. Unser Trainer, Herr Freytag, teilte uns in drei Gruppen auf, je nachdem wie gut ein Spieler seiner Meinung nach war. Er schickte meine Freunde Nicolas und Peter in die mittlere Gruppe. Lukas kam in die beste Gruppe, weil er schon seit einiger Zeit mit seinem älteren Bruder Simon gespielt hatte. Ich kam in die letzte Gruppe, was meine Gefühle wirklich verletzte. Ich wusste, ich hatte bis dahin noch nicht einmal einen Basketball gehalten, aber als ich in diese Gruppe kam, schwor ich mir, dass ich nie mehr wieder in meinem Leben in eine "Anfängergruppe" kommen würde. Das Erste was wir machen mussten, war zu lernen einen Basketball richtig zu halten. Außerdem lernten wir uns richtig zu positionieren, den Ball weiterzupassen,

zu fangen und ein paar Grundregeln des Spieles. Das alles
war nicht besonders aufregend und erinnerte mich stark
an die ersten Wochen im Kunstturnen vier Jahre zuvor.
Ich wusste jedoch, dass ich wieder denselben Lernprozess
durchmachen musste und dass eine gute Basis in einem
Sport ganz besonders wichtig sei. Nach meinem ersten
Basketball-Training berichtete ich meiner Mutter begeistert,
dass ich dabeibleiben wollte und bettelte, mir Schuhe und
Ball zu kaufen. Sie hatte heimlich gehofft, dass mir Basketball
nicht gefallen würde, denn sie hätte es bevorzugt, wenn ich
Volleyball gespielt hätte, genauso wie sie in meinem Alter.
Als sie aber sah, wie aufgeregt ich war, stimmte sie zu und
kaufte mir mein erstes Paar Basketballschuhe: Natürlich
Air-Jordans von meinem Idol. Außerdem erhielt ich meinen
ersten "Silber Spalding" Basketball. Ich war stolz so gut
vorbereitet zu sein und ging sofort vor unser Haus, um das
Training vom Vortag zu wiederholen und meine Basketball
Fähigkeiten zu verbessern. Ich erinnere mich noch heute
daran, wie lange es gedauert hatte bis ich endlich den Ball
durch meine Beine dribbeln konnte: Wochen! Heute ist es für
mich so einfach wie Atmen.

Die erste Gruppe trainierte drei Mal pro Woche, aber
da ich noch nicht in der ersten Gruppe war, hatte ich nur
einmal wöchentlich Training. Damit ich mich schneller
verbesserte, fragte ich Lukas jeden Tag in der Schule, was sie
im Training gemacht hatten. Sobald ich nach Hause kam,
übte ich dieselben Bewegungen und dribbelte auf unserem
Parkplatz herum. Ich malte mir Kreise für imaginäre
Gegenspieler und übte so locker sechs Stunden pro Tag. Dies
war ein einschneidender Moment in meiner Jugend, nicht
nur für mich, sondern auch für meine Eltern und Nachbarn.
Vom September 1996 an hörten sie nicht enden wollendes
Basketball Dribbling sobald die Schule vorbei war bis hin
zum Sonnenuntergang. Ein paar Mal riefen die Nachbarn die
Polizei, weil sie meinten, dass ich ihren Sonntagsschlaf um
sieben Uhr morgens stören würde - pfffff. Die Polizei konnte
mich nicht vom Training abhalten und mein Vater klärte

dies auf seine Art und Weise – wie das eben auf dem Land so geklärt wird. Da ich im eigentlichen Team spielen wollte, brauchte ich eine gute Basketball-Grundlage, und nichts sollte mich davon abhalten. Wenn mich Leute beobachtet hätten, wie ich ein imaginäres Spiel auf unserem Parkplatz ohne Körbe spielte, dachten sie bestimmt ich sei verrückt. Ich war zwar ziemlich klein, konnte aber hoch springen und schneller rennen als die meisten anderen Kinder. So arbeitete ich intensiv an meiner Ball-Geschicklichkeit, um bald in die mittlere Gruppe aufzusteigen und mit den besseren Kindern zu spielen. Trainer Freytag erkannte meine Anstrengungen und nach ein paar Trainingsstunden ließ er mich die mittlere Gruppe überspringen und brachte mich direkt in die erste Gruppe. Jetzt war ich in einer ganz anderen Welt. Diese Kinder konnten nicht nur gut mit dem Ball umgehen, sie konnten auch werfen. Bis zu diesem Zeitpunkt hatte ich nur selten versucht auf einen Korb zu werfen. Ich hatte nicht einmal einen zu Hause und im Training in der Anfängergruppe hatten wir uns hauptsächlich auf die Grundlagen und nicht auf das Werfen konzentriert. Ich hatte eine Menge nachzuholen, um mit den anderen Jungs mithalten zu können.

Nach dem Training überzeugte ich meinen Vater mir einen eigenen Korb zu kaufen und ihn vor dem Haus auf unserem Parkplatz aufzustellen. Neben dem Dribbling konnte ich nun auch Werfen zu meiner täglichen Routine hinzufügen. Damit ich mehr Versuche in der gleichen Zeit schaffte, fragte ich meine Schwester, den Ball zu mir zurückzuwerfen nachdem dieser vom Korb abprallte. Im Gegenzug dazu half ich ihr mit Mathematik und Englisch in der Schule. Weiters überzeugte ich meinen Vater ein paar helle Lichter auf unserem Parkplatz zu installieren, damit ich während der Wintermonate bis spät in die Nacht spielen konnte. Meine Nachbarn hassten es, weil es fast so war, als ob sie neben einem hell erleuchteten Sportstadion wohnen würden. Ich schulde meinem Vater eine Menge dafür, dass er mir mit all dem geholfen hat. Wenngleich ich in meinen jungen Jahren nicht so viel Zeit mit ihm verbracht hatte, war er immer für mich da, wenn ich ihn wirklich brauchte. Obwohl er sich mit den Nachbarn herumärgern musste, die sich mittlerweile immer öfter beschwerten, wusste er, dass mir die Lichter viel helfen würden und er wollte, dass ich Erfolg hatte. Während des Winters, wenn es schneite, trug ich während dem Training vorm Haus Handschuhe und eine Jacke, um trotzdem weiter spielen zu können. Ich kümmerte mich um den Parkplatz, indem ich ihn von Schnee und Eis freihielt – was natürlich meinen Eltern sehr gefiel. Außerdem begann ich Basketball-Magazine zu lesen, um etwas über die tatsächliche Basketball-Mechanik und von Profispielern zu lernen. Die meisten waren auf Englisch, was natürlich meine Englischkenntnisse automatisch verbesserte und weswegen meine Mutter diese auch gerne bezahlte. Ich bereitete mich also mit vollem Einsatz auf die kommende Saison vor. Genau gleich würde ich auch später jedes andere neue Thema angehen, wie du noch lesen wirst.

Mein hartes Training machte sich bezahlt, denn ich erfüllte die Voraussetzungen und durfte rasch zu einem Schlüsselspieler im Hauptteam werden. Trainer Freytag teilte mir die Aufbauspielerrolle bzw. die Spielemacher-Position zu. Da ich ziemlich klein war (heute bin ich nur 5-10/178cm groß), eine Menge redete und gerne Anweisungen gab, war diese Position wie für mich gemacht. Ich lernte schnell wie man Spielzüge liest, verstand wann ich selber punkten konnte und wann ich den Ball an jemanden in einer besseren Position passen musste. Das Schlechte jedoch Spielmacher zu sein war, dass wann immer wir ein Spiel gewannen, nie der Spielmacher gelobt wurde, sondern die Werfer oder Center-Position, da sie die meisten Punkte einheimsten. Wenn wir jedoch verloren, war es immer die Schuld des Spielemachers, da er das Spiel nicht richtig geleitet hatte. Dies war zuerst recht hart für mich, da ich immer 100% gab, und die Kritik meiner Ansicht nach ungerechtfertigt war. Über die Zeit lernte ich jedoch vor allem, wie man solche Niederlagen auf seine eigene Kappe nimmt und verarbeitet, jedoch auch andere lobt und ihnen die Lorbeeren gibt, wenn man gewinnt. Es war ein wichtiger Prozess in meiner Persönlichkeitsentwicklung. Wir gewannen schließlich die Meisterschaft in diesem und auch im folgenden Jahr. Es war eine großartige Erfahrung und mit den Freunden von damals verbringe ich immer noch viel Zeit, wann immer ich auf Besuch in Innsbruck bin.

Am Ende der Unterstufe traf ich drei weitere Freunde, mit denen ich enorm viel Basketball spielte: Felix und Dominic, die die Werfer-Position übernahmen, und Andi, der in der Center Position spielte, nachdem er der Größte von uns allen war. Viele Male schwänzten wir die Schule, um uns stattdessen auf dem Freiplatz zu treffen und stundenlang Basketball dort zu spielen. Daher kommt auch mein Spitzname "playgrounder" (was auf Deutsch soviel wie "Freiplatzspieler" bedeutet), den ich noch immer oft in Blogs oder auf Social Media Seiten verwende. Andi und Felix spielten für ein anderes Team, das nicht von der Schule, sondern von einem professionellen Club organisiert wurde. Sie überzeugten mich gemeinsam mit Dominic zu wechseln. Dies würde unsere Chancen erhöhen, später in einer professionellen Liga zu spielen. Unser aller Traum war es genauso wie Michael Jordan in die NBA zu kommen. Leider schaffte es keiner von uns dorthin, doch ich durfte als Semi-Profi für unser lokales Team in Innsbruck spielen, woher auch eine der wichtigsten "mentalen" Erinnerungen aus meiner Sportzeit stammt.

Es war das Jahr 2001 und unser Team Coach Barney, welcher als einer der härtesten Trainer bekannt war, berief das neue Sommertraining ein. Viele Spieler fürchteten sich vor seinen harten Trainings und seiner gemeinen Art, wenn Spieler Fehler machten. Ich hatte selbst viel über den Sommer hinweg trainiert und sah mich so fit wie selten zuvor. Ich war gerade einmal 15 Jahre alt, konnte, obwohl ich ziemlich klein war, den Basketball "dunken" und hatte meinen Körper zu Höchstleistungen trainiert. Meine Anstrengungen über den Sommer hatten sich bezahlt gemacht, da ich als einer der Spieler für das U-16 Nationalteam im Rennen war. Obwohl ich all die Horrorgeschichten über Barney gehört hatte, fühlte

ich mich also fit für das kommende 2 ½ Stunden Training.
Nun, das war noch vor dem Training – danach sah es anders
aus. Obwohl mich meine Freunde warnten, ging ich vor dem
Training ins Fitnessstudio und war daher ziemlich ausgelaugt.
Barney liebte Training-Drills bei denen das gesamte Team
als eine Einheit fungieren musste. Dies funktionierte so:
Alle Spieler, bis auf einen, reihten sich auf einer Seite des
Spielfeldes auf. Der beste Werfer nahm einen Wurf von
der Freiwurflinie, die ca. fünf Meter vom Korb entfernt ist.
Wenn er traf, war die nächste Person dran. Wenn ein Spieler
es nicht schaffte, musste das ganze Team ein paar Mal auf-
und absprinten, dabei jedoch unter einer vorgegebenen Zeit
bleiben. Wir waren an diesem Tag insgesamt zwanzig Spieler
und die Gefahr war groß, dass nicht jeder punkten würde.
Vier oder fünf dieser Sprints zu rennen war nicht so schlimm,
aber mehr als das, und es wurde kritisch unter dem Limit
zu bleiben. Je müder jemand war, desto weniger punkteten
sie, was mehr Sprints bedeutete, was die Spieler noch mehr
erschöpfte. Ein wahrer Teufelskreis. Die beste Strategie war
daher, dass die guten Spieler anfingen, hoffentlich punkteten
und dann die schlechter werfenden Spieler am Ende dran
waren, als es nicht mehr so schlimm war, wenn wir rennen
mussten. Dieser Tag wurde jedoch zum Alptraum.

Da ich normaler Weise ein ausgezeichneter Freiwerfer war,
war ich meistens einer der ersten Spieler an der Freiwurflinie
bei solchen Übungen. An diesem Tag verwarf ich jedoch
und initiierte somit ein Training, dass sich in einen wahren
Sprint-Marathon verwandelte. Nur zwei der ersten zehn
Spieler punkteten und es war ziemlich unwahrscheinlich,
dass einer der kommenden zehn Spieler treffen würde. Mein
Körper war ausgelaugt und obendrein hatte ich vor dem
Training nicht viel gegessen oder getrunken. Es bahnte sich
eine Katastrophe an. Nach dem zehnten Sprint fühlte ich
mich mehr als leicht schwindelig. Die anderen Spieler waren
noch etwas fitter, aber als ich nicht unter dem Zeitlimit blieb,
forderte Barney, dass ich die Sprints immer und immer
wieder rannte, bis ich es schaffte. Der nächste Spieler war

dran – er verwarf. Nächster Sprint. Ich schaffte es wieder nicht. Alles drehte sich, ich war am Rand der Erschöpfung. Barney sah mich an und brüllte: "Auf die Plätze, fertig, LOS!" Er drückte auf die Stoppuhr. Ich sah ihn an und brachte nur ein paar Wörter hinaus: "Coach, ich kann nicht mehr rennen, ich bin total erschöpft!" Barneys Gesichtsausdruck änderte sich kein bisschen. Er sah mich an und kam näher. Es war das erste Mal, dass ich bei seinem Training war und er kannte wahrscheinlich nicht mal meinen Namen. Ich war nur irgendein Spieler für ihn, der erschöpft war und nicht mehr rennen wollte. Er beugte sich zu mir hinunter, legte seinen Arm um mich und sagte mit sanfter Stimme einen Satz, den ich nie mehr vergessen werde: "Junge, nur, wenn du kotzend am Boden liegst, du dich nicht mehr bewegen kannst, deine Muskeln nicht mehr funktionieren und du ohnmächtig in deinem Erbrochenen liegst, dann darfst du zu mir sagen, dass du "etwas nicht kannst". Bis zu diesem Zeitpunkt, bis dahin WILLST DU EINFACH NICHT! Du willst nicht rennen, weil du zu faul bist – weil du eine Memme bist. Weil du mir eine feige Heulbaby-Entschuldigung gibst. Gib es zu! Gib zu, dass du nicht mehr rennen willst. Ich brauche solche Spieler nicht. Ich brauche Spieler, die gewinnen wollen. Spieler, die es wirklich wollen! Spieler, die siegen wollen – nicht Spieler, die nicht wollen und mit Memmen-Entschuldigungen wie "Ich kann nicht mehr" daherkommen! Junge, mit dieser Einstellung wirst du nichts in deinem Leben erreichen. Sobald du behauptest du "kannst nicht mehr" gibt es hunderte andere, die es schaffen, weil sie es mehr wollen als du."

Er richtete sich wieder auf, sah den Rest der Gruppe an und schrie: "Nehmt mir diesen Verlierer aus meinem Training. Ich brauche Spieler, die es so sehr wollen, dass sie die Worte "Ich kann nicht mehr" nicht einmal kennen!"

Ich sah ihn an, ungläubig, ob ich ihn korrekt verstanden hatte. Mein Gehirn funktionierte nicht richtig und meine Gedanken waren verschwommen. Aber ich hörte die nächsten Worte deutlich:

"Entweder rennst du diese Sprints bis du kotzt, oder du verschwindest aus meinem Training, du Verlierer!" er meißelte diese Worte in mein Gehirn. Ich wollte auf keinen Fall ein Verlierer sein, und noch weniger wollte ich mein Team im Stich lassen. Also raufte ich all meine Energie, die ich noch übrig hatte, zusammen und rannte. Ich schaffte das erste Zeitlimit nicht. Auch nicht das zweite. Ich wurde fast ohnmächtig. Barney wiederholte nur: "Du bist noch nicht am Ende. Du kannst noch stehen. Ich scher mich nicht darum, ob du läufst, kriechst, oder robbst. Du kannst noch immer weitermachen!" Ich sah ihn ungläubig an. Er sah wie ein Monster aus einem Film aus, das es liebt Menschen zu quälen. Dann sah ich zu meinem Team – ich konnte sie nicht hängen lassen. Also sprintete ich wieder – und schaffte das Zeitlimit zu meiner eigenen Überraschung. In dem Moment kollabierte ich vor Erschöpfung. Mein Kopf drehte sich, meine Hände kribbelten und meine Augen sahen nur mehr verschwommen. Ich fühlte einen unglaublichen Druck in meinem Bauch hochsteigen und als nächstes lag ich auf dem Boden und kotzte mir die Seele aus dem Leib. Mein Körper war so erschöpft, wie er nur sein konnte. Zwei meiner Teamkollegen brachten Handtücher und Wasser zu mir herüber. Barney sah mich an, beugte sich hinunter und sagte zu mir sanft: "Siehst du, merke dir das Gefühl für den Rest deines Lebens, denn nur jetzt darfst du "ICH KANN NICHT MEHR" sagen!"

Ich konnte seine Worte kaum verstehen, ich war total weggetreten und lag nur auf dem Boden, und versuchte mich zusammen zu raffen. Es war einer der härtesten Tage in meinem Leben, doch ich hatte eine Menge mitgenommen. Der Samen, den Barney an diesem Tag in meinen Verstand pflanzte, würde die Stärke meines Willens für immer verändern. Viele Menschen lassen ihre Handlungen und Entscheidungen von ihren Emotionen oder ihrem Körper diktieren, doch es ist eigentlich der Verstand, der über das Handeln entscheidet. Wenn du einen Wecker auf sechs Uhr stellst und dein Körper sagt, dass es noch zu früh ist – ist es

dein starker Verstand der sagt ICH KANN und dich daraufhin
aufstehen und nicht mehr weiterschlafen lässt. Wenn du
müde vom Lernen bist und dein Kopf schmerzt, ist es dein
Verstand der sagt MACH WEITER. Es gibt tausende solcher
Beispiele und jeder erfolgreiche Hochleistungssportler,
Unternehmer oder Künstler wird dir das Gleiche sagen: "Der
Verstand muss stärker sein sein als der Körper – andernfalls
wirst du immer aufgeben, wenn es schwierig wird!" Ich hatte
Glück, das in diesem Training zu lernen. Bald erkannte ich,
dass Barney einer der besten Trainer war, für den ich die
Ehre hatte zu spielen und wir wurden trotz dieser Erfahrung
gute Freunde. Er lehrte mir die Grundlagen über mentale
Einstellung, taktisches Spielen und Führungsqualitäten.
Ohne ihn wäre ich nie in der Lage gewesen unserem Team zu
so vielen Gewinnen zu verhelfen oder in der professionellen
"Bundesliga" zu spielen. Die Lektionen, die ich von ihm lernte,
vor allem durch diesen einen Vorfall, waren unbezahlbar!

Viele Menschen benutzen die Worte "ICH KANN
NICHT MEHR", obwohl sie eigentlich "ICH WILL NICHT
MEHR" meinen. Denke an jedes Mal, als du gesagt hast
"ICH KANN NICHT MEHR" und ersetze es mit "ICH WILL
NICHT MEHR". Versuche es einfach einmal für nur eine
Woche. Noch besser ist es stattessen zu fragen: "WIE KANN
ICH?" "Ich will nicht um sechs Uhr aufstehen, aber wie
schaffe ich es trotzdem? Ich weiß nicht wie das funktioniert,
aber wie kann ich es lernen? Ich will nicht lange arbeiten,
aber was ist, wenn ich es trotzdem mache? Ich will dieses
neue XYZ nicht lernen, aber was ist, wenn ich es trotzdem
mache? Wie kann ich zum nächsten Level aufsteigen? Und so
weiter." Plötzlich ändert sich dein gesamtes Denken und da
Gedanken meist deine Handlungen diktieren, ändert sich so
auch dein Handeln und nachfolgend deine Resultate.

Die zweite wichtige Lektion, die ich vom Basketball
Training mitnahm war, dass man die Worte "Ich kann nicht
mehr" nur dann ersetzen wird, wenn man einen ausreichend
starken Grund hat, WARUM man das machen will. Als ich

Basketball spielte, war mein sogenanntes WARUM sehr stark. Ich fühlte mich meinem Team gegenüber und mir selbst verpflichtet. Ich konnte weder sie noch mich selbst hängen lassen. "Aufgeben tut man einen Brief!" hallte es noch von meiner Mutter in den Ohren. Man kann immer eine Ausrede finden warum man es "NICHT KANN". Diese "Ausreden-Krankheit" ist eine Litanei an meist plausibel klingenden Entschuldigungen, die Menschen davon abhält, Großartiges zu erreichen. Der Grund warum Menschen Ausreden erfinden ist, weil sie zu funktionieren scheinen und es so einen leichten Ausweg darstellt. Wenn du dir selber sagst, du KANNST NICHT um sechs Uhr aufstehen, weil du dann nur fünf Stunden geschlafen hättest und den ganzen Tag müde wärst, dann macht das sicher Sinn. Dein Verstand sagt also: ok, großartig, ich kann nun bis neun Uhr schlafen. Es hat funktioniert – nur erreicht hast du gar nichts. Du musst einen starken Grund finden, warum du das Hindernis trotzdem erklimmen möchtest. Jedes WARUM eines Menschen ist anders und dadurch unterscheiden sich auch dessen Ziele: Manche wollen mit dem Rauchen aufhören, oder abnehmen und wieder andere wollen eine Million Euro verdienen. Was auch immer es ist, du musst verstehen, dass du dein Ziel nicht erreichen kannst ohne vorher etwas dafür zu geben, wie wir in den vorherigen Kapiteln besprochen haben. Du musst die Worte ICH KANN NICHT mit ICH WILL NICHT oder WIE KANN ICH ersetzen. Du wirst das nur dann tun, wenn du auch einen guten Grund dazu hast. Merke dir: Wann immer du eine Entschuldigung findest etwas nicht zu tun, ist dein Grund einfach nicht stark genug gewesen. Wenn sich das komisch für dich anhört, dann nimm eine Minute und lass dies auf dich einwirken. Mir würde es wahrscheinlich auch so gehen, wenn Barney mich an diesem Tag nicht vor all meinen Teamkollegen bloßgestellt hätte. Mein WARUM war stark genug, und so hab ich jegliche Ausreden verworfen, und habe trotzdem weitergemacht.

Dies bringt mich zur dritten Lektion dieser Geschichte: Wenn du wirklich Topresultate erreichen willst, brauchst du wahrscheinlich Trainer oder Mentoren in deinem Leben, die dir helfen, diese Resultate zu erzielen. Viele Menschen denken, Trainer und Mentoren sind nur für Spitzensportler oder Topmanager. Doch eigentlich sollte jeder für etwas, das einem wichtig ist zu erreichen, einen Trainer oder Mentor haben. Wenn du mit dem Rauchen aufhören willst, hol dir einen Mentaltrainer, der dich dabei unterstützt. Du willst abnehmen? Hol dir einen Fitnesstrainer. Ich wäre diese extra Sprints auch niemals gerannt, wenn Barney mich nicht bis ans Limit und darüber hinaus getrieben hätte. Dies ist vielleicht ein Extrembeispiel, aber meistens ist der Verstand nicht stark genug, gegen den Körper anzukommen und braucht externe Hilfe. Ein guter Trainer oder Mentor wird dir helfen, deine Ziele zu erreichen oder diese sogar zu übertreffen. Dadurch kannst du Dinge erreichen die du alleine nicht geschafft hättest. Ich arbeite so oft es geht mit Coaches, Mentoren und Trainer, oder mit Menschen bei denen ich mich darauf verlassen kann, dass ich mich, nicht nur im Sport, zu Höchstleistungen bringe. Jede erfolgreiche Person, die ich kenne, nutzt diesen Aspekt, und deshalb solltest du das auch tun. Beginne in einem Bereich und wachse über das, was du als maximal möglich gesehen hattest, hinaus und werde stärker denn je.

Merke dir, du kannst andere Menschen nicht ändern, doch du kannst dich selbst ändern. Höre damit auf ICH KANN NICHT MEHR zu sagen und ersetze es mit ICH WILL NICHT oder WIE KANN ICH? - Indem du anders denkst, wirst du auch anders handeln und bessere Ergebnisse erzielen. Finde dein WARUM und hole einen Trainer, der dir dabei hilft dieses zu erreichen. Zu guter Letzt, was wirst du JETZT tun, basierend auf dem, was du gerade gelesen hast? HANDLE und höre mit ICH KANN NICHT auf! Denn "Du kannst" und noch viel wichtiger "DU WILLST"!

NOTIZEN

5.

DIE SANDWICH-GESCHICHTE – MEIN ERSTES UNTERNEHMEN

"Warum der Navy beitreten, wenn man ein Pirat sein kann?" – Steve Jobs

Auf den vorherigen Seiten habe ich dir ein paar Geschichten erzählt, in denen vor allem meine Mutter einen großen Einfluss auf mich hatte. Auch Sport hinterließ eine meist positive Erinnerung bei mir. Weder meine Eltern, noch die Menschen um mich herum waren jedoch recht unternehmerisch. Ich weiß daher nicht, woher ich diese Offenheit für Neues in meinem Leben hatte, doch schon im frühen Alter wollte ich meinen Horizont erweitern, Abenteuer erleben und neue Dinge ausprobieren. Ich hasste es zur "Norm" zu gehören und in den nächsten Geschichten erzähle ich dir, wie dieser Drang in meiner Jugend immer weiter wuchs und zu welchen Resultate dies führte.

Wie die meisten anderen Kinder in der Unterstufe hatte auch ich nicht viel Taschengeld übrig. Das Geld das ich von meinen Eltern bekam nutzte ich zum größten Teil für das Mittagessen in der Schule. Mehr brauchte ich auch nicht wirklich, da mir meine Eltern meine Basketballausrüstung kauften und ich ein Schulticket für den Bus hatte. Handys waren zu der Zeit noch nicht gängig (es war 1997 und ich war erst 11 Jahre alt) und abgesehen von Schule und Sport verbrachte ich die meiste Zeit zu Hause, machte Hausaufgaben oder spielte Basketball. Meine Eltern waren nicht arm, doch was brauchte ich mehr als ein Sandwich und ein

Getränk zum Mittagessen von der Schulcafeteria? Während dieser Zeit wurden Peter (mein erster Basketballfreund, wie du vielleicht aus Kapitel vier noch weißt) und ich gute Freunde und wir machten oft gemeinsam Schularbeiten oder spielten Basketball. Eines Tages saßen wir in seinem Zimmer und versuchten einen kleinen Mini-Basketball durch einen kleinen Ring, den er an die Wand über seinem Bett geschraubt hatte, zu treffen. Wir redeten über Schule und Basketball und irgendwann kam auch das Thema Geld auf. Meine Familie redete nie viel über Geld, nicht, weil sie dachten, dass Geld schlecht wäre, doch ihrer Meinung nach gab es bessere Themen wie zum Beispiel meine Noten in der Schule zu diskutieren. Peter und ich redeten darüber, wie viel Taschengeld wir gerne verdienen würden. Darauf hin stellte ich die magische Frage: "Ok, wie können wir das schaffen?" Wir ließen unseren Gedanken freien Lauf. Wir bekamen unser monatliches Taschengeld und dies inkludierte bereits, dass wir zusätzliche Hausarbeiten, wie zum Beispiel den Müll rauszubringen, im Sommer Rasen zu mähen, oder die Einfahrt im Winter sauberzumachen, erledigten. Mit 11 Jahren war man zu jung, um sich einen Teilzeitjob zu suchen, da das legale Alter zum Arbeiten in Österreich mindestens 15 Jahre ist. Jeder von uns spielte abwechselnd mit dem Basketball weiter, als mir plötzlich eine Idee kam: Viele unserer Schulkameraden hatten schon mal daran gedacht, das Mittagessen außerhalb der Schule im Supermarkt zu kaufen. Dies wäre etwas billiger gewesen, aber so lange es nur ein Sandwich war, war es den extra Aufwand kaum wert. Ich warf den Basketball, rannte vor, hob ihn unter dem Korb auf und stellte mich wieder hinter die fiktive Wurflinie zurück. Ich war schon immer am produktivsten, wenn ich herumlief und nicht nur da saß oder herumlag. Meine kreative Hirnhälfte arbeitete also auf Hochtouren. "Was wenn wir das Geld, das wir von unseren Eltern bekommen dazu benützen, um Brot, Schinken und Käse im lokalen Supermarkt in Massen zu kaufen? Was, wenn wir genug für zehn Sandwiches kaufen, sie ein bisschen billiger wie die Cafeteria anbieten und so unsere Sandwiches umsonst

bekommen? Wir können unser Geld fürs Mittagessen sparen
und obendrein einen Gewinn machen!"

Peter und ich waren sofort Feuer und Flamme. Das
war der Tag, an dem wir unser erstes Geschäft miteinander
starteten. Wir hatten keinen schriftlichen Vertrag, jedoch
trafen wir die Vereinbarung, dass wir den Gewinn 50/50
teilen würden. Wir rechneten unseren Plan durch und er
schien gut zu funktionieren, solange wir jedoch mindestens
zehn Sandwiches verkaufen konnten. Es hört sich vielleicht
lächerlich an, doch wir hatten beide nicht genug Geld um sie
vorab zu bezahlen, denn dies wäre mehr als eine Woche von
unserem Taschengeld gewesen. Ich kannte damals die genaue
Definition nicht, doch was wir am nächsten Tag in der Schule
machten, war Geldmittel aufzutreiben. Wir waren 25 Kinder
in unserer Klasse und die meisten kauften, wie Peter und ich,
unser Mittagessen in der Schulcafeteria. Nur ein Bruchteil
der Kinder brachten ihr Mittagessen von zu Hause mit oder
kauften es, wie wir es planten, im Supermarkt. Der Profit
es außerhalb der Schule zu kaufen war für den Einzelnen
nicht groß genug, plus müsste man den ganzen Weg zum
Supermarkt gehen, sich in der Schlange anstellen um dann ein
matschiges Sandwich bis zur Mittagspause aufzubewahren.
Das alles für gerademal ein paar Cent Ersparnis. Um das
Geld für den notwendigen Ersteinkauf zu sammeln, fragte ich
jedes Kind ob sie daran interessiert wären, am nächsten Tag
nur 99 Cent anstatt EUR 1,50 für ihr Sandwich zu bezahlen.
Ich erklärte, dass wir als Gruppe ein spezielles Angebot im
Supermarkt bekämen, wenn wir mindestens zehn Kinder
zusammenbekämen. Ich garantierte, dass wir die gleiche,
wenn nicht sogar bessere Qualität als die Cafeteria anbieten
würden. So würde es für die Kinder keinen Unterschied
machen, ob sie ihre Sandwiches dort oder von uns kauften. Sie
würden sich jedoch ziemlich viel Geld dabei sparen. Ich gab
ihnen einen kleinen Einblick, wie unsere Seite des Geschäftes
funktionierte, ohne jedoch aufzuzeigen, wie viel Profit wir
wirklich machten. Ich wollte lediglich, dass sie verstanden,
dass wir nicht ihr Geld stahlen, sondern sich diese Taktik

für alle lohnen würde. Nach der initialen Skepsis konnte ich einige davon überzeugen und 14 Kinder stimmten zu. Die 99 Cent hörten sich wie ein Schnäppchen für sie an, und das war es ja in Wahrheit auch, da sie nun über einen halben Euro sparen konnten. Warum setzten wir den Preis nicht gleich auf einen Euro fest? Nun, ich kopierte nur, was die Supermärkte machten und bemerkte, dass sich 99 Cent viel billiger anhört als ein ganzer Euro. Niemand von den Mitschülern erzählte seinen Eltern auch nur ein Sterbenswörtchen, weil jeder wusste, dass dies sonst aufgeflogen wäre und keiner mehr einen Vorteil gehabt hätte. Es war wahrlich eine WIN-WIN Situation für die 14 Kinder, aber auch für Peter und mich, da wir unsere Sandwiches nun kostenlos bekamen.

Als ich am Nachmittag nach Hause kam bereite ich ein Messer und ein Schneidbrett vor. Peter und ich planten uns am nächsten Morgen bereits eine Stunde vor Schulbeginn vor dem Supermarkt zu treffen. Ich erkannte, warum die anderen Kinder das nie gemacht hätten: Um rechtzeitig anzukommen, musste ich einen noch früheren Bus nehmen und keines der anderen Kinder wollte das für nur ein paar Cent tun. Wir gingen durch die Gänge im Supermarkt, verglichen Preise und rechneten aus was wir brauchten und wie viel es kosten würde. Wir beide wussten, dass wir nur dann treue Käufer haben würden, wenn die Qualität unserer Sandwiches, verglichen mit der Schulcafeteria, mindestens gleich oder sogar besser war. Wir benötigten insgesamt 16 Sandwiches: 14 für unsere Mitschüler plus zwei für uns selbst. Es gab ein Sonderangebot für entweder 10 Brötchen für EUR 1 oder 25 Brötchen für EUR 2. Ich überzeugte Peter das größere Angebot zu nutzen: "Wir werden noch weitere Kinder dazu bringen von uns zu kaufen, du wirst sehen!" Er stimmte zu und fand zudem einen Spezialpreis für exzellenten Schinken und Käse um zusammen EUR 12. Gemeinsam mit den EUR 2 von den Semmeln war das genau so viel wie wir von den Kindern bekommen hatten. Als ich mit dem Einkaufskorb durch einen der Gänge des Geschäftes schlenderte hatte ich eine weitere Idee: "Lass uns noch Essiggurken kaufen! Die Cafeteria macht das nicht, und unsere Sandwiches würden so viel besser schmecken!" Ein Glas kostete EUR 3, was also leicht über unserem Budget war. Nachdem das Glas aber für ein paar Tage reichen würde, und ich und Peter ja noch unser eigenes Taschengeld hatten, konnten wir es uns gerade noch leisten. Schlussendlich war es eine der besten Kaufentscheidungen, die wir je trafen. Die Gurken wurden zusammen mit dem guten Preis zu unseren besten Verkaufsargumenten.

Gewappnet mit genügend "Rohmaterial" für 25 Sandwiches marschierten wir in unser Klassenzimmer. Wir lagerten alles in einem Schrank im hinteren Teil des Raumes und nutzten jede Pause zwischen den Lehrstunden um frische Sandwiches auf Anfrage zuzubereiten. Bald roch das ganze Klassenzimmer nach frischem Käse, Schinken und Gurken. Stell dir das Gelächter der Kinder und die Gesichter der Lehrer vor, welche sich verwundert umschauten, als sie das Klassenzimmer betraten und nicht zuordnen konnten woher der starke Geruch kam. Es war extrem lustig mitanzusehen. Ich behielt recht: die Kinder liebten unsere Sandwiches mit den extra Gurken! Nachdem wir die 14 Vorbestellungen ausgehändigt hatten, nahmen Peter und ich je eines für uns selbst und hatten so noch 9 übrig. Als die ersten glücklichen Kundenrückmeldungen eintrafen verbreitete sich unser Ruf die "besten Sandwiches der Welt" anzubieten nicht nur innerhalb unserer Klasse, sondern auch in der Klasse nebenan wie ein Lauffeuer. Wir hatten so viel Nachfrage, dass die restlichen neun Sandwiches gar nicht mehr ausreichten, und wir sie schlussendlich für den gleichen Preis wie die Cafeteria verkauften. Wir mussten nicht mehr über den Preis konkurrieren da wir uns nun durch bessere Qualität unterschieden. Wenn du je ein fantastisches Sandwich gegessen hast, dann sind Essiggurken ein Muss, stimmts?

Peter und ich hatten an diesem Tag einen Reingewinn von ca. EUR 10 und obendrauf waren unsere zwei Sandwiches kostenfrei inkludiert. Die Kinder fragten bereits für die nächsten Tage an und Vorbestellungen kamen herein. Um die Marketing-Strategie einfach zu halten, ließen wir die Vorbestellungspreise auf den gleichen 99 Cent vom Vortag. Der Preis für Käufe am selben Tag würde jedoch weiterhin EUR 1,50 sein. So schafften wir es, möglichst alle Bestellungen und somit auch das Geld dafür im Vorhinein zu erhalten. Dies half massiv unseren Bargeldbestand wachsen zu lassen, wir konnten so auch den Bedarf und somit unseren Einkauf besser vorausplanen. Die Kinder liebten unsere Spezialsandwiches und so hatten wir rasch 50 Vorbestellungen für den nächsten Tag. Dies war die Obergrenze die wir annahmen, da dies die Möglichkeiten für Mengenrabatte in diesem Supermarkt komplett ausschöpfte. Alles darüber lohnte sich nur, wenn wir in einen Großhandel wechselten. Unsere Schule wurde von etwa 1.000 Schülern besucht – behalte diese Nummer für später im Hinterkopf, da wir auch zu anderen Fluren expandierten. Wir hatten unsere Aufgaben klar verteilt: Peter übernahm das Geldeinsammeln und teilte die Sandwiches aus, während ich dafür verantwortlich war, das Rohmaterial im Supermarkt zu kaufen, Kinder bzw. Kunden zu bedienen und die Finanzen im Überblick zu behalten. Bereits im Alter von elf Jahren lernte ich zwei der wichtigsten Fähigkeiten im Geschäftsleben: Verkaufen und Verhandeln. Das Geschäft boomte. Am Ende der Woche hatten wir knapp 100 reguläre Kunden und einen täglichen Profit von ca. EUR 30. Wir konnten nun die besten Mengenangebote von einem anderen, weitaus größeren Warenhandel nutzen. Dies erlaubte es uns, unsere Kosten noch weiter zu senken und unseren Profit zu steigern.

Innerhalb von zehn Tagen war unser Gewinn bei knapp EUR 200. Um noch schneller zu wachsen, mussten wir mit unserem Geschäft expandieren. Das größte Problem war fehlende Arbeitskraft: Wir hatten während der Pausen einfach nicht genügend Zeit alle Sandwiches frisch zuzubereiten. Pro Sandwich benötigte ich inklusive Aufschneiden und alle Zutaten zusammenfügen zirka eine Minute. Ich hätte wahrscheinlich an der Sandwich-Macher-

Weltmeisterschaft teilnehmen können, da ich innerhalb einer Stunde (über drei Pausen verteilt) nichts anderes tat, als knapp 100 Sandwiches zuzubereiten. Da ich wusste, dass die Kinder frische und keinesfalls matschige Sandwiches liebten, wollte ich sie nicht früh am Morgen, sondern wirklich frisch in der Pause zubereiten. Wir hatten unser Limit erreicht und die einzige Lösung, um keine Kunden abweisen zu müssen, war unseren ersten Mitarbeiter einzustellen. Wir fragten einen unserer Freunde, ob er uns für zwei kostenlose Sandwiches pro Tag helfen würde. Er sagte bereitwillig zu. So hatte ich mehr Zeit mit mehr Kindern zu verhandeln und wir konnten unser Geschäft rasch bis zu 150 Bestellungen pro Tag ausweiten. Wir wollten unseren Verkauf noch weiter steigern, doch wussten wir allerdings nicht genau, wie wir die anderen Teile der Schule erreichen konnten. Während eines unserer "Geschäftstreffen" in einem Café überlegten wir eine Strategie. Die Schulkomplexe waren so verteilt, dass die Schüler nicht einfach so von Bauteil zu Bauteil wechseln konnten. Dies stellte eine echte Herausforderung für die Realisierung unserer Pläne dar. Ich hatte eine Idee: "Was, wenn wir nicht weitere Kunden suchen sondern ein weiteres Produkt für unsere bestehenden Kunden hinzufügen?" Wir dachten zuerst an Getränke, aber die waren zu schwer zum Tragen. "Was lieben alle Kinder? Nutella-Brote!" Sie waren lecker, billig und noch wichtiger: Die Semmeln waren bereits vorhanden, und so mussten wir einfach nur ein paar Gläser Nutella hinzufügen. Am nächsten Tag kauften wir das größte Glas Nutella, das wir im Großhandelssupermarkt finden konnten. Geld spielte keine allzu große Rolle, da wir nun einen monatlichen Reingewinn von über EUR 500 mit einem täglichem Umsatz von rund EUR 200 hatten. Die Nutella-Brote waren DER Renner. Wir verkauften sie für den gleichen Preis wie die Sandwiches, doch da das Rohmaterial nur 20 Cent pro Brot kostete, hatten wir weitaus mehr Gewinn. Bald verkauften wir über 200 Brote pro Tag und so entschieden wir uns, zwei weitere "Mitarbeiter" einzustellen. Da viele Kinder gerne bereit waren für zwei kostenlose Sandwiches mitzuarbeiten war es ein Leichtes die offenen Plätze zu füllen. Wir hatten nun über EUR 1.000 in nur ein paar Wochen verdient, und träumten davon, in andere Schulen zu expandieren. Wir fühlten uns unbesiegbar, als wären wir an der Spitze der Welt, aber immer wenn man genau das denkt, findet man seinen Meister.

Am nächsten Morgen kam ich mit zwei großen Taschen mit je 100 Broten zur Schule. Ich sah Peter kreidebleich an seinem Tisch sitzen. "Komm schon, sei nicht so faul – wir müssen arbeiten!" Er sah nur hoch und meinte: "Der Schuldirektor war gerade da! Er will uns sofort sehen!" "Will er auch Nutella-Brote von uns kaufen?", witzelte ich. Peter lachte kein bisschen. Jetzt war auch ich besorgt. Wir gingen zu seinem Büro. Dort saßen der Direktor gemeinsam mit unserem Klassenlehrer, dem Schulrat und dem Besitzer der Cafeteria. Als ich den Eigentümer der Cafeteria sah, hatte ich ein schlechtes Gewissen. Nachdem über 20% der Schulkinder jetzt von uns kauften, machte er sicher einen massiven Verlust. Wir hatten nie daran gedacht, dass wir ja eigentlich von jemandem anderen etwas wegnahmen: in diesem Fall, ihm. Er war gelinde gesagt nicht sehr glücklich darüber, denn die Cafeteria war sein Haupteinkommen. Peter und ich mussten uns über eine Stunde lang anhören, was für ein schlechtes Vorbild wir waren, wie schlecht die ganze Aktion für unseren Ruf war, wie wir die Schulregeln gebrochen hatten, und eigentlich von der Schule fliegen müssten. Unsere Eltern wurden informiert und wir erhielten eine Verwarnung. Sollte so etwas noch einmal passieren, würden wir von der Schule verwiesen werden. Nach der Standpauke waren Peter und ich ziemlich niedergeschlagen. Wir hatten niemandem schaden wollen und die Kinder hatten unsere Brote geliebt. Ich fand später heraus, dass der Cafeteria-Inhaber wegen uns fast Bankrott gegangen war. Nach dem Anruf des Direktors bei meinen Eltern hatte ich eine Woche Hausarrest. Heute geben sie jedoch zu, dass die ganze Geschichte extrem lustig war – und ich bin mir sicher mein Direktor würde heute das Gleiche sagen. Für Peter und mich ging alles glimpflich aus und jeder von uns hatte in diesem kurzen Zeitraum über

EUR 500 verdient. Normalerweise bekamen wir nicht einmal in einem ganzen Jahr so viel Geld.. Es hatte sich im Endeffekt also doch gelohnt. Ein paar Monate später starteten wir fast ein zweites Geschäft, bei dem wir Eis verkauften. Wir hörten aber gleich wieder auf da keiner von uns Gefahr laufen wollte von der Schule zu fliegen. Diese Erfahrung legte jedoch den Grundstein für mein unternehmerisches Denken in den kommenden Jahren und ich erkannte früh, dass ich einmal mein eigenes Unternehmen führen wollte anstatt für jemand anderes zu arbeiten. Unser Sandwich-Geschäft war mein allererstes Unternehmen und es war ein ziemlicher Erfolg. Ja, wir mussten es nach ein paar Wochen aufgeben, doch trotzdem hatte ich die wichtigsten Fähigkeiten und Regeln des Unternehmertums gelernt:

Erstens, wenn du ein Geschäft starten möchtest, musst du eine Marktlücke finden. Wie kannst du das tun? Nun, denke einfach an Dinge die dich täglich stören. Es ist gut möglich, dass wenn du ein Problem hast, es andere auch haben. Wenn du eine Lösung dafür findest und sie anderen anbietest, kannst du viel Geld daraus machen. Facebook entstand durch Mark Zuckerberg und seinen Mitbegründern, weil Universitätsstudenten Informationen austauschen wollten. Steve Jobs und Steve Wozniak gründeten Apple, um Computer für die breite Masse verfügbar zu machen. Das sind nur ein paar Beispiele, doch alle haben einen gemeinsamen Nenner: Sie entdeckten eine Marktlücke durch ein eigenes Problem und fanden eine Produktlösung mit der sie die Lücke füllten. Im frühen Alter konnte ich keine großen Probleme erkennen, weil ich nicht wirklich welche hatte. Das Sandwichproblem war ohnehin bereits ganz oben auf meiner Problemliste. Was ich allerdings gelernt habe ist, dass es Sinn macht jeden Tag ein paar Probleme zu identifizieren und in einem Notizbuch zu notieren. Das wichtigste ist allerdings der darauffolgende Schritt: Ein Problem zu finden ist meist nicht so schwer. Die wahre Magie liegt danach darin, eine praktikable Lösung für dieses Problem zu finden. Du wirst erstaunt sein, wie viele Probleme auf eine Lösung warten und vielleicht bist du es, die/der das nächste Google, Facebook oder iPhone erfindet! Das Entscheidende ist dann jedoch die Idee auch umzusetzen und entschlossen daran zu arbeiten. Viele Kinder hatten die Idee Sandwiches zu verkaufen. Manche versuchten es, scheiterten jedoch an der Ausführung da sie zum Beispiel keine zwei Stunden früher aufstehen wollten. Peter und ich taten alles was notwendig war und setzten unsere Idee ausgezeichnet um. Andere dachten, sie könnten die Idee nie realisieren, da sie das Geld zum starten nicht hatten. Peter und ich hatten dies auch nicht, doch es gibt ein gutes Sprichwort dazu: "Wenn die Gelegenheit stimmt, kommt das Geld meist von selbst!" Das bedeutet, wenn du Menschen mit Geld zeigst, wie gut die Gelegenheit ist und warum sie diese nutzen sollten, dann wollen sie investieren. Wenn keiner kaufen möchte, ist es gut möglich, dass die Gelegenheit nicht wirklich so gut war wie gedacht. Heutzutage ist es mit Online-Crowdfunding-Plattformen sogar noch viel einfacher. Wo ein Wille ist, ist auch ein Weg! Doch nur wer den Weg auch wirklich geht, wird irgendwann am Ziel ankommen.

Zweitens lernte ich, dass eine Unternehmung ein WIN-WIN kreieren sollte. Eine Firma die nur profitiert, deren Kunden aber verlieren, ist nicht nachhaltig. Auch wenn die Kunden glücklich sind nimmt man in den meisten Fällen jedoch Marktanteile oder Möglichkeiten von anderen Unternehmen weg. Als Beispiel nahm Apple Gewinne von IBM, Microsoft und Samsung weg. Google sicherte sich Marktanteile von AltaVista und Yahoo. In unserem Fall verlor die Cafeteria Marktanteile an Peter und mich. Ich verstand diese Tatsache damals jedoch nicht und dachte nur: "Klasse, wir haben jeden Tag Dutzende von Kunden, die unsere Brote lieben!" Ich lernte dann auf die harte Tour, dass jemand anderes doch Verluste hatte, was diesen natürlich nicht sonderlich erfreute. Dieser "Andere" veranlasste schlussendlich, dass wir "zusperren" mussten. Von da an fragte ich mich immer bevor ich ein Unternehmen startete: "Wer profitiert davon und wer macht dadurch Verluste? Will ich gegen meine

Konkurrenz ankommen müssen?" Am besten ist es eine WIN-WIN-WIN Situation aufzubauen, in der nicht nur du und deine Kunden, sondern auch die Konkurrenz gewinnen - zumindest ein bisschen. Das ist sehr schwer zu erreichen, jedoch haben einige Firmen dies sensationell gelöst: Apple benutzt beispielsweise Teile von Samsung für ihre iPhones. Somit hat Apple, dessen Kunden und sogar Samsung einen Gewinn. Der Nobelpreisträger John Nash erklärt solche Situationen in der Wirtschaft sehr anschaulich in seinen Spieltheorien. Wenn du mehr darüber wissen willst , schau dir den Film "A Beautiful Mind" an, wo einige dieser Theorien zur Anwendung kommen. Rückblickend hätten wir mit dem Cafeteria Besitzer eine Abmachung treffen sollen. Peter und ich hätten zwar bei einer funktionierenden Übereinkunft weniger verdient, wären aber nicht gleich vom Schuldirektor eines besseren belehrt und außer Betrieb genommen worden.

Die dritte Lektion ist auf das Unerwartete so gut wie möglich vorbereitet zu sein! Für dich war es vielleicht von Anfang an ganz klar, dass uns die Cafeteria irgendwann zum Schließen bringen wird, für Peter und mich war es das nicht. Wir waren davon überzeugt, dass wir das ganze Jahr über Sandwiches verkaufen würden. Wir "sahen nichts dergleichen kommen". Ein Zeichen dafür hätte das extrem rasche Wachstum sein können. Wann immer ein Unternehmen zu schnell wächst, erleben diese oft einen Rückschlag. Das passiert tagtäglich in unserer Wirtschaft, beispielsweise an der Börse oder am Immobilienmarkt. Gib einmal auf diese schnell wachsenden Phänomene acht: die Unternehmenszahlen fallen höchstwahrscheinlich immer wieder zum Durchschnitt zurück. Von da an stellte ich mir stets die Frage: "Worauf bin ich nicht vorbereitet? Was habe ich nicht bedacht?" Verstehe mich nicht falsch; ich suche nicht mit Gewalt nach etwas Schlechtem, sondern ich hoffe das Beste und bin jedoch auf das Schlimmste vorbereitet! Viele Geschäftsinhaber hoffen auf einen reibungslosen Ablauf, verlassen sich zu sehr auf deren Plan und denken nie darüber nach, dass vielleicht nicht alles so in der Realität eintrifft. Dies kann dann dazu führen, dass "alles wie aus dem Nichts" plötzlich den Bach hinuntergeht.

Was entnimmst du für dich aus dieser Geschichte? Und, viel wichtiger, was wirst du jetzt sofort dafür tun? Schreibst du Probleme nieder, die dir im Laufe des Tages einfallen? Wirst du eine gute Idee umsetzen? Weißt du, wie du Geld für diese Idee aufbringst? Rechnest Du noch einmal alles durch? Was auch immer es ist, tu es jetzt sofort!

NOTIZEN

6.

DIE SPAR-GESCHICHTE – MONOPOLY IM WAHREN LEBEN

"Jaaaaa! Ich habe zum ersten Mal Monopoly gespielt ohne das Brett herumzuwerfen oder den betrügerischen Banker zu schlagen." – Unbekannt

Wie du in der Einführung gelesen hast, hatten sich meine Schwester und ich immer ziemlich gut verstanden. Zwar hingen wir nie so sehr aneinander wie andere Geschwister, jedoch ergänzten wir uns im Alltag meist ausgezeichnet. Besonders liebten wir es, gemeinsam Brettspiele zu spielen, im Speziellen ein Spiel namens DKT "Das Kaufmännische Talent", was ähnlich wie Monopoly ist. Im Spiel geht es darum Geld zu sammeln, kleine Häuser zu bauen, dadurch Zinsen zu verdienen um am Ende ein Hotel zu errichten. Wenn du noch nie Monopoly oder DKT gespielt hast, solltest du es unbedingt ausprobieren. Heutzutage gib es sogar eine App fürs Handy oder "Tablet". Wir spielten meist im Team gegen einen imaginären dritten Spieler und natürlich haben wir immer gewonnen. Das Spiel machte aber nicht nur Spaß, sondern wir lernten außerdem eine Menge über den Umgang mit Geld. Nach der Sandwich-Pleite hatten Peter und ich aufgrund der drohenden Konsequenzen zu viel Angst etwas Neues in der Schule zu gründen. Also überlegte ich ständig, wie ich anderweitig Geld verdienen konnte und versuchte Parallelen zum DKT Spiel zu ziehen. Ich hatte einen Großteil meines Geldes vom Sandwich-Geschäft gespart, doch bis auf mein Taschengeld, das ich nun wieder fürs Mittagessen ausgab, hatte ich kein weiteres Einkommen. Manchmal gaben mir meine Großeltern etwas, wenn sie uns besuchten, oder einer der Nachbarn bezahlte mich fürs Rasenmähen im Sommer oder Schneeschaufeln im Winter, doch das passierte nicht all zu oft. Bei DKT ist das sehr ähnlich, nur in größerem Ausmaß: Als Spieler hat man meist nicht genug Geld und kommt gerade so durch. Viele Male muss man einen Kredit aufnehmen oder mit anderen Spielern verhandeln. Leider war ich im realen Leben noch zu jung um Häuser oder Hotels zu kaufen und mit meinem Gesparten würde ich nicht gerade weit kommen. So sehr ich es auch versuchte, ich konnte aus dem Spiel noch nichts fürs reale Leben ableiten.

Trotzdem ging ich zur Schulbücherei, genauso wie ich es viele Male zuvor getan hatte, und fragte nach einem Buch darüber, wie man Geld verdienen könne. Die Bibliothekarin war von meiner Anfrage etwas überrascht, führte mich anschließend dennoch zu einem Regal mit Wirtschaftsbüchern. "Das sind alle Bücher die wir zum Thema Geld für unsere Schüler haben", meinte sie. Ich stöberte durch die Wälzer, verstand jedoch meistens nicht einmal die Titel. Wörter wie Makro- oder Mikroökonomie klangen sehr kompliziert und ich wollte eigentlich nur lernen, wie man mehr Geld verdiene. Also suchte ich weiter und plötzlich erblickte ich ein kleines Buch mit vielleicht 80 Seiten. Ich holte es vom Regal und mochte es schon deshalb, weil ich den Titel verstand: "Der reichste Mann von Babylon"[4]. Ich hatte bisher nur einmal von Babylon gehört und erinnerte mich nur noch daran, dass es um einen riesigen Turm ging. Ich setzte mich auf den Boden und begann zu lesen. Viele der Ausdrücke und Wörter in dem Buch waren altertümlich geschrieben, ich konnte jedoch den Sinn verstehen: Ein Babylonier beschrieb seine Erfahrungen und Lektionen, die er während seines Lebens gelernt hatte. Es ging vor allem darum, wie man Geld verdient und noch wichtiger, dies dann auch behält. Viele neue Informationen prasselten auf mich ein, doch eine ganz bestimmte Aussage blieb mir im

---

4 http://en.wikipedia.org/wiki/The_Richest_Man_in_Babylon_(book)

Gedächtnis: "Gold kommt zu demjenigen, der nicht weniger als eines von zehn Goldstücken seines Einkommens anspart und in rentable Geldanlagen für seine und die Zukunft seiner Familie investiert." Es bedeutete soviel wie: Von allem was ich verdiente, musste ich mindestens zehn Prozent auf die Seite legen und in etwas Profitables investieren. "Wow", dachte ich, "das schaffe ich nie. Wie soll ich so überleben? Ich gebe jeden Cent fürs Mittagessen aus und meine Eltern geben mir gerade so viel, wie ich brauche. Von dem Geld das ich bekomme ist am Ende des Monats nichts mehr übrig!" Der reiche Mann im Buch hatte mit diesem Argument gerechnet und lehrte deshalb, die zehn Prozent sofort zur Seite zu legen, sobald man das "Gold" erhielt. Das hieß, ich musste die zehn Prozent am Anfang und nicht erst am Ende des Monats zur Seite legen. Das klang absurd, die Rechnung kam doch auf das Gleiche heraus. Ich war überzeugt, dass dies nicht funktionieren würde und ich von den restlichen 90% unmöglich leben könnte, da meine Ausgaben auf exakt 100% ausgerichtet waren. Nach einer kurzen, inneren Debatte beschloss ich jedoch zumindest für ein paar Wochen zu versuchen dem Rate des Buches zu folgen und so immer am Anfang des Monats "Gold anzusammeln".

Bald erlebte ich zu meiner großen Überraschung, dass ich tatsächlich von 90% leben konnte. Wie war dies möglich, während es vorher augenscheinlich nicht funktioniert hatte? Ganz einfach: Ich hatte meinen Verstand ausgetrickst, der nun dachte weniger Geld zur Verfügung zu haben. Dadurch wurde ich mit meinen Ausgaben immer vorsichtiger und hatte mich so bald an das geringere Budget gewöhnt. Beim Mittagessen ließ ich jeden zweiten Tag das Getränk weg und wenn ich beim Basketball oder sonstigen Tätigkeiten Geld bekam, legte ich sofort einen Teil zur Seite, damit ich es nicht ausgeben konnte. Ich weiß nicht wie, doch im ersten Monat sparte ich EUR 15 ohne wirklich "leiden" zu müssen. Es hört sich nach nicht viel an, doch es war tatsächlich viel, wenn man prozentual bedenkt, wie viel "Monatslohn" ich damals erhielt. Ich gab zwar noch immer alles aus, aber eben nur mehr die verbleibenden 90%. Auch wenn ich es noch immer nicht glauben konnte, so musste ich rational anerkennen, dass es funktionierte. Meine Ausgaben waren nun unter Kontrolle, und ich hatte zum ersten Mal im meinem Leben richtiges "Sparen" gelernt. Jetzt musste ich noch mein Einkommen erhöhen, denn reich gespart hat sich noch nie jemand im Leben.

Bei DKT konnte ich Häuser kaufen, bis ich mir ein Hotel leisten konnte. Dann würde ich mit dem Geld weitere Häuser kaufen und Hotels bauen, und den Kreislauf einfach wiederholen. Ich versuchte nun, dies ins wirkliche Leben zu übernehmen. Nach langem Überlegen kam mir eine Idee: In München, was knapp zwei Autostunden von Innsbruck entfernt ist, öffnete gerade ein neues Basketball-Geschäft. Unser gesamtes Basketballteam brauchte regelmäßig neue Ausstattung: neue Schuhe, Dressen, Basketbälle, usw. Jeder Spieler kaufte sich seine Sachen im lokalen Geschäft hier in Tirol, was wirtschaftlich zwar nicht sonderlich schlau war, aber Spontanität erlaubte. Das lokale Sportgeschäft hatte keine wirkliche Konkurrenz und so waren die Sachen hier wesentlich teurer als in München. Es wäre besser gewesen, die Ausrüstung in Deutschland zu kaufen, jedoch schrieb der Online Versand eine Mindestbestellsumme von EUR 500 vor und setzte sich somit ebenfalls nicht wirklich durch. Nur wegen ein paar Sachen nach München zu fahren war ebenfalls viel zu teuer und somit auch nicht wirtschaftlich. Das Grundproblem war genau wie bei DKT Liquidität. Oft möchte man sich etwas kaufen, kann dies aber nur, wenn man sich Geld leiht. Ich entschied eine Gruppenbestellung für alle Spieler zu machen, und für all jene, die das Geld noch nicht hatten, dieses vorzustrecken. Bei DKT würde dies Zinszahlungen mit sich ziehen, was ich jedoch nicht machen wollte. Ich hatte eine andere, viel bessere und fairere Idee. Kurz bevor ich zur Tat schritt, erschien es allerdings, dass das ganze Unterfangen mit einem hohen Risiko verbunden wäre. "Was, wenn ein Freund nicht bezahlen würde?" Dann dachte ich allerdings, dass bei meinem guten Preis in München jederzeit auch ein anderer die Sachen kaufen würde und mein Verlust somit ausgeglichen wäre. Um dem lokalen Geschäft aber keine wirkliche Konkurrenz zu bieten, begrenzte ich meine Bestellungen auf lediglich zwei Bestellungen für je EUR 550 pro Jahr, wofür ich das Geld zum Vorstrecken vom Sandwichbusiness und weiterem Angesparten nehmen konnte.

Was war nun der Profit für mich, nachdem ich keine Zinsen verlangte? Erstens brauchte ich ohnehin eine Basketball-Ausrüstung für mich selbst und mit der Bestellung in Deutschland sparte ich mir somit 30%. Meine Eltern hatten mir das gleiche Budget wie im Vorjahr gesetzt und die 30 % Gewinn hatte ich somit nur, weil sich andere Leute am Großeinkauf beteiligten. Deshalb bot ich all denen, die sofort bezahlten, die gleichen Konditionen, ich verdiente daran also nichts. Wie im DKT hatten jedoch nicht alle sofort das Geld, und so bot ich ihnen wie geplant an, das Geld vorzustrecken. Ich gab ihnen allerdings nur 15 und nicht die vollen 30 Prozent Rabatt. Es war noch immer ein niedrigerer Preis als im lokalen Geschäft, doch nun hatte auch ich daraus einen Vorteil. Es war ein WIN-WIN für beide Seiten. Der dritte Gewinn für mich war, dass ich einer der Vorreiter beim Online Einkauf in diesem Geschäft war. Amazon war noch nicht populär und im Internet einzukaufen war für die meisten, inklusive mich, etwas Neues. Das Geschäft freute sich dermaßen über die Bestellungen aus dem "Ausland", dass sie kostenlose Leibchen und Hosen mitschickten. Diese behielt ich für mich selbst, und wurde durch diese kleine Geste außerdem zu einem treuen Stammkunden. Alle drei Vorteile hören sich nach nicht viel an, doch es war das gleiche Prinzip wie bei DKT: Du beginnst mit kleinen Mieten für Grundstücke, baust später ein Haus, und wenn du mehr und mehr Geld hast, leistest du dir ein Hotel. Ich startete hier im ganz Kleinen, doch die Fähigkeiten die ich hier lernte, halfen mir später als professioneller Kitesurfer mit Kites, als Vielflieger mit Flügen oder jetzt als Investor mit Wohnungen zu handeln. Die Grundprinzipien bleiben dabei immer die Gleichen, nur die Höhe der einzelnen Investments steigt stetig an.

Mit dem Basketball-Investment erzielte ich zum ersten Mal in meinem Leben einen Profit ohne viel Zeitaufwand. Ich entdeckte so zum ersten Mal wie machtvoll es ist, Geld für sich arbeiteten zu lassen. Die anderen Kinder hätten es nicht tun können, weil sie das Geld zum Vorstrecken nicht hatten. Mit mehr Zeitaufwand hätte ich sicher noch größere Bestellungen annehmen und mich auf andere Sportarten ausweiten können. Ich war aber mit dem Gewinn zufrieden und das gesamte Team profitierte davon. Viele verlieren Geld bei ihrem ersten Investment, doch ich machte guten Gewinn. Es hatte nichts mit Glück zu tun, sondern mit zwei der wichtigsten Regeln beim Investieren: Kenne das Produkt und verdiene dein Geld beim "Kauf". Verglichen mit DKT war das Risiko bei meiner Unternehmung Geld zu verlieren gering: Ich hatte einen guten Preis als ich das "Haus" (die Basketballausrüstung) kaufte und war ein Experte bei den "Produkten". Ich kaufte die Ausrüstung 30% unter dem lokalen Marktpreis und wusste viel über Basketball. Stell dir vor, du kaufst eine übeteuerte "Straße" in DKT ohne zu wissen, was sie an "Miete" bringt oder wirklich wert ist? Dies würde niemand tun, doch im richtigen Leben investieren die Menschen täglich in verschiedenste Dinge, obwohl sie das "Produkt" nicht kennen und nicht wissen, ob es übeteuert ist oder nicht. Dann sind sie überrascht, wenn sie Geld verlieren, weil das Investment eben nicht ihren Erwartungen entspricht. In den kommenden Geschichten siehst du, dass ich diese Lektion leider noch nicht richtig gelernt hatte und so bei einigen anderen Investments zehntausende Euro verlor, weil ich genau diesen Prinzipien nicht folgte.

Ich ersparte und verdiente in diesem Jahr über EUR 1.000, indem ich mein Geld in Kombination mit der 10 % Strategie für mich arbeiten ließ. EUR 1.000 in einem Jahr hört sich nach nicht viel an, doch für mich war es damals sehr viel Geld. Für manche Leute ist das auch heute noch unerreichbar.

Ich war sehr stolz so viel "auf die Seite" bekommen zu haben und ging zu meinem Vater, um die EUR 1.000 in zwei 500 Euro-Scheine umzutauschen. Bis dahin hielt ich noch nie einen solchen Schein in meinen Händen. Wie auch im DKT Spiel verstand ich, wenn man Geld zur Bank bringt, dass man Zinsen dafür erhält. Heute lasse ich mein Geld nicht gerne auf einem Sparkonto, denn ich denke es gibt dutzende bessere Wege sein Geld arbeiten zu lassen, doch mit 13 Jahren war ein Sparkonto die beste Option. Vor allem weil ich damals sechs Prozent Zinsen auf meine Spareinlagen erhielt. In Österreich gibt es jedes Jahr so genannte Spartage, bei denen Kinder ihre Sparschweine zur Bank bringen und ihr Geld mit speziellen Sonderkonditionen auf ihr Sparkonto einbezahlen können. Ich wollte dieses Angebot natürlich nutzen und meine Mutter ging gemeinsam meiner Schwester und mir zur Bank. Ich hatte mein Sparschwein und ein eigenes Buchhaltungsbüchlein dabei. Auch wenn es mir nie wirklich Spaß macht meine Einnahmen und Ausgaben genau zu notieren, so führe ich seit damals meine eigene detaillierte Buchhaltung. Ich hatte nämlich gelernt, wie wichtig dies für meinen finanziellen Erfolg war und auch heute noch ist. Es waren ziemlich viele Leute an diesem Tag in der Bank, weil natürlich viele die Sonderkonditionen nutzen wollten. Meine Schwester und ich stellten uns an und als wir an der Reihe waren öffnete ich mein Sparschweinchen und präsentierte voller Stolz meine EUR 1.000. Der Bankangestellte schien nicht beeindruckt zu sein, meine Mutter war jedoch sehr überrascht. Sie dachte ich hätte wie im Vorjahr zirka EUR 100 zusammengespart. Jetzt war meine Schwester an der Reihe. Sie öffnete ihr Sparschwein und wie im Jahr zuvor fielen nicht mehr als EUR 20 heraus. Jetzt war auch der Bankangestellte überrascht und meine Mutter im totalen Schockzustand. Da wir aus der gleichen Familie stammten, und praktisch das gleiche Taschengeld erhielten, hätte niemand erwartet, dass ich so viel mehr gespart hatte als sie. Meine Schwester sparte, wie die meisten Menschen auch heute noch, nur das, was sie am Ende übrig hatte – und das ist leider meist nicht viel. Ich hingegen hielt mich an den 10 % Trick und hatte so eine

Menge mehr. Noch immer völlig geschockt tat meine Mutter etwas, dass mich zutiefst verletzte und ich bis heute nicht vergessen habe: Sie öffnete ihren Geldbeutel und gab meiner Schwester EUR 400. Sie hätte ihr wahrscheinlich mehr gegeben, doch das war alles, was sie in diesem Moment bei sich hatte. Ich hatte so hart gearbeitet und nun glich meine Mutter dies einfach so für meine Schwester aus. Damals sagte ich ihr nichts, aber wir reden heute noch darüber, wie einschneidend dieses Erlebnis damals für mich war.

Das Ganze hatte ambivalente Auswirkungen auf mich: Auf der einen Seite war ich enttäuscht, auf der anderen Seite motivierte es mich, im Jahr darauf so viel mehr zu verdienen, dass meine Mutter es sich nicht mehr leisten konnte meiner Schwester den Betrag als Ausgleich zu geben. Sie hatte mich stets gelehrt mich Herausforderungen zu stellen und genau das tat ich nun. Ich arbeitete hart und nur fünf Jahre später hatten sich über EUR 10.000 auf meinem Sparkonto angesammelt. Da ich für die Hälfte der Reisekosten für meine Auslandszeit in den USA selbst aufkommen musste, wie du in der nächsten Geschichte lesen wirst, waren die EUR 10.000 ein wichtiger Meilenstein für mich. Obwohl viele Menschen EUR 1.000 oder mehr pro Monat verdienen, denken sie, es ist nie genug zum Sparen übrig. Wenn mit der 10% Regel EUR 10.000 innerhalb von fünf Jahren als Teenager möglich sind, überleg mal was ein Erwachsener mit einem monatlichen Einkommen von EUR 1.000 oder mehr tun könnte. DKT mit meiner Schwester zu spielen war die Grundlage für mein Interesse in Finanzen. Egal, ob du Kinder hast oder nicht, du solltest dieses Spiel auf jeden Fall mit ihnen spielen. Robert Kiyosaki stellte eine neuere und meiner Ansicht nach besser Version dieses Spieles her. Das sogenannte "Cashflow Spiel"[5] lehrt all die Prinzipien über Sparen und Investieren auf lustige Art und Weise. Speziell seit ich mehrere Firmen leite habe ich erkannt, dass Zeit unser kostbarstes Gut ist und man sie gut einteilen muss. Man kann die 10% Regel auch

---

5   http://www.richdad.com/apps-games/cashflow-classic

dazu benutzen, sich Zeit im Kalender zu blockieren. Wenn du also das Gefühl hast, nicht genug Geld oder Zeit für etwas Bestimmtes zu haben, denke an das selbe Prinzip: Gib einen Teil am Anfang weg, nicht am Ende. Sonst "fressen" andere, weniger wichtige Dinge deine Zeit oder Geld auf, und du hast das Gefühl, nie genug zu haben.

Nach der Erkenntnis diese 10 % Regel anzuwenden, war die zweite Lektion beim Investieren das Geld bereits beim "Kauf" zu verdienen. Das beste Investment ist, wenn du einen Euro für 70 Cent kaufen kannst. Denk einmal nach: Wenn dir jemand 1-Euro-Münzen für 70 Cent verkaufen würde, würdest du so viel wie möglich kaufen, oder? Genau das habe ich beim Basketballgroßeinkauf gemacht und so hatte ich ein limitiertes Risiko beim Weiterverkauf. Würdest du 70 Cents für etwas bezahlen das nur 60 Cents wert ist? Oder 70 Cent für etwas ohne den Wert überhaupt zu kennen? Diese Fragen hören sich eigenartig an, doch genau das passiert täglich: Menschen investieren in Aktien die sie aufgrund fehlender Informationen oder Fehlinformationen eigentlich gar nicht richtig bewerten können oder kaufen Wohnungen ohne deren tatsächlichen Wert zu wissen. Oft sind sie dann überrascht, wenn sie ihr Geld verlieren. Mit meinem ersten Investment hatte ich das Prinzip nur aus dem Bauchgefühl richtig angewendet, jedoch noch nicht wissentlich verstanden. Ich verlor dann zweimal in meinem Leben richtig viel Geld als ich diese Regeln nicht befolgte. Einmal als ich ein Grundstück von einem Mann namens Ralf in Brasilien kaufte und das zweite Mal als ich in die Modelagentur einer Dame namens Laura in Hong Kong investierte – Geschichten, die du noch später in diesem Buch lesen wirst.

Wenn du je DKT gespielt hast und das Spiel gut kennst, weißt du sicher, dass viel mathematische Berechnung dahinter steckt. Bei vielen Grundstücken ist es zum Beispiel statistisch gesehen wahrscheinlicher mit einer Spielfigur darauf zu landen, also kauft man diese bevorzugt. Die Statistiken von Monopoly und DKT sind faszinierend und du kannst diese bei Interesse einfach googeln. Die dritte Lektion oder vielmehr die Moral der Geschichte ist: Wie bei Monopoly und DKT gibt es auch im richtigen Leben Situationen, die dich gegen jede Wahrscheinlichkeit und ohne Vorwarnung zurück oder nach vorne werfen. So kann man eigentlich am Gewinnen sein, doch durch einen irren Zufall ändern sich die Wahrscheinlichkeiten. Es ist also gut einen Plan zu haben, man muss jedoch immer auf Unerwartetes vorbereitet sein. "So" war es auch bei mir, doch durch diesen Rückschlag war ich hinterher noch motivierter "das Spiel zu gewinnen".

Ich hoffe, diese Geschichte von meinem ersten Investment inspiriert dich zum Nachdenken: Was machst du im Umgang mit Geld richtig oder falsch? Es ist wichtig, dass du basierend auf dem gerade Gelesenen etwas unternimmst. Was wird es sein? Zeit für wichtige Tätigkeiten in deinem Leben zu blockieren? 10% deines Einkommens am Anfang des Monats weg zu sparen? Zu lernen, wie dein Geld für dich arbeiten kann? Und ja, ich weiß, es ist oft beängstigend, etwas Neues zu probieren, doch glaube mir, nur so wirst du fantastische Resultate erhalten. Investiere dein Geld weise und verstehe, dass es oft nicht darum geht, wie viel Geld man verdient, sondern wie man es auch behält. HANDLE JETZT!

NOTIZEN

7.

DIE AMERIKA-GESCHICHTE – MEINEN HORIZONT ERWEITERN

"Eine Möglichkeit, Wahnsinn zu definieren ist, immer und immer wieder das Gleiche zu tun, jedoch andere Ergebnisse zu erwarten." (wird Albert Einstein und Benjamin Franklin zugeschrieben)

Die Schule hatte mich schon immer ein bisschen gelangweilt, vor allem weil ich nicht so sehr am dort gelehrten Stoff interessiert war. Ich liebte Mathematik und Naturwissenschaften, und war gut darin mir diese oft selbst beizubringen. So schwänzte ich viele der Stunden und spielte lieber mit Freunden Basketball. Mein Traum war es, in den USA zu spielen und so trainierte ich viel dafür. Während meiner Pubertät am Anfang der Oberstufe wurde dieses Verhalten sogar noch verstärkt. Um mich für die Schule zu motivieren, trafen meine Eltern eine Abmachung mit mir: wenn ich gute Noten hatte und für mindestens die Hälfte der Kosten selbst aufkommen könne, würden sie mich ihrerseits unterstützen meinen Traum in die USA zu ziehen zu erfüllen. Also verbrachte ich genau so viel jedoch auch nicht mehr Zeit in der Schule, um jedes Jahr mit glatten Einsen zu bestehen. Als ich dann 15 Jahre alt wurde, konfrontierte ich meine Eltern ihr Versprechen einzulösen. Ich hatte genügend Geld gespart und war jedes Jahr einer der Besten in meiner Klasse gewesen, obwohl ich auch einer jener Schüler war, der am meisten gefehlt hatte. Meine Eltern hatten insgeheim gehofft, dass ich meine Meinung ändern würde, oder meinen Teil der Abmachung nicht einhalten konnte. Ich durfte jedoch meine Bewerbung für eine U.S. High School einreichen, mit dem Ziel meine Basketball Kenntnisse zu verbessern. Eine Gastfamilie in Nashville, Tennessee, nahm meine Bewerbung an und so wurde mein Traum zur Realität. Ich werde meinen Eltern in Österreich und meinen Gasteltern in den USA für immer dankbar sein, dass sie mir diesen Schritt damals ermöglichten. Hätten sie mir nicht geholfen, wüsste ich nicht, ob ich mit 16 von zu Hause weggehen hätte können.

Ich dachte nicht, dass der Abschied von meinen Eltern so schwer sein würde, aber das war er. Dies erzählte ich meinen Eltern natürlich nicht. Sie hätten nur noch mehr versucht, mich zu überzeugen daheim zu bleiben. Zu dieser Zeit waren E-Mails und Handys gerade erst am Kommen und das Internet war gähnend langsam. Der einzige Kontakt zu meinen Eltern würde ein einziger Anruf pro Monat sein. Es war mein allererster Flug und dieser stellte sich sogleich als Alptraum dar - alle drei Anschlussflüge hatten extreme Verspätungen und beim zweiten Flug hatten wir sogar eine anonyme Bombendrohung. Es schien kein großartiger Start in mein erstes Jahr weg von daheim zu werden. Auch als ich in den USA ankam, war nichts so wie ich es mir eigentlich vorgestellt hatte. Ich kannte die USA nur aus Filmen und hatte mir mein eigenes Bild dazu ausgemalt: rundum glückliche Menschen mit unbegrenzten Möglichkeiten. Es war der ultimative Kulturschock! Ich kam kurz nach den Anschlägen vom 11. September an und die USA zogen gerade gegen den Irak in den Krieg. Die Amerikaner waren Ausländern gegenüber sehr abweisend und da ich aus Österreich kam, fragten sie mich ständig, ob ich ein Nazi sei. Da dies bereits 60 Jahre früher passiert war, und mit der Gegenwart nicht mehr wirklich etwas zu tun hatte, fand ich diese Reaktionen äußerst seltsam. Ich scherte mich nie viel um Politik oder die Nachrichten, doch beides war ein großer, wichtiger Teil während meiner Zeit dort. Zwei bis drei Mal am Tag schworen wir der amerikanischen Flagge in der Schule die Treue. Ich hatte so etwas noch nie erlebt und würden wir dies in Österreich oder Deutschland tun, würde man uns mit Sicherheit sofort als politische Fanatiker bezeichnen. Den Unterschied zwischen den Kulturen zu erkennen war hochinteressant und der Patriotismus der USA hinterließ einen nachhaltigen Eindruck bei mir. Später benutze ich zwar nicht die gleiche Taktik wie die USA bei ihren Leuten, doch ich bemerkte wie essentiell es für eine Firma ist für ein gemeinsames Ziel zu kämpfen. Steve Jobs benutzte ähnliche Taktiken mit Apple, indem er einen "Feind" erschuf, den Apple übertreffen musste. Am Anfang war es IBM, dann Microsoft und heute sind es Google oder Samsung.

Ein weiteres, ungeahntes Problem kam auf mich zu: Ich konnte den Südstaaten-Akzent nahezu nicht verstehen. Einmal während eines Tests in der Schule konnte ich dem Lehrer nicht folgen, und fragte meinen Sitznachbarn, was die genauen Angaben wären. Er verstand mich wiederum auch nicht, und glaubte, dass ich mit ihm schummeln wollte. Der Vorfall ging zum Direktor, wo ich aufgrund meiner fehlenden Englischkenntnisse nicht richtig argumentieren konnte, und so ließ er mich sofort zwei Tage lang nachsitzen (ISS = in-school-suspension). Dieser Vorfall wurde zudem in meinem Schulzeugnis vermerkt, was mir später bei jeder College Bewerbung die Ehre verlieh, diesen Vorfall bis ins Detail zu erläutern. Die ersten Wochen und Monate waren der reine Wahnsinn. Es war natürlich mein eigener Fehler, da ich mit den falschen Erwartungen gekommen war. Viele Male hätte ich nur zu gern meine Eltern angerufen und sie gebeten, mich zurück zu holen. Glücklicherweise war dies nicht so einfach, da Telefonie teuer und das Internet langsam war. Ich steckte also fest und musste lernen, das Beste daraus machen. Meine Gastfamilie war allerdings fantastisch und bald fühlte sie sich weniger als eine Gast-, sondern mehr wie eine "richtige Familie" an. Am Anfang des Jahres wusste ich noch nicht so wirklich wohin mit allem, doch bald darauf kristallisierten sich erste Ziele heraus: Ich hätte eigentlich als ein High School Junior (vorletztes Jahr der Schule) in die Schule eintreten sollen, da ich jedoch den Lehrstoff leicht bewältigen konnte, durfte ich gleich zum

Senior Level (Abitur-/Maturajahr) aufsteigen. Dies bedeutete zwar mehr Lernaufwand, jedoch konnte ich dadurch das Abschlusszeugnis einer U.S. Schule bekommen. Ich war sehr aufgeregt, denn das hatte ich vor meiner Ankunft überhaupt nicht erwartet. Der eigentliche Hauptgrund für mich in die USA zu gehen, war ja Basketball gewesen, doch auch hier hatte ich anfängliche Schwierigkeiten. Die Regeln für High School Athleten in den USA sind äußerst streng und Schüler dürfen nur zu bestimmten Zeiten im Jahr mit einem Trainer trainieren. Die restliche Zeit konnten wir alleine spielen, jedoch nicht in organisierten Trainings. In Österreich trainierte ich hingegen das ganze Jahr über mit meinem Team. Dies war gerade am Anfang ungewohnt, doch bald erkannte ich die Vorteile: Ich konnte mich so komplett auf meinen eigenen Rhythmus konzentrieren und stundenlang an meinen Basketballfähigkeiten arbeiteten. Viel Infrastruktur in den USA ist um Sport und Athleten herumgebaut, und solange ich gute Noten hatte (welche ich hatte) ermutigten meine Lehrer mich sogar, viel zu trainieren und Spiele für die Schule zu gewinnen. Innerhalb von nur ein paar Wochen war ich in Topform. In Österreich sahen sich Schule und Sport oft eher als Feind. Die Nashville Christian School war zwar nicht sehr groß, doch sie hatte mehrere Sporttrainer, medizinisches Personal und Physiotherapeuten. Viele professionelle Teams in Europa könnten sich so ein Aufgebot auch heute nicht leisten. Kein Wunder, dass amerikanische Athleten in so vielen Sportarten dominieren.

Nach dem anfänglichen Kulturschock gewöhnte ich mich so an das Leben der wahren USA. Ich knüpfte enge Freundschaften mit anderen Spielern, vor allem Chris und Jay, mit denen ich noch heute regelmäßig in Kontakt bin. Wir spielten zusammen im selben Team, hatten einige Schulstunden gemeinsam und unternahmen auch in unserer Freizeit viel miteinander. Wir gingen praktisch durch dick und dünn. Rückblickend war es interessant, wie ein paar "Freunde" am Anfang meines Aufenthaltes super freundlich waren, sich jedoch rasch herausstellte, dass das nur die

"Amerikanische Oberflächlichkeit" war. Andere hingegen waren am Anfang zurückhaltend, wurden jedoch offener, als sie mich besser kennenlernten. Ich lernte damals eine Menge über Freundschaften und zwischenmenschliche Beziehungen. Dies half mir später im Leben, Menschen besser einzuschätzen bzw. mit Ablehnung umzugehen. Ich glaube nicht, dass ich ein so offener Mensch geworden wäre, wenn ich nicht mit 15 ins kalte Wasser geschmissen worden wäre, und vom einen Tag auf den anderen nichts mehr so war wie zuvor. Viele Menschen bleiben ihr ganzes Leben am selben Ort, haben dieselben Freunde und Gewohnheiten. Wenn sie dann auf etwas Neues stoßen, haben sie massive Anpassungsschwierigkeiten. Ich hatte diese damals auch, doch ich glaube in jungem Alter ist es etwas einfacher sich daran zu gewöhnen. Die Zeit verging schnell und in der Mitte des Schuljahres wechselte ich zu einer anderen Gastfamilie, um näher bei der Schule zu wohnen: Chris, seine Schwester Ashley und deren Eltern Paulette und George. Als ich das erste Mal zu ihnen ins Haus kam fragte mich George: "Du bist also Julian aus Österreich. Warst du jemals an Adolf Hitlers Geburtsort?" Ich war sprachlos und stand wie angewurzelt da. Ashley und Chris zogen mich weg und meinten, dass er nur Spaß machte. Ich bin mir ziemlich sicher, dass er wie viele andere auch glaubte, dass ich ein Nazi sei. Heute ist es allerdings stets eine lustige Erinnerung, wenn wir uns wieder sehen. Der Ersteindruck war nicht so gut, doch dies änderte sich bald und ich erkannte, dass George ein großartiger und hilfsbereiter Mensch war. Er stellte mir zum Beispiel an einem Sonntag Morgen das "Starbucks Konzept" vor. Ich konnte nicht glauben, dass Menschen EUR 5 für eine Tasse Kaffee bezahlten. Dort erkannte ich, dass Menschen kein Problem hatten mehr für etwas zu bezahlen, solange der Kundenservice stimmte und sie ein gutes Gefühl dabei bekamen. Was ist dir als Geschenk lieber: EUR 5 oder eine wunderschöne, farbenfrohe Blume? Du nimmst wahrscheinlich die Blume, obwohl sie eventuell weniger Wert als die EUR 5 ist. Geld alleine bringt dir kein gutes Gefühl. Starbucks hatte dieses Konzept perfektioniert. Du denkst vielleicht: "Na und? Was ist so besonders daran?" Nun, wenn diese Tatsache für alle auf unserem Planeten so offensichtlich wäre, dann gäbe es sicherlich vielerorts nicht so schlechten Service und dafür mehr erfolgreiche Firmen.

Abgesehen von den Starbucks-Besuchen gingen George und ich gerne zur Bücherei und verbrachten neben Basketball und Schule viel Zeit mit ihm dort. Er las Geschichtsbücher und ich Bücher über Astronomie und Quantenphysik. Eines Tages in der Bibliothek fragte er mich wie aus dem Nichts: "Was willst du nach der High School studieren?" Ich hatte mir diese Frage bereits gestellt, mich jedoch nie für einen Beruf entscheiden können. Ich hatte gedacht, mir ein Jahr länger Zeit lassen zu können, doch nachdem ich eine Klasse übersprungen hatte, war ich nun nur mehr ein paar Monate vom Schulabschluss entfernt. "Ich möchte gerne einen Beruf, in dem ich viel Geld verdienen kann", antwortete ich ihm. "Nun, wenn du mich stolz machen willst, solltest du entweder ein Anwalt oder Doktor werden. Und viel Geld wirst du dabei auch verdienen", meinte er sofort. Darauf konnte ich nichts erwidern. Ja, ich war prinzipiell an beiden Berufszweigen interessiert, doch da ich weder Freunde noch Familie in diesen Berufen hatte, war ich mir nicht sicher, ob einer davon der richtige für mich wäre. George fügte hinzu: "Julian, die Zeit rennt dir davon, du musst eine Entscheidung treffen, sonst schaffst du die Anmeldefristen für die Uni nicht mehr. Hier sind zwei gute Bücher, eines über Anwälte und ein anderes über Ärzte. Lies sie diese Woche und lass mich danach wissen, wie du dich entscheidest." Ich war verblüfft, denn George dachte tatsächlich, dass ich eine so wichtige Entscheidung fürs Leben so schnell treffen könnte. Zu meiner Überraschung tat ich das dann jedoch.

Viele Menschen haben eine bestimmte Konstanz in ihrem Leben. Vielleicht ändert sich deren Schule, Beruf, ein Hobby, oder ein Freund zieht weg. Das Grundgerüst als Ganzes mit Familie und Umgebung bleibt trotzdem meist gleich. Es gibt zumindest immer einen gewissen roten Faden, der eine Basis an Stabilität im Leben gibt. Für mich änderte sich zu dieser Zeit jedoch auf einen Schlag alles. Die Sprache, die Kultur, die Familie, die Schule, meine Freunde, meine Gewohnheiten, usw. In den ersten Monaten war dies auch sehr schwierig und brachte mich fast dazu wieder zurück nach Hause zu gehen. Mit der Zeit gewöhnte ich mich aber an die ständigen Veränderungen und begann sogar neue Änderungen Willkommen zu heißen. Wenn mir also jemand, so wie George in diesem Fall, etwas richtig Tolles anbot oder vorschlug, ich es eigentlich machen wollte und jedoch noch nicht ganz sicher war, ob ich das auch schaffen konnte, benutzte ich einen Drei-Schritte-Plan:

1. Ich hörte auf mein Bauchgefühl, und auch wenn mein rationales Denken sich noch nicht wirklich sicher jedoch mein Bauchgefühl positiv war, sagte ich JA.

2. Dann erzählte ich Freunden um mich herum, dass ich diese Entscheidung durchziehen würde. So baute ich einen inneren Druck auf, mein gesetztes Ziel auch wirklich zu erreichen, und meinem rationalen Denken keine Chance zu geben, mich doch fälschlicherweise umzustimmen.

3. Ich arbeitete die rationalen Details während des Machens aus.

Hätte ich das nicht so gemacht, wäre ich meist viel zu langsam gewesen. Gerade am Anfang des Aufenthaltes war ich mir oft noch unsicher, diese drei Schritte so abzuhandeln, und das hatte mich gehemmt. Ich hätte zu gerne alle Details vorab gewusst, bevor ich zu etwas Ja oder Nein gesagt hatte. Das hätte aber nie funktioniert, denn ich wäre den ganzen Tag nur auf meinen Händen gesessen, um alles bis ins letzte Detail zu planen. Das Bauchgefühl funktioniert wie ein Muskel, umso öfter man es trainiert und darauf hört, desto besser wird es. Also lernte ich im Laufe der Zeit mich darauf zu verlassen, selbst wenn ich das Gefühl hatte noch mehr

Informationen zu benötigen. Besonders, da ich über die Zeit reflektieren und lernen konnte, wann ich richtig gelegen hatte, und wann ich mein Bauchgefühl besser hätte lesen müssen. Ich konnte dann in Zukunft noch besser rausfiltern, welche Kleinigkeiten eher unwichtig für eine Entscheidung waren und mich so eher auf das Gesamtbild konzentrieren. Viele Menschen machen leider genau das Gegenteil, und bleiben oft an diesen Kleinigkeiten hängen. Denk zum Beispiel an das letzte Neue, das du getan hast oder wählen musstest: Job gewechselt? Eine Reise geplant? Oder etwas Neues gestartet? Was immer es war, wie bist du vorgegangen? Warst du von deiner Idee überzeugt, hast dich dazu verpflichtet sie umzusetzen und erst dann weitere Schritte ausgearbeitet, oder wolltest du jedes Detail vorab verstehen, bevor du dich dazu entschlossen hast? Probiere das nächste Mal meinen oben beschriebenen 3-Schritte Plan aus und du wirst sehen; dein Vorhaben wird wie auf magische Art und Weise funktionieren, obwohl es am Anfang noch recht beängstigend gewirkt hat.

Nachdem ich die zwei Bücher von George gelesen hatte wusste ich, dass ich mich entscheiden musste. Ich bemerkte bald, dass Jura nichts für mich war: Ich mochte keine langweiligen Gesetzestexte lesen. Da Mathematik, Naturwissenschaft und Sport seit jeher zu meinen Favoriten zählten zog mich mein Bauchgefühl zum Medizinstudium mit der Idee, Sportchirurg zu werden. Nachdem diese Woche vergangen war teilte ich George also mit, dass ich Medizin studieren würde. Er war der Erste, dem ich das verriet. Ich hatte JA gesagt und nun musste ich es noch Anderen mitteilen, damit ich mich auch wirklich verpflichtet dazu fühlte – ohne Weg zurück. Ich rief meine Eltern in Österreich an, welche zuerst skeptisch reagierten. Sie meinten, dass niemand in unserer Familie in diesem Bereich tätig sei und ich doch überhaupt keine Ahnung hatte worauf ich mich da einlassen würde. Eine ganz normale Reaktion, denn Menschen tendieren oft dazu, nur das Negative und die Gefahren einer Wahl aufzuzeigen, anstatt dessen Möglichkeiten zu erkennen.

Genau das lässt sich mit dem 3-Schritte-System vermeiden – Ich sah die Möglichkeiten, ohne mich in den Details zu verirren. Also blieb ich dabei: Ich würde Medizin studieren. Ich wusste zwar noch nicht wo und wie, doch das war ja der dritte Schritt: die Details würden sich ergeben, oder meist sogar von selber ausarbeiten. Und das tat es dann auch, wie du in der nächsten Geschichte lesen wirst.

Rückblickend war meine Zeit in den USA eine der Wichtigsten in meinem Leben. Es war nicht alles perfekt, doch ich lernte eine ganze Menge während dieser Zeit. Die erste Lektion ist, dass man besonders als Jugendlicher und junger Erwachsener, ins Ausland gehen sollte, so sich die Möglichkeit bietet. Ich weiß, der Gedanke in ein fremdes Land zu gehen, kann extrem angsteinflößend sein, doch die Vorteile überwiegen klar. Wenn du Kinder hast, ermögliche ihnen, wenn du kannst, im frühen Alter ins Ausland zu gehen. Es ist mit Sicherheit eines der besten Dinge, die du für sie tun kannst! Ich persönlich verdanke so viel meines späteren Erfolges dieser Zeit in den USA und ich kenne viele Andere, die auch zu dieser Zeit weggegangen sind und Ähnliches berichten. Meine Komfortzone in einer neuen Umgebung zu überwinden, die Skepsis der anderen Kinder zu akzeptieren, und das Entwickeln neuer Perspektiven sind alles Lektionen, die ich meiner Ansicht nach in dieser Art und Weise nur im Ausland lernen konnte. Natürlich verbesserte sich auch mein Basketballkönnen, was ja mein ursprüngliches Ziel war, und wodurch ich anschließend in einer professionellen Liga in Österreich spielen konnte. Wenn du darüber nachdenkst, ob du selbst, oder als Elternteil dein Kind ins Ausland gehen lassen solltest, dann verwende meine 3-Schritte Strategie. Sag "Ja", denke nicht an all das was schiefgehen könnte, sondern vertraue darauf, dass das Meiste gutgehen wird.

Ich kann gar nicht beschreiben, wie viel Angst ich hatte oder wie besorgt meine Eltern zu dieser Zeit waren. Ich bin sicher, sie schliefen anfangs sehr schlecht oder gar nicht. Warum ich das weiß? Weil ich selbst auch nicht schlafen konnte. Doch schlussendlich war alles gut und wenn du im Vergleich zu anderen Menschen bessere Ergebnisse erzielen willst, dann musst du andere Entscheidungen treffen als sie es tun. Wenn du den gleichen Weg wie sie gehst bekommst du auch meist die gleichen Ergebnisse. Das ist die Botschaft des Sprichwortes am Anfang dieses Kapitels. Viele fürchten sich davor einen anderen Weg zu gehen, weil dieser noch unbekannt ist. Doch nur so wirst du an Orte gelangen, wo andere nie hinkommen. In meinem Lebenslauf sticht es extrem heraus, dass ich bereits mit 16 von zu Hause in ein anderes Land zog. Das ruft automatisch Interesse hervor, weil es nicht "gewöhnlich" oder "die Norm" ist, und dies half mir immer enorm, wenn ich im Vergleich zu anderen hervorstechen wollte. Dies ist die zweite Lektion in diesem Kapitel: Wenn du außergewöhnliche Ergebnisse willst, geht es nicht darum außergewöhnlich zu ein, sondern vielmehr, außergewöhnliche Entscheidungen zu treffen. Versuche anders als "die Masse" zu sein, und du hast schon mal einen guten Start.

Lektion Nummer drei ist die Entwicklung deines Bauchgefühls. Besonders in den letzten Jahren habe ich viele Bücher darüber gelesen wie "Bauchgefühl" funktioniert. Die meisten beschreiben es ähnlich, wie auch ich es während meiner Zeit in Amerika erlebt habe: Die Fähigkeit Entscheidungen zu treffen, obwohl nur eine sehr limitierte Menge an Informationen vorhanden ist. Fälschlicherweise denken viele, dass Entscheidungen, welche auf einer großen Menge an Informationen basieren, die besseren sind. Studien belegen jedoch klar das Gegenteil: Wahre Experten in einem Bereich entwickeln die Fähigkeit, durch viel Erfahrung und Vorwissen, klar zu verstehen, worauf sie achten müssen. Wenn du zum Beispiel selbst in einem Sport aktiv bist, bin ich mir sicher, dass du, auch wenn du jemanden nur für ein paar Sekunden beobachtest, ein "recht gutes Gefühl" hast wie gut diese Person in diesem Sport ist. Im Basketball zum Beispiel kann ich das Können eines Spielers alleine daran beurteilen, je nachdem wie er den Ball hält, bzw. wie dessen Fingerspitzen das Leder berühren, gibt "meinem Bauchgefühl" genügend Aufschluss darüber. Das kann natürlich für alles andere auch zutreffen - meisten haben wir nur nicht genügend Übung und Erfahrung. Deshalb macht es viel Sinn, sein Bauchgefühl über Menschen und Situationen bereits in frühen Jahren zu trainieren. Wie verhalten sich Menschen, wenn sie dich betrügen wollen und wie, wenn sie das Beste für dich wollen? Viele Geschäftsinhaber und Politiker sagen, dass das Vertrauen und Hören auf ihr Bauchgefühl das wichtigste Werkzeug ist, das sie im Umgang mit anderen nutzen. Eines ist klar: Es ist kein angeborenes Talent, sondern vielmehr etwas, das man erlernen kann, und auch sollte. Und ich glaube, der einfachste Weg dies zu tun ist wenn du dich in eine total neue Umgebung begibst, in welcher du dies nicht nur trainierst, sondern vielmehr lernst darauf zu hören.

Das nächste Kapitel wird dir zeigen, ob mein Bauchgefühl Medizin zu wählen richtig war und falls ja, wohin mich diese Entscheidung geführt hat. Doch zuerst möchte ich, dass du dich selbst fragst: Was entnimmst du dieser Geschichte? Ziehst du zu einem neuen Ort, um deine eigenen Grenzen zu testen? Vielleicht nur für einen Monat? Oder schickst du aufgrund dieser Geschichte deine eigenen Kinder ins Ausland? Was auch immer es sein wird, die wichtigste Frage ist: Was wirst du JETZT machen? Vertrau mir, sag "JA", erzähle anderen, dass du es machen wirst und arbeite die Details unterwegs aus.

NOTIZEN

8.

DIE S.A.T.-GESCHICHTE – DAS WÖRTERBUCH AUSWENDIG LERNEN

"Bildung ist wichtig, denn ohne Bildung kannst du keine Menschen führen." – Nelson Mandela

Es war Anfang 2003 und ich wollte mich fürs Medizinstudium bei einem College in Amerika bewerben, um im Sommer nach dem High School Abschluss dort zu studieren beginnen. Ich hatte jedoch keine Ahnung, wie das eigentlich funktionieren sollte und kannte auch keine anderen Doktoren, die ich um Rat hätte fragen können. Mein Gastvater George meinte lediglich, dass ich ein schlauer Junge wäre und mit meinen guten Noten würde ich das alles schon schaffen. Gute Noten haben aber ganz und gar nichts mit einem Plan fürs Leben zu tun, wie ich damals schmerzhaft herausfand. Ich ging also zu unserer Schülerberaterin und erkundigte mich, wie eine Bewerbung zur lokalen Uni funktionierte. Ich hatte gehört, dass diese ziemlich gut war, und es mir zudem ermöglichen würde, in der Nähe meiner Freunde zu bleiben. Als ich sie nach den Formularen fragte, sah sie mich ungläubig an. "Weißt du denn, was es braucht um dort angenommen zu werden?" "Nein" meinte ich, und ich hatte wirklich absolut keinen Plan. "Hast du schon den S.A.T. gemacht? "Was ist denn ein S.A.T.?" Ich hatte keine Ahnung. "Oh Liebling, und du willst Medizin studieren?" lächelte sie herablassend. Es würde nicht das letzte Mal sein, dass mich jemand wegen meiner Ziele ausgelacht hatte, doch

mir war dies absolut egal. Vielmehr motivierte es mich,
genau diesen Leuten zu beweisen, dass ich es trotzdem
schaffen würde.

Daheim fragte ich meinen Gastbruder was denn
dieser S.A.T. war. Er war schon immer ein ausgezeichneter
Schüler gewesen und ich war mir sicher, er würde mir
helfen können. Chris erklärte mir, dass der so genannte
Standardized **A**ssessed **T**est (= Standardisierter Test für die
Zulassung an Universitäten in den USA) ein Test war, den
viele Schüler in Amerika ablegen mussten, wenn sie aufs
College gehen wollten. Wie der Name bereits sagt, ist alles
an diesem Test standardisiert: die Anzahl der Fragen, die
Art der Fragen, die Dauer, usw. Damals ging die mögliche
Punktzahl von 0 – 800 für jeweils Englisch und Mathematik
(heute sind es drei Kategorien mit einer Höchstpunktzahl
von insgesamt 2.400 Punkten, während es damals
insgesamt 1.600 waren). Die Englischfragen bestehen aus
Vokabeltests und Leseverständnisfragen. In Mathematik
werden vor allem logisches Denken, Basis-Algebra und
Geschwindigkeitsberechnungen geprüft. Die Fragen waren
nicht so schwer per se, jedoch muss alles unter Zeitdruck
mit maximal einer Minute Zeit pro Frage beantwortet
werden. Bis dato hatte ich noch nie einen solchen Test oder
etwas ähnliches absolviert. Die nächsten Examenstermine
waren entweder in drei oder sieben Wochen. Chris schlug
vor, die sieben Wochen zu nehmen, damit ich mich gut
darauf vorbereiten konnte. "Vorbereiten?" fragte ich. "Ja,
vorbereiten" erwiderte er schmunzelnd. Mein Englisch-
Wortschatz war bei weitem nicht so gut wie er für eine
gute Note sein musste, und obwohl Mathematik immer
eine meiner Stärken war, musste ich auch hier an der
Lösungsgeschwindigkeit arbeiten. Er gab mir ein kleines
Buch, welches er selbst für sein S.A.T. Training gehabt hatte.
Er hatte zirka 1.300 von 1.600 möglichen Punkten erreicht,
was ausgezeichnet war. Mit dem Kampfgeist den ich hatte,
wollte ich also zumindest das Gleiche, wenn nicht sogar
mehr, erreichen.

Ich legte sofort los und begann das Buch zu studieren. Im Englischteil ging es um die Fähigkeit, Wörter verbinden zu können, und somit deren Sinn zu verstehen. Das wäre vermeintlich nicht so schwer gewesen, die meisten dieser Wörter hatte ich jedoch noch nie zuvor gehört. Oft brauchte ich sogar ein Deutschwörterbuch, das mir die Englisch zu Deutsch Übersetzung noch einmal auf Deutsch erklärte, weil die Wortübersetzungen auch im Deutschen so extrem selten waren. Jetzt verstand ich, warum Chris gemeint hatte, dass ich, als jemand dessen Muttersprache nicht Englisch ist, große Schwierigkeiten beim Lösen einiger dieser Probleme haben würde. Nach einem kurzen Training machte ich einen Probetest am Ende des Buches, um zu sehen wie gut oder schlecht ich tatsächlich war. In der Kategorie Englisch hatte ich 0 von 10 Fragen richtig - ich konnte kaum glauben, dass ich so viele Wörter im Englischen noch nie zuvor gehört hatte, und nichts mit ihnen anzufangen wusste. Der Mathematikteil war wie erwartet recht einfach und ich hatte 8 aus 10 Fragen richtig. Ich musste mich hier nur noch an den Zeitdruck gewöhnen und ein bisschen üben. Englisch war jedoch ein komplett anderes Kaliber und ich musste mich hier um ein Vielfaches verbessern, wenn ich nicht mit 0 Punkten aus dem Test gehen wollte. Neben dem Basketballtraining am Morgen, Mittag und Abend fügte ich also zwei Vokabeltrainingsstunden und ein kurzes Mathetraining hinzu. Ich hatte sieben Wochen Zeit und wusste um die Wichtigkeit des Testes. Ich erzählte George von meinem Plan und nach kurzem Zuhören hatte er eine verrückt klingende Idee: "Warum lernst du nicht einfach das englische Wörterbuch auswendig? Du würdest dadurch zwar komplett von Null anfangen, aber so den ganzen Wortschatz lernen." Ich sah ihn ungläubig an: "Das Wörterbuch auswendig lernen, du machst wohl Witze?" "Nein, denk einmal nach, Julian. Du bist ein guter Leser, also wirst du im Lese-Test beim S.A.T. gut sein, und dass du in Mathematik spitze bist, wissen wir auch. Doch dein Wortschatz ist sehr auf den täglichen Sprachgebrauch limitiert, und diese S.A.T. Trainingsbücher sind für Jugendliche mit der Muttersprache

Englisch, und nicht so wie bei dir Deutsch. Du musst von ganz vorne anfangen, und es gibt nun mal keine bessere Liste an Wörtern als in einem Wörterbuch." Erst dachte ich wirklich er mache einen Witz, realisierte dann jedoch, dass er Recht hatte.

Gemeinsam mit George ging ich zur Bücherei in welcher die größte Herausforderung darin bestand das richtige Wörterbuch zu finden. Es gibt nämlich über 200.000 Wörter in der Englischen Sprache und ich konnte nicht nur unmöglich alle lernen, viele von ihnen waren auch komplett veraltet und wurden überhaupt nicht mehr verwendet. Ich wählte schlussendlich ein Schulwörterbuch mit zirka 30.000 Wörtern aus. Viele davon kannte ich natürlich bereits, doch es gab sicher einige, die komplett neu für mich waren, und diese galt es zu lernen. Bis zur Prüfung hatte ich ein bisschen mehr als 50 Tage Zeit und das Wörterbuch hatte insgesamt 500 Seiten. Ich wollte also zehn Seiten pro Tag schaffen, die Wörter vom Vortag wiederholen und ein bisschen Spielraum belassen, falls etwas Unerwartetes passierte. Bereits nach zwei Tagen erkannte ich jedoch, dass ich viel zu langsam war. Ich kannte zwar viele der Wörter, aber jene die ich nicht kannte, waren so schwer, dass ich keinen Weg fand, mir diese langfristig zu merken. Ich sprang viel zu oft zwischen den Seiten hin und her, vergaß alte Wörter, und wusste dann nicht mehr welche ich bereits gelernt hatte, und welche noch nicht. Schlag einmal selbst ein Wörterbuch auf und fange auf der ersten Seite mit A an. Wie viele Wörter davon kennst du, und wie schwierig sind all jene, die du nicht kennst? Wenn ich also keinen besseren Überblick verschaffen und dadurch die Wortanzahl steigern konnte, würde ich es nie durchs gesamte Wörterbuch schaffen.

Da kam mir eine Idee: In der Unterstufe im Gymnasium in Österreich ließ mich meine Mutter, wann immer ich etwas zu lernen hatte, Karteikärtchen mit dem Stoff darauf schreiben. Ich schrieb etwas auf die eine Seite und dessen Bedeutung auf die andere. Es dauerte so zwar etwas länger, doch dafür konnte ich hinterher alles wie im Schlaf. Weiters konnte ich so auch im Bus oder unterwegs lernen und behielt trotzdem den Überblick darüber, was ich noch nicht so gut konnte. Ich beschloss also das Gleiche für den S.A.T. zu machen. Ich rechnete aus, dass ich rund 100 Karten pro Tag schreiben müsste. So konnte ich während der sieben Wochen knapp 5.000 neue Wörter dazulernen und ich nahm an, dass ich mit diesen recht gut in der Berechnung lag, wie viele mir aus dem Wörterbuch noch fehlten. Ich arbeitete jeden Tag 10 Seiten durch, schrieb das englische Wort auf eine Seite des Karteikärtchens und eine kurze Definition, Synonyme und Antonyme auf die andere. Dies kostete mich die gesamte Zeit am Morgen vor der Schule, und so musste ich auf das morgendliche Basketballspielen verzichten. In der Mittagspause ging ich die Wörter noch einmal durch und wiederholte jene von den Vortagen mit denen ich Probleme hatte. Die Karteiboxen erlaubten es mir auf einfachste Art und Weise alle Vokabeln zu organisieren. Am Abend arbeitete ich noch an ein paar Mathematikbeispielen und testete meine Verbesserungen mit weiteren Probetests. Vor allem in den ersten Wochen schien dies gut zu funktionieren und meine Punkte stiegen langsam nach oben.

Nach zwei Wochen hatte ich jedoch über 1.000 Karteikärtchen und sah eine neue Herausforderung auf mich zukommen: Ich hatte zu viele Kärtchen, und das reine Wiederholen kostete mich schon zu viel Zeit. Das Organisieren war zwar besser geworden, doch mein Gedächtnis konnte sich nicht so viele neue Wörter merken. Ich wusste, dass ich am Morgen oder in der Mittagspause nicht mehr ausreichend Zeit hatte, und wollte deshalb versuchen, während des Unterrichtes zu lernen. Das Problem war, dass ich natürlich nicht auffallen wollte, und all die Boxen viel zu viel Platz in meinem Rucksack brauchten, um sie von Klassenraum zu Klassenraum zu hieven. Mir fiel tatsächlich eine Lösung dafür ein: Ich verteilte die Boxen einfach auf verschiedene Klassenräume in der Schule, sodass ich diese nicht ständig mit mir herumtragen musste. Ich lernte verschiedene Boxen

an verschiedenen Orten und verstaute beispielsweise die Box
von A - C bei meinem Geschichtelehrer. Die D - G Schachtel
war in meiner Englisch-Klasse deponiert und so weiter. Den
Lehrern erklärte ich, dass diese Kärtchen voll mit Vokabeln
aus ihrem Unterricht waren, welche ich nicht verstand,
und aber lernen und verstehen wollte. Die meisten Lehrer
schauten kein einziges Mal nach und nickten einfach nur
erfreut, dass ich ein solches Interesse an ihrem Unterricht
zeigte. Nur einmal fragte mich mein Mathematiklehrer was
ich denn ständig auf die Karten während des Unterrichts
gucke – so schwer waren doch seine Wörter nicht. Er kam
zu mir herüber und schaute auf die Karte, die ich gerade in
meiner Hand hielt. Darauf stand "telesthesia[6]", zu Deutsch
Telästhesie. Er sah mich überrascht an und ich weiß nicht,
ob er mir glaubte oder ob er es einfach nur durchgehen
ließ, weil er das Wort selbst nicht kannte. Er lächelte nur
und sagte: "Großartig Julian, mach weiter so!" Er gab mir
dadurch praktisch sein offizielles OK, dass ich nun in seinem
Unterricht für den S.A.T. lernen konnte und in Mathematik
hatte ich ohnehin eine Eins-Plus.

Die Verteilung der Schachteln löste ein Problem, ein
weiteres blieb jedoch: Ich musste zu viele neue Wörter in
einer viel zu kurzen Zeit lernen. Ich weiß nicht, ob du je
versucht hast, dir 100 neue Wörter am Tag zu merken. Das
geht vielleicht ein, zwei Tage gut - aber eine Woche später
musst du dir fast 1.000 neue Wörter merken. Ich hatte
meine mentale Kapazität erreicht und musste eine bessere
Strategie finden, sonst würde ich die alten Wörter vergessen,
während ich versuchte mir die Neuen zu merken. Durch
Zufall hörte ich einen anderen Schüler von sogenannten
"Gedächtnismeisterschaften" erzählen. Bis dahin hatte
ich noch nie davon gehört, war aber neugierig wie diese
funktionierten und noch viel mehr, wie man sich darauf
vorbereitete. Er war sehr hilfsbereit und erklärte mir, dass

---

6 Empfinden oder Spüren über weitere Distanzen (auch parapsycholo-
gische Fähigkeiten)

das Merken von Spielkarten, willkürlichen Gesichtern, oder verschiedenen Objekten nicht sehr schwierig war – solange man die richtige Technik kannte. Ohne dich mit Einzelheiten langweilen zu wollen funktioniert die Technik, wie die Teilnehmer das meisterten, wie folgt: Man baut so genannte "Gedächtnispaläste" in Verbindung mit dem zu lernenden Stoff. Diese Gedächtnispaläste würden vertraute Orte aus meinem richtigen Leben wiedergeben, wie zum Beispiel Klassenräume in meiner Schule, oder Zimmer in meinem Haus. Orte also, die ich oft besuchte und praktisch auswendig kannte. Nun verband ich jedes neu erlernte Wort mit einem bestimmten Platz an diesen Orten. Unser Gehirn erinnert sich nämlich leichter an etwas, das mit einem Ort verbunden ist, und so merkte ich mir die Vokabeln nicht nur schneller, sondern auch nachhaltiger. Gesagt, Getan. Ich rannte also überall in der Schule von Zimmer zu Zimmer, um immer mehr solcher Gedächtnispaläste für über 5.000 Wörter zu schaffen. Aus diesem Grund werde ich mich immer an "telesthesia", erinnern, welches sich in der Mathematikklasse "befindet", weil ich es mit dem Fernseher im Zimmer und einer Tasse Tee darauf verbinde, die bei mir ein warmes, kribbelndes Gefühl hervorrief – sinngemäß was das Wort bedeutet. Ja, es macht auf den ersten Blick wenig Sinn, doch wenn du es selbst mal versuchst, bemerkst du schnell, dass dir dieser Gedächtnispalast jetzt auch helfen wird, dieses Wort für immer in Erinnerung zu behalten. TV – Tee – kitzelndes Gefühl. Telesthesia, ein Gefühl von der Ferne kommend. Ich hatte tausende mehr dieser Verbindungen für die anderen Wörter und wenn du mehr Informationen über die Arbeit mit Gedächtnispalästen wissen möchtest, dann google einfach danach. Es gibt dutzende hervorragende Webseiten in allen erdenklichen Sprachen, die genau Anleitungen dafür geben.

Nach sieben Wochen harter Arbeit war es Zeit für die Prüfung. Ich war ziemlich nervös, doch ich gab mein Bestes und hoffte, gute Resultate zu erzielen, weil dies entscheidend für meine Zukunft war. Die Prüfung dauerte den ganzen Morgen, Mathematik und Englisch abwechselnd. Als ich am frühen Nachmittag fertig war, fühlte ich mich erschöpft und doch gleichzeitig erleichtert. Die letzten Tage vor der Prüfung waren verrückt gewesen da ich noch einmal virtuell durch hunderte von Gedächtnispalästen lief, um alle Vokabeln zu verinnerlichen. Oft hatte ich nachts höllische Kopfschmerzen, wahrscheinlich weil mein Gehirn nicht an so viel neue Information auf einmal gewöhnt war. Ich erinnere mich noch heute an die meisten Wörter, und wo ich sie "verstaut" hatte. Meine Lehrer und Freunde hatten mich angesichts meines Engagements für komplett verrückt erklärt. Wenn es einen schmalen Grad zwischen Genie und Wahnsinn gibt, dann war ich genau an diesem Abgrund. Nach der Prüfung war dieser Druck weg und während des Wartens auf die Prüfungsresultate konnte ich nachts vor lauter Nervosität kaum schlafen. Wenn ich ein gutes Ergebnis hatte, würde es sehr einfach sein, mich bei den medizinischen Institutionen zu bewerben. Doch wenn ich es vermasselt hatte, dann wäre dies fast unmöglich. Es ist unglaublich, wie viel für einen High School Schüler in den USA hierbei auf dem Spiel steht. An jenem Morgen an welchem meine Ergebnisse heraus kamen, war mir unglaublich übel und ich hatte die ganze Woche nicht richtig gegessen, obwohl ich versucht hatte, mich mit Basketballspielen abzulenken. Ich öffnete die Webseite mit meinen Testergebnissen: Ich hatte 780 von 800 in Mathematik, was fast perfekt war. Spitze! Ich scrollte zu Englisch. Ich hatte 730 von 800! Ich hatte nur ein paar Punkte verloren und obwohl Englisch nicht meine Muttersprache war, waren meine Ergebnisse eine der Besten des Landes. Ich wollte sofort mit meinen Bewerbungen bei den Unis loslegen, als etwas Unerwartetes passierte: Da meine Ergebnisse insbesondere für einen "Ausländer" ausgezeichnet waren, waren diese bereits automatisch an mehrere Unis geschickt worden. Ich war deshalb erstaunt, dass ich gemeinsam mit den guten Resultaten auch mehrere Top-Institute hatte, welche mir proaktiv ein Stipendium anboten. Sie taten dies vor allem wegen meiner Ergebnisse in Mathe, aber auch weil mein Englisch nun so gut war. Ich war total aufgeregt – die harte Arbeit hatte sich wirklich bezahlt gemacht und ich konnte nun aus über zwei Dutzend exzellenten Schulen aus dem ganzen Land wählen. Ich bewarb mich für sieben davon, hauptsächlich wegen deren ausgezeichneten medizinischen Programmen, und auch weil einige davon in der Nähe von Nashville bei meiner Gastfamilie waren. Im Juni 2003 erhielt ich mein High School Diplom mit ausgezeichnetem Erfolg. Mein Vater, meine Großmutter und meine Tante besuchten mich und wir verbrachten eine ganze Woche in New York als Belohnung für meine Anstrengung. Ich genoss die Zeit mit ihnen so sehr und es war ein wundervolles Erlebnis. Der Plan war während des Sommers nach Österreich zurück zu ziehen und nachfolgend im September fürs College wiederzukommen. Was ich jedoch noch nicht wusste, war, dass der kommende Sommer diese Pläne komplett zunichte machen würde, doch mehr dazu in der nächsten Geschichte.

Was habe ich von meinen Vorbereitungen auf den S.A.T., abgesehen von einem großen Englischwortschatz, mitgenommen? Ich lernte etwas Wichtiges, nämlich eine Strategie um effizient zu lernen. Bis dato hatte ich nicht einmal gewusst, dass man überhaupt eine Lernstrategie haben kann. Schulen lehren dir nicht WIE man etwas lernt, sondern nur WAS man zu lernen hat. Ich brauchte 17 Jahre, um diese Erkenntnis zu erlangen. Die Verbindungen zwischen den Wörtern und den Orten funktionierten gut für mich, doch vielleicht nicht für dich. Erinnerst du dich noch an mein Wort aus der Mathestunde? Vielleicht ja, vielleicht nein: Telesthesia. Die Verbindung vom TV und dem Tee war eine perfekte Gedächtnisstütze für mich. Deine Lektion hieraus sollte sein, dass du herausfindest, wie DU am Besten studierst oder lernst. Bist du eher ein Leser, bevorzugst du Audioversionen oder arbeitest du dich am liebsten aktiv durch den Inhalt? Zu welcher Tageszeit kannst du gut lernen? In der Früh, abends oder sogar nachts? Muss es leise sein oder hörst du lieber Musik, während du lernst? Ziehe all diese Fragen für deine perfekte Lernstrategie in Betracht. Heute ist meine persönliche Vorliebe im Umfeld von anderen Menschen zu arbeiten oder zu lernen. Es sollte trotzdem eher ruhig sein und oft höre ich gleichzeitig klassische Musik. Während ich zum Beispiel dieses Kapitel schreibe, höre ich gerade klassische Musik und bin an einem Stehtisch in einem Café in Hong Kong. Für dich mag etwas komplett anderes funktionieren und was das ist, musst du für dich selber herausfinden. Es gibt ein Sprichwort: "Wenn du einen Baum in fünf Stunden fällen willst, schärfe deine Säge vier davon!" Es bedeutet, dass wenn man etwas effizienter erledigen will, ist gute Planung und Vorbereitung sehr wichtig – Man kann natürlich auch alles übertreiben, vergiss das nicht. Dauerte es lange die Karten zu schreiben und sie in die Gedächtnispaläste zu ordnen? Oh ja! Manche hätten in der Zwischenzeit viele andere Vokabeln lernen können. Ich war jedoch später über die Dauer der sieben Wochen wesentlich schneller, weil ich eine effiziente Methode verwendete, und dies verhalf mir schlussendlich zum Erfolg.

Die zweite Lektion ist es, dass du wann immer möglich, fürs Leben, und nicht nur für die Schule oder das Studium lernst. Viele meiner Lernmethoden beim S.A.T. gingen darum, den S.A.T. mit guten Noten zu bestehen, aber ich wollte mehr: Gute Ergebnisse UND gute Englischkenntnisse, welche mir in meinem ganzen Leben helfen würden. Viele Dinge, welche wir für einen Test lernen, hätten eigentlich einen wichtigen Vorteil fürs ganze Leben. Wir müssen ihn nur erkennen, und dann auch nutzen. Denk also das nächste Mal nach, bevor du bei einer Prüfung alles nur im Kurzzeitgedächtnis ablegst, anstatt es auch später noch mal abrufen zu können.

Meine dritte Lektion ist ein solcher Tipp fürs Leben: lerne ein, besser zwei Fremdsprachen. Sprachen sind das wichtigste Werkzeug im Umgang mit anderen Menschen im täglichen Leben, egal ob im Beruf oder Privat. Die drei wichtigsten Sprachen meiner Meinung nach neben Deutsch sind: Englisch, Spanisch und Mandarin-Chinesisch. Während ich Medizin studierte, lernte ich zusätzlich Spanisch und nachdem ich heute in Hong Kong lebe, lerne ich jeden Tag

Chinesisch. Besonders mit den heutigen Online Methoden kann man das auf extrem einfache und effiziente Art, und oft sogar kostenlos, bewerkstelligen. Dein zukünftiges Ich wird dir dafür sehr dankbar sein.

Bevor ich dir in der nächsten Geschichte sage, warum und wie sich meine Pläne änderten, will ich, dass du dir nun fünf Minuten Zeit nimmst und über Folgendes nachdenkst: Was nimmst du für dich aus dieser Geschichte mit? Welche Lern-Strategie wirst du lernen und verwenden? Und am wichtigsten ist, was du davon sofort umsetzen wirst? "Schärfe deine Säge jetzt, damit du den nächsten Baum zehnmal schneller fällen kannst!"

NOTIZEN

9.

DIE KITESURFING-GESCHICHTE – NEINSAGER SAGEN "NEIN"

"Es ist ok zu versagen, denn jeder versagt einmal bei irgendetwas. Aber ich akzeptiere nicht, es nicht einmal versucht zu haben." – Michael Jordan

Nachdem ich aus den USA zurück nach Österreich gekommen war, wollte ich den Sommer über hier verbringen und anschließend mit meinem Medizinstudium in den USA fortfahren. Meine Familie und Freunde hatten sogar eine kleine Willkommens-Party für mich organisiert. Ich hatte alle ein ganzes Jahr lang nicht gesehen, und es war beeindruckend wie sich alle verändert und weiterentwickelt hatten. Während des Sommers fuhren meine Eltern gemeinsam mit mir zur Erholung auf Urlaub zum Gardasee in Italien. Nach dem Sommer stand eine stressige Zeit bevor und so wollte ich die paar Wochen dort zum Ausruhen nutzen. In Italien sah ich zum ersten Mal einen Sport, der mich sofort faszinierte: Kitesurfen. Bis dahin kannte ich nur Windsurfen, bei dem man ein Segel auf ein großes Brett schnallt und den Wind zum fortbewegen nutzt. Kitesurfen ist eine Kombination aus Drachenfliegen und Wakeboarden, wobei man mit Hilfe des Windes mit einem Wakeboard-ähnlichen Brett über das Wasser gleitet. Das tolle am Kitesurfen ist, dass man hohe und weite Sprünge im flachen Wasser ohne Wellen machen kann. Sobald man den Kite-Drachen nach hinten lenkt, zieht er einen aus dem Wasser und lässt einen für ein paar Sekunden durch die Luft fliegen - ein rundum faszinierender Sport. Obwohl ich es noch nicht ausprobiert hatte, ahnte ich, dass ich diesen Sport lieben würde.

Im Jahr 2003 war der Sport noch ziemlich neu, obwohl er schon etwas früher erfunden wurde, hatte er bis zur Jahrtausendwende keinen richtigen Aufschwung, um weite Bekanntheit zu erreichen. In diesem Jahr wechselten jedoch einige Wassersportpioniere wie Robby Naish vom Windsurfen zum Kitesurfen, und sahen den neuen Sport als Gelegenheit, etwas komplett Neues und Aufregendes für die breite Masse zu etablieren. Eines der Hauptprobleme damals war, dass Kitesurfen ziemlich gefährlich war, da einige Sicherheitsvorrichtungen noch verbessert werden mussten, um die Unfallgefahr zu minimieren. Das verschreckte mich jedoch nicht, ich war noch zu jung und unerfahren, um Verletzungsfolgen richtig einzuschätzen. Außerdem war ich vielmehr von den Möglichkeiten des Springens und Fliegens begeistert, als Angst davor zu haben, was passieren könnte. Ich nahm also am Gardasee ein paar Kitestunden, und lernte binnen ein paar Tagen wie man am Wasser hin- und herfuhr. Meine Oberkörper-Kraft vom Basketballspielen und meine Fähigkeiten vom Kunstturnen ließen sich in diesem Sport hervorragend miteinander verbinden. Ich wusste, dass dies der Sport war, den ich neben der Uni und Basketball betreiben wollte. Was ich jedoch noch nicht wusste war, dass dieser Sport meine zukünftigen Pläne innerhalb von nur acht Wochen komplett umwerfen sollte.

Ich überzeugte meinen Vater jedes Wochenende zurück zum Gardasee zu fahren, damit ich noch mehr Kitesurfen konnte, um rasch besser zu werden. Dies war nicht allzu schwer, da er selber ein großer Windsurffan und so ebenfalls voll auf seine Kosten kam. Zuhause in Innsbruck fuhr ich oft zum lokalen Achensee, um dort ebenfalls zu kiten. Ich verbrachte so viel Zeit wie nur möglich auf dem Wasser und wenn es mal keinen Wind gab, las ich Magazine oder schaute DVDs, um noch mehr über den zukünftigen Trendsport zu lernen. Genau gleich wie ich es ein paar Jahre zuvor beim Basketball getan hatte. Sobald dann der Wind stark genug blies, kitete ich oft noch bis nach dem Sonnenuntergang. Ich übte jeden Trick, über den ich in einem Magazin gelesen hatte und brachte mir eigene, ganz neue Tricks bei. Einer der Kitesurfer, die ich damals am Achensee kennenlernte, wurde (und ist auch noch heute) mein bester Freund. Sein Name ist Daniel – jup, der gleiche Daniel, den ich zehn Jahre früher beim Kunstturnen kennengelernt hatte. Ein großartiger Zufall? Ich denke nicht – es war auf jeden Fall Schicksal. Er fing auch gerade mit dem Kitesurfen an und so hatten wir schnell gemeinsame Ziele und fuhren später oft gemeinsam auf Kite-Reisen. Die Kitesurfgemeinschaft war damals noch recht klein, und man kannte sich schnell untereinander. Aufgrund meiner schnellen Fortschritte machte ich mir somit bald einen Namen in der Szene. Als ich eines Tages in Italien einen sehr schweren Trick, den so genannten "Handle Pass" trainierte, war ein Teamfahrer einer lokalen Kitesurf-Marke zufällig vor Ort. Nachdem er mich ausgiebig beobachtet hatte, kam er nach den sieben Stunden, die ich auf dem Wasser verbracht hatte, auf mich zu und fragte, wie lange ich bereits kitesurfte und was denn meine Ziele in diesem Sport wären. Ich berichtete ihm, dass ich erst seit ein paar Wochen kitesurfte, und nur über den Sommer hier war. Er war von meinem Können richtig beeindruckt, und bot mir an, mir kostenloses Kitematerial zu leihen, bis ich wieder zurück in die USA flog. Alles, was ich dafür tun musste, war positiv über die Kites und Bretter zu sprechen, und sie bei anderen Kitesurfern zu bewerben. Das war sehr einfach, denn diese waren wirklich exzellent, und ich war ohnehin vom Material begeistert. Bis dahin hatte ich nur ein Brett und einen Kite, welche mir mein Vater für meine Leistung in den USA geschenkt hatte. Jetzt konnte ich die komplette Ausrüstung so viel ich wollte kostenlos benutzen und so nahm ich sein Angebot mehr als gerne an. Es war nur noch ein Monat übrig, bevor ich zurück in die USA gehen würde und so wollte ich das Maximum aus meiner Zeit am Wasser herausholen.

Ich trainierte viel und verbesserte mich jeden Tag. In einem Online-Forum las ich, dass am Ende des Sommers die Österreichischen Kitesurfing Meisterschaften stattfanden. Sie

waren genau vor meinem Flug in die USA, und so setzte ich
mir das Ziel, daran teilzunehmen – ich liebte Wettkämpfe
und alleine die Idee, mich mit anderen Österreichischen
Kitesurfern zu messen, motivierte mich umso mehr. Ich
wusste zwar, dass ich noch nicht lange im Sport aktiv war,
doch ich wollte dort mein Bestes geben. Jedes Mal wenn ich
Kitesurfen ging, vergaß ich die Welt um mich herum. Ich
liebte das Gefühl, wenn das Wasser übers Brett spritzte, ich
über den See gleitete und dann für einen Trick in die Luft
sprang... Ich liebte einfach alles daran. Viele meiner Kitesurfer-
Freunde daheim versuchten mich davon abzubringen am
Wettbewerb teilzunehmen: "Julian, du bist noch nicht gut
genug. Zum Spaß Kiten ist das eine, doch du hast keine
Wettbewerbserfahrung und wirst dich dort blamieren." Das
Meiste davon stimmte, doch mich störte das nicht. Ich wollte
zum Wettbewerb fahren und dort mein Bestes geben. Ganz
egal, ob ich gewinnen oder verlieren würde. Mein Vater fuhr
gemeinsam mit unserem Camper Bus dort hin, doch lange
Rede, kurzer Sinn: meine Freunde behielten leider Recht
und ich war für den Wettbewerb bei weitem noch nicht
bereit. Ich schied bereits in der ersten Runde aus und musste
lniedergeschlagen die Heimreise antreten. Rückblickend war
das allerdings der wichtigste Kitesurf-Event meiner Karriere.

An diesem Wochenende traf ich die ersten Kitesurfer, die
dafür bezahlt wurden die Welt zu bereisen und an den besten
Plätzen der Welt kitezusurfen - genau das wollte ich auch. Ich
wollte dafür bezahlt werden, zu Destinationen zu reisen, zu
denen "normale" Menschen nur im Urlaub kommen. Meine
Freunde hatten verhindern wollen, dass meine Gefühle durch
eine Niederlage verletzt wurden und ich eventuell entmutigt
worden wäre. Sie hatten "nur das Beste" für mich gewollt,
doch hatten sie vergessen, dass dieses Beste, das Beste für die
"Norm" war, und nicht für jemanden, der "Mehr" wollte. Sie
wollten mich beschützen und gaben mir plausibel klingende
Ausreden warum mein Tun Blödsinn war. Zwar hatte ich,
wie es meine Freunde daheim vorausgesagt hatten, den
Wettbewerb vermasselt, sie hatten jedoch meinen Kampfgeist

unterschätzt. Dieser machte mich nach diesem Sport und der Möglichkeit ein professioneller Kitesurfer zu werden, richtig süchtig. Was auch immer du tust, jemand wird alles daran setzen dich in seiner Gruppe der "Norm" zu behalten. Seit dieser Erfahrung, nannte ich diese Art von Menschen "Die Gruppe der Neinsager". Neinsager denken oft viel zu klein, und können sich das, was du vorhast, nicht vorstellen. Oft macht es ihnen sogar Angst, und dadurch versuchen sie auch dich davor zu "beschützen", einen Fehler zu begehen. Das Traurige daran ist, dass diese Neinsager meist gute Freunde oder Familienmitglieder sind. Wenn du dies jedoch zulässt wirst du nie erfolgreich werden. Hätte ich auf die Neinsager gehört bevor ich damals mit 16 in die USA gegangen war, hätte ich alles Negative über die Kosten oder Risiken gehört, nicht jedoch all die Vorteile des Wissens und der Möglichkeiten. Hätte ich auf die Neinsager vor dem Kitesurfing Wettbewerb gehört, wäre ich daheim geblieben, hätte zwar nicht verloren, doch auch die zehn Jahre bezahlten, nicht endenden Ferien und eine der besten Zeiten meines Lebens versäumt. Du kennst nie den riesigen Effekt, den scheinbar kleine Entscheidungen in deinem Leben haben. Vergiss das nie.

Kitsurfen war damals noch recht unbekannt, doch ich verstand, dass es Potenzial hatte richtig groß zu werden. Ich wollte ein Teil davon sein und wägte meine Möglichkeiten, wo ich Medizin studieren sollte gut ab: Wenn ich in den USA aufs College gehen würde, dann würde ich nie um die Welt reisen können, da ich ja in der Universität bleiben müsste. In Österreich hätte ich mehr Freiheiten auf der Universität und könnte reisen soviel ich wollte, solange meine Noten stimmten. Schlussendlich traf ich eine der schwierigsten Entscheidungen meines Lebens, und sagte mein Studium in Amerika komplett ab. Ich rief meinen Markenrepräsentanten an und erzählte ihm, dass ich nicht mehr in die USA gehen würde und stattdessen in Österreich blieb, um Medizin und Kitesurfen unter einen Hut zu bringen. Wieder entmutigten mich viele und zeigten alle Gefahren dieses Planes auf, aber ich dachte bei mir: "Wer würde nicht für sein Leben gerne kitesurfend um die Welt reisen wollen und die beste Zeit seines Lebens haben wollen?" Naja, viele meiner "Freunde" verstanden dies nicht, und ich hörte mehr "Neins" zu meinen Plänen, denn je zuvor in meinem Leben. Wir vereinbarten ein Werbe-Budget, welches ich für Reisen und Wettbewerbe benutzen konnte. Im Gegenzug dazu würde ich Videos machen, einen Blog schreiben und die Marke bewerben. Egal ob ich nach Venezuela, Brasilien, Mauritius, Spanien, Australien oder Neuseeland flog, für meine Kosten war stets gesorgt und ich brauchte lediglich Kitesurfen und Spaß haben. Der eine oder andere Leser möge vielleicht denken: "Was für ein Spinner – in der vorherigen Geschichte redete er noch darüber, wie hart er für den S.A.T. gelernt hatte und jetzt studiert er Medizin in Österreich, wo man den Test gar nicht braucht!" Die Zusammenhänge sind meistens nicht klar, solange man nur nach vorne schaut, aber rückblickend bemerkte ich, wie entscheidend das Lernen von tausenden Vokabeln gewesen war, um das Medizinstudium überhaupt mit Kitesurfen kombinieren zu können. Nichts hiervon wäre möglich gewesen, wenn ich nicht all die neuen Lernstrategien für mich entdeckt hätte. Ich rede nicht mehr von 5.000 Vokabeln, sondern von tausenden von Seiten an Krankheiten, Körperteilen, Medikamenten und Behandlungen. Da ich die meiste Zeit reisen würde, hatte ich im Vergleich zu den anderen Studenten nur einen Bruchteil der Zeit zur Verfügung. Die Lernstrategien zahlten sich jetzt mehrfach aus, auch wenn ich das vor dem S.A.T. noch gar nicht erahnen hätte können. Denk daran: Lerne fürs Leben, und nicht nur für die Schule oder die Uni.

Dank der warmen Temperaturen in diesem Jahr konnte ich bis spät in den Herbst Kitesurfen und machte so große Fortschritte. Im Winter, wenn der See jedoch zugefroren war, konnte ich natürlich nicht weiter am Wasser Kiten. Also tauschte ich das Brett gegen Skier und wechselte zum Snowkiting, was Kitesurfen auf dem Schnee ist. Obwohl es sich sehr ähnlich wie Kitesurfen anhört, merkte ich bald, dass es sich sehr vom Kiten auf dem Wasser unterschied.

Tricks am Schnee zu machen, war weitaus riskanter als am Wasser und während man die Kontrollbar am Wasser einfach loslassen konnte, bedeutete das im Schnee, dass ich mich schwer verletzen konnte, wenn der Kite außer Kontrolle geriet. Ich musste also lernen den Drachen perfekt zu kontrollieren. Andere Kitesurfer trainierten meist nur am Wasser, ich lernte am Schnee nicht nur mehr Tricks, sondern legte einen weiteren wichtigen Grundstein für meinen späteren Kitesurf-Erfolg indem ich mein Fahrsicherheitslevel verbesserte. Heute sind beide Sportarten gleich beliebt, doch damals war Snowkiten noch unbekannter als Kitesurfen am Wasser. Im damaligen Winter wurde einer der ersten Snowkite-Wettbewerbe überhaupt veranstaltet, und ich beschloss daran teilzunehmen. Ich wurde, obwohl ich erst seit ein paar Monaten aktiv war, weltweit Dritter. Es war eine tolle Bestätigung dafür, dass ich mich richtig entschieden hatte, in Österreich zu bleiben, auch wenn einige Neinsager immer noch meinten, dass dem nicht so war.

Nach dem Wintertraining bewarb ich mich für die Kitesurf Weltmeisterschaften, welche im darauf folgenden Frühjahr begannen. Bis dahin kannte ich die anderen Profikitesurfer nur von Online Videoclips oder Magazinen und war wirklich aufgeregt, tatsächlich gegen sie antreten zu können. Mir kam zugute, dass der erste Wettkampf in Österreich, am gleichen Ort wie die Österreichischen Meisterschaften im Jahr zuvor, stattfanden. Was sich ebenfalls wiederholte waren die Leute, die mir wiederum einreden wollten, nicht zu starten. Ihrer Meinung nach hatte ich beim Snowkite-Wettbewerb nur Glück gehabt und würde es nicht einmal durch die Qualifikation bis zum Event schaffen. Die Qualifikationen werden dafür benutzt, Kitesurfer vor einem Bewerb zu bewerten und festzustellen, ob sie für den Hauptevent gut genug sind. Dies nicht zu schaffen wäre ziemlich enttäuschend gewesen und die Neinsager wussten das nicht nur, sondern wiesen mich konstant darauf hin. Dieses Mal war ich allerdings besser vorbereitet. Ich hätte an der Qualifikation ganz normal teilnehmen können, doch ich

kontaktierte den Organisator vorab und schickte ihm meine
bisherigen Kitesurfing-Ergebnisse. Besonders das Ergebnis
des Snowkite-Wettbewerbs stach hervor, und so ergatterte
ich einen der zwei "Wildcards", die ein Veranstalter an zwei
Fahrer seiner Wahl geben konnte. Dies garantierte mir einen
Platz beim Hauptevent. Erneut hieß es von den Neinsagern,
dass ich einfach nur Glück gehabt hatte, doch ich wusste
dass ich es auch ohne Wildcard geschafft hätte, und sie
wahrscheinlich nur neidisch auf meinen Erfolg waren. Es
ging mir bei der Wildcardentscheidung einfach darum,
Ressourcen für das Hauptevent aufzusparen.

Bei diesem werden dann die 32 weltbesten Kitesurfer per
Los ausgewählt, um jeweils zu zweit gegeneinander anzutreten.
Um zu gewinnen muss man Tricks noch schneller und höher
als beispielsweise beim Training vorführen, um so mehr
Punkte als der Konkurrent zu erreichen. Fünf Schiedsrichter
entscheiden dann, wer in die nächste Runde aufsteigt und
schlussendlich das Finale erreicht bzw. wer verliert und
ausscheidet. Als erstes trat ich gegen jemanden aus Holland
an. Ich war wirklich gut in Form und zeigte ein paar meiner
besten Tricks. Vier der fünf Richter entschieden zu meinen
Gunsten und ich stieg in die nächste Runde auf. 16 Teilnehmer
waren jetzt noch übrig. Als nächstes war ich gegen jemanden
aus Großbritannien dran. Holland und Großbritannien
waren für ihre guten Kitesurfer bekannt, jedoch während des
Wettkampfes bemerkte ich bald, dass mein Gegner mit dem
kalten Wasser und der kalten Luft zu kämpfen hatte. Zudem
war der Wind böig und unberechenbar. Während mein
Gegner nicht zur Höchstform auflaufen konnte, war ich an
diese Konditionen gewöhnt, insbesondere da ich im Winter
trainiert hatte. Das Ergebnis war knapp, doch ich kam nach
einer 3:2 Entscheidung weiter. Wow! Es waren nur noch acht
Kitesurfer übrig. Ich hatte immer davon geträumt, konnte es
jedoch kaum glauben. Die restlichen sieben Kitesurfer waren
nicht nur ganz klar besser als ich, sie hatten zudem mehr
Erfahrung. So verlor ich die nächsten beiden Durchgänge,
was mir schlussendlich den neunten Platz einbrachte. Dies

bedeutete allerdings, dass ich sehr gutes Preisgeld erhielt und nun auch in der Top-Zehn der Weltrangliste war - und das nach meinem ersten Weltcupevent. Ich war total aufgeregt und rief viele meiner Freunde zuhause an, um ihnen von den tollen Neuigkeiten zu erzählen. Wie schon in der Baum-Geschichte freuten sich nur ein paar wenige für mich, während viele darauf beharrten, dass ich wieder einmal nur Glück gehabt hätte. Ich nutzte das Preisgeld, um für die Reise zum nächsten Weltmeisterschafts-Event in Italien zu bezahlen. Ich zeigte es den Neinsagern noch einmal und kam wieder unter die besten Zehn. Nach der Veranstaltung wurde ich in mehreren Kitesurf Magazinen in Großbritannien, Deutschland und den USA abgebildet. Noch ein Jahr zuvor las und lernte ich aus den gleichen Magazinen, und jetzt war ich es, der darin abgebildet wurde. Es war das erste Mal, dass mir bewusst wurde, wirklich etwas erreicht zu haben und ich war ausgesprochen stolz auf mich. Hätte ich auf die Neinsager gehört, hätte ich das nie geschafft.

Den Rest der Saison nahm ich auf der gesamten Weltcuptour teil und neben ein paar Misserfolgen hatte ich weitere großartige Ergebnisse. Am Ende des Jahres unterschrieb ich einen neuen und besseren Vertrag mit einer französischen Kiteboarding-Firma, mit der ich für eine lange Zeit zusammenarbeiten würde. Es war der Beginn eines Lebens, von dem viele nur träumen, aber sich nie trauten es in die Realität umzusetzen. Viele Menschen verstehen bis heute nicht warum ich vieles, wofür ich so hart in den USA gearbeitet hatte, einfach so aufgab, um meiner Leidenschaft zu folgen. Alles, was ich in den USA erreicht hatte, war jedoch die Grundlage für das was nachher folgte. Ich bin überzeugt, dass viele andere ebenfalls die Chance dazu hätten, doch sie lassen sich von anderen Leuten herunterziehen oder verunsichern. Ich weiß gar nicht mehr, wie viele Male ich die Sätze der Neinsager gehört habe: "Du kannst kein professioneller Kitesurfer werden, weil du nicht nah genug am Wasser lebst. Du kannst keinen professionellen Kitesurf-Vertrag bekommen, weil dich niemand kennt. Du kannst nicht an der Weltmeisterschaft teilnehmen, weil du nicht gut genug bist. Medizin zu studieren und zur gleichen Zeit Kitesurfen kann man unmöglich miteinander verbinden." Wann immer mir jemand sagt, dass etwas nicht machbar ist, heißt das lediglich, dass er/sie es nicht kann und es an dir auslässt. Höre also nicht auf diese Leute um dich herum, auch wenn sie dir sonst noch so nahe sind – BEWEISE DEN NEINSAGERN, DASS SIE NICHT RECHT HABEN UND FOLGE DEINEM HERZEN UND DEINEN TRÄUMEN! Dies ist die **erste Lektion aus dieser Geschichte**.

Die **zweite Lektion ist**, dass sobald du eine Entscheidung gegen die Neinsager triffst, dich das Universum testet. Als ich ein professioneller Kitesurfer werden wollte und zu meinem ersten Wettbewerb ging, versagte ich komplett. Später, als ich nach meinem ersten Sponsor außerhalb der Kitesurf-Industrie suchte, benötigte es unzählige E-Mails und Anrufe bis ich eine Bekleidungs-, eine Sonnenbrillen-, und dann sogar eine Autofirma fand. Viele Male buchte ich einen Flug zu einem Wettbewerb ohne das Geld für den Rückflug zu haben. Ich musste ein gutes Ergebnis erzielen, um genügend Preisgeld für mein Ticket zu verdienen. All das waren Beispiele, wo es mir das Universum nicht einfach machen wollte und mich immer wieder prüfte, ob ich mir wirklich sicher war, indem was ich tun wollte. Wenn du den Film "The Truman Show" mit Jim Carrey gesehen hast, erinnerst du dich vielleicht, wie Christof, der Schöpfer von Trumans Welt, Truman immer und immer wieder herausfordert, nachdem Truman sich entschloss die Wahrheit über sein Leben herauszufinden. Der Grund warum ich das erwähne ist, weil das richtige Leben oft genau gleich funktioniert. Wenn du nicht stark genug bist, wirst du aufgeben und die Neinsager gewinnen lassen.

Die **dritte Lektion** ist zu verstehen, was ein Hobby zum Beruf machen kann. Viele Menschen verwechseln das Ausführen eines Sportes mit eigentlichem Training. Im Kitesurfen traf mich dieses Konzept härter denn je zuvor. Ich wusste von Anfang an, dass mein Können erheblich steigen würde, je mehr Zeit ich auf dem Wasser verbrachte. Hier bemerkte ich einen entscheidenden Unterscheid zwischen solchen Kitesurfern die den Sport nur zum Spaß betrieben, und solche, die wirklich trainierten um besser zu werden. Der Grund warum ein guter Tennisspieler so gut ist liegt daran, weil er 500 Tennisbälle am Tag spielt, ohne in einem eigentlichen Match anzutreten und der Unterschied zwischen einem professionellen Golfer und einem Amateur liegt nicht daran, dass der Profi ständig 18 Löcher spielt, sondern weil er die langweiligen, aber wichtigen Schläge zehn Stunden am Tag trainiert. Professionelle Basketballspieler spielen selten fünf gegen fünf während des Trainings, sondern üben stattdessen die gleichen Bewegungen, Schrittfolgen und Spielansagen immer und immer wieder. Mein Punkt ist, dass sich der Profi durch dieses stundenlange Training mit einer Intensität, die der Amateur nie wählen würde, unterscheidet, und deshalb auch für die daraus resultierenden Fähigkeiten bezahlt wird. Im Kitesurfen bedeutete dies für mich, nicht einfach nur so kiten zu gehen, wie die meisten anderen das taten, sondern einem klaren Trainingsplan zu folgen. Am Anfang waren es einfache Tricks, wie Vorwärts- und Rückwärtssrollen und nachdem ich diese Tricks innehatte, ging ich zu neuen und schwierigeren Tricks über. Wenn mich jemand während dem Training beobachtet hatte, meinte er oft, ich sei noch ein kompletter Kiteanfänger. Warum? Weil ich 99% meiner Sprünge stürzte, da ich ständig neue trainierte. Amateure lieben es, ihre einfachen Tricks vorzuführen, weil sie wissen, dass sie diese beherrschen. Sie fühlen sich unwohl etwas Neues auszuprobieren und eventuell dabei zu stürzen, was schmerzhaft ist und eben selten Spaß macht. Professionelle Sportler hingegen sind bereit sich den Herausforderungen zu stellen. Sie wissen, dass sich ihre harte Arbeit bezahlt machen wird. Und anstatt ein Hobby zu haben, haben sie einen Beruf, der sie für ihr Hobby bezahlt. Meine harte Arbeit und mein Training waren der Grund, warum ich Profikitesurfer werden und mir so meinen Lebensunterhalt mit meiner Leidenschaft verdienen konnte. Wenn du all die Stürze während meiner Trainings sehen möchtest, geh auf YouTube und suche nach

"Julian Hosp Kitesurfing". Du wirst viele Videos von mir finden, in denen ich diese zeige. Ein berühmtes Zitat von Sylvester Stallone, im Film als Boxer Rocky Balboa, lautet: "Es geht nicht darum, wie hart DU schlagen kannst, sondern es geht darum, wie hart du GESCHLAGEN WERDEN kannst und trotzdem weitermachst." Ich erinnerte mich jedes Mal daran, wenn ich stürzte und aufgeben wollte. In meinen Videos wollte ich dieses Wissen an andere Sportler weitergeben. Auf dem Weg zur Spitze wirst du stürzen und dir manchmal weh tun, doch nur diejenigen die weitermachen und immer wieder aufstehen, erreichen auch ihr Ziel und enden ganz oben.

Ich war fast zehn Jahre lang ein professioneller Kitesurfer und reiste im Alter von 17 – 27 um die Welt. Ich wurde für Tätigkeiten bezahlt, von denen andere träumten und traf nicht nur großartige Freunde, sondern profitierte von all den Erfahrungen, die mein Leben ungemein bereicherten. Viele der kommenden Geschichten passierten während meiner Kitesurf-Karriere und stellen fast ein Drittel meines Lebens dar. Für mich persönlich ist diese Geschichte eine der wichtigsten in meinem Leben, denn es war so unglaublich schwer mich bestimmten Entscheidungen zu stellen, die zu dieser Zeit scheinbar keinen Sinn gemacht hatten, ich jedoch wusste, dass sie die richtigen für mich waren. Rückblickend waren sie die besten, doch ich war mir in der Entscheidungsphase nie zu 100% sicher. Obwohl ich wusste, dass es eh keine richtigen oder falschen Entscheidungen gab, sondern alles davon abhing, was ich schlussendlich daraus machen würde. Ich bin heute noch neugierig, was aus mir geworden wäre, wenn ich bei meiner Entscheidung geblieben wäre und in den USA Medizin studiert hätte. Ich hatte jedoch damals wie heute das Gefühl, dass ich mit meiner Entscheidung besser dran sein würde. Viele Menschen sahen das damals nicht so, doch erkennen dies auch heute.

Wie immer am Ende eines Kapitels fordere ich dich dazu auf darüber nachzudenken, was du aus dieser Geschichte für dich mitnimmst. Welche deiner Leidenschaften würdest du gerne verfolgen, hattest aber bisher Angst dies zu tun? Hast du Neinsager um dich herum, die dir deine Träume ausreden wollen? Fordert dich das Universum gerade heraus und du drohst aufzugeben, obwohl du weißt, dass du durchhalten und weitermachen solltest? Denk daran, es ist normal hinzufallen, doch Gewinner geben nie auf, denn Aufgeber gewinnen nie!

NOTIZEN

10.

DIE MEDIZIN-GESCHICHTE – DER MACHER BESIEGT DEN DENKER

"Eine Reise von tausend Meilen beginnt mit einem einzigen Schritt." – Konfuzius

Wie du zuvor in der Kitesurfgeschichte gelesen hast, wollte ich trotz meiner verrückten Kitesurfziele noch immer in Innsbruck Medizin studieren. An der Medizinischen Universität bewerben sich jährlich zirka 1.000 Menschen. Aufgrund der limitierten Größe der Laboratorien und anderen Anlagen werden nur 250 Bewerber akzeptiert. Der finale Auswahlprozess dauert ein ganzes Jahr, wobei es nach den ersten sechs Wochen eine kleine Prüfung gibt, bei der bereits ungefähr ein Drittel der Bewerber aussortiert wird. Am Ende eines Jahres gibt es dann das große Examen, welches die restlichen Studenten auf die finale Teilnehmerzahl von 250 reduziert. Wer diese Prüfung nicht schafft, musst entweder ein ganzes Jahr warten oder etwas anderes studieren. Dadurch gibt es stets einen Kampf um Sitzplätze, wenn die Studenten morgens in den Hörsaal kommen, denn sobald dieser voll ist, müssen die restlichen Studenten draußen bleiben. Der Unterricht beginnt zwar erst um acht Uhr morgens, um allerdings noch einen Sitzplatz zu bekommen muss man schon lange vorher dort sein. Der genaue Zeitpunkt schiebt sich Tag für Tag auf eine frühere Uhrzeit, weil die Studenten durch den Gruppenzwang ihre Sitzplätze immer früher reservieren. Bei mir war das ähnlich und nur fünf Wochen nach Studienstart musste ich bereits um fünf Uhr morgens im Hörsaal sein. Viele Studenten hielten den Druck und den hohen Zeiteinsatz nicht aus, weshalb sie schon vor der ersten Prüfung aufhörten. Viele Studenten beschwerten sich über diese Zustände, und die Situation eskalierte sogar bis hin zu Berichten in der Zeitung. Rückblickend muss ich zugeben, dass es irgendwie verrückt war, doch wie gesagt, ich liebte Wettkämpfe und Konkurrenz schon immer, und hatte daher mit diesem enormen Druck kein Problem. Ich verbrachte ohnehin nicht gern viel Zeit an der Uni, weil ich lieber kitesurfen oder reisen wollte. Da ich jedoch absolut keine Ahnung von Medizin hatte, dachte ich, es sei gerade am Anfang das Beste, wenn ich mich komplett darauf konzentrierte, und auch physisch anwesend war. Nach der ersten Prüfung konnte ich es dann ein bisschen leichter angehen und auf meinen Reisen statt im Hörsaal lernen.

Gesagt, getan – also stand ich um vier Uhr morgens auf um meinen Sitzplatz rechtzeitig zu sichern. Der Unterricht begann um acht und ging bis zwölf. Wir hatten eine zweistündige Mittagspause, der anschließende Nachmittagsunterricht ging von zwei bis vier. Am Abend lernte ich noch ein wenig, fiel dann jedoch todmüde ins Bett, um am nächsten Tag wieder um vier Uhr aufzustehen und den ganzen Prozess zu wiederholen. Nach ein paar Tagen erkannte ich jedoch einen riesigen Vorteil dieses Zeitplans. Durch das frühe Aufstehen konnte ich die Zeit am Morgen produktiv nutzen. Ja, am Anfang war ich selbstverständlich müde, doch mit der Zeit gewöhnte sich mein Körper an die Umstellung des Tagesrhythmus. Als ich um fünf Uhr ankam, lernte ich für eine Stunde und ging dann für eine Pause ins Fitnessstudio nebenan. Ich hatte bemerkt, dass meine Kommilitonen und -innen entweder wie ich gleich um fünf Uhr in den Vortragssaal eilten, oder alternativ versuchten, sich ein Plätzchen kurz vor acht, bevor der Unterricht begann, zu schnappen. Dazwischen rührte sich jedoch nicht viel, und solange ich um sieben Uhr wieder vom Fitnessstudio zurück war, hatte ich keine Probleme den Sitz, den ich um fünf Uhr "vorreserviert" hatte, wiederzubekommen weil die meisten Studenten eh einfach nur auf den Stühlen oder Tischen, bis der Unterricht begann, schliefen.. Nach kurzer Zeit erfuhr ich jedoch von einer weiterer Herausforderung: um mein erstes Jahr zu bestehen, musste ich eine Lateinprüfung absolvieren. Nachdem ich in den USA nie Latein hatte, es aber verpflichtend für das Medizinstudium war, musste ich diese "tote" Sprache nachlernen, obwohl sie wie die Bezeichnung bereits sagt heutzutage kaum noch benutzt oder irgendwo gesprochen wird. Anfangs sah ich es als zusätzliche Hürde, doch genauso wie mit dem frühen Aufstehen fand ich meinen Weg, einen Mehrwert darin zu sehen: Alle Krankheiten, Kategorien und Medikamente konnte ich so besser mit meinen Lernstrategien in Erinnerung behalten, da mir Latein half, tiefere Bedeutungen oder Wortverbindungen zu verstehen. Die bevorstehende erste Prüfung war nicht sonderlich schwer und der Inhalt bestand hauptsächlich aus ein paar medizinischen Terminologien, Naturwissenschaftsfragen und Anatomiegrundlagen. Wenn man den Stoff ein-, zweimal durchgegangen war, konnte man den Test leicht bestehen. Ich entschloss mich deshalb, keine Karteikärtchen oder Gedächtnispaläste zu benutzen, sondern lediglich den Stoff sorgfältig durch zu lesen. Es gab zu viele Themen und die meisten wurden in dieser Prüfung nur oberflächlich behandelt. Für viele Studenten war es jedoch eine echte Herausforderung 500 Seiten innerhalb von sechs Wochen zu lesen. Ich bestand die erste Prüfung und schaffte es sogar an die Spitze der Klasse. Zuerst freute ich mich darüber, doch dann bemerkte ich, dass dadurch mein Name und Gesicht bei anderen Vortragenden und Studenten in Erinnerung bleiben würde und sie auf mich achten würden. Das war überhaupt nicht in meinem Interesse, weil ich bereits geplant hatte, dem Unterricht so viel wie möglich fernzubleiben, um während dem Kitesurfen und Reisen zu lernen. Als die Professoren die Auszeichnungen an die besten zehn Studenten verteilten, fragte ich also einen Freund, ob er meine abholen konnte, damit niemand wusste, wer ich war. Es funktionierte und ohne dass jemand mich kannte bzw. wusste, ob ich anwesend war oder nicht, konnte ich mich auch fern von der Uni auf das große Examen am Jahresende vorbereiten.

Es dämmerte mir jedoch schnell, dass dieses weitaus schwieriger werden würde, als alles worauf ich je in meinem Leben gelernt hatte. Ich würde zahlreiche Bücher über Chemie, Physik, Biologie, Anatomie, Physiologie und Histologie praktisch auswendig lernen müssen. Ich plante daher meine Karteikärtchen-Strategie zu nutzen und auf die Gedächtnispalaststrategie zurückzugreifen. Da ich auf all den Kitesurfreisen viel im Auto saß, und dort während dem Fahren natürlich nicht lesen konnte, plante ich außerdem, laut zu lernen und alles als Audio aufzunehmen. So konnte ich im Auto beim Zuhören den Stoff wiederholen, als wenn ich ihn noch einmal lesen würde. Meine Anwesenheit an der Uni wurde langsam aber stetig weniger und weniger, und um Weihnachten herum ging ich praktisch gar nicht mehr hin. Ich bevorzugte es, alleine zu lernen, damit ich Kitesurfen und dann im Winter auch Snowkiten gehen konnte. Meine Mutter kannte diese Pläne und war besorgt, dass ich von all den Kitesurf-Partys und Reisen zu sehr abgelenkt werden, und mein Studium so nicht abschließen würde. Vielleicht hatte sie vergessen, dass ich kein kleiner Junge mehr war, der darum bettelte, das Kunstturntraining zu verlassen. Dabei hätte sie ganz unbesorgt sein können – sie hatte mir die richtige mentale Einstellung mitgegeben: Sobald ich etwas beschlossen hatte, hielt ich mich auch daran bis ich mein Ziel erreicht hatte. So reiste ich zu den besten Kitesurfplätzen unseres Planeten, um dort zu trainieren... und zu studieren! Beispielsweise flog ich nach El Coche in Venezuela, Cumbuco in Brasilien, Mauritius oder Australien - während andere auf Partys gingen und Alkohol tranken, war ich wild entschlossen meine Prüfungen mit guten Ergebnissen abzuschließen. Am Strand, in Restaurants oder im Flieger sah man mich also immer mit meinen Karteikärtchen und Medizinbüchern. Mir war bewusst, dass ich mindestens 20 Stunden pro Woche lernen musste, um mein Ziel zu erreichen, was ich nahezu das ganze Jahr über durchhielt. Ganz am Rande erwähnt, hatte ich durch all die Reisetätigkeit die wunderbarsten Gedächtnispaläste. Als ich beispielsweise "Knochen" in Anatomie lernte, war ich gerade auf den Malediven. Ich verteilte also alle Namen, Beschreibungen und Teile der Knochen in meinen Gedanken auf Orte in diesem wunderschönen Atoll auf – und an viele kann ich mich noch heute erinnern.

Neben meinem strikten Reise-Lern-Kite-Regimen wusste ich jedoch, dass mir schon ein bisschen Praxis aus dem Unterricht fehlen würde. Ich wollte nicht jeden Tag in der Uni sein, doch ein paar Tage wären durchaus ok gewesen. Also beschloss ich, mich für ein zweiwöchiges Praktikum im Krankenhaus zu bewerben. Als ich mich dafür bei der zuständigen Sekretärin meldete, dachte sie schlichtweg ich wäre nicht bei Sinnen. Erstens war ich noch nicht erfahren genug, und zweitens dürfe sie mir aufgrund der kurzfristigen Anmeldung auch keine monetäre Mindestentschädigung bezahlen. Das war mir aber absolut egal, und auch wenn ich nur einfache Tätigkeiten erledigen konnte, da mir viele Voraussetzungen und Wissen fehlten, war ich sicher, dass mir die komprimierte Praxiserfahrung enorm helfen würde. Nachdem ich die Sekretärin davon überzeugte, dass ich das wirklich wollte, gewährte sie mir schlussendlich einen Platz in der Chirurgie. Ich erzählte niemandem davon, denn entweder hätte man mich ausgelacht und für verrückt gehalten, oder man hätte meine Pläne eventuell sogar durchkreuzt und mein junges Studentenalter meinem Stationsleiter gemeldet. Damit die Belegschaft dort nichts von meinem wahren Vorhaben wusste und stattdessen glaubte ich wäre ein regulärer Famulant, erzählte ich allen auf der Station, dass ich in meinem dritten Jahr des Studiums sei. Zwar durfte ich keine Patienten ohne einen fertig ausgebildeten Doktor an meiner Seite sehen und wurde auch bei jedem noch so kleinen Schritt genauestens beobachtet, doch ich lernte eine Menge. Am Anfang hatte ich nur sehr wenig Ahnung von den meisten Dingen die dort vorgingen, und auch das Theoriewissen, welches ich bisher gelernt hatte, half hier nicht viel. Praxis und Theorie waren zu weit voneinander entfernt, und so war ich nicht nur froh, diese Praxis-Entscheidung getroffen zu haben, sondern war davon überzeugt, dass diese meine Abwesenheit an der Uni mehr als kompensieren würde.

Der leitende Arzt der Station liebte es besonders, "unfähige" Studenten aufzuziehen. Die beiden anderen Studenten dort waren schon in ihrem fünften Jahr, daher war ich ein gefundenes Fressen für ihn. Er bombardierte mich tagtäglich mit Fragen, die ich noch nicht beantworten konnte, sie aber hätte wissen müssen sofern ich tatsächlich im dritten Studienjahr gewesen wäre. Sollte einmal der seltene Fall eintreten, dass ich eine seiner Fragen beantworten konnte, fragte er mich gleich weiter, bis ich es nicht mehr konnte. Er nahm mich oft zu Patienten mit und durch mein Unwissen blamierte ich mich vor ihnen oft auf furchtbarste Art und Weise, wie mein Freund Daniel, der zu dieser Zeit zufällig auch Patient auf der Station war, berichten können wird. Die zwei Wochen waren der reinste Horror, doch was mich nicht umbrachte, machte mich nur stärker. Die Tage des Quälens und Fragenstellens bereiteten mich mehr als hervorragend auf meine späteren medizinischen Testfragen vor. Ich höre mich vielleicht wie ein Masochist an, doch die zwei Wochen lehrten mir mehr als ein ganzes Jahr in der Uni. Als ich nach zwei Wochen zu den theoretischen Studien zurückkehrte, bemerkte ich eine unglaubliche Verbesserung meines Wissens. Bei meiner Promotion sechs Jahre später traf ich den Stationsleiter wieder, der sich sogar noch an mich erinnerte. Als ich ihm erzählte, wie die Situation damals wirklich war, meinte er: "Ich war mir sicher, dass du nach deiner Erfahrung mit mir aufgeben würdest, doch jetzt macht das Ganze Sinn. Du wirst sicher ein ausgezeichneter Arzt!" Es war gut das von ihm zu hören, denn um ehrlich zu sein hätte ich ihn während den zwei Wochen am liebsten mit meinem Skalpell erstochen. Nach den zwei Wochen Praktikum flog ich gleich wieder zum Kitesurfen und gemeinsam mit Daniel trainierte ich für den nächsten Weltcup-Event, und das Lernen dort viel mir nach der praktischen Arbeit um ein vielfaches leichter. Rückblickend kann ich nicht wirklich verstehen, warum keiner der anderen Studenten das gleiche tat – vielleicht hatten sie Angst davor, sich so wie ich mich zu blamieren, weil sie viele Dinge noch nicht wussten. Oder sie gaben sich damit zufrieden nur das zu tun was an der Uni üblich war. Jeder einzelne hätte sich genau den gleichen Vorteil verschaffen können.

Da ich immer schon sportbegeistert war, interessierte mich alles rund um Unfall- und Sportchirurgie am meisten. Später hatten wir einen Anatomiekurs bei dem wir Leichen sezierten und so entschloss ich mich den Kurs nicht nur zu belegen, sondern danach auch einer der Tutoren zu werden. Diese waren meistens Studenten im vierten oder bereits fünften Jahr, jedoch dachte ich abermals, dass es besser sei 100% Kompetenz durch 30% Wissen und 70% Erfahrung zu erreichen, und nicht andersrum, wie es die meisten anderen Studenten taten. Ich war schon immer der Überzeugung, dass der wahre Wert nicht davon kommt was man weiß, sondern vielmehr wie man dieses Wissen und dessen Erfahrung anwendet. Gesagt, getan. Die Notenvergabe des Anatomie-Professors basierte hauptsächlich auf zwei Faktoren: erstens, wie gut man die Leiche präparierte und zweitens, wie akkurat das Anatomiewissen war. Eine Leiche zu präparieren bedeutet, Fettschichten sorgfältig mit einem Skalpell zu entfernen, damit Nerven, Arterien und Venen sichtbar werden. Mein Wissen in Anatomie war dank meiner praktischen Arbeit im Krankenhaus tadellos. Die Herausforderung war jedoch, meinen Plan mit dem Vorhaben, das nächste halbe Jahr entweder auf Reisen oder am lokalen Achensee, anstatt in der Uni zu sein, zu vereinen. Die einzige Lösung war, nicht untertags ins Anatomiezentrum zu gehen, sondern nachts. Ich freundete mich mit einem der Hausmeister an, welcher mich netterweise, wann immer und solange ich wollte, ins Labor zum Arbeiten lies. Ihm gefiel mein Vorhaben, Kitesurfen und Medizin verbinden zu wollen. Du kannst dir sicher vorstellen, dass es ziemlich gruselig war mit 200 Leichen um

drei Uhr morgens im Anatomielabor alleine zu sein. Jeder
Horrorfilm, den man je gesehen hat, fällt einem wieder ein.
Das alles missfiel meinem Professor, auch wenn er nicht
wirklich etwas dagegen tun konnte, und so fand er es witzig,
mich manchmal mitten in der Nacht im Labor zu erschrecken
– jedes Mal erlitt ich beinahe einen Herzinfarkt. Ab und an
konnte ich ein paar Studienkollegen überzeugen mich zu
begleiten, doch das geschah nur in Ausnahmefällen. Sie
empfanden die Situation "zur Geisterstunde" gleichermaßen
unangenehm und alle bevorzugten es untertags, wie "normale
Studenten" zu arbeiten.

Wenn alles gutging, konnte ich bereits zum Sommerkurs
als Tutor lehren, was mir erlauben würde noch mehr
praktisches Wissen zu sammeln, um später dadurch
hoffentlich ein besserer Chirurg zu werden. Während des
Semesters machte ich meinen Professor halb verrückt, da
wir nur per E-Mail kommunizierten - untertags war ich
Kitesurfen und am späten Abend oder nachts im Labor. Ich
lernte fleißig und konnte die Prüfungen mit Gesamtnote
eins abschließen. Meine praktische Arbeit an der Leiche war
aufgrund der langen Nachtstunden ebenfalls ausgezeichnet.
Nachdem ich den Kurs also abgeschlossen hatte, bewarb
ich mich als Tutor. Mein Professor dachte, ich mache einen
Witz und fragte mich ungläubig: "Wie in der Welt willst du
denn ein Tutor sein, wenn du immer unterwegs bist?" Ich
war auf diese Frage vorbereitet und war der Meinung, dass es
sicherlich mehrere Studenten gäbe, die den frühen Morgen
oder späten Abend als Kurszeit vorziehen würden – "Du
warst doch bis jetzt auch immer alleine in der Nacht – warum
sollte sich das jetzt ändern?", fragte er mich. Wir einigten uns
darauf, dass solange ich innerhalb der nächsten Woche sechs
oder sieben andere Studenten für eine Kursgruppe finden
würde, mein Kurs stattfinden dürfe. Also platzierte ich einen
kleinen Hinweis vor dem Hörsaal und in unserem Online-
Studenten-Forum. Zu seiner, und ehrlicherweise auch
meiner Überraschung, meldeten sich binnen kurzer Zeit
einige, welche sich freuten, dass es bei mir die Möglichkeit

gab, den Kurs zu "Sonderzeiten" zu belegen. Sie hatten
meist Tagesjobs, Kinder oder andere Verpflichtungen und
meine Offerte passte perfekt. Tutor zu sein hatte für mich
viele kurz- und langfristige Vorteile: Erstens erhielt ich ein
kleines monatliches Gehalt, das ich brauchte um meine
Kitesurfreisen zu finanzieren. Zweitens musste ich ein
Experte über das anatomische Fachgebiet werden, um die
Gruppendiskussionen leiten zu können. Ich hatte erkannt,
dass man etwas nie zu 100% verstanden hat, solange man es
nicht auch anderen lehren kann. Der dritte Vorteil war die
zusätzliche praktische Erfahrung während des Präparierens
der Leichen. Dies waren alles wichtige Vorteile für mein
zukünftiges Ziel, Chirurg zu werden. Viele andere Studenten
studierten lieber die Theorie, während mein Wissen zum
größten Teil aus praktischer Arbeit stammte. Schlussendlich
hatte ich die Bestnote bei den Abschlussprüfungen und all
das Lernen unterwegs sowie die praktische Arbeit hatten sich
mehr als bezahlt gemacht. Mein restliches Studium verlief
ähnlich weiter und ich versuchte weiterhin so wenig Zeit wie
möglich mit Theorie zu verbringen, beteiligte mich dafür an
jeglicher Praxis und reiste den Rest der Zeit durch die Welt. Im
Gesamten schrieb ich sicherlich über 10.000 Karteikärtchen
während dieser sechs Jahre – ich weiß nicht, ob meine
Mutter noch welche hat, doch sie meinte stets: "Niemand
wird glauben, wie verrückt du gewesen bist, also behalte ich
die Karten mal lieber auf, damit ich Beweise habe!" Viele
tolle Dinge passierten während dieser sechs Studienjahre,
und meine Zeit als Student war für mich genauso prägend
wie jene als Kitesurfer (als ich das Buch schreibe, sind seit
dem Medizinabschluss gerade mal vier Jahre vergangen). In
den nächsten Kapiteln werde ich dir noch mehr Geschichten
von meiner Zeit an der Universität erzählen, doch in dieser
Geschichte wollte ich die drei wichtigsten Lektionen gerade
vom Anfang mit dir teilen:

Die erste ist die Wichtigkeit aktiv zu handeln. Du
hast das hoffentlich bereits an den Hinweisen am Ende
eines jeden Kapitels bemerkt, und ich kann nicht oft genug

betonen, wie wichtig es ist Erfahrungen zu sammeln, anstatt nur die Theorie zu lernen. Viele der Studenten zögerten mit frühzeitigen Praktika, da sie erst alles lernen wollten, um dann ihr Wissen Schritt für Schritt anzuwenden. Ich hingegen machte während der Praxis oft Fehler und wurde von anderen immer und immer wieder deshalb belächelt oder verhöhnt. Im Krankenhaus dürfen keine Fehler passieren. Hier sind Patientenleben auf dem Spiel. Das Krankenhaus ist daher auf die Unfähigkeit der Studenten vorbereitet, und diese dürfen praktisch nichts ohne Supervision unternehmen. Was hätte also im schlimmsten Fall passieren können: Gar nichts, denn ein ausgebildeter Arzt folgte mir ständig Schritt auf Schritt. Das Gute daran war jedoch, dass ich schneller mehr Erfahrung sammeln konnte. Bei allen künftigen Herausforderungen wendete ich die gleiche Taktik an. Sieh den Weg als Ziel, und hab keine Angst einen Fehler zu machen. Du wirst dadurch jedoch lernen und das wird dich viel besser machen als du es sonst je werden hättest können.

Meine zweite Lektion war abermals, wie wichtig es ist etwas abzuschließen, diesmal eben mein Studium. Medizin interessierte mich, weil ich es faszinierend finde, den menschlichen Körper zu kennen und zu verstehen warum er tut was er tut. Während des Lernens auf all den Reisen, wusste ich oft nicht, ob es Sinn macht, das Studium noch zu beenden. Zu oft, wollte ich "nur Kitesurfer" sein, und nicht gleichzeitig studieren müssen. Ich hätte zu gerne das Studium einfach unterbrochen, doch ich zog es schlussendlich durch. Wie du später lesen wirst, arbeitete ich danach doch nicht als Arzt und so kümmerte es mich anfangs nie, einen Doktortitel zu haben. Ich habe allerdings all zu oft bemerkt, dass dieser für viele andere Menschen (mehr als es zugeben würden) wichtig ist. Sobald sie meine Visitenkarte sehen, ändert sich deren Ansehen mir gegenüber und somit auch die Art, wie sie mit mir sprechen. Der Titel gibt mir einen Vertrauensvorschuss, zudem ich erst nachher aufkommen muss (was ich natürlich auch tue). Die Vorschusslorbeeren helfen oft sehr, zum Beispiel wenn Investoren bei meinen Firmen mir ein paar

Minuten ihrer Zeit geben, nur weil ich "besser am Papier"
erscheine als andere. Airlines upgraden mich in die Business-
oder Erste-Klasse, nur wegen des Titels vor meinem Namen
auf dem Ticket. Zudem ist es wirklich wichtig für mich, dass
meine Eltern und Großeltern stolz auf mich sind, weil sie
einen Doktor in der Familie haben. Wenn du das hier also
liest und dich gerade fragst, ob du dein Studium fortführen
solltest, möchte ich dir gerne Folgendes mitgeben: Was
auch immer du studierst, es hilft dir vielleicht nicht immer
in deinem späteren Job, da die theoretischen Studien oft
so distanziert von der realen Welt sind, egal ob im Handel,
Recht, Medizin, Technik oder etwas ganz anderem. Dennoch
solltest du dein Studium UNBEDINGT abschließen, denn
es beweist anderen Menschen, dass du etwas durchziehen
kannst. Weiters bringt es dich mit Menschen in Kontakt,
die in der Zukunft wichtig sind, und mit denen es gut ist
zusammen zu arbeiten. Sieh also ein Studium NIEMALS
als Vollzeitaktivität, sondern eher als das gewisse Extra, das
jemand der nie studiert, nicht vorzeigen kann. Studiere also
nicht nur um zu studieren. Studiere, um fürs Leben zu lernen!

Der dritte und letzte Tipp dieser Geschichte ist, dass
wann immer du als Tutor oder etwas ähnlichem arbeiten
kannst, dies zu tun! Ein Tutor in der Medizin zu sein erlaubte
mir weitaus mehr als nur das zu lernen, was in den Büchern
steht. Die Fragen meiner Studenten forderten mich heraus
mehr Wissen zu erlangen. Auch wirkte sich meine Tätigkeit
als Tutor positiv auf mein Zeugnis aus, denn Krankenhäuser
wissen wie gut Tutoren mit praktischer Erfahrung ausgebildet
sind. Das gleiche Konzept wiederholte sich in vielen
meiner Lebensbereiche, sei es beim Kitesurfen oder beim
Unternehmensaufbau. All dies startete bei den Vorträgen vor
den kleinen Gruppen im Anatomiesaal und ich hätte dieses
Buch vielleicht nie geschrieben, hätte ich dort nicht gelernt
wie wichtig die Rolle eines guten "Lehrers" war.

Jetzt will ich dich dazu herausfordern, basierend auf dem
was du gerade gelesen hast, zu handeln. Wirst du noch einmal

darüber nachdenken dein Studium nicht zu beenden? Oder beginnst du ein Studium neben deinem jetzigen Beruf? Wirst du mehr Praxiserfahrung sammeln oder könntest du sogar für jemandem in deinem Bereich ein Tutor sein und dabei nicht nur deinen Schülern sondern auch dir selber helfen? Denk daran, bleib nicht nur beim theoretischen Wissen – du musst handeln, um zu gewinnen.

NOTIZEN

11.

DIE PAUL-GESCHICHTE – DIE FÜNF MENSCHEN UM DICH HERUM

"Um mehr zu bekommen, musst du zu mehr werden." – Jim Rohn

Viele Leute in meinem Umfeld wundern sich über all die doch sehr unterschiedlichen Aktivitäten in meinem Leben: professioneller Basketballspieler, in den USA leben, Medizin studieren, professioneller Kitesurfer und noch einiges mehr, wie du bald lesen wirst. Was ich jedes Mal bemerkte, wenn sich meine Interessen änderten, war, dass auch mein Freundeskreis jedes Mal wechselte. Zum Beispiel, wenn man von der Grundschule zum Gymnasium wechselt, gehen manche Freunde entweder gar nicht zum Gymnasium, oder auf ein anderes als man selbst. In solchen Situationen ist es völlig normal, dass sich mit einem neuen Umfeld und einem neuen Lebensabschnitt auch unsere Freunde zumindest teilweise ändern. Es ist nicht mehr so einfach, gleich viel Zeit mit jemandem zu verbringen, wenn sie oder er plötzlich viel weiter weg ist. Bei den meisten Leuten passiert das lediglich einige wenige Male im Leben, und so bleibt doch eine gewisse Konstanz im Personenumfeld. Da ich jedoch relativ oft an unterschiedliche Orte zog, hatte ich schnell viele verschiedene Freunde an den verschiedensten Orten weltweit. Die einen waren mehr mit Basketball beschäftigt, andere mit Medizin und wieder andere eher dem Kitesurfsport verschrieben. Immer wenn ich meinen Weg im Leben änderte, blieben einige Freunde zurück, während neue hinzukamen. Genauso wenn du wie eben beschrieben von der Grundschule zum Gymnasium gewechselt bist. Wenn Leute mich also nach anfänglicher Verwunderung fragen, wie es möglich gewesen sei, so viele verschiedene Interessen zu entwickeln, ist eben meine Antwort, dass dies wegen der vielen Menschen sei, die ich in verschiedenen Umfeldern kennengelernt habe. Was ich allerdings damals noch nicht wusste war, ob meine Interessen mein Umfeld beeinflusste, oder mein Umfeld eher meine Interessen.

Probiere zum Beispiel einmal Folgendes aus: Schreib dein durchschnittliches Monatseinkommen auf ein Blatt Papier. Danach schreibst du diejenigen fünf Menschen auf, mit denen du die meiste Zeit verbringst. Das wird wahrscheinlich deine Frau, dein Mann, deine Freundin oder Freund sein – weiters eventuell deine Eltern oder Kinder. Außerdem Kollegen, beste Freunde, wer sonst noch? Notiere dir diese fünf Personen. Nun füge deren geschätztes monatliches Nettoeinkommen dazu. Wenn du es nicht genau weißt, ist das nicht weiters schlimm. Zähle nun ihre Einkommen zusammen und dividiere diese durch fünf. Wie weit ist dieser Durchschnitt der "fünf Leute um dich herum" von deinem eigenen Einkommen entfernt? Die beiden sind wahrscheinlich extrem nahe beieinander. Jim Rohn, ein bekannter Motivations- und Persönlichkeitstrainer, stellte dieses Prinzip vor ein paar Jahrzenten für praktisch jeden Lebensbereich auf, sei es Gesundheit, Fitness, Arbeit, Einkommen, Freizeitgestaltung usw., und behauptete: "Du bist der Durchschnitt der fünf Menschen um dich herum!" Ob du es glaubst oder nicht, die Menschen um uns herum haben extrem viel Einfluss auf uns. Ein einfaches, nicht monetäres Beispiel wäre das Rauchen. Stell dir vor, du bist ein Raucher und möchtest damit aufhören. Während jeder Pause, wenn du Kaffee trinkst oder wenn du am Abend ausgehst, kommst du in Versuchung zu rauchen. Nun stell dir vor, du bist inmitten deiner Freunde, die bei all diesen Situationen rauchen – würdest du auch rauchen? Oder stelle dir vor, keiner von ihnen würde rauchen. Unter welchen Umständen wird es einfacher sein deinem Vorhaben treu zu bleiben? Wenn dieses Konzept für dich komplett neu ist, ist es nicht immer einfach es sofort als wahr zu akzeptieren, doch sei versichert, es trifft jedes Mal zu.

Am Ende läuft dies auf eine wichtige Erkenntnis hinaus: Wenn du dich weiterentwickeln willst, müssen sich entweder diese fünf Menschen selber verändern (sehr unwahrscheinlich) oder du tauscht einen oder mehrere dieser fünf Menschen aus. Wenn diese fünf Menschen deine engsten Freunde oder Familie sind, kann das oft schwierig und schmerzhaft sein – es ist keine einfache Änderung und ich möchte dir hiermit NICHT sofort raten, dich scheiden zu lassen oder den Kontakt zu deinen Eltern abzubrechen. Du solltest allerdings über dieses Konzept Bescheid wissen und dir im Klaren sein, dass dies ohne Übertreibung einen überaus essentiellen Einfluss auf dein Leben hat. Dies klingt radikal, wird aber an folgenden Beispiel ganz einfach deutlich: Meine Mutter konnte mir beispielsweise im Basketball nicht helfen, und hätte ich mir nie andere Freunde gesucht, wäre ich im Basketball nie besser geworden. Ich wäre immer auf ihrem Niveau geblieben. Mein Gastvater in den USA war exzellent, wenn es um literarischen Intellekt ging, hätte mir beim Kitesurfen allerdings ebenfalls nicht weiterhelfen können. Da ich viel herumreiste passierte diese Veränderung der Leute für mich mit jeder Interessensänderung automatisch und eventuell könnte man, wie bei der Kitegeschichte auch, behaupten, dass die Interessensänderung erst durch die Änderung der Leute möglich wurde. Wie ist es aber, wenn man sich innerhalb eines Feldes weiterentwickeln möchte? Beispielsweise mehr Geld zu verdienen, besser in einem Sport zu werden oder einen noch gesünderen Lebensstil zu entwickeln? Gerade hier wirkt der "Durchschnitt der fünf Leute um dich herum" wie ein Magnet für dich, und du musst die Leute tauschen, wenn du weiter kommen willst. Jede erfolgreiche Person kennt das Konzept und nutzt es ihrerseits um erfolgreich zu sein. Bis zu einem entscheidenden Ereignis

in meinem Leben hatte ich ehrlich gesagt nie über dieses
Konzept nachgedacht. Wie durch Zufall traf ich jedoch eine
Person, die meinen Durschnitt und mein bisheriges Denken
komplett umwarf. Sie war es, die mich motivierte mehr zu
werden, um dadurch auch mehr zu bekommen. Müsste ich
je eine Liste an Menschen erstellen, die einen nachhaltigen
Einfluss auf mein Leben hatten, wäre diese Person auf jeden
Fall ganz oben mit dabei. Diese Geschichte wird dir zeigen,
dass wenn du nur eine Person in deinem nahen Umfeld
änderst, sich fast dein ganzes Leben ändert, solange du dies
zulässt. Heute habe ich gelernt, dass wenn ich in einem
Thema weiterkommen will oder etwas ganz Neues beginnen
möchte, ich nicht gleich alle fünf Menschen tauschen muss.
Ich fange mit einer Person an und geh von dort aus weiter.
Denn um mehr zu bekommen, muss man mehr werden,
und um mehr zu werden, muss der Durchschnitt um einen
herum ebenfalls mehr sein.

Nun jedoch zu der Geschichte, in der ich diese Erkenntnis
erlangte: Fürs Kitesurfen war ich immer extrem viel unterwegs.
Durch das viele Fliegen hatte ich dadurch einen silbernen
Vielfliegerstatus bei einer der größten Fluglinien der Welt.
Dies hatte einige äußerst angenehme Vorteile, vor allem weil
ich so mehr Gepäck als herkömmliche Fluggäste mitnehmen
durfte, was mir besonders mit meiner Sportausrüstung
half. Obendrauf hatte ich Zugang zu speziellen Lounges an
den meisten Flughäfen weltweit, und ich konnte mich vor
dem Flug etwas ausruhen, essen und kostenloses Internet
nutzen. Die anderen Gäste in diesen Lounges waren meist
Geschäftsreisende und dementsprechend gekleidet. Ich
hingegen hatte schulterlange blonde Haare, gebräunte Haut,
trug Flip Flops und Surfshorts – genau so, wie man sich eben
einen typischen Surfer vorstellt. Viele Passagiere sahen mich
stirnrunzelnd an und fragten sich, was denn einer wie ich
in einer solchen Lounge zu suchen hatte. Es gab zwar keine
offiziellen Bekleidungsvorschriften, doch zu einem gewissen
Grad erwartete man, dass ich zumindest ordentliche Jeans
trug. Abgesehen von ein paar bösen Blicken sagten allerdings

die wenigsten etwas. Eines Tages als ich auf einen Flug von den USA zurück nach Deutschland wartete, kam ein Mann auf mich zu und fing an mit mir zu plaudern. Er war gut gekleidet, vielleicht in seinen späten 50ern, reiste alleine und sah mich forschend an: "Sieht so aus, als ob du deinen Urlaub genossen hast", lächelte er. "Im Grunde genommen bin ich immer auf Urlaub", erwiderte ich mit einem noch größeren Lächeln. Ich kam gerade vom Kitesurf-Weltcup in der Dominikanischen Republik und gab gerne ein bisschen an, dass meine Arbeit oft der Urlaub meines Gegenübers war. "Nun, das ist wunderbar, ich auch!", warf er zurück, und grinste mindestens genauso. Ich hatte diese Antwort nicht erwartet, denn er sah definitiv nicht aus, als wäre er auf Urlaub gewesen. Wir hatten beide noch etwas Zeit vor unseren Flügen und so redeten wir ein bisschen übers Reisen, Kitesurfen, die Medizin und wie ich all das miteinander kombinierte. Sein Name war Paul, wie er mir mitteilte, und er stellte die meisten Fragen, während ich hauptsächlich antwortete. Ich erzählte ihm, dass ich gerade für eine wichtige Medizinprüfung zurück nach Österreich reiste und drei Tage später für ein Video- und Fotoshooting in den Oman fliegen würde[7]. "Wow, klingt als hättest du einen vollen Kalender", merkte Paul an. Ich nickte und wollte noch etwas antworten, doch mein Flug begann zu boarden und ich musste mich verabschieden. Auch wenn ich eigentlich nahezu nichts über Paul erfahren hatte, erschien er mir hoch interessant und so gab ich ihm noch schnell meine Visitenkarte. Er besaß keine, gab mir aber seinerseits seine E-Mail Adresse und ich eilte zum Boarding Gate.

Während des Fluges schrieb ich ihm eine E-Mail und bedankte mich für die nette Unterhaltung. Als ich in Europa ankam, hatte ich ebenfalls eine E-Mail von Paul erhalten, in welcher er mir für meine Pläne und Vorhaben gratulierte. Er schrieb, dass er sich meine Webseite[8] angesehen hätte und

---

7   Du kannst das Video dazu auf YouTube finden wenn du nach "Julian Hosp Oman" suchst

8   www.julianhospcoaching.com

von meinen Errungenschaften beeindruckt war. Zudem bot
er mir an über Skype in Kontakt zu bleiben, und sollte ich
irgendwelche Fragen haben, ich mich gerne melden könne.
Für einen Moment kam mir das etwas eigenartig vor, und
ich weiß nicht, was du dir dabei gedacht hättest, wenn ein
praktisch Fremder, dich gerne noch mehr online kennen
lernen würde. Mein komisches Gefühl sollte sich jedoch als
komplett unbegründet herausstellen. Zurück in Innsbruck
in der Universitätsbibliothek fügte ich Paul als Kontakt auf
Skype hinzu. Sofort schrieb er zurück und wir chatteten eine
ganze Weile. Das Schreiben ging zu langsam, weshalb ich ihn
über Skype anrief. Er war noch immer in den USA, und wir
quatschten über viele verschiedene Themen. Nie zuvor hatte
ich so tiefgreifende Gespräche mit jemandem, den ich gerade
erst kennen gelernt hatte, geführt. Trotzdem empfand ich die
Situation nicht als unangenehm. Er unterschied sich deutlich
von allen anderen Menschen um mich herum. Paul stellte
mir viele Fragen, die mir sonst noch niemand gestellt hatte:
"Was plane ich einmal nach dem Studium? Wo sehe ich mich,
wenn ich 30 Jahre alt bin? Wenn ich 50 Jahre alt bin? Was
macht mich glücklich? Wie wichtig ist Geld für mich? Was
wollte ich schon immer einmal im Leben erreichen?" Fragen
über Fragen die mich nahezu überforderten - Mann, was
wusste ich denn schon?! Ich hatte mit gerade mal 20 Jahren
noch nicht ansatzweise über solche Fragen nachgedacht,
und alles was mich zu diesem Zeitpunkt interessierte, war,
wie ich meine nächste Kitereise bezahlen konnte oder die
kommende Medizinprüfung bestehen würde. Er bemerkte
meine Frustration und überraschte mich so sehr mit seiner
nächsten Aufforderung, dass ich kurz sprachlos war, was bei
mir sonst nicht oft vorkam: "Nimm dir ein paar Stunden Zeit,
Julian, und schreibe mir die Antworten zu diesen Fragen per
E-Mail. Ich weiß, dass diese oft nicht einfach sind, besonders
wenn man das erste Mal darüber nachdenkt. Wenn du das
tust, benutze ich meine Vielfliegermeilen und buche dich
umsonst in die Business-Klasse bei deinem kommenden Flug
in den Oman." Was? Hatte ich ihn gerade richtig verstanden?!
Hatte dieser Fremde mir gerade ein kostenloses Flugupgrade

angeboten und erwartete nichts anderes, als dass ich ihm diese paar Fragen beantwortete? Sein Angebot ergab keinen Sinn, doch was gab es schon zu verlieren?

Ich war ziemlich aufgeregt, bedankte mich und versprach so schnell ich konnte zu antworten. Zwar hatte ich eine wichtige Jahresendprüfung vor mir, doch ich hatte alle Lernkärtchen und Gedächnispaläste bereits perfekt verinnerlicht, und wollte mir mein erstes Business Class Upgrade (sofern ich es auch wirklich bekommen sollte) nicht entgehen lassen. Ich weiß nicht, wie einfach Pauls Fragen für dich sind, doch ich brauchte den gesamten Nachmittag, um sinnvolle Antworten aufzubringen. Jede Frage für die Medizinprüfung erschien mir einfacher. Als ich fertig war, schickte ich Paul eine E-Mail und nur eine Stunde später bekam ich eine E-Mail von der Fluggesellschaft, dass mein Flug zur Business Klasse umgebucht wurde. Einen Moment lang dachte ich, ich träumte und konnte es auch erst wirklich glauben, als ich ein paar Tage später tatsächlich im Flieger saß. Auf der einen Seite war ich verwirrt, über das was passiert war, auf der anderen Seite war ich aufgeregt und dankbar. Es war ein Nachtflug, doch ich konnte die sieben Stunden nach Muskat im Oman kaum schlafen. Ich verstand nicht, warum er mir genau diese Fragen gestellt hatte und warum er mich dafür belohnen wollte, bzw. was er irgendwann dafür erwartete. Den Sinn dahinter konnte ich erst etwas später verstehen, wie du bald lesen wirst. Von dieser Reise an wurde Paul unbewusst einer der fünf Menschen mit denen ich die meist Zeit verbrachte. Wir skypten regelmäßig und ich kombinierte meine Kitereisen nach Ägypten, in die Karibik, nach Südafrika oder nach Asien mit persönlichen Treffen. So fand ich heraus, dass er der Eigentümer eines sehr erfolgreichen Unternehmens gewesen war, welches er ein paar Jahre zuvor, verkauft hatte. Jetzt investierte er sein Geld hauptsächlich in Immobilien, und so musste Paul nicht mehr arbeiten, sondern war konstant auf Urlaub, wie er es am ersten Tag auch behauptet hatte. Dadurch konnte er viel reisen, Spaß haben und sein Leben in vollen Zügen genießen.

Eine seiner Leidenschaften war es, Menschen, die er trifft und faszinierend findet, zu unterstützen. Ich war einer dieser Menschen. Paul gefiel meine Arbeitsmoral, und er sah, welches Potential ich mitbrachte. Er erkannte allerdings auch, dass ich noch einige mentale Grenzen hatten, die mich zurückhielten um richtig erfolgreich zu werden. Du fragst dich vielleicht, welche Grenzen das waren? Es waren hauptsächlich mein limitierendes Denken und vorgefertigtes Denkmuster zu wichtigen Fragen, die mich "unten" hielten: "Wie viel Geld kann man verdienen? Ist Geld gut oder schlecht? Hatte ich klare Ziele? Wo sah ich mich selbst in der Zukunft? Was wollte ich wirklich im Leben? Wofür würde ich ernsthaft kämpfen? Usw."

Paul wollte mich dazu motivieren, meine alten Denkmuster zu überdenken und wusste, welche Fragen er mir dazu stellen musste. Mich beim ersten Mal zur Business Klasse umzubuchen war eine Kleinigkeit für ihn, doch in mir löste es eine Kettenreaktion aus und brachte mich dazu über komplett neue Dinge nachzudenken. Für Menschen wie ihn ging es nicht mehr darum Geld zu verdienen, sondern vielmehr etwas weiterzugeben. Der Grund, warum ich diese Fragen noch nie zuvor gehört hatte war, dass ich nie Menschen um mich herum hatte, die so dachten wie er. Meine "fünf Menschen um mich herum" stellten Fragen, wie:

"Wann ist endlich Freitag? Reichen meine EUR 1.500 diesen Monat? Wann bekomme ich ein bisschen mehr Geld von meinem Chef? Warum haben andere so viel Glück und ich nicht?" Paul dachte nicht so, seine Denkweise befand sich auf einem ganz anderen Level. Da ich offen war von ihm zu lernen, entwickelte ich mich unbewusst weiter. Er erhöhte meinen "Durchschnitt" und ich wurde dadurch mehr und bekam schlussendlich mehr. Alles, was ich dachte was jemals möglich sein würde, stieg um ein Vielfaches. Ich glaubte, ich könnte maximal EUR 5.000 pro Monat verdienen, doch jetzt wusste ich, dass EUR 500.000 im Monat möglich waren. Ich glaubte immer, eine Wohnung zu besitzen sei großartig, jetzt war mir auf einmal klar, dass ich so viele Wohnungen haben könnte, wie ich wollte. Paul lehrte mir außerdem, wie man richtig mit Unternehmern umgeht, mit erfolgreichen Menschen ins Gespräch kommt, mit ihnen verhandelt und wie man Beziehungen richtig pflegt und diese zu schätzen lernt. Ich bin für viele Menschen in meinem Leben dankbar, doch er hatte auf jeden Fall einen der größten Einflüsse auf meinen "Durchschnitt". Es ist mir an dieser Stelle äußerst wichtig zu betonen, dass "Durchschnitt" nicht "wertend" ist. Wie in den Beispielen ganz am Anfang ist der "Durchschnitt" mit vielen unterschiedlichen Aspekten im Leben verbunden und nicht nur mit Geld. Dies war **die erste Lektion aus dieser Geschichte**, und wenn immer mich Leute fragen, was die wichtigste Lektion aus dem gesamten Buch sei, dann verweise ich auf diese Stelle. Nichts wird dein Leben mehr verändern, als das Konzept der "Fünf Menschen um dich herum".

Das **Zweite das ich lernte** war, was Menschen davon abhält dieses Konzept richtig umzusetzen. Zugegebenermaßen weiß nicht jeder davon, doch auch jene die es kennen tun sich mit der Anwendung oft schwer. Warum ist das so? Jede Münze hat zwei Seiten, und zu jedem Vorteil gibt auch immer einen Nachteil. Einen "Paul" in sein Leben zu lassen wäre der einfache Teil, doch man muss offen dafür sein, einen seiner fünf Menschen dadurch gehen zu lassen, also jemanden mit dem man bis dato sehr viel Zeit verbracht hat und dem man wahrscheinlich sehr nahe ist. Es ist unmöglich eine Person zu dieser Gruppe hinzuzufügen, denn es gibt nicht genügend "mentalen" Platz, um die Gruppe zu erweitern. Also muss man jemanden "wählen" der von "Paul" ersetzt wird. Schau dir noch einmal die fünf Menschen an, die du auf das Papier am Anfang geschrieben hast. Wenn du jetzt denkst, dass du nie weniger Zeit mit jemandem auf dieser Liste verbringen würdest und sie alle behalten möchtest, dann lass mich dir das sagen: Das ist genau der Grund warum die breite Masse der Menschen nie die Möglichkeit ergreift ihre angelernten Denkmuster zu überdenken, und so "mehr zu werden". Damit du mehr bekommst, musst du zuerst mehr werden und nicht anders herum. Du kannst jedoch nur dann mehr werden, wenn du einen oder mehrere deiner fünf engsten Menschen um dich herum austauschst. "Auf Wiedersehen" zu sagen und sich der Änderung anzupassen ist einer der schwersten emotionalen Schritte im Leben eines Menschen. Um bessere Ärzte zu werden und unsere Patienten besser zu verstehen, wurden uns im Studium die fünf Stufen von Dr. Elisabeth Kübler-Ross aus "Theorie über Leben und Sterben" beigebracht, welcher jeder Mensch bei Veränderungen und somit auch beim Tod durchläuft. Wenn du eine Person in deinem inneren Kreis ersetzen musst, ist es natürlich nicht ganz so dramatisch wie wenn jemand stirbt, doch vielleicht helfen dir die fünf Stufen trotzdem:

1. Verweigerung

2. Aggression

3. Verhandeln

4. Depression

5. Akzeptanz

Wenn du also eine Person in deinem inneren Kreis ersetzen musst, wirst du durch diese fünf Stufen gehen. Wie schnell dieser Prozess von Statten geht ist ganz individuell. Der Eine braucht bei einem Schritt sehr lange, während Andere schnell durch alle fünf rauschen. Wie läuft das also in unserem Falle hier ab? Zuerst wirst du die Informationen, die ich hier mit dir teile, ablehnen. Sie hören sich verrückt und unangenehm an, also verweigerst du sie. Als nächstes sagt dir dann jedoch dein Bauchgefühl, dass vielleicht ein Quäntchen Wahrheit dahinter stecken könnte, und du beginnst mich dafür zu hassen. Schließlich habe ich dir geraten, jemanden mit dem du sehr verbunden bist, von dir wegzuschieben und mit einer neuen Person zu ersetzen. Es wäre für dich einfacher gewesen, wenn ich es dir nie gesagt hätte. Doch dann beginnst du innerlich zu verhandeln: Vielleicht ist es gar nicht so schlimm, und vielleicht kannst du ja doch Zeit mit ihnen allen verbringen. Vielleicht funktionierte es und ich habe mich getäuscht. Möglicherweise gelten ja doch sechs, sieben oder sogar acht Personen für deinen "Durchschnitt der Menschen um dich herum". Doch dann bemerkst du, dass du nur der Durchschnitt der fünf engsten Menschen um dich herum sein kannst, und du wirst deprimiert, da du realisierst, dass dieses Konzept doch zu stimmen scheint. In der letzten Stufe bist du schlussendlich bereit, die Änderung zu akzeptieren und durchzuführen. Du bist nun bereit zu wachsen, dadurch mehr zu werden und mehr zu bekommen. Natürlich schaffen es bei weitem nicht alle durch diese Stufen und viele bleiben lieber in ihrer "Komfortzone", in der sie sich bereits befinden. Damit akzeptieren sie unwissentlich, nie mehr zu bekommen als sie bereits haben.

Diese ganze Konzept hat jedoch einen massiven Haken, und das ist auch gleichzeitig meine **dritte Lektion:** Andere erfolgreiche Menschen verstehen diese Regel nämlich ebenfalls. Nun denk an das Dilemma: Wenn du mehr willst, musst du mehr sein und um mehr zu sein, musst du einen der fünf Menschen um dich herum ändern. Das funktioniert jedoch nur, wenn du Menschen findest, die das Konzept nicht verstehen, oder denen es egal ist. Warum? Die Menschen "mit einem höheren Durchschnitt" wollen logischerweise nicht, dass du ihren Durchschnitt senkst. Sie wollen daher nicht, dass du einer der fünf Menschen wirst. Da die meisten erfolgreichen Menschen dieses Konzept kennen, ist es also schwierig jemanden mit einem höheren Durchschnitt zu finden, der dich in seinen Kreis lässt. Es gibt nur zwei Wege das zu umgehen: Der erste ist jener, auf den ich zufällig mit Paul kam. Er wollte mir helfen und erkannte, dass ich dafür auch offen war. Ein paar wenige wirklich erfolgreiche Menschen wollen auf diese Art und Weise "zurückgeben" und ihr Wissen weitergeben, solange man bereit ist selbst zuzuhören, zu lernen und zu handeln. Im Gegenzug wollen sie meist nichts anderes als die Person wachsen zu sehen.

Der andere Weg ist dieser, den ich auch in einem späteren Kapitel noch einmal im Detail beschreibe: Anstatt seinen Durchschnitt sofort drastisch zu erhöhen, sucht man nach Menschen, die ein bisschen "über einem" sind und versucht sich bestmöglich anzupassen. Ein Beispiel wäre das Mitspielen in einem Sportteam. Wenn man beispielsweise versucht sofort bei einem Profiteam mitzuspielen, man aber gerade erst anfängt, wird man nicht wirklich weit kommen. Wenn man jedoch einem Team beitritt, in dem die Spieler nur ein bisschen besser sind als man selbst, und man selber hart trainiert, kann man schnell aufholen und ist nicht mehr das schwächste Glied der Kette. So wird man viel schneller ein besserer Spieler, als wenn man ewig in einer schlechteren Gruppe bleibt. Du kannst die gleiche Vorgehensweise im richtigen Leben benutzen und wenn du also in einem Bereich wachsen möchtest, suche nach Menschen, die bereits ein bisschen weiter sind als du. Arbeite hart, habe den Willen zu wachsen und du wirst bald nach einer neuen, noch besseren Gruppe suchen müssen.

Ich schulde Paul mehr als ich ihm jemals in Geld bezahlen könnte. Dieses Kapitel ist ihm gewidmet, um allen Menschen, die dieses Buch lesen, mein durch ihn gelerntes Wissen weiterzugeben. Für mich hieß dies, dass ich kurz darauf vier der fünf Menschen um mich herum ersetzte (mein bester Freund Daniel blieb). Es war eines der schwierigsten Dinge, die ich als 20-Jähriger tun konnte. Es geht jedoch immer darum, WAS MAN AM MEISTEN IM LEBEN WILL. Ich wollte mehr haben und war auch dafür bereit, mehr zu werden und mich selbst weiterzuentwickeln. Sei auch du offen, einen "Paul" in dein Leben zu lassen. Du glaubst vielleicht in diesem Moment gerade etwas oder jemanden zu verlieren, doch dein finaler Gewinn wird umso höher sein. Ein "Paul" wird niemals Zeit in dich investieren, wenn du nicht bereit bist hart an dir selbst zu arbeiten und als Person zu wachsen. Warum auch? Würdest du deine kostbare Zeit an jemanden verschwenden, der sich nur vielleicht verbessern möchte? Jetzt wo du das Konzept kennst wird es Zeit, dies auch umzusetzen. Frag dich also selber, wer die fünf Menschen um dich herum sind, mit denen du deine meiste Zeit verbringst? Ziehen dich hinunter oder motivieren sie dich? Willst du dort bleiben wo du bist oder willst du weiterkommen? Welche Antworten du dir auch gibst, du weißt jetzt was du zu tun hast. Wissen alleine bringt nicht viel, nur wenn du es auch anwendest wird es dich zum Erfolg führen.

NOTIZEN

12.

DIE VIELFLIEGER-GESCHICHTE –
GRENZEN EXISTIEREN NUR
IM KOPF

*"Wenn du davon träumen kannst, kannst du es
tun." – Walt Disney*

Paul hatte meinen Horizont für größere Träume und
Ziele geöffnet. Doch ich wollte nicht nur träumen, sondern
ich wollte jemand sein, der hart an seinen Zielen arbeitet, um
diese zu erreichen. Paul schlug vor, eine Zielcollage zu machen.
Falls du, so wie ich damals, nicht weißt, was eine Zielcollage
ist, dann stell dir diese so vor: Eine Zielcollage ist ein großes
Blatt Papier oder eine Pinnwand, dass du so an eine Wand
hängst, dass du es tagtäglich siehst. Darauf fixierst du Bilder
von Träumen und Zielen, die du in deinem Leben erreichen
möchtest. Wähle ambitionierte Ziele und traue dich für dich
schwer vorzustellende Dinge darauf anzubringen. Such dir
so große Träume, dass sich die "Durchschnittsperson" diese
nicht einmal vorstellen kann. Ein Leichtes dies zu testen, ist
diese Zielcollage einem Neinsager zu zeigen – wenn dieser laut
lacht und dich als verrückt bezeichnet, dann bist du auf dem
richtigen Weg. Du träumst von einem kleinen Strandhaus?
Vergiss nicht ehrgeizig zu denken und verdopple die Größe
gleich einmal. Such dir ein passendes Foto von einer Villa am
Strand und platziere es auf deiner Zielcollage. Mach das für
alle Ziele und Träume, die dir einfallen, egal ob du glaubst,
dass du diese je erreichen kannst oder nicht. Es mag verrückt
klingen, jedoch gibt es zahlreiche Studien die belegen, dass

du deinen Verstand allein durch solch eine Zielcollage nachhaltig unterstützen kannst, an ein Ziel zu glauben und dieses dann auch zu erreichen. Auf meiner Zielcollage habe ich beispielsweise meinen Traum visualisiert, einmal um den Mond zu fliegen. In einem Wissenschaftsmagazin habe ich gelesen, dass dies im Jahr 2030 für EUR 180 Millionen möglich sein sollte. Ich habe keine Ahnung, ob das überhaupt stimmt oder wie ich das bewerkstelligen soll, aber es ist einer meiner Träume. In dieser Geschichte möchte ich dir von einem dieser Träume erzählen, welchen ich mir mit Anfang 20 fest in den Kopf gesetzt hatte.

Wie ich bereits in vorherigen Kapiteln kurz erwähnt hatte, reiste ich während meiner Kitesurfzeit unglaublich viel. Andere Kitesurfer flogen direkt von Kitesurfort zu Kitesurfort, ich musste jedoch regelmäßig zur Uni zurück, weshalb ich deutlich mehr flog als meine Kollegen. Die meisten Fluggesellschaften bieten ihren Kunden ein Treueprogramm an, um diese einerseits an sich zu binden, andererseits um deren Kauftreue extra zu belohnen. Diese sogenannten Vielfliegerprogramme bieten beispielsweise kostenlose Flüge, Lounge-Aufenthalte, kostenloses Übergepäck und bevorzugten Service. Basierend darauf wie viele Flüge man mit einer Fluglinie tätigt, steigt man bestimmte Bonus Stufen nach oben, welche oft Silber, Gold und Platinum genannt werden. Ich war zu diesem Zeitpunkt ein Silber-Status Mitglied, was jedoch für viele Fluggäste recht einfach erreichbar war, solange man ein paarmal pro Jahr mit derselben Fluggesellschaft flog. Gold war schon weitaus schwieriger, doch für jene Kunden die regelmäßig flogen durchaus noch erreichbar. Platinum hingegen ist für die breite Masse nahezu unmöglich, ist aber natürlich der Traum vieler. Das Faszinierende an diesen Programmen ist, dass sie die menschliche Gier nach Status füttern. Ich persönlich denke nicht, dass Menschen Geld verdienen wollen nur um es zu besitzen, sondern vielmehr, weil sie es auf einen höheren Status verglichen mit anderen bringt. Beim Vielfliegen ist es ganz ähnlich: Ich bin der Meinung, dass das Hauptinteresse der Menschen, wenn sie Millionen von Meilen sammeln, darin besteht, einen höheren Status zu haben. Ich bin ein paar mal im Privatjet im sehr luxuriösen Umfeld geflogen, und diese machten zugegebenermaßen nicht halb so viel Spaß wie Erste-Klasse-Flüge bei denen andere Passagiere ihren Augen nicht trauten, dass ein 21-jähriger Surferjunge auf den besten Sitzen flog. Menschen sind von Natur aus gesellig und wollen sich in der Gesellschaft etablieren. Was würden die Millionen von Dollar den Reichen und Berühmten bedeuten, ohne die Möglichkeit zu haben diese zur Schau zu stellen? Ähnlich ist es in der Welt der Vielflieger.

Aus Österreich stammend nutzte ich viele der Fluggesellschaften aus Österreich, Deutschland und der Schweiz. Ich möchte betonen, dass ich hier keinesfalls eine Empfehlung oder Werbung für eine bestimmte Fluglinie abgeben möchte, meine Auswahl bezog sich ganz einfach darauf was für mich passend war. Wäre ich in Japan aufgewachsen, hätte ich mit Sicherheit ein japanisches Vielfliegerprogramm gewählt. Meine meist genutzten Fluggesellschaften waren jedoch die Swiss Airlines, Austrian Airlines und Lufthansa Airlines aus der Deutschen Lufthansa AG Gruppe. Um die Kundenbindung zu verbessern, nutzte die Lufthansa AG damals wie heute ihr Vielfliegerprogramm "Miles & More". Das Prinzip bei diesem Programm ist einfach: Für jeden Flug mit einer der teilnehmenden Fluglinien bekommt man eine vordefinierte Anzahl an Meilen entsprechend der Länge des Fluges in Kombination mit der gebuchten Flugklasse: Economy, Business oder Erste Klasse. Diese Meilen dienen als interne Währung und man kann diese zum einen dafür verwenden, um z.B. für Flüge zu bezahlen, zum anderen wird auch der persönliche Vielflieger-Status im Programm anhand der gesammelten Meilen gemessen. Wenn du mehr Details dazu wissen möchtest, kannst du diese auf der Firmenwebseite[9] nachlesen. Hinzuzufügen ist, dass ich zum Zeitpunkt während ich

---

9 www.miles-and-more.com

dieses Buch schreibe, immer noch den höchsten Status dieses Vielfliegerprograms halte, weshalb meine Ansicht zu den Vorteilen natürlich subjektiv ist. Außerdem möchte ich auch noch einmal wiederholen, dass dies weder eine Werbung für die Lufthansa AG an sich, eine der beteiligten Fluggesellschaften, noch des Miles & More Programmes ist. Bevor man Mitglied in deren Vielfliegerprogramm wird, sollte man sich deshalb genauestens informieren. "Miles & More" traf eine clevere Marketingentscheidung und rief einen Top-VIP Status namens "HON Circle" ins Leben. Es gibt viele Gerüchte über diesen "Club", da ihn nur einige wenige Passagiere erreichen. Warum ist es so schwer? Nun, man muss 600.000 Meilen binnen zwei aufeinanderfolgender Jahre fliegen. Das wären zirka 40 Hin-und Retourflüge von Europa in die USA in der Business Klasse. In der Ersten Klasse würde man weitaus weniger Flüge benötigen, allerdings schießt dann der Preis markant in die Höhe. Diesen Anforderungen folgend ist ein typisches HON-Circle Mitglied ein zirka 40-60 Jahre alter, meist männlicher Top-Manager, der sein Leben von Meeting zu Meeting in Fliegern oder auf Flughäfen verbringt. Ausnahmen gibt es nur selten, doch ich wollte mit meinen mittlerweile 21 Jahren eine solche Ausnahme und somit einer der jüngsten HON Circle Mitglieder in der Programmgeschichte werden. Warum war dies mein Traum? Erstens liebe ich Herausforderungen und wenn es etwas zu erreichen gibt, bin ich immer vorne mit dabei. Zweitens könnte ich meinem Ego als HON Circle Mitglied natürlich einen Gefallen tun, denn wer liebt es nicht Sonderbehandlungen zu erhalten. Drittens waren die Statusvorteile wirklich exzellent: Jederzeit Erste-Klasse-Behandlung, weltweite persönliche Assistenten, Vorrang gegenüber anderen Passagieren, Sitz-Upgrades zu höheren Klassen und was ich für meine Kitesurf-Ausrüstung besonders brauchen konnte: mehr Freigepäcksmenge.

Als ich mich dazu entschloss eines der jüngsten HON Circle Mitglieder zu werden, hatte ich vielleicht 200.000 Meilen in meinem gesamten Leben gesammelt. Um mich zu qualifizieren musste ich jedoch in den nächsten zwei Jahren 600.000 Meilen fliegen. Wow, das war wirklich viel, und ich wusste nicht, wie ich das schaffen sollte. Ich hatte jedoch das klare Ziel es zu erreichen, und so suchte ich nach HON Circle- und Flugfotos im Internet und fügte sie meiner Zielcollage hinzu. Ich bearbeitete sogar ein Foto auf welchem mein Name auf einer HON Circle Mitgliedskarte abgebildet war, um zu sehen wie dies aussieht und um mich so noch mehr zu motivieren. Meine Eltern sahen dies und schmunzelten nur. Sie konnten überhaupt nicht nachvollziehen, warum ich so viel Geld und Zeit in etwas ihrer Meinung nach so Dummes investieren wollte. Ach ja, da war noch das Thema Geld: Es würde mich sicherlich rund EUR 100.000 für alle Flüge zusammen kosten. Allerdings ging es noch nicht darum das "WIE" zu verstehen, also einen genauen Plan zu haben, sondern vielmehr darum meinen Verstand darauf zu programmieren. Ich musste glauben, dass es für mich machbar sei. Man hört so oft von Menschen die scheinbar verrückte Dinge tun, wie Geschwindigkeits-Bergsteigen oder vier Tage ohne Pause Schach spielen. Diese Dinge hören sich für jemanden vielleicht verrückt oder nicht erstrebenswert an, doch für andere ist das Ziel "normal" und greifbar. So war es auch bei mir. Ich wollte den HON Circle Status erreichen, ganz egal was andere dachten, und war gewillt, diesen Traum in die Tat umzusetzen. Die meisten Menschen haben auch solche Träume, setzen diese jedoch nie um. Ich wusste, es gab einen Weg, ich musste ihn nur finden. Früher wäre ich zur Bücherei gelaufen, doch damals konnte ich bereits Google nutzen und so tippte ich in das Suchfeld: "Wie sammelt man am schnellsten viele Meilen?" Und rate mal, Google weiß es! Die Technik von heute macht es unglaublich einfach das WIE herauszufinden. Viele beginnen jedoch erst gar nicht zu suchen, da ihr WARUM nicht stark genug ist.

Google führte mich zu einem Online-Vielflieger-Treff, wo ich auf ein paar andere flugverrückte Menschen traf. Sie teilten Tipps und Tricks, wie man günstig rund um den Globus fliegen konnte. Ich arbeitete mich tagelang durch alle Forenthemen, lernte wie man Namen im Pilotenalphabet buchstabierte, wie man mit den Agenten der Fluggesellschaften am Telefon redete, welcher Flughafencode zu welchem Flughafen gehört und wie man die Vorteile des Miles & More Programmes maximieren konnte. Mit der Zeit wurde ich zum Vielflieger-Experten - ich kannte alle Flugpreise, die besten Angebote und streng geheime Tricks. Ich las alles durch, ohne wirklich zu wissen, ob ich es je im richtigen Leben anwenden konnte. Das war genau der Zeitpunkt, an dem drei unerwartete Ereignisse zur gleichen Zeit eintrafen. Manche mögen es als Glück bezeichnen, für mich jedoch traf einfach Gelegenheit auf Vorbereitung. Meine jahrelange Arbeit im Kitesurfgeschäft hatte sich bezahlt gemacht. Ich hatte enge Beziehungen mit Surfmarken, Magazinen und Kunden geknüpft, welche meine hervorragende Arbeit schätzten. Bis dato hatte ich meinen Fokus mehr auf Wettbewerbe gesetzt, doch dies würde sich nun ändern: Als erstes wollte die französische Kitefirma mit der ich zusammenarbeitete, dass ich ihnen half sich global zu etablieren. Als nächstes bekam ich Anfragen von Kitefans, an mehreren Orten Kite-Camps anzubieten. Und zu guter Letzt fragten mich mehrere Kitesurf-Magazine, ob ich ein paar Reiseartikel für sie schreiben konnte. Bisher war das Fliegen und Reisen eher ein Mittel zum Zweck, doch nun als ich all dies Spezialwissen über Fluggesellschaften und Vielfliegerprogramme aufgebaut hatte, konnte ich dies enorm zu meinem Vorteil nutzen. Dies erlaubte mir meine Kitesurfing- und Vielflieger-Ziele gleichzeitig anzugehen, denn all das Reisen und Fliegen würde viel Organisation und Logistikgeschick erfordern. Ich bin mir nicht sicher, ob ich alle Buchungen ohne mein Wissen geschafft hätte. Dem Aufwand nach hätte ich eher eine zweite Person beschäftigen müssen, was ich mir aber nicht leisten hätte können, und so war es der perfekte Zeitpunkt mit der perfekten Möglichkeit. Mir wurde kein Limit gesetzt, wie viel Geld ich für meine Flüge ausgeben durfte, solange meine Verkaufszahlen gut waren, die Magazine meine Reisegeschichten druckten und die Kunden meine Camps genossen. All das legte den Grundstein für mein Ziel beim Kitesurfen großartige Ergebnisse zu erzielen und zur selben Zeit beim Fliegen den HON Circle Status zu erreichen. Der Grundstein war also gelegt, doch um mein Ziel endgültig zu erreichen, musste ich noch andere, weit verrücktere Dinge tun.

Die meisten Menschen wissen nicht, dass Verbindungsflüge meist billiger als Direktflüge sind. Es ist zwar auf den ersten Blick eigenartig, doch die Berechnung von Flugtickets ist nicht mit anderen Transportmittelkosten, wie zum Beispiel Bahn oder Auto, zu vergleichen. Es hat einen enormen Vorteil, wenn man die daraus resultierenden Tricks kennt. Fährt man nämlich mit der Bahn, wird es umso teurer je weiter man fährt. Bei Fluglinien funktioniert dies komplett anders: Jeder Flug (zum Beispiel von Frankfurt nach New York) ist in verschiedene Buchungsklassen unterteilt und mit Buchstaben, zum Beispiel Y, V, C, A, F etc., benannt. Jede dieser Klassen ist mit bestimmten Regeln für den Flugpreis, den Buchungsrichtlinien, Stornierungsregeln oder Umbuchung usw. versehen. Wenn du dir das im Detail durchlesen möchtest, geh auf eine beliebige Online Buchungsseite und gib irgendeinen Flug in die Suche ein. Klicke dich bis zur Übersichtsseite vor der endgültigen Buchung durch, wo du die Regeln der jeweiligen Buchungsklassen findest. Bei einer Flugbuchung kommen zirka 25 Regeln für die Preisbildung zum Tragen, um so eine automatische Preisberechnung für Onlineportale und Reisebüros zu ermöglichen.

Wenn eine Fluggesellschaft 250 Sitze in einem Flieger zum Verkauf hat, öffnet sie je nach Bedarf und Buchungszeitraum unterschiedlich viele Sitze für unterschiedliche Buchungsklassen. Der Computer nutzt dann die hinterlegten Streckenführungs- und Zwischenaufenthaltsregeln, um zu bestimmen welche Route man zwischen verschiedenen Orten, zum Beispiel wie oben erwähnt auf einem Flug von Frankfurt nach New York, nehmen darf. Je nach Regeln kann man vielleicht einen Umweg über München oder Washington machen, solange auch auf den Anschlussflügen die richtige

Buchungsklasse (sagen wir in unserem Fall V) zur Verfügung
steht. Nachdem die Flieger ohnehin diese Strecken fliegen
und die Fluggesellschaften einen Treibstoff-Zuschlag
für jedes einzelne Segment, das man tatsächlich fliegt,
verrechnen, macht es für die Ticketpreisberechnung keinen
Unterschied, ob man direkt oder über Umwege fliegt, solange
es die Buchungsregeln zulassen und die Buchungsklasse
verfügbar ist. Ich hoffe, ich habe dich bis zu diesem Punkt
noch nicht verloren. Ich brauchte Wochen, um diese Regeln
zu verstehen. Doch nachdem ich sie verstand, öffnete
mir dieses Wissen neue Türen in der Flugticketbuchung.
Wie konnte es nun sein, dass ein Umweg billiger war als
ein Direktflug, wenn man einen Treibstoffzuschlag für
jedes Segment, das man tatsächlich flog, bezahlte? Das
Naheliegendste war, dass auf dem Direktflug die günstigere
Buchungsklasse nicht mehr zur Verfügung stand, und man
so einen höheren Preis für eine andere Buchungsklasse hätte
bezahlen müssen. Durch Umsteigen an anderen Flughäfen
könnte man aber Verbindungen wählen, bei denen die
billigere Buchungsklasse noch vorhanden ist. Das erlaubt
in vielen Fällen einen günstigeren Gesamtpreis zu erhalten,
obwohl man mehr Steuern und Gebühren zahlen müsste.

Es gibt jedoch noch weitere Gründe, warum
Umsteigeverbindungen günstiger sind, und hier kam mein
erlerntes Wissen ins Spiel: Große Fluggesellschaften, wie zum
Beispiel die Deutsche Lufthansa, verbinden buchstäblich die
ganze Welt über ihre beiden Hauptflughäfen München und
Frankfurt. Die meisten Flugrouten gehen daher von anderen
Flughäfen zu diesen Zentren, wo Passagiere den Flughafen
verlassen oder auf andere Flüge umsteigen können. Man
konnte also zum Beispiel ein Ticket für die Route von
Kairo, Addis-Abeba oder Athen nach Nordamerika oder
Asien online abfragen, und einen Preis für eine Strecke über
Europa bekommen. Ich wähle diese Flughäfen und Routen
als echte Beispiele, da ich diese selbst jahrelang benutzte.
Fluggesellschaften aus Europa wollten natürlich auch ein
Stück vom "Afrika-Asien-Flug-Kuchen", und da man als

Passagier auch direkt hätte fliegen können, mussten die Europa-Gesellschaften einen deutlich besseren Ticketpreis anbieten. Wer ist denn irre genug, um von Addis-Abeba den Umweg über Europa nach Singapur zu nehmen? Abgesehen von mir und ein paar anderen aus dem Vielflieger-Treff nicht viele! Und so bot dies eine einzigartige Möglichkeit: Ein Direktflug einer Fluggesellschaft in der Ersten Klasse von Addis-Abeba nach Singapur kostete ca. EUR 5.000. Die Deutsche Lufthansa musste den Flug also billiger anbieten, und obwohl die Verbindung über München oder Frankfurt ging, und somit deutlich länger war, kostete es weniger als EUR 3.000. Um einen Vergleich zu geben: Ein Lufthansadirektflug von Frankfurt nach Singapur in Erster Klasse kostete oft über EUR 10.000 und somit mehr als das Dreifache, obwohl man "nur die Hälfte" im Vergleich zu einem Start in Afrika flog. Unglaublich, aber wahr. Gesagt, getan, und so buchte ich einen solchen Erste Klasse Flug für EUR 3.000 von Addis-Abeba in Afrika, über München nach Singapur in Asien, was man eigentlich als zwei vollwertige Flüge hätte betrachten können. Hätte ich zwei Economy Class Flüge aus Europa zu beiden Destinationen gebucht, hätte ich nicht viel weniger bezahlt, wäre aber in Economy und nicht in Erster Klasse geflogen. Es gab jedoch einen Haken: Um das günstigere Angebot nutzen zu können, musste man auch wirklich in Addis-Abeba starten, und konnte nicht einfach in Deutschland einsteigen, auch wenn dies scheinbar "auf dem Weg" lag, und für die Lufthansa eigentlich keinen Unterschied gemacht hätte, da ich so ja einfach nur "weniger" flog als wie ich bezahlt hatte. Flugticketregeln kann man eben nicht mit anderen Verkehrsmitteln vergleichen und so musste ich meine Reise auch wirklich in Afrika starten.

Das hört sich vielleicht verrückt an, aber noch verrückter war, dies zu wissen und nicht zu nutzen. Also verteilte ich diese Kombinations-Flüge über die ganze Welt, egal ob ich hinmusste oder nicht. Doch solange ich bessere Preise nutzen konnte und gleichzeitig mehr Meilen für meinen HON Circle Status sammeln konnte, flog ich nach Manila von

Südamerika aus, nach Nordamerika flog ich ab Athen, und Australien ab Südafrika. Auf allen Strecken flog ich immer über Europa, wo ich kurz ausstieg, heimfuhr, und dann zur nächsten Destination weiterflog. Hätte ich in Europa begonnen, hätte ich für die gleichen Flüge fast das Sechs- bis Siebenfache bezahlt. Der Trick lag darin, diese Routen zu kennen und diese mit den richtigen Flughafenpaaren zu kombinieren. Jemand, der natürlich nur ein- bis zweimal im Jahr fliegt, profitiert nicht wirklich davon, doch da ich andauernd unterwegs war, konnte ich ständig von solchen Lösungen profitieren. Ich reise meistens in der Business oder Ersten Klasse, bezahlte jedoch fast gleich viel wie bei Economy Tickets von Europa aus. Ich hatte somit den besten Flugkomfort und konnte die Flugzeit zudem dafür nutzen, für mein Medizinstudium zu lernen. Vergiss nicht, ich musste ca. 10.000 Seiten pro Jahr lernen, und obwohl ich dies oft am Meer tat, so waren es diese Zehn-Stunden-Erste-Klasse-Flüge, wo ich am meisten ungestört weiter kam. Die Geschichte, dass ein verrückter Surfer Anfang 20 nahezu wöchentlich in der Ersten oder Business Klasse fliegt und Medizin lernt, verbreitete sich rasch unter den Flugbegleitern, und bald kannte man mich schon beim Betreten des Fliegers. Ein Zusatzvorteil dieser Reisen war, dass ich mich mit hochrangigen Businessleuten und einigen Prominenten austauschen konnte. Diese Leute mussten auch oft und viel reisen und fliegen selbstverständlich meist Business oder Erste Klasse. Nachdem ich mit meinem Surferkleidungsstil, meinen langen blonden Haare und meiner gebräunten Haut herausstach, war es nicht schwer mit einigen ins Gespräch zu kommen. Einmal saß ich beispielsweise neben Hilary Swank auf einem Flug von Afrika nach Europa und anschließend leitete ich sie durch den Frankfurter Flughafen, damit sie ihren Anschlussflug nicht verpasste. Stell dir vor, wie ich neben ihr in der Ersten Klasse mit drei Medizinbüchern vor mir saß. Ich weiß nicht, wer ungläubiger drein sah – ich, weil sie neben mir saß, oder sie, weil sie all dies nicht glauben konnte. Wenn du denkst, das ist verrückt oder unglaublich, dann lies was als nächstes kommt:

Ich war auf dem besten Weg, den HON Circle Status zu erhalten, und sprach mit einem leidenschaftlichen Vielflieger-Freund aus Los Angeles über ein paar neue Routen. Da erzählte er mir von einem sogenannten Errorfare für "nur" EUR 3.000. Errorfares sind fehlerhafte Tickets, bei denen ein Mitarbeiter entweder einen falschen Preis eingegeben hatte (z.B. eine Null oder Komma vergisst) oder die falschen Buchungsregeln ins System hochgeladen wurden. Letzteres war hier der Fall: Den fehlerhaften Regeln entsprechend konnte ich mit einem EUR 3.000 Ticket von Europa in die USA, und dort dann so viel ich wollte im Kreis fliegen, solange ich nicht länger als 24 Stunden an einem Flughafen bzw. Ort stoppte und keinen Flughafen mehr als zweimal nutzte. Auf all den Flügen würde ich nicht nur eine Menge Meilen für meinen Status sammeln, sondern zudem war der Wert dieser Meilen höher als das bezahlte Ticket. Das funktionierte indem ich zwar erst EUR 3.000 für das Ursprungsticket bezahlte, all die komplizierten und eigentlich unnütze Flüge mir jedoch knapp 100.000 Meilen einbringen würden. Diese konnte ich dann für Freiflüge im Wert von EUR 3.000 oder sogar mehr verwenden. Der fehlerhafte Flug war dadurch praktisch kostenlos, gab mir jedoch einen massiven Schub für meinen Status. Solche Errorfares klingen toll, sind aber extrem selten, weil die Fluggesellschaften diese natürlich schnell bemerken und sofort korrigieren oder gar stornieren. Nachdem mein Kumpel mir die Einzelheiten erklärt hatte, wusste ich, dass ich schnell handeln musste. Die am längsten mögliche Route würde mich 2,5 Wochen durch einige Städte in Europa und den USA führen, ohne einen einzigen Flughafen je in die Stadt zu verlassen. Drei Stunden später war ich bereits auf dem Weg zum Flughafen. Ich hatte nur Handgepäck dabei, welches voll mit meinen Medizinbüchern und den Karteikartenboxen (die übrigens immer einen Alarm am Sicherheitscheck auslösten und mich fast in den Wahnsinn trieben) war. Nachdem es in der Ersten Klasse ohnehin jedes Mal frische Pyjamas und Toilettartikel gab, brauchte ich sonst nicht viel mehr. Es war ein verrückter Plan: 28 Flüge in 17 Tagen und ich kann mich absolut nicht erinnern, je wieder etwas Ähnliches gemacht zu haben. In den USA flog ich ständig im Kreis: Von New York nach Tampa, dann nach Philadelphia, nach San Francisco, nach Portland und alles wieder retour. Ich schlief und aß entweder im Flugzeug oder in der Flughafenlounge. Da ich bis auf Fliegen nichts Anderes zu tun hatte, konnte ich mich 100% aufs Lernen konzentrieren und schaffte locker 16 Stunden am Tag. Am Ende der Reise fühlte ich mich wie Robinson Crusoe. Über zwei Wochen hatte ich kaum Kontakt mit Freunden gehabt, da ich praktisch nur im Flieger saß, und meine Körperhygiene war mehr als fragwürdig geworden. Wenn ich jemandem auf meiner Reise von meiner Geschichte erzählte, dachten sie ich sei durchgeknallt, und so bevorzugte ich es, mit niemandem zu sprechen. Würde ich es noch einmal tun? Vielleicht nicht ein zweites Mal, aber sicher wieder zum ersten Mal.

Ein bisschen später wurde ich Mitglied des HON Circle Clubs. Ich erhielt ein persönliches Schreiben vom CEO der Lufthansa Gruppen AG, um mich willkommen zu heißen und mir zu gratulieren. Ich war wirklich stolz, als ich dann meine schwarze HON Circle Karte zum ersten Mal in der Hand hielt. Lustigerweise musste ich nur allzu oft meinen Ausweis vorzeigen, wenn mich von da an eine Limousine vom Flughafen abholte, da der Fahrer nicht glauben konnte, dass jemand in Flip Flops vor ihm stand. Jedes Mal ein großes Gelächter. Außerdem brachte ich nicht nur viel Umsatz für mein Kitesurf-Unternehmen, auch die Magazine liebten meine Geschichten aus der ganzen Welt. Ich hatte mehrere dutzende Kite-Camps mit hunderten von dankbaren Kitesurfern geleitet und gleichzeitig mein Vielfliegerziel erreicht. All das sind Erinnerungen, die mich unglaublich glücklich machen. Sie erinnern mich jedes Mal daran, wie wichtig es ist an seine eigenen Träume zu glauben, sich darauf vorzubereiten und jederzeit alles dafür zu tun, um diese wahr werden zu lassen. Wenn du das tust, werden sich dir die richtigen Möglichkeiten bieten, um deine Ziele und Träume in die Realität umzusetzen.

Das Wichtigste der drei Lektionen aus dieser Geschichte habe ich bereits während meinen Erzählungen beschrieben, ich fasse diese hier allerdings nochmals zusammen. **Zuerst musst** du einen ehrgeizigen Traum haben, und diesen am besten auf einer Zielcollage visualisieren, so wie ich es das getan habe. Mein Ziel, ein HON Circle Mitglied zu werden, hat wahrscheinlich nichts mit deinen Zielen zu tun, doch darum geht es nicht. Das Prinzip bleibt immer das Gleiche: Wenn du nicht weißt, wie du eine Zielcollage machen kannst, schau dir ein Video dazu auf YouTube an. Meine Zielcollage hängt im Wohnzimmer, wo ich sie täglich sehen kann, und sie mich täglich daran erinnert, meine Ziele zu verfolgen.

Die zweite Lektion ist, dass dein WARUM entscheidend sein wird, ob du ein WIE für deine Ziele auf der Collage finden wirst. Am Anfang wirst du keinen Plan haben, wie das Erreichen deines Ziels möglich sein soll, doch solange du weißt WARUM du diese Ziele erreichen möchtest, werden sich Gelegenheiten bieten, die du nutzen kannst. Plötzlich werden die Schritte klarer und je besser du vorbereitet bist, desto leichter werden dir diese fallen.

Die dritte Lektion ist, dass du bereit sein musst, außergewöhnliche Dinge zu tun, um außergewöhnliche Resultate zu erzielen. Viele andere Leute hätten die Tricks auch gewusst, nur haben sie diese nicht in die Tat umgesetzt. Oft, weil sie diese aus diversen Gründen nicht nutzen konnten, aber teilweise auch, weil sie ihnen wirklich zu krass waren und einfach nicht tagelang im Flieger verbringen wollten. Viele haben Ziele, erreichen diese jedoch nie, weil sie nicht bereit sind, alles dafür zu tun. Ja, am Anfang scheint es, als ob man sein Ziel nie erreichen könne, doch das Gleiche gilt auch für eine weite Reise: Wenn man das Haus verlässt, weiß man nicht wie die Details aussehen werden, doch mit jedem Kilometer mehr, werden diese klarer.

Lass mich dich also Folgendes fragen: "Welche großen Träume hast du schon immer gehabt? Was musst du lernen, um diese zu erreichen? Was wirst du unternehmen, wenn sich die Gelegenheit bietet?" Mach deine Zielcollage jetzt und unternimm den ersten Schritt auf dem Weg zur Erfüllung deines Traumes.

NOTIZEN

13.

DIE SCHIEDSRICHTER-GESCHICHTE – VERSCHIEDENE PERSPEKTIVEN

"Alles was wir hören ist eine Meinung, nicht eine Tatsache, und alles was wir sehen, ist eine Perspektive, nicht die Wahrheit." – Marcus Aurelius

Ich hatte dir in der vierten Geschichte bereits erzählt, dass ich mit 11 Jahren in der Unterstufe begonnen hatte Basketball zu spielen. Nachdem ich mit 16 in die USA ging, um dort ein besserer Spieler zu werden, konnte ich nach meiner Rückkehr nach Österreich in der Bundesliga spielen, welches die höchste Liga in Österreich ist. Kurz darauf begann ich mich jedoch aufs Kitesurfen zu konzentrieren, wie ich dir in der neunten Geschichte erzählt hatte. Viele der anderen Geschichten sind während dieser Zeit passiert und da ich trotz der anderen Aktivitäten noch in Kontakt mit meinen ehemaligen Basketballkollegen bleiben wollte, entschloss ich mich Schiedsrichter im Basketball zu werden. Erst hörte es sich nach einer großartigen Idee an, da ich an nur ein paar Stunden Zeitaufwand pro Woche dachte. Doch bald erkannte ich, dass dem nicht so war. Vor meinem ersten Spiel als Schiedsrichter musste ich an einem totlangweiligen Training teilnehmen. Wir mussten das Regelbuch lernen und Beispiele von Schiedsrichterentscheidungen auf Video ansehen und beurteilen. Nur nachdem man eine praktische und theoretische Prüfung bestanden hatte, wurde man fürs richtige Spiel zugelassen. Als aktiver Spieler hatte ich die Regeln nur so gut gekannt, um sie zu meinem besten Vorteil zu nutzen, doch nun als Schiedsrichter musste ich sie auswendig kennen und aus einer neutralen Perspektive sehen. Des Weiteren musste ich lernen, Entscheidungen binnen eines Bruchteils einer Sekunde zu treffen. In einem typischen Basketballspiel gibt es drei Schiedsrichter, einer davon ist der Haupt-Schiedsrichter. Es ist anders als im Fußball, wo ein Hauptschiedsrichter und zwei Linienrichtern auf dem Feld sind. Im Basketball hat jeder Schiedsrichter die gleiche Verantwortung für seinen eigenen Bereich auf dem Spielfeld. Dies verringert widersprüchliche Pfiffe. Zwar könnte der Hauptschiedsrichter im Zweifelsfall die anderen Schiedsrichter überstimmen, das passierte jedoch nur selten. Ich pfiff zuerst Spiele jüngerer Spieler und arbeitete mich später zu schwereren Spielen bei Erwachsenen hoch. Bald war ich ein Schiedsrichter in der Bundesliga, wo ich gerade wenige Monate zuvor selbst professionell gespielt hatte. Nachdem die meisten Spiele live im Fernsehen übertragen wurden, konnte ich in der Wiederholung mitbekommen, wie die Reporter mich und meine Entscheidungen als Schiedsrichter kommentierten. Das war alles andere als lustig, wie du dir vielleicht vorstellen kannst.

Als ich nach einigen Wochen schiedsrichtern zum Spaß mal wieder mit den alten Freunden selber spielte, bemerkte ich, dass ich unerwarteter Weise besser geworden war, obwohl ich weniger trainiert hatte. Ich bewegte mich besser auf dem Spielfeld und punktete dadurch viel mehr als zuvor. "Komisch", dachte ich "Hat Schiedsrichtersein einen direkten Einfluss darauf, ein besserer Spieler zu werden?" Ich war skeptisch, weil die beiden Dinge meiner Meinung nach nicht miteinander verbunden waren. Ich kannte nämlich genügend Schiedsrichter, die weit davon entfernt waren gute Spieler zu sein. Andersherum hätten die meisten Spieler auch selten gute Schiedsrichter abgegeben. Es war jedoch die einzige plausible Erklärung und je mehr ich darüber nachdachte, desto mehr war ich von meiner Hypothese überzeugt. Nur warum das so war, konnte ich mir nicht erklären. Dies änderte sich jedoch rasch. Bisher war ich nur auf der Seite eines Teams gestanden, und hatte jede Spielentscheidung und –situation aus dieser Sicht betrachtet. Als Schiedsrichter musste ich jedoch neutral sein und hatte gelernt Situationen so zu bewerten, wie sie waren, und nicht, wie ich sie haben wollte. Ich kannte jetzt auch die Regeln zu 100% und anstatt nur zu hoffen, was richtig oder falsch war, wusste ich es mit Sicherheit. Außerdem wusste ich nun was in den Graubereich fiel und umso besser ich die Regeln kannte, desto größer wurde dieser. Ob du es glaubst oder nicht, sogar in einem jahrhundertealten Spiel wie Basketball gibt es heute noch Graubereiche, die man im Spiel zu seinem eigenen Vorteil nutzen kann: z.B. wie und wann man Auszeiten (Pausen) nimmt oder wann man Spieler auswechselt. Mein Landsmann Arnold Schwarzenegger erklärte einmal in einem berühmten YouTube-Video eine seiner sechs Erfolgsregeln[10]: "Brich die Regeln – nicht das Gesetz – aber die Regeln! Doch um das zu tun, musst du erst die Regeln kennen." In der Medizin half mir das Wissen was meine Rechte und Pflichten als Student sind, wie viel Zeit ich wirklich in der Uni verbringen musste, und wann ich zum Kitesurfen unterwegs sein konnte. Beim Vielfliegen lernte ich die genauen Tarifregeln, um so günstigere Tickets zu bekommen, und heute als Unternehmer nutze ich mein Wissen, um mein Einkommen zu maximieren oder Steuern zu sparen. Egal in welchem Feld du dich befindest, lerne also die Regeln, damit du sie zu deinem Vorteil benutzen kannst. Wenn du denkst, dass das unethisch ist, dann denk daran, dass die Person mit der du konkurrierst, sicher auch die Regeln kennt und sie zu seinem/ihrem Vorteil nutzen wird. Du musst nicht unmoralisch handeln und es bedeutet auch nicht, dass andere deswegen im Nachteil sind, nur weil du einen Vorteil nutzt. Es bedeutet lediglich, dass du als Experte auf deinem "Spielfeld" von deinem Wissen profitieren kannst und auch solltest. **Dies war meine erste Lektion**, welche ich aus dieser Geschichte mitnahm.

---

10   http://www.bodybuilding.com/fun/arnold-schwarzeneggers-6-rules-for-success.html

Diese Erkenntnis macht Sinn, WARUM ich besser im Basketball geworden war, aber war es der einzige Grund? Ähnlich wie im Basketball war ich auch im Kitesurfen jahrelang als Profi aktiv, doch nach ein paar Jahren als aktiver Teilnehmer des Weltcups war ich mehr und mehr als Punkterichter anstatt als Fahrer für die Tour unterwegs. Wie schon in der Geschichte zuvor beschrieben, konnte ich mich so mehr auf die Foto- und Videoarbeit fokussieren, welche nicht nur mehr Spaß machte, sondern zudem auch viel profitabler war. Zu meiner Überraschung wiederholte sich hier das gleiche Muster wie ein paar Jahre zuvor beim Basketball: mein Kitesurflevel stieg als ich Punkterichter wurde, obwohl ich weniger trainierte, und mehr "zum Spaß" kitete. Dieses Mal konnte es nichts mit den Regeln zu tun haben, denn im Gegensatz zu einem Teamsport wie Basketball gibt es im Kitesurfen als Extremsport nicht wirklich welche. Was war also der Grund? Als Schiedsrichter im Basketball musste ich lernen, die gegeneinander spielenden Spieler genauestens zu beobachten. Es ist extrem wichtig neutral zu entscheiden wer sich wie bewegt hatte, falls ein so genannter Kontakt geschah. Ich hatte mir zwar schon immer viele Basketballspiele im Fernsehen angesehen, doch ein Schiedsrichter zu sein, brachte diese Intensität zu neuen Höhen, denn dort musste ich über 200 Spielzüge in einem Spiel entscheiden. Multipliziert mit den 200 Spielen, in denen ich in meinem Leben Schiedsrichter war, sind es insgesamt zirka 40.000 Spielzüge, die ich zu beurteilen hatte. Nach kurzer Zeit konnte ich daher schon erahnen, was am wahrscheinlichsten als nächstes auf dem Spielfeld passieren würde: wann zum Beispiel ein Pass und wann ein Wurf kommen würde, wann Spieler eher foulten oder wann sie einander in Ruhe ließen. Als Punkterichter beim Kitesurfen traf etwas Ähnliches zu, nur musste ich hier die Tricks der Kitesurfer genau beobachten. Ich musste sie nach ihrer Geschwindigkeit beim Absprung, der Sprunghöhe und natürlich nach dem Schwierigkeitsgrad der Tricks beurteilen. In Videos hatte ich mich eher auf den "Wow-Faktor" konzentriert, doch als Punkterichter musste ich die kleinsten Details erkennen, um dann eine professionelle Entscheidung zu treffen. Das zusätzliche Wissen in beiden Sportarten machte mich zu einem besseren Athleten, obwohl ich weniger trainierte. Ich wurde kreativer, lernte zu improvisieren und zu antizipieren. All das, weil ich mehr Erfahrung hatte. Obwohl ich nie ein großartiger Schachspieler war, weiß ich, dass auch hier das gleiche Konzept zutrifft. Der Grund, warum gute Schachspieler dutzende Zugmöglichkeiten im Voraus kalkulieren können, ist nicht, dass sie jede dieser Möglichkeit im Kopf errechnen können. Das wäre mathematisch unmöglich. Sie können das aufgrund ihrer Erfahrung von zigtausenden Spielen, die sie zuvor gesehen hatten, woraus sie Wahrscheinlichkeiten ableiten konnten. Im richtigen Leben ist das oft ähnlich: Egal wie gut man in etwas ist, Erfahrung und Verständnis über das Metier zählen oft mehr als reines Können. Ich war zwar nur für wenige Jahre ein Schiedsrichter, doch dies half mir sowohl im Basketball als auch im Kitesurfen ungemein.

Normalerweise sind Schiedsrichter nicht wirklich beliebt und meistens eher "Buhmänner". Ich hatte jedoch als Schiedsrichter im Basketball sowie im Kitesurfen immer einen ziemlich guten Ruf. Das hört sich wahrscheinlich sehr widersprüchlich an, da das verlierende Team die getroffenen Entscheidungen selten gut fand, und dies immer auf den Schiedsrichter negativ reflektierte – deshalb auch "Buhmann". Dies war in meinem Fall auch nicht anders, doch ich lebe nach einem bestimmten Mantra: "Sorge dich um deinen Ruf, aber nicht darüber, was andere über dich denken!" Dies klingt widersprüchlich, doch dein Ruf ist das, was du über Jahre aufbaust und wofür du schlussendlich stehst. Was Menschen in einem Moment gerade über dich denken, kann sich schnell wieder ändern und das kannst du auch nur selten beeinflussen. Als Schiedsrichter hat man gerade nach einer strittigen Entscheidung immer Spieler, die sich beschweren oder deshalb schlecht über einen reden. Wenn dein Lieblingsfußballteam gewinnt, war der Schiedsrichter gut – wenn es verliert, wird er zum "Buhmann" gemacht. Und genau so war es auch bei mir, auch wenn ich als Schiedsrichter im Basketball oder Kitesurfen immer mein Bestmögliches gab. Ich versuchte so korrekt und präzise wie möglich zu sein, und bewertete jedes Spiel oder jeden Trick nach fairen und objektiven Kriterien. Obwohl das weit bekannt war , hätten sie mich im Falle einer Niederlage dennoch am liebsten "auf den Mond geschossen". Dies waren jedoch Emotionen während oder gleich nach der Hitze des Gefechtes. Sobald etwas Zeit vergangen war, gaben sie meistens zu, dass ich meinem Ruf gerecht geworden war und gut entschieden hatte. Natürlich waren nicht alle so fair dies zuzugeben, doch die meisten taten es dann doch.

Wie hängen also der Ruf eines Menschen und das, was hinter ihrem/seinem Rücken geredet wird zusammen? Ich konnte die Meinung der Menschen nicht gleich nach einer Entscheidung ändern und das war aber absolut in Ordnung, denn mein Ruf war und ist, dass ich stets korrekt arbeite, zuverlässig, fair und ehrlich bin. Und genau das ist der Ruf, welchen ich mir über Jahre hinweg aufgebaut hatte, und der schlussendlich die "Hinter-dem-Rücken-Redner" meist zurück zu den Fakten brachte. Was bedeutet das jedoch für dich, wenn du kein Schiedsrichter bist? Die wichtigste Frage ist, wie sieht dein Ruf aus? Bist du eher als faul oder als hart arbeitend bekannt? Ehrlich oder Unehrlich? Verspätest du dich immer oder bist du pünktlich? Kann man sich auf dich verlassen? Was immer es ist, es ist dein hart aufgebauter (und hoffentlich nicht vernachlässigter) Ruf. Im Gegenzug dazu sollte es dir jedoch egal sein, wenn jemand etwas Dummes hinter deinem Rücken sagt, solange du deinem Ruf treu geblieben bist. Natürlich hätte ich als Schiedsrichter auch ein bisschen betrügen und ein Team gewinnen lassen können, nur um in diesem Moment eine bessere Meinung zu erhalten. Aber so bin ich nicht, und die Menschen wissen und schätzen das schlussendlich. Es ist wichtig, dass du dieses Konzept und dessen Wichtigkeit verstehst. **Die zweite Lektion aus dieser Geschichte** (die erste war es, die Regeln zu lernen und für sich zu nutzen) ist also, deinen guten Ruf zu pflegen und dich gleichzeitig nicht um eine Meinung hinter deinem Rücken zu kümmern. Denn es dauert ein Leben lang deinen Ruf aufzubauen, doch nur einen Moment, um ihn zu vernichten, und das vielleicht nur weil du auf diese eine Meinung gehofft hattest.

Das Dritte, das ich lernte, war eine Situation objektiv zu betrachten, sowie mich in andere Menschen hineinzuversetzen. Vor meiner Zeit als Schiedsrichter dachte ich nur aus der Sicht eines Athleten. Ich versetzte mich nie in die Position der Firmen mit denen ich arbeitete, Eventorganisatoren oder Medien. Ich dachte und handelte zu egozentrisch. Als ich zum ersten Mal als Schiedsrichter arbeitete, betrachtete ich plötzlich viele Dinge aus einer ganz anderen Sichtweise. Ich erkannte, welche Probleme diese Firmen hatten und mir wurde bewusst, was die Medien und die Presse wirklich suchten. Das Problem, das ich nie erkannte hatte, war: Die wenigsten kümmern sich wirklich darum was andere brauchen, sondern sind genauso egozentrisch wie ich es ebenfalls war. Ich verstand plötzlich, dass ich alles bekommen konnte was ich wollte, solange ich meine Bedürfnisse mit den Wünschen meines Gegenübers verbinden konnte. Einer der Gründe warum ich so erfolgreich mit Magazin-Veröffentlichungen und Firmenverträgen wurde, war, weil ich gelernt hatte, was ich ihnen anbieten musste. Was wollten sie? Sie wollten mehr Leser, Verkäufe, Einnahmen und schlussendlich Profit. Also bot ich ihnen einen Weg ihnen genau dies zu haben, und so bekam ich ebenfalls, was ich wollte: Fotoveröffentlichungen in Magazinen, Geld von Firmen und die Möglichkeit überall auf der Welt zu Kitesurfen. Es hört sich so einfach an, doch dies trifft auf so ziemlich jeden Bereich zu. Die meisten fragen sich nur nie was der Gegenüber wirklich will. Für mich war es ein Leichtes, Magazine davon zu überzeugen meine Geschichten abzudrucken, denn sie wussten, dass genau diese Geschichten ihnen tausende von Lesern brachten. Ich verdiente mehr Geld als die meisten anderen Kitesurfer, da ich mein Einkommen an die Firmenumsätze, welche ich als Teamfahrer positiv beeinflussen konnte, gekoppelt hatte.

Hätte ich diese Lektion damals nicht verstanden, wäre ich wahrscheinlich nicht so erfolgreich im Sport geworden. Höchstwahrscheinlich bist du täglich von anderen Menschen umgeben. Im Geschäftsleben sind es dein Chef, Angestellte, Lieferanten, Kunden oder Geschäftspartner. Im Privatleben sind es deine Freunde, Partner, Kinder oder Eltern. Hast du je versucht, dich wirklich in sie hineinzuversetzen? Hast du dich wirklich einmal gefragt, was die andere Person tatsächlich will oder braucht? Wenn du es nicht weißt, hast du sie gefragt? Es gibt ein berühmtes Sprichwort, das ungefähr soviel besagt: "Wenn du es schaffst, Menschen zu geben was sie wollen, wirst du die Welt beherrschen". Denk an das "Win-Win-Win", das ich in der Sandwich-Geschichte beschrieben habe. Versuch einmal, bevor du dich mit jemandem triffst, 30 Sekunden lang innerlich zu wiederholen: "Ich möchte mich in die andere Person hineinversetzen und herausfinden, was sie wirklich will und ihr dann zeigen, wie ich ihr helfen kann, damit sie es erreicht!" Mach es ein paar Mal und du wirst erstaunt sein, wie viel du zurückbekommen wirst. Du wirst verstehen, warum dein Chef schreit und einen Weg finden, ihn positiv zu überraschen, indem du das Problem löst oder ausgezeichnete Resultate lieferst. Oder dein Chef ist einfach ein Ar$c@loch, das kann natürlich auch sein. In deinen persönlichen Beziehungen ist dies noch viel wichtiger, da viele Trennungen oder Scheidungen verhindert werden könnten, wenn mehr Menschen dieses Wissen anwenden würden, aufeinander eingehen und nicht aneinander vorbeireden würden.

Als Schiedsrichter lernte ich diese wertvollen Lektionen und nun möchte ich, dass du zur Tat schreitest. Überlege dir, welche Regeln du für deinen Vorteil nutzen könntest. Denke auch einmal darüber nach, was die Menschen um dich herum wirklich wollen, und finde einen Weg es ihnen zu geben, denn so bekommst du meistens auch was du willst. Zu guter Letzt höre auf, dich um die Meinung anderer zu kümmern – sie haben sowieso eine über dich. Konzentriere dich lieber darauf, deinem guten Ruf gerecht zu werden.

NOTIZEN

14.

DIE DROGEN-GESCHICHTE – PARTIES, SEX, UND ROCK'N'ROLL

"Ich dachte immer, ein Drogenabhängiger sei jemand, der am Rande der Gesellschaft lebt. Mit rasiertem Kopf in einem dreckigen Unterschlupf. Das war, bis ich selbst dazu wurde." – Cathryn Kemp

Die meisten Geschichten bisher hatten ein positives Ende und die Lektionen waren meist auf guten Taten und Handlungen basiert. Oft gab man mir im Leben Zitronen und ich versuchte stets, Limonade daraus zu machen. Meist schaffte ich das auch, doch diese Geschichte nun erzählt von einigen meiner Entscheidungen, bei denen das zumindest zunächst fragwürdig war. Ich will damit nicht sagen, dass diese schlecht waren, denn meiner Meinung nach gibt es keine guten oder schlechten Entscheidungen, sondern nur solche die man trifft, und solche die man nicht trifft. Am Ende hängt es von einem selber ab, was man daraus macht. Rückblickend ist es immer leicht zu urteilen und genau deshalb ist es wichtig zu verstehen, dass man jede Entscheidung zu seinem Vorteil nutzen kann, auch wenn es anfangs nicht immer danach aussieht. Die folgende Geschichte kann man dieser Kategorie zuordnen, wie du gleich lesen wirst.

Mit 22 Jahren verdiente ich zum ersten Mal gutes Geld. Ich hatte als Profikitesurfer viele großartige Verträge mit Kitefirmen unterzeichnet, reiste hauptsächlich in der

Business oder Ersten Klasse und genoss es dafür bezahlt zu werden, an Orten zu "arbeiten" an welche andere nur zum Urlaubmachen hinfliegen konnten. Es war untertrieben zu sagen, dass ich ein Leben hatte von denen die meisten Menschen nur träumten. Am meisten genoss ich damals die Zeit in Brasilien, denn von September bis Januar scheint dort jeden Tag die Sonne, es hat perfekte 30°C und 25-30 Knoten Wind. Die günstigen Lebensunterhaltskosten machen es zu einem Rundum-Paradies für Wassersportprofis wie mich, welche dort ohne viel Aufwand qualitativ hochwertige Video- und Fotoshootings machen können. Brasilien bietet einem jedoch auch andere Dinge, wie Partys und Drogen. Stelle dir einen 22-jährigen in dieser Umgebung vor, für den Geld kein wirkliches Problem darstellt. Ob du es glaubst oder nicht, ich hatte bis zu diesem Zeitpunkt keinen einzigen Schluck Alkohol getrunken, doch in Brasilien würde sich das schnell ändern. Neben dem vielen Kitesurfen untertags, feierten wir nachts extrem heftige Partys. Meistens kamen wir erst um sechs Uhr morgens, kurz bevor die Sonne aufging, nach Hause und der Wind blies bereits. Einmal nach einer langen und alkoholreichen Nacht fühlte ich mich "unbesiegbar" und wollte die frühen Morgenstunden zum Kitesurfen nutzen. Sicher war noch erheblich viel Restalkohol in meinem Blut vorhanden und ich war somit noch nicht voll bei Sinnen. Trotzdem pumpte ich meinen Kitedrachen auf und ging als erster aufs Wasser. Nachdem ich ein paar Mal ohne Probleme hin und her gekitet war, wollte ich ein paar coole Tricks vorführen, um ein paar Mädchen, die am Strand Yoga machten, zu beeindrucken. Gerade als ich so nahe am Strand wie möglich abspringen wollte, spürte ich einen heftigen Ruck und wurde vom Board in die Luft geschleudert. Ich glaube, ich habe ein oder zwei Saltos geschlagen bevor ich hart am Strand aufschlug. Meine Einschätzung von der restlichen Entfernung bis zum Strand war komplett falsch gewesen, und anstatt vorher abzuspringen, war ich einfach darauf zugerast. Glücklicherweise passierte das, als ich gerade abspringen wollte, denn ich bin mir nicht sicher wie es ausgegangen wäre, wenn ich aus fünf Metern Höhe kopfüber auf den Sand gestürzt wäre. Tatsächlich waren die Mädchen beeindruckt, nur nicht so, wie ich es eigentlich geplant hatte. Sie waren vielmehr schockiert, da mein Sturz gefährlich ausgesehen haben muss, und kamen sofort zu mir geeilt, um mir zu helfen. Ich lag regungslos da und versuchte zu spüren, ob ich mir etwas gebrochen hatte. Dank des relativ weichen Sandes hatte ich jedoch "nur" ein paar Kratzer und ansonsten schien alles in Ordnung. Ich entschied, dass es besser wäre mich ins Bett zu legen und den Rausch auszuschlafen. Jedoch erst nachdem ich mir die Nummer von einem der Mädchen geben lies. Schließlich gab es eine weitere Party am Abend und ich wollte "vorbereitet für die Nacht" erscheinen.

Wir lebten das typische Surferleben, was rückblickend für die Mädchen nicht immer fair war. In den Clubs durften wir grundsätzlich in den VIP Bereich, da die Clubeigentümer ihrerseits meist Surfer waren und uns Profis gerne in ihren Clubs sahen. Der Ablauf war immer der gleiche: Wir gingen in den VIP Bereich und suchten uns ein paar Mädels vom regulären Tanzbereich aus, welche wir beeindrucken wollten. Ein paar der hübschesten luden wir in den VIP Bereich ein, welche sich dann ganz besonders wichtig fühlten. Kurzer Smalltalk und vor allem die Erklärung dass man Profisurfer sei machte die Mädchen total heiß. Nach einem ausgiebigen Saufgelage nahmen wir so viele von ihnen dann mit nach Hause wie ins Taxi passten. Zuhause waren wir gute Surfer-Kumpels und reichten sie dann von Zimmer zu Zimmer, damit auch die anderen ihren Spaß hatten, und in der nächsten Nacht wiederholte sich der Ablauf. Rückblickend war es natürlich sehr erniedrigend für jede Frau und ich bin nicht sonderlich stolz darauf, aber so ist es passiert. Es war total verrückt und neben dem Sex, den Zigaretten und dem exzessiven Alkoholkonsum, kamen schlussendlich auch Drogen ins Spiel. Bis dato hatte ich noch nie etwas anderes als Alkohol auf diesen Partys probiert, doch da viele meiner Freunde um mich herum vor allem Marihuana und Kokain auf täglicher Basis konsumierten, war auch ich dazu geneigt es ihnen gleichzutun. Als wir einmal vom Kitesurfen nach

Hause kamen, hatte einer meiner Kumpels Haschplätzchen gebacken. Sie rochen köstlich, und ich war mehr als hungrig, da ich den ganzen Nachmittag noch nichts gegessen hatte. Die Tage zuvor hatte ich immer widerstehen können, doch an diesem Tag packte mich neben meiner ansteigenden Neugier auch der Hunger, und so nahm ich zwei Kekse. Meine Freunde warnten mich, nicht mehr als ein oder zwei auf leerem Magen zu essen. Also legte ich mich nach dem Essen zweier Kekse aufs Sofa und wartete bis irgendwelche Effekte einsetzen würden. Da es mein erstes Mal war, hatte ich keine Ahnung, was mich erwarten würde. Nach einer geschätzten halben Stunde fühlte ich immer noch nichts. "Vielleicht sind meine Körperrezeptoren noch nicht an Cannabinoide gewöhnt, und ich brauche die doppelte Dosis!", dachte ich mir - durch und durch Mediziner. Doch ich stand bereits deutlich unter Drogeneinfluss, bemerkte es nur nicht. Meine Freunde schrien: "Hör auf zu viele Kekse zu naschen, sonst kippst du noch um!" "Alter, wer studiert hier Medizin?", erwiderte ich, ohne dass dies irgendeinen Sinn ergab und schnabulierte zwei weitere Haschplätzchen.

Langer Rede kurzer Sinn: meine erste Erfahrung mit Marihuana verlief ungefähr so: Neben dem Gefühl in einem anderen Universum zu sein, nahm ich mehr Farben wahr als es wahrscheinlich gibt. Ich entwickelte das Hirngespinst, dass andere Kite-Sponsoren uns ausspionierten und kleine Transponder Chips in unsere Cornflakes-Packungen deponiert hatten. Rückblickend weiß ich natürlich, dass das absolut schwachsinnig war, doch wer versteht das schon, wenn er auf Drogen ist? Ich habe wirklich keine andere Erklärung dafür was danach passiert ist, außer dass ich higher als high war und komplett außer Rand und Band agierte. Um meine Annahme zu beweisen, nahm ich all die Cornflakes-Packungen und leerte den Inhalt auf den Boden. Selbstverständlich konnte ich weder einen "Transponder" finden, noch andere Hinweise, dass uns nachspioniert wurde. Meine Freunde versuchten mich zu beruhigen, doch ich kam gerade erst in Fahrt. Meine Stimmung änderte sich von einem

Schlag auf den anderen, von superaktiv zu hyperängstlich. Ich sperrte mich im Bad ein, damit mir niemand etwas antun konnte - was natürlich niemand wollte, sondern lediglich eine weitere imaginäre Kreation in meinem zugedröhnten Gehirn war. Meine Freunde versuchten mich weiterhin zu beruhigen und mich aus dem Badezimmer zu locken, weil sie Angst hatten, dass ich mich in meinem Wahn verletzen würde. Das machte meine Angst nur noch schlimmer und so kämpfte ich noch härter. Irgendwann war ich schließlich so erschöpft, dass ich auf dem Badezimmerboden kollabierte. Als ich am nächsten Morgen aufwachte, lag ich im Wohnzimmer auf der Couch in Handtücher gefesselt. Meine Freunde erzählten mir, dass ich nicht zu beruhigen war und nachdem ich wieder zu mir gekommen war sogar zu beißen und um mich zu schlagen begonnen hatte. Damit sie mich ruhigstellen konnten und mich davon abhielten, sie oder mich selbst zu verletzen, wickelten sie mich in Decken und Handtücher. Ich konnte die Geschichte zwar kaum glauben, doch es muss etwas Wahrheit dahinterstecken, denn das Bad und der Wohnzimmertisch waren halb demoliert. Zudem lagen noch immer farbige Cornflakes auf dem Boden verstreut. Es war eine kranke Nacht und wir hatten Glück, dass niemand dabei verletzt wurde.

Nachdem Marihuana einen solch verrückten Effekt auf mich hatte, schlugen meine Freunde am nächsten Tag vor, eine andere Droge auszuprobieren, die meinen Verstand schärfen und scheinbar das Unmögliche möglich machen würde. Sie sprachen von Kokain, welches man in Brasilien meist sehr leicht besorgen kann. Viele Drogenhändler an den Straßenecken boten das weiße Pulver für umgerechnet EUR 5 pro Gramm an. Beim Kauf der Droge fühlte ich mich wie im Film. Wir verhandelten ein wenig mit einem der Dealer und schoben ihm dann "versteckt" ein paar Scheine zu, im Tausch gegen ein Säckchen mit dem weißen Pulver. Zuhause streuten wir etwas davon auf die Küchentheke und benutzten meine Platinum-Kreditkarte, um es in eine Linie zu bekommen – genau so wie es Gangster in einem Film machten. Danach rollten wir eine Banknote zusammen und formten sie zu einem Strohhalm, um das Pulver zu schnupfen. Ich zog energisch und hatte sofort eine extreme Husten- und Niesattacke. Das weiße Pulver verteilte sich überall im Zimmer. Wenn in diesem Moment jemand ins Zimmer gekommen wäre, hätten sie gedacht, wir wären die schlimmsten Drogenjunkies überhaupt. Marihuana hatte mich halluzinieren lassen und mich schläfrig gemacht, deshalb war ich neugierig, welche Effekte Kokain haben würde. Nach 15 Minuten setzten diese wie bestellt ein. Von einem Moment auf den anderen fühlte ich mich wacher denn je. Ich hatte das Gefühl, dass meine Sinne um ein vielfaches schärfer und mein Reaktionsvermögen weitaus schneller waren. Mein Verstand war bereit jedes Problem zu lösen und ich fühlte mich grenzenlos. "Wow, die Droge kommt ihrem Ruf nach!" Ein wenig später beschlossen wir zur Party zu gehen und da wir in "gutem Zustand" dort ankommen wollten, schnupften wir gleich noch ein bisschen. Dieses Mal nieste oder hustete ich nicht mehr, wahrscheinlich, weil Kokain eine stark anästhetische Droge ist und meine Nase bereits taub war. Bumm, kurze Zeit später bekam ich einen noch stärkeren Kick. Es war wunderbar. Wir kamen im Club an und es fühlte sich wie die beste Party die ich je erlebt hatte. Die Musik war besser denn je zuvor und mein Energielevel war auf einem noch nie dagewesenen Höhepunkt. Ich hatte das Gefühl, dass mein Blut kochte und ich über jede Zelle meines Körpers vollste Kontrolle hätte.

Sobald ich den VIP Bereich betreten hatte, kam ich noch mehr auf Touren: High-Fives hier, Händeschütteln dort. Ich war schon immer sehr offen gewesen und hatte selten Probleme jemanden anzusprechen, doch was ich auf dieser Party erlebte war mit nichts zuvor vergleichbar. Jegliche Angst vor Ablehnung oder Unsicherheit war wie verflogen. Ich fühlte mich, als hätte ich Kontrolle über den gesamten Raum und alle wollten mit mir reden, solange ich es ihnen erlaubte. Natürlich war dem nicht so, doch das Kokain ließ mich in diesem Glauben. Ich wollte, dass die Nacht niemals enden würde. Nach zwei Stunden zogen mich meine Freunde zur Seite und meinten: "Es hört auf zu wirken, lass uns noch ein bisschen was nehmen!" "Klar, logo!" Wir gingen in ein Hinterzimmer und schnupften den Rest, den wir bei uns hatten. Bumm, alles war wieder schnell, klar und um 7 Uhr morgens waren wir noch immer aus und tanzten mit voller Energie. Es war unglaublich. Wir gingen erst um 10 Uhr am Vormittag ins Bett und hatten mehr Mädchen um uns herum denn je zuvor. Keiner von uns konnte bis in den frühen Nachmittag schlafen, doch mit all den Mädels war das ohnehin nicht der Plan.

Ich weiß nicht mehr, wann und wie wir letztendlich einschliefen, aber als ich aufwachte war mein Mund extrem trocken und ich hatte höllische Kopfschmerzen. Während der Party hatte ich ganz vergessen regelmäßig Wasser zu trinken und da die Klimaanlage in unserem Zimmer aus war, hatte ich die ganze Zeit geschwitzt. Ich fühlte mich, als könnte ich keinen einzigen Muskel in meinem Körper bewegen und es war schlimmer als mit Grippe krank im Bett zu liegen. Die Mädchen waren weg und ich lag halbnackt im Bett. Ich wusste weder welcher Tag es war, noch wie lange ich geschlafen hatte. Die Sonnenstrahlen schienen durch einen Schlitz im Fensterladen und stachen in meine Augen wie kleine Messer. Ich fühlte mich genauso schlecht, so gut ich mich die Nacht (oder zwei Nächte?) zuvor gefühlt hatte. Meine Freunde waren nun ebenfalls wach geworden und einer meinte: "Wow, wie geil war denn gestern Nacht?! Ok, wie können wir mehr Koks bekommen, um den Kater loszuwerden?" Meine erste Reaktion war "Gute Idee!" zu antworten, doch dann hielt ich inne: Was war ich gerade im Begriff zu tun? Wie zur Hölle war ich da hingekommen, wo ich nun war? Wie konnte das alles so eskalieren? Ja, es hatte Spaß gemacht und vielleicht war es die allerbeste Party meines Lebens gewesen, aber heute wieder Drogen zu nehmen, würde mich in eine nach-unten-windende Spirale ziehen. Ich würde mich morgen wieder schlechter fühlen, dann wieder Drogen brauchen, mich anschließend noch schlechter fühlen und würde so in einen Teufelskreis geraten. In diesem Moment dämmerte es mir, wie nah ich am Abgrund angekommen war. Ich war ein erfolgreicher Athlet, verdiente gutes Geld, hatte ohnehin schon viel Spaß und genoss das, wovon andere nur träumten. Und nun fand ich mich am Rande einer Drogenabhängigkeit. Es hatte mit Alkohol begonnen, ging dann zu Marihuana über und führte schließlich zu Kokain. Was würde als nächstes kommen? Ich hatte gedacht, dass nur "schlechte Menschen" mit zerrütteten Vergangenheiten Drogen nehmen würden, jedoch nicht "Menschen wie ich". Ich erkannte, dass es jedem im Handumdrehen so gehen könnte. In diesem Moment verstand ich, dass ich sofort aufhören musste, um diesen Teufelskreis zu durchbrechen und zu stoppen, bevor er richtig begann. Umso später, desto schwerer! Und somit war es das erste und gleichzeitig letzte Mal, dass ich Kokain genommen habe.

Jetzt will ich meine Frage vom Anfang des Kapitels beantworten, ob meine Entscheidungen auf dieser Reise gut oder schlecht waren. Nach wie vor glaube ich, dass es keine schlechten Entscheidungen gibt, solange man das Beste daraus macht. Das hatte ich mit Sicherheit getan. Ich hatte so die Gefahr von Drogen am eigenen Körper verstanden und sah welche dramatischen Auswirkungen diese haben. Diese Erfahrung erlaubte mir in der Zukunft viel leichter NEIN zu sagen, wenn mir jemand eine Zigarette, Alkohol oder etwas anderes anbot. Hast du jemals Drogen genommen? Nimmst du derzeit etwas? Trinkst du zu viel Alkohol, rauchst du, nimmst du Marihuana oder Kokain? Irgendetwas anderes? Wenn man auf das Vorteils-Risiko-Verhältnis guckt, erkennt man, dass Drogen das Dämlichste überhaupt sind. Wenn du das hier also liest und regelmäßig Drogen konsumierst, und das inkludiert nicht nur illegale sondern auch legale wie Nikotin oder Alkohol, dann suche professionelle Hilfe auf - JETZT! Wenn du nicht überzeugt bist, google die Langzeitauswirkungen deiner Droge auf deinen Körper. Es ist deine Wahl aufzuhören, doch lass mich dir kurz einen medizinischen Vorteil davon aufzeigen: Unser Körper ist erstaunlich, und bei den meisten Drogen kann er sich fast wie neu regenerieren, solange du früh genug stoppst. Nach 15 Jahren Nichtrauchen zum Beispiel, kann sich die Lunge fast wie von selbst erneuern und reparieren. Hört sich wie eine zweite Chance an, stimmts? Ist es auch und diese solltest du JETZT nutzen. **Dies ist Lektion eins aus der Geschichte.**

Meine zweite Lektion ist, dass man nie weiß, wie nah man dabei ist eine Drogenabhängigkeit zu entwickeln. Manchmal denkt man, so etwas kann einem nie passieren, doch dann bietet dir vielleicht die falsche Person etwas an, und schon ist es soweit. Ich persönlich denke, meine Eltern hatten mich, als ich jung war, gut auf die "Drogenwelt" vorbereitet. Sie machten nie viel Wind um Zigaretten oder Alkohol. Wenn es etwas zu feiern gab, tranken sie ein Glas Wein und wie viele andere Menschen liebt mein Vater ein kaltes Bier an einem heißen Sommertag. Es gab jedoch nie übertriebenes Trinken und auch kein Verstecken, was mich misstrauisch und alles nur noch interessanter gemacht hätte. Ich denke, dass diese familiäre Ausgangslage sehr wichtig war, um zumindest eine gute Basis zu bilden. Wenn Alkohol, Zigaretten, Drogen oder Gewalt ein Teil deines Familienlebens sind, solltest du das überdenken, vor allem wenn Kinder um dich herum sind. Als ich 13 oder 14 Jahre alt war und gerade in die Pubertät kam, fragte ich meinen Vater, ob ich ein Luftgewehr haben könnte. Er sagte, ich könne eines haben, doch zuerst wolle er mit mir in einen Modellflug-Laden gehen, da er einen Modellflieger für sich selbst haben möchte. Es lag auf dem Weg und so ging ich mit ihm mit. Natürlich wollte ich jetzt auch einen Modellflieger haben. Er erklärte, ich könnte entweder den Modellflieger oder das Gewehr haben. Was habe ich gewählt? Natürlich den Modellflieger und das Gewehr erwähnte ich nie wieder. Warum erzähle ich das in diesem Zusammenhang? Du bist das erste Vorbild deines Kindes. Die wenigsten Menschen tun das, was man ihnen sagt, sondern eher das, was andere ihnen vormachen. Da du eine der wichtigsten Personen im Leben deiner Kinder bist, bist du auch das wesentliche Vorbild. Sag ihnen nicht nur was zu tun ist, sondern zeig es ihnen auch und lebe es ihnen vor. Mein Vater wollte nicht, dass ich mich mit Waffen befasste und anstatt es mir zu verbieten, schwang er mein Interesse zu Modellfliegern indem er mich an die Hand nahm, und den Weg gemeinsam mit mir ging. Dafür bin ich sehr dankbar.

Wie rutschte ich also fast auf die "dunkle Seite"? Die Antwort ist einfach: Zu viele Menschen um mich herum nahmen Drogen und so fühlte es sich für mich fast normal an. **Das ist die dritte Lektion**: auch wenn deine Ausgangslage noch so sicher erscheint, spielt dein Freundeskreis eine große Rolle. Du wirst tun, was deine Freunde tun, weil du dazugehören willst. Das passt mit der Regel des "Durchschnitts der fünf Menschen um dich herum" zusammen. Bist du also ein Elternteil und willst deine Kinder bestmöglich beschützen ohne wie eine Hennen-Glucke auf ihnen zu sitzen? Dann achte darauf, wer die Freunde deiner Kinder sind. Sie werden einen großen Einfluss auf deine Lieblinge haben. Kinder suchen sich zwar ihre Freunde selbst aus und wenn man versucht, sie davon abzuhalten mit wem sie unterwegs sein dürfen und mit wem nicht, wollen sie es nur umso mehr. Nichtsdestotrotz behalte im Auge, wer ihre Freunde sind. Behandle deine Kinder mit Respekt und lobe sie, wenn sie für etwas geradestehen, dass in deinen Augen richtig ist. Dann ist es gut möglich, dass sie es anschließend noch besser machen. Ihnen nur zu sagen was sie nicht machen dürfen, bringt meist nicht viel. Man kann seine Kinder oder Freunde nur darauf hinweisen, und mögliche Konsequenzen, wie eben in dieser Geschichte beschrieben, aufzeigen und dann hoffen, dass Erkenntnis eintritt. Als ich älter wurde, lag es an mir selbst dies in meinem besten Interesse umzusetzen. Meistens gelang mir das auch recht gut... "meistens" heißt eben nicht "immer".

Verstehe also die Konsequenzen dessen, was du tust. Sei dir bewusst, dass man innerhalb eines einzigen Atemzugs von einem erfolgreichen Weg abrutschen kann. Such dir die Menschen um dich herum weise aus und wenn du Drogen konsumierst, zu viel Alkohol trinkst, oder rauchst – hole dir professionelle Hilfe. Es ist es zu 100% wert; nicht nur deiner Gesundheit wegen, sondern auch wegen all der Menschen um dich herum. Du hast nur ein Leben - zerstöre es also nicht durch Drogen.

NOTIZEN

15.

DIE BRASILIEN-GESCHICHTE – DER ACHT-WOCHEN-EUR-90.000-KURS

"Wenn ein Mann mit Geld einen Mann mit Erfahrung trifft, wird der Mann mit Geld Erfahrung, und der Mann mit Erfahrung Geld haben." – Anonym

Es überrascht mich, wie viele gute Erinnerungen ich an meine Zeit in Brasilien habe, trotz allem was dort passiert ist. In der vorherigen Geschichte erzählte ich dir bereits von meinen dortigen Party-Exzessen und nun möchte ich dir eine zweite und vielleicht noch dramatischere Geschichte aus meiner Zeit dort erzählen. Bevor ich damit beginne, möchte ich dich jedoch zuerst Folgendes fragen: "Wie lange brauchst du, um EUR 100.000 zu verdienen?" Wenn du zu den Durchschnitts-Verdienern gehörst sind es wahrscheinlich zirka fünf Jahre. "Und wie lange brauchst du, bis du EUR 100.000 gespart hast?" Wahrscheinlich viel länger. Als ich 22 Jahre alt war, verdiente ich mehr als richtig gutes Geld von all meinen Kitesurf-Verträgen, Kite-Camps und Magazinveröffentlichungen. Seitdem ich mit 18 aus den USA zurückgekommen war, hatte ich es somit geschafft in nur vier Jahren EUR 80.000 anzusparen. Nicht nur damals war das eine Menge Geld für mich. Es war das Jahr 2007/2008 und die Immobilien- und Aktienmärkte weltweit begannen sich aufzuheizen. Wenn du mit den Ereignissen in der Wirtschaft von dieser Zeit nicht vertraut bist, google den "Fall von Lehmann Brothers", um eine Idee davon zu bekommen. Aktien stürzten teilweise zweistellig nach unten und Hauskredite wurden für viele unbezahlbar. Millionen von Menschen verloren ihr Vermögen und waren fast bankrott. Auch hatte ich hin und wieder die Nachrichten und Warnungen der Wirtschaftsgurus verfolgt. Da mein Geld ebenfalls in Aktien investiert war, suchte ich also immer nach guten Optionen, dieses woanders anzulegen.

Während meiner Zeit in Brasilien traf ich einige Menschen, die eigentlich gesuchte Kriminelle waren, jedoch in Brasilien, einem Land mit einem teilweise äußerst korrupten Rechtssystem, Zuflucht suchten. Einige gingen ebenfalls Kitesurfen und verdienten ihr Geld mit dubiosen oder illegalen Geschäften wie Online-Geld-Systemen, Pyramidenspielen, zwielichtigen Immobilien-Projekten oder anderen Betrügereien. Während ich mit anderen Kitesurfern am Strand oder in der Bar meist nur übers Kitesurfen redete, kamen wir natürlich hin und wieder aufs Thema Geld zu sprechen. Unerfahren wie ich in der realen Geschäftswelt noch war, machte mich das zum perfekten Ziel für jeden erfahrenen Betrüger. Bis dato hatte ich noch nie Kontakt zu solchen Leuten gehabt, weshalb ich die aufkommende Gefahr nicht erkannte. Ich traf unter anderem einen anderen Österreicher, der seit einiger Zeit in Brasilien lebte und dort das Auslieferungsgesetz nutzte, um sich vor Anklagen, die ihn in anderen Ländern erwarteten, zu verstecken. Sein Name war José Ralf da Silva, und er war ein solcher Trickbetrüger, wie sich später herausstellen sollte. Er verbrachte eine Menge Zeit an der Kitesurflagune, an der auch ich trainierte und meine Videos drehte. Obwohl einiges an ihm, wie zum Beispiel seine fragliche Körperhygiene, sein Drogenkonsum oder seine eigenartigen Tattoos, mir komisch erschienen, war er immer extrem freundlich zu mir. Während viele andere mich warnten und mir erzählten, dass man ihm nicht trauen könne, dachte ich gutgläubig, dass sie doch keine Ahnung hätten, und ich alles besser wusste.

Eines Tages sprach er von einem Immobilen-Projekt, das er ein bisschen weiter nördlich entlang der Küste auf die Beine stellen wollte. Er erzählte mir, dass er das Land direkt am Wasser bereits erworben hatte und dort ein Kitesurf-Resort bauen wollte. Deshalb war er nicht nur auf der Suche nach Investoren, sondern auch nach Kitesurfer die ihm in diesem Bereich helfen würden. Ich war sofort begeistert, und war bereit mit ihm zu arbeiten. Er bot mir eine Provision für jeden Investor, den ich finden könne. Obendrauf würde ich einen guten Preis für ein Grundstück gleich am Wasser bekommen, falls ich selbst investieren wollte. Ich war total aufgeregt - bis zu diesem Zeitpunkt hatte ich noch nie in Immobilien investiert und hatte nun die Möglichkeit ein Stück zu erwerben, das in der Zukunft das Zehnfache wert sein konnte. Es hörte sich an wie ein Traum. Was soll ich sagen? Rückblickend hätte ich sofort erkennen müssen, dass er nur deshalb zu mir kam, weil ihm niemand anders helfen wollte. Wenn etwas zu gut scheint, um wahr zu sein – ist es das wahrscheinlich auch. Mein Blut kocht während ich diese Zeilen schreibe und noch immer spüre ich den Schmerz der Fehler, die ich damals gemacht habe. Ich denke, du kannst dir vorstellen, wie es weiterging. Ich war das Gnu, das nichtsahnend in der Savanne graste und Ralf war der Löwe versteckt hinter dem Busch, bereit zuzuschlagen. Wir fanden keine Investoren und das Projekt drohte zu kippen. Er bot mir an, dass wir gleichwertige Partner werden würden, wenn ich sofort EUR 50.000 investieren würde. Mit diesem Geld könnte er das Projekt starten und somit Zeit erkaufen, um nach anderen Investoren zu suchen. Es war komisch, dass sich alle zurückgezogen hatten - das hätte mein erstes Warnsignal sein sollen. Was wusste ich über Immobilien? Nichts! Und von Immobilien in Brasilien? Noch weniger! Trotz dieser Fakten war die Aussicht auf ein Anwesen am Strand für EUR 50.000 sehr verführerisch - und wenn die Gier einsetzt, schaltet das Gehirn ab.

Bei jeder Kaufentscheidung ist der Ursprungsauslöser vielmehr emotional als rational. Andernfalls würde kaum jemand ein Paar Schuhe für EUR 2.000 oder eine Uhr für EUR 30.000 kaufen. In einem zweiten Schritt sucht sich dann die rationale Seite des Gehirns den Grund, warum der Kauf nicht nur befriedigend, sondern wirklich sinnvoll war, um die ursprüngliche unlogische Entscheidung zu rechtfertigen. In meinem Fall war ebenfalls emotionale Gier der Antrieb, anstelle der rationalen Regeln, die ich eigentlich hätte anwenden sollen, und welche ich in der Monopoly Geschichte Nummer Sechs genau besprochen hatte. Ich sah mich bereits eine Million Euro wert sein, auch wenn mein Bauchgefühl mir sagte, dass etwas nicht stimmte. Ich rechtfertigte meine Entscheidung einfach damit, dass die überhitzte Börse derzeit zu riskant war, und es Sinn machen würde das Risiko zu streuen. Also verkaufte ich einige der Aktien, hob EUR 50.000 in bar ab und brachte sie nach Brasilien. Das war das nächste Komische, das ein weiteres rotes Licht hätte sein müssen: Warum brauchte Ralf das Geld in bar? Er war der Meinung, die Banken berechneten bei internationalen Überweisungen zu hohe Gebühren, und da ich auf dem Gebiet noch unerfahren war, glaubte ich ihm. Ich nutzte auch keinen eigenen Anwalt für die Vertragserstellung. Warum auch, es fühlte sich doch so oder so wie eine große Familie an und jeder schien die gleichen Ziele zu haben. Also schlug Ralf vor, seinen eigenen Anwalt auch für meine Dokumente zu nutzen, um Kosten zu sparen. "Macht Sinn", dachte ich. "Was für ein netter Mann, der mir einfach nur helfen will." Wir unterschrieben die Dokumente, und nachdem alles schon viel zu lange gedauert hatte, musste ich für ein Video- und Foto-Shooting nach Bonaire abreisen und danach am Kitesurfweltcup teilnehmen. Ralf versprach, mich auf dem Laufenden zu halten und das Projekt fertigzustellen, während ich unterwegs war. Der Plan war, dass der Betrieb bereits liefe, wenn ich sechs Monate später wieder käme - und ich bis dahin natürlich schon die ersten Gäste in unserem Resort begrüßen konnte. Voller Aufregung verließ ich Brasilien. Es waren verrückte fünf Monate gewesen, mit viel Kiten, Partys, Drogen und komischen Menschen. Ich war froh, dass schlussendlich alles ausgegangen war wie es schien, und freute mich, Geschäftspartner in diesem Resort zu sein.

Nach meiner Abreise versuchte ich mit Ralf in Kontakt zu bleiben. Ich bat ihn um Informationen bezüglich des Fortschrittes, jedoch war er immer schwerer zu erreichen. Irgendwann funktionierte seine Telefonnummer nicht mehr, und seine E-Mail-Adresse gab nur noch Error-Nachrichten als Rückmeldung. Bis heute habe ich nie wieder von ihm gehört, und als ich sechs Monate später wieder kam, war weder von einem Resort, noch von Ralf irgendwo eine Spur. Später fand ich heraus, dass ihm weder das Land gehört hatte, noch war irgendetwas von all dem anderen, was er behauptet hatte, wahr. Es wurde Zeit meine richtigen Freunde zu konsultieren und sie rieten mir einen Anwalt zu nehmen, um zumindest zu versuchen, etwas von dem Geld zu retten. Ich fand eine sehr kompetente Anwältin in München, die sich den Vertrag ansah. Sie meinte, meine Chancen auch nur einen Euro wiederzusehen wären sehr gering, dennoch würde sie ihr Bestes versuchen. Während ich dieses Buch schreibe, ist der Fall immer noch in Bearbeitung und meine Anwältin macht einen verdammt guten Job, diesen Betrüger zu jagen. Wenn du dies also an einem Strand in Brasilien liest und du einen schleimigen Typen namens José Ralf da Silva treffen solltest, der dir gerade irgendwas aufschwatzen will, dann informiere bitte sofort die Polizei – ich wäre für deine Hilfe sehr dankbar. Es hat mich eine ganze Weile gebraucht, um all das zu verarbeiten, denn ich hatte EUR 50.000 an einen Betrüger verloren und all die harte Arbeit der letzten Jahre war umsonst gewesen. Mein Kapital war auf nur mehr EUR 30.000 gesunken und ich wusste nicht, was ich als nächstes tun sollte.

Ich beschloss, dass ich meinen Verlust wieder wett machen musste und erinnerte mich, dass ich in Brasilien ein paar Leute getroffen hatte, die ziemlich erfolgreich im Aktienhandel zu sein schienen. Sie hatten mir damals von einem System erzählt, mit welchem jeder idiotensicher Geld verdienen konnte. Damals war ich aufgrund der Situation am Aktienmarkt nicht so interessiert daran gewesen, aber nachdem der vielvorhergesagte Crash ausgeblieben war, und ich rasch viel Geld verdienen wollte, hatte sich die Situation jetzt verändert. Ich kontaktierte die Person auf Facebook und erklärte ihm, dass ich nun an seinem System interessiert wäre. Außerdem erzählte ich ihm auch von Ralfs Abzocke, da er ihn ebenfalls in Brasilien getroffen hatte. Ich verriet ihm, dass ich seinen Rat bräuchte, um die EUR 50.000 zurück zu verdienen. Er schien sehr verständnisvoll und versuchte mich aufzumuntern. Zu meiner Freude bestätigte er, dass sein System das auf jeden Fall könne, er war sich jedoch nicht sicher, ob ich das System derzeit nutzen könne, weil es nur eine limitierte Nutzeranzahl zuließ. Er musste erst mit seinem Geschäftspartner sprechen, ob noch ein Platz für mich frei wäre. Ich war ein bisschen niedergeschlagen als ich das hörte, denn er war mit seinem kugelsicheren System zu meiner letzten Hoffnung geworden. Dann fügte er jedoch hinzu: "Ich erklär dir das jetzt mal das Nötigste, damit du gleich loslegen kannst, sobald ein Platz frei wird!" Ich war erleichtert. Es war also Licht am Ende des Tunnels. Was ich jedoch nicht verstand, war, dass dieser Tunnel, in den ich gerade hineinrannte, sein perfekt vorgefertigter Verkaufstrichter war. Ich hatte ihm mein Bedürfnis und meine Not klar mitgeteilt, und indem er mir erst ein bisschen Hoffnung gab, sie aber dann gleich wieder wegnahm, weckte er mein Interesse noch mehr. Jetzt baumelte ich an einem seidenen Faden und wartete nur darauf, dass er mir das Rettungsseil zuwarf. Es war das perfekte Verkaufsskript.

Als erstes erklärte er mir, dass ich, um das System zu nutzen, falls ein Platz frei werden sollte, EUR 2.000 für die Lizenz bezahlen müsse. Ich schluckte kurz als ich den Preis hörte, doch er war auf mein Zögern vorbereitet: "Hör zu, Julian, das System bringt dir zehntausende von Euro. Wenn du dafür keine EUR 2.000 investieren willst, sag es mir gleich und wir können uns die Zeit sparen!" Bumm, so eine Antwort hatte ich nicht erwartet. Er hatte mich eindeutig auf dem falschen Fuß erwischt. "Nein, ich verstehe das schon und die EUR 2.000 sind es definitiv wert", erwiderte ich kleinlaut. Ich schob mich selbst immer tiefer und tiefer in seinem Verkaufsskript vor. Er machte alles richtig und ich machte alles falsch. "Ok, ich erklär dir wie das System funktioniert", fuhr er fort. Er schickte mir deren Webseite und führte mich durch ein paar der wichtigsten Punkte. Es sah alles gut aus und deren Zahlen schienen tatsächlich für sich zu sprechen. Angeblich hatten sie über die vergangenen Jahre in jedem Jahr über 100% Profit erwirtschaftet. Obendrauf hatte er einige Sicherheitszertifikate, welche ich zwar noch nie gesehen hatte, die Firma aber sehr seriös aussehen ließen. Ich war hellauf begeistert und wollte eigentlich sofort losstarten, wenn ich einen Platz gehabt hätte.

Falls du mit dem Thema des Börsenhandels nicht vertraut bist, möchte ich dir hier eine kleine Übersicht geben: Die Börse ist nichts anderes als ein großer Marktplatz. Kaufst du dir an der Börse eine Aktie, so gehört dir ein kleiner Teil der Firma, dessen Aktie du erworben hast. Der Preis einer Aktie wird von vielen Faktoren bestimmt, und wenn dieser Preis nun um 10% steigt, hat man 10% Gewinn. Fällt der Preis jedoch um 10%, hat man 10% Verlust. Der Nachteil an Aktien ist, dass sie normalerweise innerhalb einer kurzen Zeit keine 10% nach oben oder unten gehen, denn das würde ja bedeuten, dass ein ganzes Unternehmen 10% Wertsteigerung oder -verlust hat.

Dies kann bei einer Krise schon einmal vorkommen, doch normalerweise steigt ein Aktienkurs um maximal ein paar Prozent pro Jahr. Es kann also eine ganze Weile dauern bis man etwas verdient, und deshalb sollte man Aktien immer langfristig sehen. Nur, wollte ich das zu diesem Zeitpunkt nicht, denn ich wollte und brauchte schnelles und leichtes Geld. Optionen auf Aktien können als eine "schnelle Alternative" solche Gewinne bringen, diese aber natürlich auch wieder nehmen. Der Grund für den schnelleren Geldgewinn oder –verlust ist die "Hebelkraft" von Optionen.

Das heißt, dass es einen Faktor zur Umwandlung des Aktienpreises zum Optionspreis gibt. Aktienoptionen sind ziemlich komplex und um es kurz und einfach zu halten werde ich mich in dieser Erklärung auf das Wesentliche beschränken. Sie funktionieren fast wie eine Wette auf einen Aktienpreis. Die Person, welche die Option kauft, wettet zum Beispiel, dass der Aktienpreis entweder nach oben oder unten geht und der Verkäufer (meist eine Bank) wettet das Gegenteilige. Der Unterschied zu einer Wette ist, dass eine Option kein Alles- oder Nichts-Ergebnis ist. Das bedeutet, wenn man "wettet", dass der Aktienpreis nach oben geht, und er das tut, kann man umso mehr Geld verdienen, desto höher der Preis geht. Das gleiche trifft jedoch auch beim Gegenteil zu: Wenn man darauf „wettet", dass der Preis der Aktie nach oben geht, dieser dann jedoch sinkt, verliert man umso mehr Geld, je weiter die Aktie nach unten geht. Wenn also die Aktie 1% nach oben geht und die Option aber eine Hebelkraft von 50 hat, würde man entweder 50% gewinnen oder verlieren, je nachdem worauf man "gewettet" hat. Das bedeutet, dass man mit der gleichen Menge Geld so fünfzig Mal mehr gewinnen oder auch verlieren kann im Vergleich zum Kauf der eigentlichen Aktie. Ich hoffe, die beschriebene Mathematik ist verständlich und der Ablauf macht Sinn für dich.

Mein "Freund" erklärte mir via Skype, dass ihr System genau solche Optionen verwenden würde. So konnte ich meine EUR 50.000 viel schneller zurückverdienen, jedoch natürlich auch verlieren, was er selbstverständlich nie erwähnte und ich auch nie bedachte. Sein Supercomputer würde tausende Grafen und Daten von Aktiengesellschaften analysieren und dann an den Nutzer, wie ich es hoffentlich bald sein sollte, klare Anweisungen zum Kauf oder Verkauf von Optionen geben. Das Ganze schien in der Tat sicher zu sein, und jeder konnte Geld verdienen, solange man sich an das System hielt. Nun machte es auch Sinn, dass nur ein paar wenige dies nutzen konnten, da es ja geheime Insider-Tipps waren. Bis dahin hatte ich mein Geld an der Börse hauptsächlich in Blue Chip Stocks investiert, welche die

größten und meistens auch sichersten Firmen in den USA
darstellen. Wenn diese gut wirtschaften, verdiente ich gutes
Geld, und vor allem von 2003 bis 2007 hatte die Börse einen
enormen Wirtschaftsaufschwung nach der 2000-Dot-Com-
Blase hinter sich. So war es auch für einen ahnungslosen
Investor wie mich leicht hohe Gewinne einzufahren. Jeder
hätte auf dem Aktienmarkt zu dieser Zeit gutes Geld verdienen
können, nicht nur ich. Doch ich dachte, dass ich, nachdem
ich mit regulären Aktien bisher so viel verdient hatte, mit
Optionen nun noch viel mehr und schneller machen könnte.
Als er mit der Erklärung fast fertig war, klingelte sein Telefon.
Er sagte, er müsse rangehen, weil es sein Geschäftspartner sei.
Sie redeten kurz miteinander bis ich hocherfreut mitbekam,
dass durch "Zufall" einer der Plätze frei geworden war.
Wenn ich schnell wäre, könnte ich ihn sofort haben, denn
sonst würde ihn jemand anderer bekommen. Zwar war ich
darauf überhaupt nicht vorbereitet gewesen und fühlte mich
ziemlich unter Druck gesetzt, doch welche Wahl hätte ich
gehabt? Es war eine einmalige Gelegenheit und nur durch viel
Glück wurde der Platz genau dann frei, als mir alles erklärt
worden war und ich somit der erste war, der davon wusste.
Ich gab ihm sofort meine Kreditkartendaten und meldete
mich im Newsletter-System an, welches mich von da an mit
Informationen versorgen würde. Erst später verstand ich,
dass all dies nur gestellt gewesen war und es ihm egal war,
ob ich letztendlich Geld an der Börse verdiente oder nicht.
Er verdiente sein Geld ohnehin ausschließlich indem er diese
Newsletter-Lizenzen verkaufte.

Ich war überzeugt, dass dieses System jegliches Risiko aus
dem Handel an der Börse wegnehmen würde, und ich mich
um nichts kümmern müsste. Am selben Tag kam der erste
Newsletter und ich startete mit EUR 1.000, um ein Gefühl
zu bekommen wie sich diese Optionen verhielten. Innerhalb
von nur 20 Minuten hatten diese eine solch dramatische
Preissteigerung, dass ich meinen Einsatz buchstäblich
verachtundzwanzigfachte. Ich konnte es kaum glauben.
In weniger als einer halben Stunde hatte ich EUR 28.000

verdient, wofür eine Durchschnittsperson ein Jahr benötigen würde. "Perfekt, das System funktioniert!" Spätestens hier hätte ich erkennen müssen, dass ich nur Glück gehabt hatte. Ich hätte wissen müssen, dass solche Systeme zwar manchmal funktionieren, es aber am Aktienmarkt wie überall anders auch keine eierlegende Wollmilchsau gibt. Ich hätte erkennen müssen, dass ich ins weltgrößte Kasino der Welt gegangen war, auf eine zufällige Nummer gewettet hatte, weil mir ein dubioses System das so gesagt hatte, und ich dann unglaublicher Weise vor lauter Glück tatsächlich gewonnen hatte. Jetzt hatte ich aber EUR 28.000 von meinen ursprünglichen EUR 50.000 Verlust wettgemacht und jegliche Form von rationalem Denken war nicht mehr vorhanden. Tatsächlich dachte ich, ich sei derjenige, der das Spiel kontrollierte, doch ich hätte wissen müssen, dass das Haus nie verliert. Am nächsten Tag zeigte das System eine, wenn auch nicht hohe Wahrscheinlichkeit an, dass sich die Märkte von den Verlusten der vorherigen Tagen erholen würden, wo ich mit meiner Option auf fallende Kurse die EUR 28.000 verdient hatte. Das System riet Leuten, die risikobereit wären, Optionen auf steigende Aktienkurse zu kaufen. Euphorisch von den Gewinnen vom Vortag, plante ich also sofort wieder EUR 1.000 zu investieren. Ich war überzeugt, dass es wieder klappen würde und falls nicht, so wäre ich immer noch EUR 27.000 nach dem guten Vortag im Plus. Daher führte ich die Transaktion durch und nachdem es ein ruhiger Tag zu sein schien, entschloss ich mich, das schöne Wetter zu nutzen und ein bisschen Kitesurfen zu gehen. Ich brauchte ja nicht vor dem Computer sitzen, während ich mit diesem kugelsicheren System durchs Nichtstun reich werden würde.

An diesem Tag jedoch gab die Lehmann Brothers Holdings Inc., ein globales Finanzdienstleistungsunternehmen in den USA, bekannt, dass es insolvent war. Die Börse geriet in totale Panik, und was sich anfangs als ein positiver Tag zeigte, führte zu einem der größten Rückgänge an der US Börse seit den 1930er Jahren. Als ich vom Kitesurfing zurückkam, konnte ich keine Bestellungen mehr eingeben, da der Börsenhandel für alle ausgesetzt worden war, um zumindest ein bisschen Ruhe einkehren zu lassen. Ich war zwar schockiert, doch da ich davon ausging, nur die EUR 1.000 verloren zu haben, machte ich mir nicht all zu große Sorgen. Das System hätte diesen Vorfall nicht vorhersehen können, doch ich hätte mir den eigentlichen Risiken bewusst sein müssen. Am nächsten Tag, als die Börse mit einem riesen Minus öffnete, erhielt ich eine Nachzahlungsaufforderung von EUR 40.000 von meinem Online Aktienbroker. Ich war komplett verwirrt und dachte erst an einen Fehler. Wie konnte es denn sein, dass ich noch am Vortag EUR 28.000 plus war und jetzt angeblich EUR 40.000 schulden würde? Wie konnte man mehr Geld verlieren, als man eingesetzt hatte? Ich brauchte eine ganze Weile, um zu verstehen, dass es kein Fehler war. Meine "Wette" war so schief gelaufen, dass die gleiche Hebelkraft, die mir aus EUR 1.000 die EUR 28.000 einbrachte, jetzt gegen mich arbeitete. Die Optionen, die ich gekauft hatte, waren um 6.800 % bzw. 68 Mal die EUR 1.000 in die falsche Richtung gelaufen. Ich hatte fälschlicherweise angenommen, dass ich nie mehr als 100% der EUR 1.000 verlieren könne. Nun, im fremdfinanzierten Optionshandel kann man das, und da ich nicht "hören" wollte, musste ich nun "fühlen".

Mir war schnell bewusst, dass mein Aktien Broker die EUR 40.000 einklagen würde, wenn ich nicht schnell handelte und das Geld von meinem Bankkonto einzahlen würde. Mein Problem war jedoch, dass von den EUR 80.000, die ich noch acht Wochen zuvor hatte, nur noch EUR 30.0000 übrig waren. Und nun schuldete ich der Bank EUR 40.000. Ich blieb also auf minus EUR 10.000 sitzen und hatte in nur acht Wochen EUR 90.000 verloren. Das war der einzige Tag in meinem Leben, an dem ich ernsthaft daran dachte mich umzubringen. Ich schämte mich ein Versager zu sein und von mir selbst enttäuscht fühlte ich mich nicht nur wertlos, sondern war es buchstäblich auch. Immer, wenn mich jemand fragt: "Was war der niedrigste Punkt in deinem Leben?", dann antwortete ich, dass dieser es war. Wie war es möglich, von so weit oben so weit herunter zu fallen und zu einer komplett bankrotten

Person zu werden? War es nur Pech in Kombination mit ein paar schlechten Entscheidungen? Hätte ich es verhindern können? Ich legte mich ins Bett und fing an zu weinen. In den vergangenen Jahren hatte ich so hart gearbeitet und was war nun das Resultat? Ich hatte weniger als je zuvor. In der Medizin lernte ich die verschiedenen Phasen, durch die eine Person geht, bevor sie Selbstmord begeht. Ich wusste, es war das eine, sich umbringen zu wollen, aber etwas komplett anderes, wenn man tatsächlich Vorbereitungen dafür trifft. Während ich weinend auf dem Bett lag bemerkte ich, dass mich irgendetwas davon abhielt, aufgeben zu wollen. Was war es? Eines der Schlüssel-Elemente über das Menschen nach Selbstmordversuchen reden, ist die Hoffnungslosigkeit und Aussichtslosigkeit ihrer Situation. Sie beschreiben, dass sie sich wie vor der höchsten vorstellbaren Mauer fühlten. Und einem Druck, der sie von hinten schob, ohne die Chance weder den Druck, noch die Mauer zu überwinden. Für sie gab es keinen anderen Ausweg als Selbstmord zu begehen.

Obwohl ich die Mauer vor mir sah, schien es mir möglich sie zu überwinden, und vielmehr fiel es mir wie Schuppen von den Augen, als ich meine Fehler verstand. Ich hatte Geld investiert, ohne mich darüber zu informieren und ohne zu verstehen, in was ich wirklich investieren würde bzw. was meine Risiken und potentielle Ausstiegsszenarien sein würden. Nun musste ich die verbliebenen EUR 30.000 hernehmen und zusätzlich noch EUR 10.000 Schulden aufnehmen. Es war hart, aber nicht aussichtslos. Das logische Denken kam zurück. Erinnerst du dich an die fünf Stufen des Anpassens an Veränderungen? Ich war jetzt bei Stufe Drei: Verhandeln. Die letzten paar Wochen waren ein spezieller Kurs, der mich EUR 90.000 gekostet hatte. So viel Geld! Nun war ich in Stufe vier: Depression. Ich erzählte dem Bankangestellten meiner Hausbank nicht den wahren Grund, warum ich den EUR 20.000 Kredit brauchte. Ich brauchte EUR 10.000 extra, oder ich hätte für nichts mehr bezahlen können, also erzählte ich einfach, dass ich eine Menge Flüge im Voraus buchen müsse und das Geld innerhalb von einem

Jahr zurückbezahlen würde, sobald die Kompensationen meiner Sponsoren dafür eingingen. Natürlich bekam ich keine zusätzlichen Kompensationen und musste das Geld selbst zurückverdienen. Zuerst wollte mir die Bank das Geld nicht leihen und eine Bürgschaft meiner Eltern einfordern. Jedoch stand ich auf meinen eigenen Beinen und so kam dies absolut nicht in Frage, und weiters schämte ich mich ihnen zu erzählen, was passiert war. Letztendlich stimmte die Bank zu und gab mir den Kredit. Die Angestellten kannten mich und meine normalerweise guten Umgangsgewohnheiten mit Geld seitdem ich ein kleiner Junge war. Mein guter Ruf hatte mich noch einmal gerettet.

Damals machte ich den ersten und wichtigsten Schritt: Ich fragte mich, was falsch gelaufen war und wie ich es das nächste Mal besser machen konnte. Nun war ich in Stufe fünf: Akzeptanz. Ich hatte den "teuren Kurs gebucht und bezahlt" und wollte nun aber noch einmal mit der Person, die mir den Kurs verkauft hatte sprechen. Er jedoch hatte von seiner Seite her alles richtig, wenn auch nicht moralisch korrekt, gemacht. Seine Firma hatte eine Lizenz welche ich von meinem Anwalt auch überprüfen ließ. Beim Recherchieren erkannte ich außerdem, dass es hunderte solcher Firmen, manche mehr, manche weniger legal, mit ähnlichen Dienstleistungen, gab. Sie alle profitieren davon, dass viele Menschen, so wie ich es auch war, nicht bereit sind, die Verantwortung für ihr Schicksal in die eigenen Hände zu nehmen, und es lieber anderen geben, ohne sich korrekt darüber zu informieren. Eventuell kannst du dich auch damit identifizieren? Hast du jemals eine Menge Geld oder etwas anderes verloren, weil du jemandem anderen vertraut hast, und hättest am liebsten noch mal von vorn angefangen? Um ehrlich zu sein, war dieses Kapitel fast wie eine Therapie für mich. Aus dem gesamten Buch war diese Geschichte am schwersten zu erzählen, und während ich schrieb, erlebte ich den ganzen Schmerz noch einmal. Jetzt wo er draußen ist, fühle ich mich jedoch erleichtert. Eventuell solltest du das auch probieren?

Wenn du nachdenkst, und deine Fehler als "Pech" bezeichnest, wirst du Dinge wie diese in der Zukunft nicht vermeiden können. Zeig also auf dich selber, denn wenn du mit einem Finger auf jemanden anderen zeigst, zeigen drei Finger zu dir zurück! Lerne also die folgenden drei Lektionen:

Dieser EUR 90.000 "Kurs" brachte mich dazu, mir ein Versprechen zu geben: "Keine Investments mehr, die ich nicht verstehe. Was ist mein potentielles Risiko? Was ist mein potentieller Vorteil?" **Die erste Lektion ist es**, dass du dir das selber Versprechen gibst. Wenn du Geld verlierst, verstehe warum, werde nicht entmutigt, sondern lerne aus deinen Fehlern. Sonst behältst du dein Geld unter einer Matratze und bekommst gar nichts dafür, außer das unlimitierte Risiko, dass jemand einbricht, und es stiehlt. In all den Jahren danach brach ich diese Regel nur einmal, als ich einem Mädchen namens Laura mit einer Modelagentur in Hong Kong vertraute, ohne das Investment komplett zu durchschauen. Bumm, ich verlor weitere EUR 30.000, und ärgerte mich wieder nicht schlauer geworden zu sein. Der einzige Unterschied war jedoch, dass mein Kapital im Vergleich zu damals bereits viel höher war und ich so nicht total ausradiert wurde. Ich hoffe, du hast aus meiner Geschichte gelernt, sodass du nicht den gleichen "Kurs" belegst – wenn du weißt, was ich meine.

Die nächste Lektion ist zu lernen, auf wessen Investment-Rat du hören solltest. Denkst du wirklich, ein Anlageberater schert sich darum, ob du Geld mit deinen Investmentfonds verdienst, die er dir geraten hat? Wahrscheinlich nicht, denn alles woran er interessiert ist, ist die Provision, die sein Institut und somit auch er dabei verdient. Heute höre ich nur auf den finanziellen Rat von denjenigen, die bereits mehr haben als ich, und aus eigener Erfahrung wissen, wovon sie reden. Würdest du einen übergewichtigen Fitnesstrainer einstellen und bezahlen? Ich sicher nicht, aber mein Anlageberater kann so fett sein wie er will, solange er bereits viel mehr Geld hat als ich, und bereit ist, mir die gleichen Strategien, die er bereits nutzt, zu lehren. Genau so kann mein Fitness Trainer ein finanziell bankrottes Schweinchen sein, doch wenn er keinen besseren Six-Pack und durchtrainierten Oberkörper hat als ich, bezahle ich ihm sicher keinen Cent. Ich weiß nicht, wie oft mich Versicherungs- oder Anlageberater kontaktieren, welche ihre eigenen Produkte nicht verwenden, gerade so am überleben sind, und mir erklären wollen, wie man Geld anlegt. Wann immer du solche Menschen triffst, lauf! Und zwar schnell und weit weg. Heißt das also, dass du deinem Banker nicht vertrauen sollst? Ganz im Gegenteil! Du solltest sogar eine starke und vertrauensvolle Beziehung mit ihm/ihr aufbauen und pflegen. Warum? Wenn du schlau bist, arbeitest du mit der Bank zusammen, vor allem, wenn es um Investmentkredite geht. Bekomme ich jedoch irgendwelchen Rat von ihnen, welche Immobilien ich zum Beispiel kaufen sollte, tritt sofort die obenstehende Regel in Kraft: Lauf! 99% der Banker besitzen keine Immobilien selbst. Sie sprechen also rein aus der Sicht der Bank, und da dieses ein gewinnorientiertes Unternehmen ist werden sie meistens in dessen und nicht deinem Interesse handeln. Das ist schließlich deren Job. Wenn du jedoch zur Bank gehst, um dir Geld für ein gutes Investment zu leihen, so macht das Sinn und ist ein Bonus für dich und die Bank. Warum? Du kommst meist mit einem guten Deal weg und die Bank verdient daran auch. WIN WIN.

Die dritte Lektion dieser Geschichte ist mein Rat, worin du so viel investieren solltest, wie du nur kannst: IN DICH SELBST! Du tust das schon indem du dieses Buch liest. Jedes Mal, wenn du nicht weißt, was du mit deinem gesparten Geld machen sollst, dann investiere es in die einzige Sache, die dir wirklich eine idiotensichere und extrem hohe Rendite gibt: IN DICH SELBST. Kauf dir also lieber zwei oder drei gute Bücher, belege einen Kurs oder besuche ein Seminar, bevor du Geld in einen neuen Bereich wie Immobilien oder Aktien investieren willst. Du musst dann nur dem Gelernten entsprechend handeln. Doch das müsstest du durch meinen Rat am Ende dieser Geschichten bereits wissen.

Wenn ich an die Zeit zurückdenke als ich 22 war, war es die schmerzhafteste und zugleich auch wichtigste Zeit in meinem Leben. Drogen und Geld hätten mich fast ausgelöscht und viele Menschen haben Angst, das gleiche auch zu durchleben. Genau deshalb ist dieses Buch da: "Ein Fahrradhelm für deine ersten Erfahrungen ". Während ich dieses Buch schreibe, bin ich 29 und habe hoffentlich noch viel Leben vor mir und somit noch viel zu lernen. Vielleicht schreibe ich eines Tages über einen EUR 500.000 Kurs, den ich für ein Ein-Tages-Seminar gebucht habe. Ich hoffe nicht, aber falls es so ist, würde ich wertvolle Lektion daraus mitnehmen und davon lernen. Habe also keine Angst davor, Geld zu investieren, solange du dich ausgiebig darüber informierst, auf die richtigen Leute hörst, deine Risiken kennst und auch bereit bist diese zu akzeptieren. Immer wenn du nicht weißt, worin du investieren sollst, dann investiere als allererstes in dich selbst!

NOTIZEN

16.

DIE MARATHON-GESCHICHTE – 24 STUNDEN AUF EINEM FAHRRAD

"Das Fahrrad ist ein merkwürdiges Fahrzeug. Sein Passagier ist sein Motor." – John Howard

In der Geschichte zuvor habe ich dir von meinen Schulden erzählt, welche ich binnen eines Jahres zurückzahlen wollte. Also musste ich noch härter arbeiten, noch mehr Geld verdienen und meine Ausgaben noch mehr senken als ich es eh bereits tat. Da die meisten meiner Ausgaben vom Reisen kamen, entschloss ich mich weniger privat zu reisen und nur dann irgendwohin zu fliegen, wenn Magazine, Veranstaltungen oder Firmen dies bezahlten. Außerdem begann ich mehr Flüge mit meinen gesammelten Meilen zu buchen, da ich meinen Vielflieger-Status mit den hunderten von tausenden Meilen, die ich schon angesammelt hatte ohnehin ohne Probleme aufrecht halten konnte. Eigentlich wollte ich sie erst später verwenden, um durch die Ticketbuchungen mit regulärem Geld mein relatives Einkommen zu reduzieren und Steuern zu sparen. Da ich jedoch so viel Geld beim Investieren verloren hatte, waren Steuern (leider) kein wirkliches Problem mehr. Alles in allem bedeutete es, dass ich mehr Zeit in Innsbruck verbringen würde und von da an mehr an der Universität und nicht mehr unterwegs studieren würde. 2008/2009 war das einzige Jahr, in dem ich mich je wie ein richtiger Student an der Uni fühlte. Ich spielte wieder ein wenig mehr Basketball und ging wieder regelmäßig ins Happy Fitness Fitnessstudio, welches 24 Stunden, sieben Tage pro Woche geöffnet war. Dies war entscheidend für mich, da ich so entweder vor oder nach meiner Zeit in der Bibliothek von 7 Uhr bis 22 Uhr trainieren gehen konnte.

Eines Tages erzählte mir Stephanie, die Studiomanagerin des Fitnessstudios, dass sie einen 24-Stunden Spinning-Marathon organisierte, an dem man bis zu 24 Stunden lang auf einem feststehenden Fahrrad im Studio für einen guten Zweck radeln konnte. Man musste nicht die ganzen 24 Stunden durchmachen, sondern konnte so viel radeln wie man wollte und für jede Stunde auf dem Rad würde das Fitnessstudio Geld für Kinder mit Krebs spenden. Als Medizinstudent brachte dies eine ganz besondere Motivation in mir hervor und auch wenn ich noch nie ein guter Fahrradfahrer gewesen war, wollte ich deshalb zumindest ein paar Stunden durchhalten. Es waren noch ein paar Wochen bis zum eigentlichen Event, und so nahm ich ein paar Spinning-Stunden, um mich zumindest ein bisschen vorzubereiten. Ich weiß nicht, ob du Spinning im Fitnessstudio kennst: Man radelt in einer Gruppe von Fitnessbegeisterten auf einem feststehenden Fahrrad zum Rhythmus einer Musik, welche ein Trainer auflegt. Ein guter Trainer wird versuchen, für die Radfahrer einen Kurs so zu gestalten, dass langsame und schnelle Musik mit schwierigen Bergauf- und spaßigen Bergabstellen kombiniert werden. Jochen, einer der Haupttrainer fürs Radfahren im Fitnessstudio, war ein solcher Trainer, und so genoss ich meine erste Stunde bei ihm umso mehr. Diese endete jedoch in einem totalen Desaster. Da ich es nicht gewohnt war auf einem Fahrrad zu sitzen, war ich nach der Stunde total wund und hatte Blasen an meinem Hintern und an meinen Zehen. Ich hätte nicht erwartet, dass nur eine einzige Stunde meinen Körper so zerstören könne. Bei den nächsten Stunden wurde es nicht wirklich besser, und mein Leiden ging die ganze Woche so weiter. Meine Muskeln und Waden schmerzten und obwohl ich Magnesiumtabletten nahm, hatte ich Muskelkrämpfe in der Nacht und Muskelzucken während ich untertags in der Bibliothek lernte. Mein Hintern tat irgendwann so weh, dass ich ein kleines Donut-Sitzkissen in die Uni mitnahm. Zuerst versuchte ich den anderen Studenten zu erklären, warum ich auf einem Rektalkissen saß, doch nachdem mir niemand glaubte, dass ein Fahrrad und nicht Hämorrhoiden dessen Ursache war, ließ ich sie in ihrem Glauben. Jochen hingegen war beeindruckt von meinem Engagement, und fragte mich, ob ich nicht die vollen 24 Stunden beim Marathon versuchen wolle. Ich war mir nicht wirklich sicher, denn ich hatte mit den Trainingseinheiten von ein bis zwei Stunden bereits meine Schwierigkeiten. 24 Stunden auf einem Fahrradergometer, wo man einen ganzen Tag und eine ganze Nacht lang radelte und währenddessen auf den gleichen Punkt an der Wand starrte, war für mich nicht nur absolut unvorstellbar, sondern auch nicht mit ein paar Stunden Kitesurfen oder Basketball spielen vergleichbar. Doch Jochen gab nicht auf, vor allem, weil er selbst auch in der Vergangenheit an Langstreckenrennen teilgenommen hatte. Daher schien er zu wissen wovon er redete und ich ließ mich von seiner Motivation anstecken. Noch blieben mir sieben Wochen Zeit, weshalb ich mit Jochen einen passenden Plan ausarbeitete, um die 24 Stunden durchzuhalten.

Jochen meinte, es mache keinen Sinn, länger als vier oder fünf Stunden pro Tag zu trainieren, da ich sonst den Glykogen-Vorrat meines Körpers abbaute. Die meisten Spinning-Stunden gingen 90 Minuten, also kam ich immer zwei Stunden vorher im Studio an, radelte mit 60-70% meiner maximalen Herzfrequenz und wiederholte auf dem Fahrrad die Lernkarten, welche ich tagsüber der Uni geschrieben hatte. Dies half mir die doch recht langweilige Zeit zu vertreiben und trotzdem produktiv zu bleiben. Während der 90 Minuten langen Spinning-Stunde gab ich dann Vollgas und fügte anschließend 60 Minuten Abkühlen bei 40-50% Herzfrequenz hinzu, um die Milchsäure aus meinen Muskeln heraus zu bekommen und für die restlichen Tage fit zu bleiben. Mit der Zeit besserten sich die

Muskelkrämpfe und Blasenbildungen. Während dieser Zeit aß ich außerdem kiloweise Nudeln und Reis, trank zusätzlich hochkalorische Energie-Getränke und verlor trotzdem noch an Gewicht. Nach zwei Wochen machte ich eine kurze Pause und fuhr anschließend mit der gleichen Intensität fort. Dies war der einzige Weg meinen Körper auf die lange Tortur vorzubereiten. Zwei Wochen vor dem Rennen nahm mich Jochen bei einem seiner Trainings zur Seite und versicherte mir, dass er zu 100% überzeugt war, dass ich die 24 Stunden schaffen würde. Der Zuspruch tat gut, jedoch fügte er noch eine wichtige Warnung hinzu:

"99% der Menschen, die es versuchen, sind ebenfalls ausgezeichnet trainiert, erfüllen jegliche Voraussetzungen, doch sie halten trotzdem nicht durch. Der Unterschied bei den 1% die es durchziehen ist, dass diese einen stärkeren Willen haben. Der Körper ist für solche Ausdauertests eigentlich nicht gemacht und schickt daher ständig flehende Signale zum Gehirn die Qual zu stoppen. Die meisten Fahrer geben nach, weil der Wille nicht stark genug ist. Mit dem richtigen Training des Körpers und auch des Verstandes kannst du dich jedoch durchkämpfen und es schaffen!"

Um meinen Geist zu trainieren, gab er mir in den letzten beiden Wochen ein Buch zu lesen. Der Profi-Radfahrer Wolfgang Fasching beschrieb darin seine langen Ausdauer-Rennen durch Amerika und gab Tipps, wie man alles durchhalten konnte was man wollte. Es war unglaublich von den Schmerzen, die er auf sich nahm, zu lesen und wie sein Verstand ihn dazu brachte, diese zu bewältigen. Jochen würde Recht behalten und es würde sehr wichtig für mich werden, dieses Buch gelesen zu haben.

Die drei Tage vor dem Rennen "ruhte" ich mich aus und radelte nur mehr zwei Stunden am Tag. So konnte ich all meine Energiereserven voll auffüllen und war bereit durchzustarten. Ich hatte mir vorher ausgerechnet wie viel ich während den gesamten 24 Stunden essen musste. 600-700 kcal pro Stunde multipliziert mit den 24 Stunden ergaben zirka 14.000 – 15.000 kcal, die ich am Besten in flüssiger Form konsumierte. In einigen Studien hatte ich jedoch gelesen, dass der Körper unter extremen Bedingungen nur 75-80% der Nahrung die er bekommt absorbiert. Das bedeutete, dass ich ca. 18.000 kcal, was umgerechnet 25 McDonalds Big Macs entsprach, in den nächsten 24 Stunden essen müsste, was schlichtweg unmöglich war. Deswegen hatte ich mir speziell für so eine Ausdauerleistung hergestellte Mahlzeiten gekauft, welche mir in Kombination mit "richtigem Essen" genügend Energie geben würden. Der 24-Stunden Spinning-Marathon startete um 17 Uhr. Demnach würden die ersten 12 Stunden bis 5 Uhr in der Früh dauern, wenn der Körper das Aktivierungshormon Kortisol ausschüttet, und so natürliches Doping zur Verfügung stellte. Ungefähr 80 Menschen waren für den Marathon registriert, doch nur ein Teil von ihnen wollte die vollen 24 Stunden fahren. Von diesen wiederum würden es nur ein paar tatsächlich schaffen. Wir machten uns alle bereit, und START! Da ich sowieso daran gewöhnt war 4-5 Stunden non-stop zu fahren, verliefen die ersten Stunden bis Mitternacht komplett ohne Probleme und ich fuhr mit 60% der maximalen Intensität. Da ich zwar zur Toilette gehen durfte, es jedoch auf ein Minimum halten sollte, verfolgte ich meinen Plan zur Flüssigkeits- und Nahrungsaufnahme sehr genau. Ich hielt meine Herzfrequenz bei 130 Schlägen pro Minute und veränderte meine Körperhaltung regelmäßig, um meine Muskeln zu lockern und nicht zu verkrampfen. Alles schien großartig zu laufen, die Spinning-Trainer wechselten sich mit toller Musik regelmäßig ab und es fühlte sich zunächst an, als ob die nächsten Stunden ein Zuckerschlecken werden würden.

Doch das Leben ist eben kein Ponyhof. Nach Mitternacht, mit einer Aussicht auf eine noch lang andauernde Nacht und einem Körper, der nicht an eine solche Langzeitbelastungen gewöhnt war, ging es mir schlechter und schlechter. Um zwei Uhr schmerzte mein Hintern genauso schlimm wie nach meinen ersten Trainings und meine Beine bekamen durch die Übersäuerung Muskelverhärtungen. Zum Glück war Jochen nun wieder an der Reihe. Da er sofort als er den Raum betrat zu mir kam und meinen Puls überprüfte, musste ich wohl ziemlich erschöpft ausgesehen haben. Er sah mir tief in die Augen und munterte mich auf: "Julian, du schaffst das! Was du durchmachst ist total normal. Du bist genau an dem Punkt, wo dein Körper deinem Gehirn sagt, dass es total verrückt ist was du tust. Dein Körper will, dass dein Gehirn das Signal zum Aufhören sendet. Du darfst jetzt aber nicht aufgeben. Dein Wille muss stärker sein! Erinnere dich daran was du in dem Buch gelesen hast: Du schaffst alles was du willst!" Ich verstand nicht einmal die Hälfte von dem was er mir zu sagen versuchte. Ich schaute zu den anderen acht verbliebenen Fahrern, welche ebenfalls versuchten, die vollen 24 Stunden zu fahren, und sie sahen ebenso ausgelaugt aus. Jochen bemerkte, wie wichtig seine Stunde für uns wurde, denn er konnte uns bis zur Halbzeit des Marathons bringen, was ein wichtiger mentaler Entscheidungspunkt für einen Sportler ist. Von da an wurde es einfacher – zumindest im Kopf. Also passte er sein Training an die Acht von uns, die noch kämpften, an. Während seines Trainings erzählte er uns Geschichten über seine eigenen stundenlangen Rennen und wie er sich selbst dazu motivierte weiterzumachen. Ich hörte ihm einfach nur zu, starrte auf einen Punkt an der Wand vor mir und radelte im Rhythmus der Musik. Meinem Gehirn befahl ich nicht auf meinen Körper zu hören, und erinnerte mich an meinen Basketball-Trainer: "Sohn, sag mir nie, dass du nicht mehr kannst. Du musst kotzend auf dem Boden liegen, dann erst glaube ich es dir. Bis zu dem Punkt willst du ganz einfach nicht mehr!" Aber ich wollte weitermachen. Mein Körper sagte Nein, doch mein Verstand sagte Ja. Mein Verstand war stärker. Ich aß meine Energiegelees, trank genug Flüssigkeit und radelte einfach weiter und plötzlich war sie da: die Halbzeit! Mein Hintern tat nicht mehr so weh und die Schmerzen in meinen Beinen waren so konstant, dass ich mich daran gewöhnt hatte. Es war nun kurz nach fünf Uhr morgens und ich konnte die Sonne durch das Studiofenster aufgehen sehen. Es war einer der anstrengendsten, aber gleichzeitig schönsten Momente meines Lebens. Noch einmal sagte ich mir: "Julian, du hast es so weit geschafft, zurück zu radeln ist weiter entfernt als weiterzumachen. Du schaffst das!" Wahrscheinlich fing nun auch das Kortisol an zu wirken, denn ich fühlte mich unbesiegbar und meine Eigenmotivation schien zu funktionieren. Noch sieben Stunden, sechs, fünf,… es fühlte sich an, als ob die 24 Stunden fast vorbei waren.

Voller Motivation griff ich zu meiner Wasserflasche, als ich bemerkte, dass diese leer war und ich deshalb schon seit Stunden nichts mehr getrunken oder gegessen hatte. Auch hatte ich meinen Pulsmesser abgenommen, weil er gegen meine Brust gerieben hatte. Da ich meinen Puls nicht mehr beobachten konnte, war ich höchstwahrscheinlich zu langsam oder zu schnell geradelt. Bis dahin hatte ich mich nicht schlecht gefühlt, doch die Sorge ob ich alles richtig gemacht hatte, verunsicherte mich. Wie verhext kollabierte in diesem Moment ein anderer Teilnehmer und der Notarzt musste ihm helfen. Es gibt ein Sprichwort, das besagt: "Solange das Wasser nicht durch den hölzernen Rumpf eines Schiffes sickern kann, kann ein ganzer Ozean das Schiff nicht zum Untergehen bringen. Sobald jedoch ein bisschen Wasser anfängt durch die Fugen zu gelangen, dauert es nicht lange und das Wasser wird das Schiff versenken." Mein negatives Denken war das Wasser, das sich in meinen zuvor starken Verstand schlich und diesen nun versuchte unterzukriegen. Mein Körper schien die Kontrolle über den Willen bekommen zu haben, denn plötzlich sah ich alles verschwommen und begann zu zittern. Es waren klare Zeichen eines bevorstehenden Erschöpfungskollapses. Es blieben mir nur zwei Möglichkeiten: Aufgeben und mich immer zu fragen, was wäre gewesen wenn – oder weiterzukämpfen und das Risiko einzugehen schwindelig vom Rad zu fallen. Ich wusste, was zu tun war: Ich stieg vom Fahrrad und ging mit gesenktem Kopf in Richtung Umkleidekabine. Zwar hinkte ich, aber es fühlte sich wunderbar an, endlich vom Fahrrad herunter zu sein. Seit Stunden hatte ich nicht mehr gepinkelt und während ich am Pissoir stand, musste ich mich sogar an die Wand anlehnen, um nicht zu kollabieren. Es war unglaublich, was ich während der letzten sieben Wochen erreicht hatte. Durch hartes Training und vollem Fokus war ich zu einem Langstreckenradfahrer geworden, der 24 Stunden... Bevor ich den Satz zu Ende denken konnte, fiel mir Henry Fords Zitat ein: "Ob du denkst, du kannst oder ob du denkst, du kannst nicht – du wirst Recht haben." Ich musste lächeln... "Nein, ich war noch nicht fertig! Es waren noch vier Stunden übrig und ich würde sicher nicht aufgeben, denn aufgeben tut man einen Brief! Wenn ich das Studio verlassen würde, so war das entweder siegreich oder im Krankenwagen!"

Ich zog meine Radlerhosen wieder hoch. Alles tat weh und ich hatte mittlerweile Blutblasen vom Lenker des Fahrrads an den Handflächen. Ein paar Minuten später saß ich wieder auf meinem Fahrrad. Ich hatte die "Risse" in meinem Verstand versiegelt, und das Wasser konnte mich nicht mehr runterzudrücken. Mein Verstand war wieder Herr über meinen Körper, dem nun klar war, dass Erfolg die einzig akzeptable Option war und Aufgeben nicht zur Wahl stand. So vergaß ich meine Schmerzen, vergaß die Zeit und vergaß alles Weitere um mich herum. Ich konzentrierte mich einzig und allein darauf, meine Beine im Rhythmus der Musik zu bewegen und zu radeln. Schlussendlich beendete ich das volle 24 Stunden Rennen gemeinsam mit zwei Anderen. Die Presse war pünktlich angekommen, um diesen surrealen Moment zu dokumentieren. Es war nun wieder 17 Uhr und das Fitnessstudio war voll mit Menschen, die uns zujubelten und uns gratulierten. Nach den Momenten des Stolzes und Erfolges realisierte ich, dass ich geschafft hatte, was ich mir nie hätte erträumen können. Durch diese Erleichterung gab mein Verstand der Erschöpfung des Körpers nach, und ich musste mich auf eine Couch legen, da mir schwarz vor Augen wurde. Aber es war ok – ich hatte es geschafft, der Sieg war mein. Ich blieb für ein paar Minuten liegen. Es fühlte sich fantastisch an, die Schuhe auszuziehen und die Wasserflasche in der Hand zu haben. Ich war ein Wrack, und obwohl jede

Bewegung schmerzte war ich glücklich. Ich öffnete mein letztes Energiegelee, das ich vor einer Stunde hätte essen sollen, und genoss jeden Siegesbissen. Da ich nicht in der Lage war mit meinem Auto nach Hause zu fahren, nahm ich mein Handy und rief meinen besten Freund Daniel an, um mich abholen zu lassen. Er konnte es nicht glauben, dass ich es geschafft hatte und war total aufgeregt als er die Neuigkeiten hörte. Ich fragte ihn, ob er mir ein paar Krücken, die er in seinem Haus hatte, mitbringen konnte, da ich nicht sicher war, ob ich überhaupt in der Lage war bis zum Auto zu gehen. Der ganze Marathon war mit einem Foto von den anderen beiden Radlern, mir selbst, sowie Stephanie am nächsten Tag auf der Vorderseite der Zeitung abgedruckt worden. Es war ein großartiger Moment und ich wusste, dass ich es ohne Jochens Motivation wahrscheinlich nicht geschafft hätte. Was passierte eigentlich zwischenzeitlich mit meinem Bankkredit? Ich hielt mein Versprechen und bezahlte das Geld sogar noch früher als geplant zurück. Ich war wieder auf dem richtigen Weg, hatte viel gelernt und war nun bereit noch mehr zu erreichen. Drei der Lektionen aus dieser Geschichte möchte ich nun noch einmal hervorheben. Auch wenn du nicht planst 24 Stunden lang durch zu radeln, so treffen diese auch auf das tägliche Leben und damit auf dich zu.

Erstens erinnere dich immer, wie wichtig dein Wille und Verstand ist. Sei deswegen vorsichtig womit du ihn fütterst. Wenn du vor allem negative Nachrichten hörst, Horrorfilme siehst oder dich mit negativen Menschen umgibst, wird er sich schwer tun, deinen Körper positiv zu motivieren. Höre dir im Gegenzug lieber gute Hörbücher an, schau motivierende Filme und lies positive und inspirierende Erfolgsbücher. Denk an den Spruch mit dem Schiff: es muss 100% intakt sein, um über einen Ozean zu kommen.

Die zweite Lektion ist ein mentaler Trick, den ich während dieser Zeit gelernt habe, um meinen Willen zu stärken. Dein Wille kann oft nicht zwischen dem unterscheiden, was wirklich ist und dem, was man ihm nur sagt. Die Realität wird von uns selbst erzeugt. Um den Willen zu schärfen, solltest du also 15 Mal am Tag das, was du erreichen willst, aufschreiben. Dies klingt verrückt, ich erkläre dir aber gleich, warum das funktioniert. Ich habe mir zum Beispiel immer und immer wieder aufgeschrieben: "Ich werde die 24 Stunden schaffen. Ich werde die 24 Stunden schaffen... usw.!" 15 Mal am Tag. Du kannst natürlich auch Dinge aufschreiben wie: "Bis zum Ende des Jahres werde ich nur noch 79kg wiegen." oder "Mein Unternehmen wird nächstes Jahr EUR 1 Million Umsatz machen" usw. Warum funktioniert das? Es gibt keine eindeutigen medizinischen Studien warum, doch der Verdacht liegt nahe, dass durch das repetitive Niederschreiben dem Gehirn klar gemacht wird, dass dies Fokus und Wichtigkeit Nummer Eins ist. Irgendwann glaubt es das Gehirn, und setzt alles daran, es nicht nur in einem selbst, sondern auch in der äußeren Welt zur Realität zu machen. Ich weiß, das klingt komisch, ist aber so. Probiere es aus und zahl mir ein Abendessen, wenn dieser einfache Trick für dich die Welt verändert. ☺

Die dritte Lektion ist, dass du nicht nur alles tun kannst was du willst, sondern vielmehr dass du auch immer wieder komplett neue Herausforderungen annimmst. Je vielfältiger diese Herausforderungen sind, desto stärker wird dein Wille und Geist. Dein Wille ist wie ein Muskel, der dauernd stimuliert werden muss und das geht nur indem man Dinge versucht, die ihn anstrengen. Zum Beispiel gibt es in den Niederlanden einen Mann namens Wim Hof, der auch "Eismann[11]" genannt wird. Er hat seinen Willen so stark trainiert, dass er sogar sein autonomes Nervensystem kontrollieren kann. So kann er zum Beispiel seine Körpertemperatur steigern, senken oder einen anaphylaktischen Schock ohne Medikamente stoppen. All diese Dinge wurden bei ihm mehrfach getestet und bewiesen, und er gibt auch Trainings, wie das funktioniert. Du musst natürlich nicht solche extremen Dinge versuchen, doch starte mit Dingen die für deinen

---

11 http://fourhourworkweek.com/2015/09/07/the-iceman-wim-hof/

Verstand groß und doch machbar sind, wie zum Beispiel an einem 10K Rennen teilzunehmen, oder den Kilimanjaro, den höchsten Berg Afrikas, zu besteigen. Schreib es auf deine Wunschliste und leg los.

Jetzt liegt es an dir, basierend auf dem was du gerade gelesen hast, aktiv zu werden. Welche negativen Dinge um dich herum wirst du entfernen, um dein Boot sicher über den Ozean zu geleiten? Dein Verstand ist stärker als alles andere um dich herum, gib ihm also die Chance es dir zu beweisen. Glaube an dich selbst und handle jetzt.

NOTIZEN

17.

DIE CASHFLOW-GESCHICHTE – NICHT ALS DOKTOR ARBEITEN

"Menschen ändern sich nie, sie werden immer nur mehr zu dem, wer sie wirklich sind." – Dr. House (Hugh Laurie)

Das Jahr nach dem Spinning-Marathon war ein besonderes. Es war 2009/2010 und alles schien wieder in die richtige Bahn geraten zu sein. Um mich selbst mental zu trainieren hatte ich mir als Ziel gesetzt, jeden Abend ein Stückchen besser geworden zu sein als ich am Morgen des Tages bereits war. Sicherlich kennst du das Konzept sich täglich nur ein kleines Prozent zu verbessern – es sammelt sich über die Zeit zu einem riesigen Zinseszins an. Ich war gerade 24 Jahre alt geworden und stand kurz davor mein Medizinstudium zu beenden, bevor ich im Sommer beginnen sollte als Arzt zu arbeiten. Die Abschlussprüfung im Juni war eine der nervenaufreibendsten Zeiten meines Lebens. Nicht etwa weil die Prüfung an sich so schwer war, sondern weil ich das Gefühl hatte, dass danach der Ernst des Lebens beginnen würde. Ich konnte tausende von Seiten auswendig und hatte sie auf hunderte von Gedächtnispalästen verteilt. Man hätte mich nach der Seitennummer fragen können, ich hätte die Krankheit und alle zugehörigen Details gewusst. Es war der pure Wahnsinn. Nach meinem Abschluss mit Auszeichnung gab es eine Feier unter Freunden. Der "Doktortitel" sollte mir ein paar Wochen später bei einer offiziellen Zeremonie verliehen werden. Im Herbst würde ich meine Arbeit in der Unfallchirurgie beginnen, wo ich bereits eine Menge Praktika während meiner Studienzeit absolviert hatte. Ich wollte den Sommer als meine letzte Saison im Kitesurfen genießen, dann dem Spaß des Lebens Lebewohl sagen und meine Arbeit im Krankenhaus beginnen. Nur sieben Jahre früher, als ich von den USA nach Österreich zurückkam, um "nur den Sommer über zu bleiben, um daraufhin wieder in die USA auf die Uni zu gehen", wurden meine Pläne schon einmal komplett durcheinander geworfen, als ich mich kurzfristig dazu entschied in Österreich zu bleiben. Nun, es hörte sich nicht nur ähnlich an, sondern wurde die genaue Fortsetzung davon.

Im Sommer 2010 erlebte ich seit Langem, dass ich nicht mehr studieren musste und fing deshalb langsam an mich unproduktiv zu fühlen. Nur Kitesurfen alleine war nicht genug und ich vermisste es mich mental herauszufordern. Auf einem Abstecher nach Dänemark hatte ein französischer Kitesurf-Kumpel das Buch "Das Geheimnis" von Rhonda Byrne bei sich. Bis dahin hatte ich nicht all zu viele Persönlichkeitsentwicklungsbücher gelesen und hatte auch noch nie von diesem gehört. Mein Freund meinte, es sei ziemlich populär und erklärte mir, dass die meisten Konzepte darin zwar ziemlich logisch seien, sie die meisten Menschen jedoch nicht aktiv anwendeten. Ich war sofort interessiert, und da ich nichts anderes zu lesen hatte war ich binnen drei Stunden durch alle 200 Seiten durch. Mein Freund hatte Recht: Das Buch war fantastisch. Eine der wichtigsten Ideen darin ist, dass unsere Gedanken nicht nur von unserer Umgebung beeinflusst werden, sondern genauso umgekehrt: unsere Gedanken beeinflussen aktiv unsere Umgebung. Aus der Quantentheorie war mir das Konzept des Beobachterproblems[12] schon lange bekannt. Darin wird bewiesen, dass alleine durch die Messung eines Ergebnisses, dieses unmittelbar beeinflusst und somit verfälscht wird. Es kam mir jedoch nie in den Sinn, dass dies auch im alltäglichen Leben so zutreffen würde, und so machte ich mir viele Gedanken was das für meine Zukunft bedeuten könnte.

---

12 https://en.wikipedia.org/wiki/Observer_effect_(physics)

Ich liebte es, frei zu sein und das tun und lassen zu können was ich wollte. Wahrscheinlich war das der Grund, warum ich das Kitesurfen und Reisen so genoss. Jedoch verstand ich auch, dass sich meine Karriere als Profikitesurfer in den nächsten Jahren dem Ende zuneigen würde. Viele junge Talente kamen nach und ich würde bald dem "alten Eisen" angehören. Um als Arzt hingegen ein gutes Einkommen zu verdienen, bedeutete das 70 – 80 Stunden pro Woche in einem Krankenhaus zu arbeiten und dies hörte sich für mich eher wie ein Gefängnis und so gar nicht nach Freiheit an. Rhondas Buch inspirierte mich zurück an meine Zielcollage zu gehen, und ein paar Dinge darauf zu ändern: Alles was mit Medizin zu tun hatte nahm ich herunter und konzentrierte mich auf Bilder aus dem Unternehmertum, das ich als einzige Alternative um meine Freiheit zu erhalten sah – zumindest hatte ich das im Buch gelesen. Noch wusste ich nicht, wie konkret das funktionieren würde, doch ich fügte Bilder von teuren Autos, Immobilien, Aktien und erfolgreichen Unternehmensgründern wie beispielsweise Jeff Bezos von Amazon und Richard Branson von Virgin hinzu. Ich hoffte, dass mich dies auf den "richtigen Weg" bringen würde, damit ich nicht im Krankenhaus arbeiten müsse, sondern weiterhin die Möglichkeit hätte mein Leben flexibel zu gestalten - jenseits des Krankenhauses.

Als ich das Buch gelesen hatte, war außerdem meine erste Frage: "Welches Buch lese ich als nächstes?" Ich warf einen Blick auf die Amazon Top 20 Liste und sah einen Autor namens Robert Kiyosaki ganz oben an der Spitze. Er hatte das Buch "Rich Dad, Poor Dad" ("Reicher Vater, Armer Vater") geschrieben und weltweit knapp 26 Millionen Kopien verkauft. Bisher hatte ich noch nie von diesem Buch gehört, doch ein so oft gelesenes Buch musste interessant sein, und so downloadete ich mir die Hörbuch-Version. Die Abspielgeschwindigkeit stellte ich auf 150% ein (ein Trick, den ich mir angeeignet hatte, um meine Aufnahmen vom Medizinlernstoff schneller wiederholen zu können) und raste so im Schnelldurchlauf durch das Hörbuch. Schnell erkannte

ich, wie wertvoll die meisten der Lektionen in diesem
Buch waren, auch wenn man einige davon mit Vorsicht
genießen sollte und nicht alles für bare Münze zu nehmen
ist. In dem Buch erzählt Robert Kiyosaki von seinen zwei
verschiedenen Vätern, die er in seinem Leben hatte. Einer
war reich, der andere, du hast es erraten, arm. Sie hatten zu
allem unterschiedliche Philosophien und Ansichten, egal ob
es um Ausbildung, Geld, Freunde oder Investitionen ging.
Du solltest das Buch unbedingt selbst lesen, ich möchte
hier jedoch das für mich wichtigste Konzept aus dem Buch
erläutern: Den Cashflow Quadranten.

Der Cashflow Quadrant ist im Prinzip nichts Neues
oder Revolutionäres. Er ist, ähnlich wie "Das Geheimnis",
ein einfach zu verstehendes Konzept. Viele andere Bücher
haben dieselbe Idee beschrieben, aber niemand tat dies
auf so simple Art und Weise wie Robert Kiyosaki es in
seinem Buch getan hat. Er beschreibt das Konzept wie
folgt: Alle Menschen verdienen ihren Lebensunterhalt
durch eine oder mehrere von vier Optionen, welche auf
vier Quadranten aufgeteilt sind. Der linke obere Quadrant
ist der **A** Quadrant für **A**ngestellte. Menschen darin sind
Angestellte und arbeiten somit für jemand anderen. Fast
80% der Bevölkerung, und somit wahrscheinlich auch du,
befinden sich in diesem Feld. Der Beruf des Arztes, so dieser
beispielsweise wie in meinem Zukunftsplan im Krankenhaus
arbeitet, gehört ebenfalls dazu. Der nächste Quadrant ist
der **S** Quadrant für **S**elbstständig, welcher der linke untere
Quadrant ist. Ungefähr 15% der Bevölkerung entschließen
sich dazu es mit einem eigenen Unternehmen zu versuchen
um mehr Flexibilität zu erhalten und ihr "eigener Chef" zu
sein. Da dies, wie der Name schon andeutet, meist bedeutet
dass man nahezu "selbst und ständig" arbeitet und oft ein
beachtliches finanzielles Risiko auf sich nimmt, gelingt es
nur wenigen länger als ein paar Jahre durchzuhalten und sich
zu etablieren. Viele Menschen, denen dieser Schritt nicht
glückt, fallen zurück zum A Quadranten. Vielleicht hast auch
du bereits versucht dein eigenes Unternehmen zu gründen?

Hattest du Erfolg, oder hattest du auch bemerkt, wie viel du in deine neue, kleine Firma hineinstecken müsstest, und wie viel "einfacher" Angestellt sein manchmal im Vergleich wäre? Als Kiteprofi war ich in einem Mix dieser beiden Quadranten tätig und hatte auf der einen Seite ein fixes Basiseinkommen, auf der anderen Seite konnte ich jedoch meine Projekte für ein Zusatzeinkommen frei wählen. In beiden Quadranten, egal ob A oder S, tauscht man, wenn auch unter verschiedenen Rahmenbedingungen, Zeit gegen Geld. In einem Angestelltenverhältnis, beispielsweise als Bauarbeiter, Assistent oder Anwalt bzw. als Selbstständiger, zum Beispiel als Bäcker, Installateur oder Restaurantinhaber ist man in der Lage sein Einkommen pro Stunde zu berechnen. Als Arzt würde ich zum Beispiel knapp EUR 40 Brutto pro Stunde für zirka 40 Stunden pro Woche verdienen. Da eine Woche gesamt nur 168 Stunden hat wird schnell klar, dass man dieses Einkommen pro Stunde nicht grenzenlos erhöhen kann, es gibt somit ein Limit für das Einkommen aus diesen linken Feldern. Deshalb werden diese beiden Quadranten auch als "nicht-skalierbare Einkommen" bezeichnet.

Die rechte Seite des Quadranten folgt anderen "Regeln". Die obere rechte Seite ist der **B** für **B**usiness Quadrant. Menschen, die aus diesem Quadranten Geld verdienen, kaufen die Zeit anderer Menschen (welche im A oder S Quadranten arbeiten) und verkaufen "Wert" über Netzwerke an eine breite Masse. Dies klingt kompliziert und ist auch nicht ganz so einfach zu bewerkstelligen. Dieser Quadrant wird einerseits von großen Unternehmern wie zum Beispiel Marc Cuban, Bill Gates oder Steve Jobs genutzt, und andererseits gehören Autoren, Sänger oder Musiker um nur einige zu nennen, zu diesem Quadranten dazu. Sie alle haben gemein, dass sie nicht direkt an die Zeit gebunden Geld verdienen, sondern abhängig davon, wie viel "Produkt" sie an wie viele Kunden verkaufen können. Es macht ziemlich sicher keinen großen Unterschied, wie viele Stunden Steve Jobs in seinem Büro saß, während das iPhone über die Ladentheken in den weltweiten Appleshops verkauft wurde.

Der vierte und letzte Quadrant ist der rechte untere, auch
I Quadrant für Investoren genannt. Menschen, die Geld
aus diesem Quadranten verdienen, tun dies indem sie
ihr eigenes oder das Geld anderer investieren und daraus
Gewinne erzielen. Die gesamte rechte Seite beinhaltet das
"skalierbare Einkommen", weil man theoretisch so viel wie
man will verdienen kann, solange man im B Quadranten
mehr verkaufen, oder im I Quadranten mehr Profite von
dem investierten Geld erzielt. Über diese beiden Quadranten
werde ich in späteren Geschichten noch mehr erzählen,
denn sie sind meine absoluten Lieblingsquadranten um Geld
zu verdienen, da beide sehr aufregend sind und es erlauben
"finanziell frei" zu werden.

Ich hoffe, dass diese Konzepte leicht zu verstehen sind, lies
am Besten Robert Kiyosakis Buch oder google den "Cashflow
Quadranten". Bisher hatte ich nur einmal in meinem Leben
ausschließlich aus dem A Quadranten mein Geld verdient,
und zwar bei einem Ferialjob im Alter von 14 Jahren in einer
Fabrik. Diese Erfahrung war einschneidend und dies nicht
gerade im positiven Sinn: Ich kündigte bereits nach ein paar
Tagen, weil ich nicht akzeptieren konnte, dass mir jemand
vorschrieb, wann ich zur Toilette gehen, zu Mittag essen oder
nach Hause gehen durfte - und dies alles für nur acht Euro pro
Stunde von meiner Zeit. Meine Mutter war extrem verärgert,
weil ich diesem Plan nicht folgen wollte, und sie zwang mich
dazu, mich bei der Geschäftsleitung der Fabrik persönlich zu
entschuldigen. Ich glaube allerdings, dass sie erkannt hatte,
dass ich mich ohne Übertreibung miserabel während dieser
Tage gefühlt hatte. Was mir jedoch nicht klar gewesen war bis
ich in diesem Sommer die Persönlichkeitsentwicklungsbücher
gelesen hatte, dass ich als Arzt das Gleiche wieder tun würde,
nur eben mit einem höheren Einkommen. Ich würde meine
Lebenszeit nicht mehr für 8 sondern für 40 Euro pro Stunde
tauschen. Es war mehr Geld, doch nach wie vor das gleiche
Konzept und ich würde mich wieder im A Quadranten
befinden. Diese Erkenntnis war für mich extrem prägend
und so entschloss ich mich im selben Moment, mein

Einkommen mit anderen Möglichkeiten zu verdienen, wo ich mich nicht wie im Gefängnis fühlen würde. Jedoch war alleine der Gedanke daran nach sechs Jahren Studium nicht als Arzt zu arbeiten absolut verrückt. Zwar liebte ich die Idee einen anderen Weg als all die anderen zu gehen, doch mir vorzustellen was meine Freunde und Familie davon halten würden, ließ mich erschaudern. Ich malte mir aus vor meiner Mutter zu stehen und ihr zu sagen, dass ihr Sohn nicht als Arzt arbeiten würde. Das fühlte sich ganz und gar nicht einfach an. Ich glaube, viele von uns befinden sich täglich in genau solchen Situationen, in welchen unser Umfeld von uns erwartet, dass wir bestimmte Dinge tun, weil es "gesunder Menschenverstand" ist. Sicherlich warst auch du schon einmal, wenn nicht sogar mehrere Male, mittendrin statt nur dabei. Die Frage jedoch ist, wie du in dieser Situation reagiert hast? Wie du in den anderen Geschichten bereits gelesen hast, sind es nicht die Situationen in denen wir uns befinden, die so einzigartig sind, sondern vielmehr unsere Reaktionen darauf.

Ich wusste, was ich in meinem Leben wollte und "eingesperrt" zu sein, wenn auch als Arzt, war sicher nicht ein Teil davon. Deshalb war ich bereit den Weg zu gehen, den die Wenigsten in dieser Situation wählen. Um zu vermeiden, dass mir jemand meine Entscheidung auszureden versuchte, sagte ich meine offizielle Abschlussfeier heimlich ab und verschob sie um ein Jahr nach hinten. Ohne meine Arztlizenz konnte ich in diesem Jahr nicht als Chirurg arbeiten und so konnte ich mir Zeit für eine bessere Lösung "erkaufen". Nicht nur meine Mutter war wütend als sie dies herausfand, auch meine Freunde und Studienkollegen ließen mich ihr Unverständnis mehr als deutlich spüren, genauso wie ich es bereits erwartet hatte. Es fiel mir nicht nur schwer ihnen zu erklären, dass es die richtig Entscheidung für mich gewesen war, sondern vielmehr selbst davon überzeugt zu bleiben. Ich versprach jedoch allen, dass ich den offiziellen Titel im Jahr darauf abholen und nachfolgend als Chirurg arbeiten würde, falls ich bis dahin keine Alternative gefunden hätte. Zwar konnte ich ein Jahr lang jenes Leben genießen, das ich wollte, jedoch musste ich rasch eine Einkommensalternative auf der rechten Seite des Cashflow Quadranten finden um auch dort zu bleiben. Falls du dich wunderst, was meiner Ansicht nach so schlecht daran sein soll angestellt zu sein, dann verstehe, dass ich keinesfalls der Meinung bin, dass angestellt sein generell schlecht ist. Es kommt lediglich darauf an, ob für dich die Vorteile es wert sind, die dazugehörigen Nachteile zu akzeptieren oder nicht. Als Angestellter sind deine Tage, Wochen, Monate, Jahre, ja sogar dein ganzes Leben ziemlich vorausgeplant. Das mag für manche angenehm sein, aber für mich ist der "9-17 Uhr Tag, 40 Stunden pro Woche und mindestens 45 Jahre" Ablauf der absolute Horror und ich wusste, dass ich mich ändern musste, wenn ich dies nicht haben wollte. Ich war bereit alles dafür zu tun.

2010 war das Jahr meines Einstiegs ins Geschäftsleben – alles begann nachdem ich mich entschlossen hatte nicht als Arzt zu arbeiten. Ich promovierte im Jahr 2011 wie ich es versprochen hatte, obwohl ich wusste, dass ich nie ein praktizierender Arzt werden würde. Es war ein sehr emotionaler Moment, als ich während der Abschluss-Zeremonie auf die Bühne ging mit Familie und Freunden anwesend. Ich wurde an die langen Stunden des Studierens erinnert, und daran, wie viele Menschen das Medizinstudium gerne abschließen würden, es aber aus verschiedenen Gründen nicht konnten oder durften. Hier war ich nun nachdem ich so viel Arbeit in meinen vermeintlichen Traum gesteckt hatte, nur um mich schlussendlich dazu zu entschließen nicht in diesem zu arbeiten. Ich legte den Eid des Hippokrates ab, erhielt meinen Doktortitel, sowie meine Arztlizenz und wurde somit ein "Gott in Weiß" – was übrigens meiner Meinung nach ein absolut lächerlicher Name ist. Meine Großeltern, die über 90 Jahre alt sind, waren ebenfalls anwesend, und sie wissen bis heute nicht, dass ich meiner medizinischen Karriere nicht nachgehe... und ich hoffe, du hilfst mir dabei, dass das auch so bleibt. ☺ Wenn du sie also beim Surfen oder Radfahren triffst (ja, sie rocken mit über 90 Jahren ihr Leben immer noch), sag ihnen einfach wie stolz sie auf ihren Enkel sein können, und belasse es dabei. Ich habe bereits über die Sinnhaftigkeit eines Studienabschlusses im 10. Kapitel gesprochen, und kann hier nur noch einmal Steve Jobs berühmtes Zitat wiederholen: "Man kann die Punkte nie nach vorne schauend verbinden, sondern nur wenn man zurückblickt!" Wenn du das hier also liest und gerade studierst, sieh dies keinesfalls als Motivation dein Studium abzubrechen, sondern vielmehr als Teil eines größeren Ganzen.

In diesem Sommer lernte ich **viele wertvolle Lektionen und die erste und wichtigste** war, den Unterschied zwischen skalierbarem und nicht-skalierbarem Einkommen unterscheiden zu können. Was bedeutete das zum Beispiel für mich? Ich war immer noch Profikitesurfer, wusste jedoch, dass dies nicht mehr lange funktionieren würde und so suchte ich im Kitesurfbereich ein Einkommen aus der "rechten Seite". Dies inspirierte mich unter anderem mit ein paar Freunden das Kitesurf-Buch "Kite-Tricktionary" zu schreiben, welches noch heute eines der beliebtesten Kitesurf-Bücher weltweit ist. Ich hätte keinen so großen Fokus darauf gelegt, hätte ich das Einkommen eines Autors aus dem B Quadranten nicht verstanden. Während ich das Tricktionary schrieb, habe ich davon praktisch kein Geld verdient. Doch seit der Veröffentlichung 2011 verdiene ich regelmäßig Geld damit, ohne viel dafür tun zu müssen. Natürlich unternehmen wir regelmäßige Marketingaktivitäten, doch diese Arbeit ist skalierbar. Das bedeutet, dass ich mehr Kunden durch immer bessere Strategien erreichen kann, um so mehr Geld mit dem gleichen Zeitaufwand zu verdienen. Wenn ich mein Kitesurf-Buch zum Beispiel an zehnmal so viele Menschen verkaufe, verdiene ich zehnmal mehr Geld in der gleichen Zeit. Deswegen ist die rechte Seite für mich vorteilhafter als die linke Seite, da sie mich mein Einkommen erhöhen lässt ohne mehr Zeit damit verbringen zu müssen. Mein Buch war meine erste wahre Einkommensquelle aus dem B Quadranten, doch viele andere folgten wie du bald lesen wirst. Wenn du erst einmal die Wichtigkeit von skalierbarem, rechtsseitigem Einkommen verstehst, wird es dein Leben für immer verändern. Du wirst auch so schnell wie möglich von der linken zur rechten Seite wechseln wollen, auch wenn du noch nicht weißt wie das gehen soll. Mach dir keine Sorgen, ich werde in den nächsten Geschichten weiter darauf eingehen und dir meine Schritte zeigen, die ich unternommen habe. Wenn sie dir gefallen, kannst du diese einfach kopieren.

Das bringt mich zur zweiten Lektion: Wenn die rechte Seite so großartig ist, warum machen es dann nicht alle? Es gibt eine einfache, doch leider traurige Antwort darauf: Die Macht der "Fünf Menschen um dich herum". Denk einmal nach – Auf welcher Seite des Cashflow Quadranten sind deine Eltern? Deine Lehrer? Deine Kollegen? Dein Ehepartner? Deine Freunde? Über 95% der Bevölkerung finden sich auf der linken Seite wieder, weil das an Schulen und Universitäten so unterrichtet und gelehrt wird. Sobald jemand versucht zur rechten Seite zu wechseln, versucht ihr/sein Umfeld sie/ihn sofort zurück zu halten. Bei mir war es genau das Gleiche: Als ich meinen Freunden erzählt hatte, dass ich kein Arzt werden wollte, kamen die typischen Argumentationen: "Du kannst nicht immer ein Kitesurfer sein. Ein Buch zu schreiben ist nicht sicher. Arzt zu sein ist so ein respektabler Beruf. Was werden deine Freunde von dir halten? Firmeninhaber... du wirst sicher bankrott gehen!" Sie alle sprachen aus der Sicht der linken Seite und konnten nur die Vorteile eines monatlichen, regelmäßigen Gehalts sehen. Sie verstanden deshalb die Vorteile der rechten Seite mit ihrer Flexibilität und Skalierbarkeit nicht. Denk an die Lektionen zuvor, und lerne bzw. höre nur auf Leute, die schon dort sind bzw. das haben, wo du hin willst bzw. haben willst. Sprich also mit Menschen, die ihr Einkommen von der rechten Seite beziehen, und lerne von ihnen, wie sie es geschafft haben. Menschen auf der linken Seite verstehen deine Entscheidungen genauso wenig, wie wenn du eine Fremdsprache nicht verstehst. Man könnte eine Fremdsprache lernen, doch genau so wie die "rechte Seite", tun dies leider nur sehr wenige.

Die dritte Lektion ist ein Test für dich, welcher auch mich letztendlich dazu gebracht hat, zur rechten Seite wechseln zu wollen. Als ich die Persönlichkeitswicklungsbücher las, erinnerte ich mich an das Zitat von Albert Einstein, welches besagt, dass man ziemlich blöd ist, wenn man stets die gleichen Dinge tut, aber andere Ergebnisse erwartet. Daher sah ich mir all jene Arztkollegen an, die schon seit fünf Jahren auf der gleichen Station arbeiteten, auf der ich anfangen hätte sollen. Als ich diese fragte, ob sie glücklich seien, sagten sie mir, dass es nicht so ist, wie sie sich es vorgestellt hatten, sie jedoch hofften, dass es besser werden würde. Dann fragte ich Kollegen, die schon seit über zehn Jahre dort arbeiteten. Gleiches Ergebnis: 90 Stunden Arbeit pro Woche, kein Familienleben und viele von ihnen meinten, dass auch sie nicht wirklich glücklich wären, jedoch hofften, dass es besser werden würde. Daraufhin redete ich mit Ärzten, die bereits seit 20 Jahren im Krankenhaus arbeiteten: Ähnliche Antworten. 30 Jahre im Krankenhaus: Ähnliche Antworten. Ich fragte sogar Ärzte, die schon seit 40 Jahren als Arzt praktizierten und erhielt dieselben Antworten. Dann erinnerte ich mich an einen Artikel über die Dinge, die sterbende Menschen am meisten bereuten: "Gelegenheiten nicht genutzt zu haben, sondern ein Leben nach der Norm und Erwartung ihres Umfeld geführt zu haben." Das war es, was ich hören wollte und musste. Genau in diesem Moment entschied ich auf keinen Fall in den Fußstapfen der Ärzte vor mir zu folgen. Versteh mich nicht falsch: Ich liebe und respektiere den Arztberuf, es war nur nicht der Weg, den ich persönlich gehen wollte. Sieh dir also den Weg gut an, welchen du gerade gehst, am besten indem du schaust, welche Resultate Menschen erhalten, die diesen Weg bereits seit 5, 10, 20 oder 30 Jahren gehen. Möchtest du auch dort ankommen wo sie angekommen sind? Um etwas zu ändern musst du dich ändern – alles andere wäre eine Art um Idiotie zu definieren!

Schritt für Schritt wurde meine Zielcollage zur Realität und ich zu einem Unternehmer. Ein Jahr späterer würde mein Einkommen komplett von der rechten Seite kommen, und nicht von der linken Seite als Arzt. Auf meinem Weg dorthin, erhielt ich viel Gegenwind, wie du in den nächsten Geschichten noch lesen wirst. Deshalb ist es mein Anliegen, dass du dies als Inspiration für dich selbst siehst, dich zu fragen wie deine Zukunft aussehen würde, wenn du auf dem Weg bleibst, den du gerade gehst. Wenn das genau dein Traum und Ziel ist, dann gehe einfach weiter. Wenn nicht, dann möchte ich dich aufmuntern, gleich wie ich damals, in kleinen Babyschritten eine neue Richtung auszuwählen, die dich dorthin bringt wo auch immer du möchtest! Du lebst nur einmal, lebe also nicht das Leben anderer, sondern verwirkliche deine eigenen Träume!

NOTIZEN

18.

DIE TAUCH-GESCHICHTE –
AUSZEIT NEHMEN

"Das einzige vor dem wir wirklich Angst haben sollten, ist die Angst selbst." – Franklin D. Roosevelt

Dank meiner vielen neuen Projekte im Jahr 2010 wurde ich immer beschäftigter. Bald war ich non-stop von Technologien umgeben, damit ich jederzeit mit Familie, Freunden und Geschäftspartnern in Verbindung bleiben konnte. Da ich seit jeher ein großer Technikfan, speziell im mobilen Bereich war, wollte ich unbedingt einer der Ersten sein, der das allererste iPhone besitzen würde, welches am 29. Juni 2007 auf den Markt kam. Einige Jahre später war ich stolzer Besitzer des neuesten iPhone4 und des brandneuen iPads und war somit erreichbarer denn je zuvor. Zuerst dachte ich, dies sei genau das was ich wollte, bemerkte jedoch bald, dass ich kaum noch ohne all das leben konnte. Am Morgen wollte ich zuerst meine Nachrichten lesen, während des Frühstücks beantwortete ich E-Mails, zu Mittag updatete ich meinen Facebook-Status und am Abend schrieb ich noch einen Blogeintrag. Kommt dir das bekannt vor? Ich war komplett im Technologie-Boom versunken und es gab kein Anzeichen dafür, dass diese Besessenheit besser werden würde, sondern sich eher im Gegenteil sogar zur Sucht entwickelte. In diesem Jahr ergab sich die Chance mit Freunden zur Kokos-Insel (auch Cocos Island oder Cocos genannt) tauchen zu gehen. Mein "Problem" dabei: Ich würde weder Internet noch Handyempfang haben - und dies für ganze zehn Tage. Dies hinderte mich aufgrund des kompletten Kontaktverlusts zur Außenwelt daran sofort zuzusagen. Allerdings hatte ich ein paar Jahre zuvor an einem Tauchkurs auf Mauritius teilgenommen und war von der Schönheit der Unterwasserwelt beeindruckt gewesen. Cocos Island, welche politisch gesehen zu Costa Rica gehört, ist eine der größten unbewohnten Inseln unseres Planeten und daher trotz der etwas umständlichen Anreise dorthin als eines der weltweit am beliebtesten Tauchziele bekannt. Es ist einer der wenigen Orte in der Welt, an denen man mit Hammerhaien, Walhaien, Riesenmantas und anderen faszinierenden Kreaturen tauchen kann. All dies reizte mich sehr und so ließ ich mich letztendlich von der einmaligen Möglichkeit überzeugen.

Ich buchte meinen Flug nach Costa Rica, um von dort aus die zweitägige Bootsreise nach Cocos anzutreten. Vorab hatte ich mir starke Tabletten gegen Seekrankheit gekauft, denn ich wusste, wie empfindlich ich auf offener See in einer Kabine sein würde. Mein Plan war die gesamten zwei Tage durchzuschlafen, um erst bei der Ankunft auf Cocos bei ruhigerer See wieder zu mir zu kommen. Der Gedanke daran nicht in der Lage zu sein auf Nachrichten von Kitecamps, Sponsoren oder Magazinen zu reagieren oder ganz simpel mit Freunden und Familie zu reden, war beängstigend. Es ist unglaublich, wie schnell sich unsere Welt fortentwickelt hatte. Nur wenige Jahre zuvor, schien es noch nahezu unmöglich mit jemandem auf der anderen Seite der Welt zu kommunizieren. Jetzt, mit all der Technologie und mobiler Kommunikation, war dieser Luxus zur Notwendigkeit geworden. Während der Reise wollte ich mir eine Auszeit nehmen, mich ausruhen, gute Bücher lesen und Audiobücher hören, einfach mal abschalten und etwas komplett anderes machen. Selbstverständlich war ich besorgt, ob meine Geschäfte reibungslos weiterlaufen würden, oder ob ich etwas Wichtiges verpassen würde, doch dafür war es jetzt ohnehin zu spät. Mein Anrufbeantworter und mein E-Mail-Responder wiesen Leute darauf hin, dass ich auf Reisen war, und ich mich erst in zehn Tagen wieder melden könne.

Alles war vorbereitet, und nachdem ich meinen Computer heruntergefahren hatte, wusste ich, dass ich ihn die nächsten zehn Tage nicht wieder anschalten würde. Ich verabschiedete mich noch von meinem Handy und Computer und startete in mein Tauchabenteuer.

Als wir unser Ziel zwei Tage später erreichten, hatten die Tabletten gerade rechtzeitig aufgehört zu wirken und ich ging nach oben an Deck, um etwas frische Luft zu schnappen. Das Boot hatte genau vor der Insel Anker gelegt und bot einen atemberaubenden Anblick. Wenn du je "Jurassic Park" gesehen hast, erinnerst du dich vielleicht an die Szene, in welcher der Hubschrauber durch ein Tal einer verlassenen Insel fliegt, auf der die Dinosaurier angeblich leben - diese wurde auf Cocos gedreht. Der Direktor des Films hatte diese Insel gewählt, weil sie total abgelegen, ohne menschliche Infrastruktur im Pazifischen Ozean liegt. Die Insel hatte das "frischeste Grün", das ich jemals gesehen hatte, und war über und über mit Bäumen und Pflanzen bedeckt. Drum herum war für tausende von Kilometern nichts anderes als Wasser - ein wahres Naturparadies. Der Plan am ersten Tag war erst mal zu frühstücken, uns dann ein paar Stunden auszuruhen und anschließend auf unseren ersten Testtauchgang zu gehen, um unsere Ausrüstung zu überprüfen. Kurz dachte ich darüber nach, was ich vielleicht online gerade verpasste. Hatte ich E-Mails bekommen? Hatte jemand auf meine Facebook-Pinnwand geschrieben? In diesem Moment fing ich wieder an zu zweifeln, ob es eine weise Entscheidung gewesen war, eine Auszeit auf dieser Reise zu nehmen. Glücklicherweise gingen wir bald auf unseren ersten Tauchgang, sodass ich über andere Dinge nachzudenken hatte: Haie. Ja, ich hatte panische Angst vor Haien, und das obwohl jeder Surfer weiß, dass es wahrscheinlicher ist am Strand von einer Kokosnuss erschlagen, als von einem Hai attackiert zu werden. Leider half mir dieses Wissen nicht wirklich, weniger Angst beim Kitesurfen zu haben, da ich nie einschätzen konnte was unter mir schwamm und ob es mich fressen wollte. Eine meiner Hoffnungen auf Cocos war es, diese Angst zu besiegen. Ich wollte einem Hai in die Augen sehen - das meinte ich wortwörtlich, denn die Gewässer von Cocos sind berühmt dafür von Haien bevölkert zu sein. Beim Tauchen dort trifft man garantiert auf einen, wenn nicht sogar hunderte. Das verdrehte mir zwar einerseits den Magen, andererseits war es für mich der einzige Weg meine Angst vor ihnen zu überwinden.

Während des Test-Tauchgangs ging ich nur zehn Meter tief unter Wasser und blieb nur für knapp 15 Minuten unten. Es galt meine Ausrüstung zu prüfen, meinen Tauchpartner besser kennenzulernen und mich ans kalte Wasser zu gewöhnen. Alles lief perfekt und als ich wieder zurück auf dem Boot war, wollte ich das Gleiche tun was ich sonst auch tat, wenn ich vom Kitesurfen aus dem Wasser kam: Meinen Laptop rausholen und "online gehen". Verdammt, ich war wirklich abhängig geworden. Erstaunlich, wie schnell sich diese Gewohnheit entwickelt hatte und meinen Charakter formte. Nachdem ich nicht online gehen konnte, wusste ich nicht, was ich sonst tun sollte. Es mag verrückt klingen, doch ich hatte keine alternative Idee. Probiere es mal selbst, und benutze für 24 Stunden kein Internet. Nur 24 Stunden! An diesem Tag wurde mir die Wichtigkeit und Macht von Gewohnheiten so richtig bewusst. In einem von den mitgebrachten Büchern hatte ich zufällig gelesen, dass man eine Gewohnheit nicht einfach aufhören kann, sondern sie mit etwas anderem ersetzen muss. Beispielsweise kann man nicht einfach mit dem Rauchen oder Süßigkeiten essen aufhören, sondern muss eine Alternative dafür finden, um diese Gewohnheit zu ersetzen. Für mich bedeutete dies, dass ich einen Ersatz für meinen Drang nach mobiler Technologie finden musste. Nachdem meine Denkfunktionen nach Tauchgängen ein bisschen eingeschränkt waren, musste ich etwas für meine kreative Seite des Gehirns finden. Ich war noch nie artistisch begabt gewesen, doch da ich keine andere Alternative fand, begann ich nach den Tauchgängen Bilder zu malen. Dies ersetzte meine Gewohnheit an einen Computer zu gehen und ist seither sogar so stark, dass ich auch auf späteren Reisen, selbst wenn ich einen Computer mit Internet zur Verfügung hatte, trotzdem nach einem Tauchgang lieber malte. Es ist wirklich erstaunlich zu beobachten wie leicht es war, menschliches Verhalten auszutricksen, solange man versteht wie es funktioniert.

Während den nächsten neun Tagen führten wir vier Tauchgänge pro Tag durch. Es war ein anstrengender, jedoch wunderbarer Tagesablauf und die Tauchgänge waren einige der faszinierendsten, die ich je in meinem Leben machen durfte. Ich tauchte mit riesigen Walhaien, streichelte vorsichtig Riesenmantas und erlebte unglaubliche Nacht-Tauchgänge mit hunderten von Schwarzspitzen-Riffhaien. Als Höhepunkt planten wir zu einem ganz besonderen Tauchplatz zu fahren: An diesem Platz befindet sich ein kegelförmiger Berg mitten im Ozean, dessen Spitze knapp 15 Meter unter der Wasseroberfläche ist, und von dort hunderte Meter weiter nach unten reicht. Die Strömungen waren aufgrund der exponierten Lage sehr stark und so musste einer nach dem anderen an einem Seil entlang abtauchen. Nach einem kurzen Check mit meinem Tauchpartner rollte ich mich rückwärts ins Wasser. Der Plan war, am Seil entlang nach unten zu gleiten und dann auf der Spitze des Berges aufeinander zu warten. Wenn alles nach Plan verlief, würden wir 45-50 Minuten Tauchzeit inklusive Sicherheits-Spielraum und ordnungsgemäßen Sicherheitsstopps beim Auftauchen haben. Zu schnelles Aufsteigen kann eine Dekompressionserkrankung zur Folge haben; ein definitiver Todeskuss, wenn man hunderte Kilometer von jeglicher Zivilisation entfernt ist. Demnach waren alle Checks und Sicherheitsstopps doppelt wichtig, um beim Auftauchen aus großer Tiefe den überschüssigen Stickstoff aus dem Gewebe loszuwerden. Nachdem ich ins Wasser eintauchte war ich bereits wenige Momente später ein paar Meter vom Seil entfernt. Die starke Strömung hatte mich sofort weggeschwemmt und war so heftig, dass ich nur unter großer Anstrengung wieder zurück zum Seil kam, um von dort weiter zur Bergspitze runterzugleiten. Es war wichtig, sich nicht zu überanstrengen, da man sonst zu viel Sauerstoff verbrauchte, was wiederum das Risiko, das einem zu früh unter Wasser die Luft ausgeht, erhöhte. Beim Surfen hatte ich schon oft starke Strömungen erlebt, aber hier auf Cocos verhielt sich das Wasser eher wie ein Fluss inmitten des Ozeans. Dieser konnte einem sogar die Maske vom Gesicht reißen, wenn man unvorsichtiger Weise in die falsche Richtung schaute. Doch genau aufgrund dieser starken Strömungen waren hier stets große Fische in der Nähe um Beute zu jagen. Für mich war es kein wirklich guter Start und bereits nach wenigen Minuten war ich außer Atem.

Nach einigen Strapazen schafften wir es endlich an der Bergspitze anzukommen und überprüften uns zur Sicherheit noch einmal gegenseitig. Nun war es an der Zeit tiefer zu tauchen, wo wir Hammer- und vielleicht sogar Tigerhaie zu sehen hofften. Bis dahin waren wir zwar schon mit kleineren Haien getaucht, jedoch noch nie in solchen Tiefen und somit auch nie mit so großen Tieren. Wir nutzten sogenanntes Nitrox, was Luft die mit extra Sauerstoff angereichert wird, ist, um in bis zu 40 Metern Tiefe für einen längeren Zeitraum tauchen und somit dortige Lebewesen ausgiebig bewundern zu können. Mit jedem Vorteil hat man immer auch einen Nachteil, und bei Nitrox ist es die Schädlichkeit des Sauerstoffes in größeren Tiefen. Bei unserer Mischung war das Limit 42 Meter. Der Tauchgang ab der Bergspitze war also eine Mischung aus drei Gefahren, welche man nicht aus den Augen verlieren durfte. Vier, wenn ich die Haie mitrechnete. Erstens musste ich die verbleibende Luft genauestens beobachten. Zweitens musste ich aufpassen, dass sich mein Körper nicht mit zu viel Stickstoff anreicherte, weil große Tiefe zur Tiefenkrankheit ganz unten bzw. zur Dekompressionskrankheit beim Auftauchen führen kann. Drittens kommt die Toxizität des Sauerstoffes hinzu, welche bedeutet das man je nach Gemisch keinesfalls unter eine gewissen Grenze gehen darf, um Vergiftungen aufgrund der Sauerstoffkonzentration zu vermeiden. Glücklicherweise hatte ich noch nie auch nur eine davon miterlebt, wusste aber von den Symptomen Bescheid. Bei der Tiefenkrankheit zum Beispiel, lässt der überschüssige Stickstoff in großer Tiefe den Taucher wie einen Betrunkenen oder Verwirrten agieren. Es half alles nichts, wenn wir die großen Haie sehen wollten, mussten wir an die Grenze aller Risiken gehen, und unseren Tauchcomputern vertrauen, uns die Gefahren rechtzeitig und korrekt aufzuzeigen.

Meter für Meter tauchten wir weiter nach unten und hielten uns dabei gut am Felsen fest, um nicht von der starken Strömung weggerissen zu werden. 20 Meter Tiefe, 25 Meter, 30 Meter. Das Ziel war es, zirka 38-39 Meter zu erreichen, jedoch oberhalb der 42 Meter Grenze zu bleiben, wo ein deutlich höheres Risiko für die Tiefenkrankheit und der Sauerstofftoxizität herrschte. Als wir 33 Meter erreichten, war ich nicht sicher, ob ich halluzinierte, da ich plötzlich einen der größten Hammerhaie sah, den man sich nur vorstellen kann. Doch nicht nur einen, plötzlich sah ich drei, dann acht, zwölf und dann zwanzig oder mehr, sie waren überall. Wenn ich nicht tief unter Wasser gewesen wäre, hätte ich 'HEIILLLLLIGEEEE SCH$#@$@#$@$E!!!!' geschrien. Rasch blickte ich zu den anderen Tauchern hinüber. Auch sie starrten alle ehrfürchtig auf diese riesigen und angsteinflößenden Tiere, die um uns herumkreisten. Zuerst dachte ich, sie würden uns jagen wollen. Als ich jedoch erkannte, dass ihr Interesse nur den kleineren Fischen galt, holte ich rasch meine GoPro Kamera heraus und begann die Jagd der Haie zu filmen. Die Haie bewegten sich so elegant, als gäbe es keine Strömung. Du kannst diese Aufnahmen auf meinem YouTube Kanal sehen, die Lichtverhältnisse waren jedoch in 35 Metern Tiefe nicht die besten. Vor lauter Aufregung hatte ich fast vergessen, dass ich eigentlich nur ein paar Meter von dutzenden, extrem gefährlichen Haien entfernt war, die mich ruckzuck zu ihrer Mahlzeit machen konnten. Mir war bewusst, dass Haie nicht nur Blut, sondern auch Pheromone über viele Meter hinweg riechen können und meine Angst daher nicht die richtigen Signale zu ihnen schickte. Oh nein, das flößte mir nun noch mehr Angst ein. Die anderen Taucher machten Fotos und filmten ruhig weiter, doch ich wurde immer nervöser. Ich blickte auf meinen Tauchcomputer, um die Daten zu überprüfen: 35 Meter Tiefe, 11 Minuten Restluft und mein maximales Tiefenlimit betrug 42 Meter. Ich drehte mich zu meinem Tauchkumpel, um ihm zu signalisieren, dass ich genug gesehen hatte und aufsteigen wollte, doch ich konnte ihn nirgends sehen. Er war wie vom Erdboden bzw. in meinem Fall vom Wasser verschluckt. Wo war er? Ist er mit der Strömung weggewaschen worden? Oder hatte er die selbe Absicht und bereits mit dem Aufstieg begonnen? Ich hatte keine Ahnung und alles was ich sah waren andere Taucher und Haie. Viele, viele Haie.

In mir wuchs die Angst und ich wusste nicht, was ich machen sollte. Eventuell empfand er, dass wir den Haien zu sehr ausgesetzt waren und hatte sich deswegen weiter nach unten bewegt? Ich blickte den Berg entlang in die schwarze Tiefe, und glaubte dort eine rote Tauerbrille zu erkennen. Das musste er sein, und so tauchte ich rasch zu ihm: 36, 37, 38, 39, 40 Meter. Ich hatte mein Tiefenlimit fast erreicht und mein Computer begann warnend zu piepsen. Zwar war ich mir sicher ihn gesehen zu haben, doch die schlechte Sicht zwang mich noch tiefer zu gehen: 41 Meter, 42 - plötzlich spürte ich eine heftige Bewegung am linken Bein. Hilfe, ein Hai hatte mich gebissen! Mit starken Tritten versuchte ich auszuschlagen, und fuhr herum um zu sehen was hinter mir passierte. Es war kein Hai, sondern mein extrem besorgter Tauchkumpel, der mich festhielt, um mich vor dem Unterschreiten des Tiefenlimits zu bewahren. Unsere Computer piepsten wie verrückt. Was war passiert? Nach wenigen Augenblicken kam ich wieder voll zu Sinnen und realisierte, dass der Stickstoff mich wie in Trance in die Tiefe hatte tauchen lassen. Puh, das war knapp. Einige der anderen Taucher schwammen auf uns zu, um zu sehen ob alles ok war. Wieder piepste mein Computer. Erst dachte ich, dass er mich erneut vor der Tiefe warnen wollte. Doch dann warf ich einen Blick darauf und stellte fest, dass ich nur noch für acht Minuten Luft im Tank hatte und in nur einer Minute zu viel Stickstoff im Gewebe haben würde, um sicher aufsteigen zu können. Es war wie verhext, von einem Gas hatte ich zu wenig, vom anderen zu viel in mir.

Sofort wollte Panik in mir ausbrechen, doch gerade jetzt musste ich ruhig bleiben und Meter für Meter aufsteigen ohne zu viel Energie und somit Luft zu verbrauchen. Mit jedem Meter würden sich die Werte wieder normalisieren, und auch wenn ich so schnell wie möglich an die Spitze des Berges tauchen wollte, die zirka 25 Meter über mir lag, so durfte ich auf keinen Fall schneller als meine eigenen Luftblasen aufsteigen. Es war wie Folter, und zusätzlich sah ich immer noch die dutzenden Haie, welche wild um mich schossen, um nach kleinen Fischen zu jagen. Nach einer gefühlten Ewigkeit erreichte ich die Spitze des Berges, doch mein Tauchcomputer war immer noch am piepsen. Nun hatte ich zwar die Stickstoffzeit normalisiert, jedoch war die Sauerstoffzeit weiter auf nur noch sechs Minuten gesunken. Über mir wankte das Boot im Wellengang. Zwischen ihm und mir war nichts außer Wasser, einem Seil und mittlerweile auch zahlreichen Haien. Die Zeit drängte und ich musste aufgrund meiner knappen Zeit der Erste sein, der aufstieg. Gefühlt musste ich mich zwischen Pest und Cholera entscheiden: Mir blieb entweder die Wahl mich mit meiner Angst auseinander zu setzen von den Haien gefressen zu werden, wenn ich als erster aufstieg, oder keinen Sauerstoff mehr zu haben, wenn ich am Berg in Deckung bleiben wollte. Mir blieb keine Wahl: Ich musste meine Angst überwinden und darauf hoffen, dass mich die Haie nicht als Beute sahen. Die Strömung war enorm und vor lauter Unkonzentriertheit verlor ich fast meine Tauchermaske. Es war egal, ich musste weiter nach oben, um nicht Gefahr zu laufen zu ertrinken. Mein Verstand war wieder klar und der "Nebel" war verschwunden. Ein paar Meter am Seil weiter oben angekommen, sah ich einen Hai direkt auf mich zu schwimmen. Kurz dachte ich, er würde mich attackieren, dann drehte er jedoch ruckartig ab und schnappte nach einem kleinen Fisch. Ich realisierte, dass meine Ängste ziemlich unbegründet waren und keiner der Haie sich auch nur annähernd um mich scherte. In dem Moment verstand ich, dass die meisten Unfälle mit Haien tatsächlich "Unfälle" waren, und keine bösartigen Haiattacken, sonst hätten diese Tiere mich hier ohne Weiteres gefressen. Erleichtert kletterte ich weiter. Sieben Meter unter der Wasseroberfläche angekommen überprüfte ich meinen Computer noch einmal. Nur fünf Minuten Luft waren noch übrig. Ich musste nun einen Sicherheitsstopp einlegen, um meinem Körper zu erlauben, so viel Stickstoff wie möglich wieder loszuwerden. Da ich sehr tief unten gewesen war, wollte ich kein Risiko eingehen. Zwar hatte ich nicht mehr viel Luft im Tank, doch es war nicht mehr weit bis zum Boot. Auch die anderen Taucher kamen nun langsam hoch, einer nach dem anderen. Ihre Tanks waren nun ebenfalls fast leer und hielten deshalb nur kurze Sicherheitsstopps neben mir. Sie schienen sehr besorgt und überprüften kurz, ob bei mir alles ok war.

Nach ein paar Minuten begann mein Computer erneut zu piepsen. Der Sauerstoff neigte sich dem Ende zu und so tauchte ich langsam auf. Fünf Meter, dann drei und schließlich erreichte ich die Oberfläche. Gesamte Tauchzeit: 51 Minuten. Maximale Tiefe: 42 Meter. Ich zog meine Maske herunter und atmete die frische Seeluft ein. Mein Tauchkumpel war bereits ins Boot geklettert und half mir hoch. Es war ein unvergesslicher Tauchgang, bei dem ich nah dran gewesen war mich ernsthaft zu verletzen. Doch weder die Tiefenkrankheit noch der Stickstoff hinterließen irgendwelche Schäden, und auch meine Angst vor Haien war verflogen. Um auf Nummer Sicher zu gehen, machte ich für den restlichen Tag Pause. Die anderen Tauchgänge in jener Woche waren ebenso schön, wenn auch nicht so nervenaufreibend wie dieser. Während dieser Reise durfte ich mit einigen richtig tollen Menschen tauchen, sah ein paar der seltensten Kreaturen des Ozeans und fühlte mich mit der Natur verbunden wie nie zuvor. Am allerwichtigsten war es jedoch für mich, eine Auszeit einzulegen und von der Welt abzuschalten. Ich hatte das Internet und die ganzen Geräte tatsächlich nur in den ersten

Tagen vermisst, dann war es zur Gewohnheit geworden dies nicht nutzen zu können. Es war eine zutiefst regenerierende Zeit für mich und als ich nach zehn Tagen absoluter Abschottung wieder zurück an Land ankam, war ich von den tausenden an ungelesenen E-Mails, WhatsApp-Nachrichten und verpassten Anrufe die mich erwarteten, überwältigt. Nicht so sehr wegen der Menge, sondern weil ich in den paar Tagen abschalten konnte und es nun nicht mehr gewohnt war mit der Technologie verbunden sein zu müssen. Vor der Reise hatte ich angenommen, dass mich die zehn Tage Pause anschließend ganze zehn Tage Arbeit kosten würden, doch dem war nicht so. Die gesamte Erfahrung zeigte mir, dass sich die Erde auch dann weiterdreht, wenn ich nicht immer zur Stelle bin. Viele Probleme lösten sich von selbst ohne sich einmischen zu müssen, und durch die Regenerationszeit hatte ich danach viel mehr Energie. Vorher hätte ich nie gedacht, welch positives Resultat eine wohlgeplante Auszeit auf mich haben könnte.

Nie hätte ich zudem erwartet, dass diese Reise neben der Auszeit zusätzlich wertvolle Lektionen fürs Leben mitbringen würde, doch das tat sie. **Die erste Lektion war** die Macht von Gewohnheiten zu verstehen, diese können entweder gut oder schlecht sein. Im Falle meiner Beinahe-Abhängigkeit vom Internet ist es schwer zu leugnen, dass es eine schlechte Gewohnheit war. Wenn du eine Gewohnheit loswerden willst, dann musst du sie wie beschrieben mit etwas ersetzen. Sonst wirst du bei der ersten Gelegenheit sofort wieder dazu zurückkehren, da dein Körper lieber gewohnte Sachen tut. Wenn du Rauchen, auf der Couch rumgammeln oder ungesund essen loswerden willst, so finde etwas womit du diese schlechten Gewohnheiten ersetzen kannst. Die ersten paar Tage sind die schwierigsten, gleich wie es das auf dem Boot für mich war, als ich weder Facebook noch E-Mail hatte. Ich las stattessen ein Buch, schrieb in mein Tagebuch und malte Bilder. Nach ein paar Tagen wurde es einfacher, und Verhaltensanalysen zeigen, dass nach drei bis vier Wochen ein neues Verhaltensmuster als Gewohnheit akzeptiert wird. Ersetze zum Beispiel Rauchen oder Schokolade mit attraktiveren, gesünderen Alternativen. Ich weiß, das ist gerade am Anfang leichter gesagt als getan, doch wenn du eine alte, schlechte Gewohnheit erst einmal losgeworden bist, wirst du danach umso stolzer auf dich sein.

Die zweite Lektion war die Überwindung meiner Angst vor Haien. Diese Angst wird vor allem von den Medien geschürt. Leider hat mir das Wissen alleine, dass Haie Menschen eigentlich nichts tun wollen, nie geholfen. Auch nicht die Statistik, dass mich eher eine herabfallende Kokosnuss oder ein Autounfall umbringen würde. Ich musste es mit eigenen Augen unter Wasser erleben und nur indem ich mich meiner Angst stellte, besiegte ich sie. Du hast vielleicht keine Angst vor Haien, doch ich bin mir sicher, dass du ebenfalls mit irgendwelchen Ängsten kämpfst. Die am meisten verbreitete Angst ist das Sprechen vor einer Gruppe von Menschen – welche laut Studien sogar die Angst vor dem Tod übertrifft. Wie du in kommenden Kapiteln lesen wirst, ist diese Fähigkeit oft sehr hilfreich und dennoch stellen sich nur die Wenigsten dieser Herausforderung. Auch andere Ängste, wie zum Beispiel die Angst vor Höhen, Schlangen, Spinnen, Dunkelheit oder in einem Flugzeug zu fliegen, limitieren uns nur allzu oft. Wie schon im Eingangszitat beschrieben, ist die einzig und allein die Angst, dass das vor dem wir Angst haben eintreffen könnte, das eigentlich Limitierende - dass das Gefürchtete tatsächlich eintritt, ist jedoch meist sehr unwahrscheinlich. Wenn du deine Ängste also erst einmal überwunden hast, bist du eine komplett andere, freiere Person. Du kannst dies entweder durch Therapie oder, wie ich es tat, sich der Angst direkt zu stellen, bewältigen. Bitte sei dir darüber im Klaren, dass dieser Rat auf keinen Fall die Behandlung und den Rat deines Arztes ersetzt. Solltest du unter Angstzuständen, Zwängen oder Phobien leiden, die dein Leben gefährlich beeinflussen, solltest du dir unbedingt professionelle Hilfe suchen. Merke dir, die Definition von Mut ist nicht keine Angst zu haben, sondern sie anzuerkennen und "es" trotzdem zu tun.

Zu guter Letzt, möchte ich noch einmal die Macht einer Auszeit aufzeigen. Nach den zehn Tagen, in welchen ich komplett von der Außenwelt abgeschnitten war, tankte ich mich richtig mit Energie auf. Wie beim täglichen Schlaf muss sich der menschliche Körper und Verstand nach einiger Zeit regenerieren. Lange hatte ich das nicht akzeptieren wollen, und gedacht, ich könne immer Vollgas "rennen" ohne Pause zu machen. Als ich jedoch zurückkam, erkannte ich erst was volle Geschwindigkeit tatsächlich bedeutete. Seit diesem Jahr plane ich jährliche, regelmäßige Pausen von sieben bis zehn Tagen Länge. In dieser Zeit ist es wichtig, alles abzuschalten und eine richtige Auszeit zu nehmen. Ein Schlaf, bei dem du immer aufwachst ist schließlich auch nicht wirklich erholsam. Verbiete dir selbst Computer, Handy und Internet, beziehungsweise erlaube während deiner Auszeit nichts, was dich an deinen regulären Alltag erinnert. In dieser Zeit liebe ich es auf eine Kreuzfahrt zu gehen, ganz einfach weil es das komplette Gegenteil von meinem sonstigen Leben ist. Ich kenne Menschen, die im Urlaub mit einem Buch in ihren Händen am Strand liegen. Ein anderes Beispiel wäre einer guter Freund von mir, der zweimal im Jahr auf eine neuntägige Trekking-Tour an die verschiedensten Plätze der Welt reist. Nichts ist richtig oder falsch, jede Person ist anders im Bezug auf die Art der Auszeit, die er/sie braucht. Zeitlich habe ich für mich herausgefunden, dass neun bis zehn Tage eine perfekte Zeitspanne ist. Weniger als das ist nicht genug und ich erhole mich nicht ausreichend. Länger als das und ich langweile mich in den letzten Tagen. Deine Bedürfnisse sind wahrscheinlich anders und du wirst andere Längen und Varianten ausprobieren müssen, bis du merkst, was für dich am besten funktioniert. Für mich war es wichtig zu erkennen, dass die Zeit, die ich weg war, keine verlorene Zeit war, sondern ich danach um ein Vielfaches produktiver war, wie du in den nächsten Geschichten lesen wirst. Hab also nicht als Ausrede, dass du "keine Zeit für eine Auszeit" hättest, denn genau dann brauchst du eine. Wenn du deine Batterien nicht regelmäßig auflädst, wirst du irgendwann nicht mehr mit voller Leistung arbeiten können und im schlimmsten Fall erleidest du ein "Burnout". Das dauert dann Monate, bis du dich wieder regenerierst, und da verlierst du dann wirklich Zeit. Merke dir: Sei 100% bei der Arbeit, wenn es Zeit dafür ist. Sei aber auch 100% in der Auszeit, wenn es Zeit für diese ist, sonst kannst du dir die 100% Arbeit irgendwann nicht mehr leisten. Eine Auszeit zu nehmen ist etwas Wunderbares und dein Körper und dein Geist werden dir dafür danken.

Wozu ich dich jetzt inspirieren möchte, ist, dass du zum einen deine Gewohnheiten aufschreibst, welche du gerne ersetzen möchtest, und dir zum anderen notierst, womit du diese ersetzen möchtest. Am einfachsten geht dies, wenn du eine wohlgeplante Auszeit nimmst, um danach mit noch mehr Kraft durchzustarten. Du wirst erstaunt sein, wie atemberaubend dein persönliches Wachstum danach sein wird. Handle JETZT!

NOTIZEN

19.

DIE VERRÜCKTE-GESCHICHTE – LÜGEN HABEN KURZE BEINE

"Wahres Vergeben ist wenn du sagen kannst 'Danke für diese Erfahrung'." – Oprah Winfrey

Bis hierher habe ich nur ein klein wenig von meinen persönlichen Beziehungen erzählt. Wahrscheinlich mag es für dich überraschend klingen, weil du bisher nur von meinen wilden Zeiten gelesen hast, ich bin jedoch der totale Beziehungsmensch. Meine Mutter erzählte meinen Freundinnen ebenso oft aus Versehen ein paar meiner wilden Geschichten zwischen den Beziehungen. Du kannst dir sicher vorstellen, dass dies allzu oft zu Diskussionen führte. Jup, meine Mutter liebt mich, aber manchmal weiß sie nicht, wann es besser wäre zu schweigen. Meine zwei ersten ernsthaften Beziehungen hatte ich einmal am Anfang meines Medizinstudiums und einmal am Ende. Ich war extrem viel fürs Kitesurfen unterwegs und du fragst dich vielleicht wie ich überhaupt Zeit für eine Beziehung hatte oder warum? Warum Sand zum Strand bringen, im wahrsten Sinne des Wortes. Während du dich vielleicht wunderst, warum ich nicht lieber non-stop auf Surfpartys gehen oder "herumschlafen" wollte (was ich ja tat, wenn ich in keiner ernsthaften Beziehung war), möchte ich hierzu einmal anmerken, dass Effizienz und Konstanz stets eine wichtige Rolle in meinem Leben spielten. Das hört sich komisch an, doch es war angenehm zu wissen, dass jemand auf einen wartete, sich freute wenn man heimkam, und mit dem man sich austauschen kann. In meiner Brasilien-

Geschichte war ich gerade zwischen der ersten und zweiten Beziehung, wobei die zweite nicht lange hielt. Wie auch in finanzieller Sicht suchte ich auch persönlich nach mehr Stabilität in meinem Leben und so wollte ich auch wieder eine feste Beziehung.

Es war das Jahr 2008 und ich flog gerade nach Kanada für einen Kitesurfevent. Dort traf ich eine junge Frau, die mir erzählte dass sie als Pilotin für Air Canada arbeite. Ihr Job gefalle ihr allerdings nicht mehr und so suche sie nach jemandem, der mit ihr die Welt bereisen würde. Ich dachte nur: "Wie perfekt, das suche ich auch!" Ich würde dir an dieser Stelle ihren Namen verraten, jedoch bin ich mir nicht sicher, welcher Name eigentlich ihr richtiger Name ist – doch dazu später mehr. Sie war Feuer und Flamme und bevor wir nach Europa abflogen bot sie an, mir in einem kleinen Flieger die kanadische Küste zu zeigen. Da ich dachte, dass sie Pilotin sei, hatte ich keine weiteren Bedenken. Das Verrückteste an der Sache war, dass sie nicht einmal eine Pilotenlizenz hatte, doch das stellte sich erst später heraus. Ich habe keine Ahnung, wie sie es geschafft hatte uns das kleine Privatflugzeug zu beschaffen und will es wohl besser auch gar nicht wissen. Hast du jemals eine/n Fremde/n getroffen und wegen einem kleinen Detail fingst du an, dieser Person ganz schnell komplett zu vertrauen? Rückblickend erinnert mich ihre Geschichte an den Film "Catch me if you can – Mein Leben auf der Flucht", in dem Leonardo DiCaprio die Identität eines Piloten annimmt und auf diese Weise Leute betrügt. Ich hätte nie mit ihr in das Flugzeug steigen sollen, doch es war genau dieses Detail, das mich ein unglaubliches Vertrauen zu ihr aufbauen ließ. Erstaunlicherweise wusste sie allerdings wie man das Ding flog und ich muss zugeben, es war eine beeindruckende Erfahrung. Ich durfte sogar selbst für eine Weile fliegen. Außerdem machten wir ein paar andere verrückte Dinge in der Luft, die ich aber hier nicht näher beschreiben möchte, denn sonst würde mein Buch eine XXX Bewertung bekommen - daher überlasse ich das besser deiner Phantasie.

Neben ihrer Behauptung eine Pilotin zu sein, passte auch alles andere was sie mir erzählte zusammen: Sie fuhr ein ziemlich teures Auto und lebte in einer sehr behaglichen Villa. Da sie, wie sie sagte, Pilotin war machte es logischerweise Sinn, dass sie sich das alles leisten konnte. Einige Situation waren jedoch eigenartig. Beispielsweise war es komisch, dass sie auf dem Weg zum Flughafen, als wir nach Europa fliegen wollten, einfach geradewegs hinfuhr ohne ihre Villa vorher auszuräumen oder ihr langes Fernbleiben vorzubereiten. Ich war überrascht, da ich erwartet hatte, dass sie sich zumindest von Freunden oder Familie, die ich übrigens nie traf, verabschieden wollen würde. Rückblickend lag ein Gefühl von "schnell weg kommen" in der Luft. Sie packte nur zwei Taschen, fuhr los und ließ alles andere hinter sich. Einfach so. Als wir beim Flughafen ankamen, parkte sie ihr Auto genau vor dem Check-In und meinte, dass sie als Air Canada-Pilotin einen speziellen Valet-Parkplatz hatte. Oh Mann - ich war so naiv! Später erfuhr ich, dass sie deshalb so schnell weg musste, weil ihr ein paar Leute auf der Schliche waren.

Während wir in Europa reisten, hatte sie immer wieder Probleme mit ihren unterschiedlichen Pässen. Einmal fragte ich sie, warum sie denn so viele verschiedene hätte und sie meinte, dass dies aufgrund der englisch-französischen Dualität in Kanada so wäre. Außerdem würden ihre indianische Wurzeln das zusätzlich noch verkomplizieren. Ich weiß wirklich nicht, warum ich ihr das abkaufte, doch sie schien so unschuldig und freundlich, dass es für mich nie einen Grund gab ihre Aussagen irgendwie anzuzweifeln. Meine Familie und alle meine Freunde mochten sie und fanden, sie wäre ein "nettes, hübsches Mädchen". Zumindest meistens - manchmal hatte sie ohne Grund irgendwelche Wutanfälle, doch rückblickend stelle ich fest, dass diese nur dann passierten, wenn gerade etwas für sie Ungeplantes geschah. Einmal wollten wir uns beispielsweise nach dem Fitnesstraining treffen, doch ich entschloss mich ein bisschen früher mit italienischem Essen nach Hause zu kommen. Sie flippte total aus, und das nicht im Positiven! Jetzt bin ich mir sicher, dass sie dabei war etwas Illegales zu planen und ich sie fast dabei erwischt hätte. Ein anderes Mal liefen ein paar Dinge nicht so, wie sie es gerne gewollte hätte und bekam mit einem Mal irrsinnig starke Kopfschmerzen. Meine arme Schwester musste sie ein paar Mal ins Krankenhaus bringen (tut mir leid, Schwesterherz). Niemand konnte ihr eine Therapie vorschlagen, doch sobald meine Familie und ich arrangierten was sie wollte, verschwanden ihre Kopfschmerzen. Welch wundersame Heilung. Viele Menschen necken mich heute noch damit, und meinen ich sei blind gewesen, schließlich hätte man doch sicher irgendwas bemerkt. Niemand, weder meine Familie, nahe Freunde, noch ich hatten irgendeinen Schimmer wer sie wirklich war. Sie hatte immer gute Ausreden parat und da sie keinem von uns einen Schaden zugefügt hatte, hegte auch nie jemand den Verdacht, dass irgendwas nicht stimmte. Bis auf eine Situation, in der sie mir fast mein Leben ruiniert hätte.

Wir waren gerade auf dem Weg zurück aus Australien und hatten einen kurzen Zwischenaufenthalt in Singapur, um dort ein paar Freunde zu treffen. Sie wollte einen Pilotenkollegen in Indonesien wieder sehen, und so nahm sie für einen Tagesausflug die Fähre. Ich habe keine Ahnung, ob sie tatsächlich dorthin fuhr oder wen sie im Endeffekt traf. Am Abend kam sie jedenfalls wieder zurück nach Singapur und auf dem Weg zum Changi Flughafen fragte sie mich im Taxi: "Schatz, kannst du eine meiner Taschen nehmen? Ich darf nur ein Handgepäck mitnehmen und du darfst sowieso vier Taschen haben." Natürlich würde ich das für sie tun, was für eine Frage. Sie war ja meine Freundin, stimmts? Da ich in der Ersten Klasse gebucht war und meinen HON Circle Status hatte, konnte ich fast unlimitiert Gepäck mitnehmen. Sie hingegen benutzte ihre "billigeren Pilotentickets" mit denen sie meist auf Standby gebucht war und nicht sicher war, ob sie es tatsächlich in den Flieger schaffte. Deswegen hatte sie meist nur ein Stück Handgepäck und es war selbstverständlich für mich, ihre andere Tasche zu nehmen. Leider musste ich später herausfinden, dass sie die Pilotenticket-Geschichte nur erfunden hatte und stattdessen gestohlene Kreditkarten benutzte, um ihre Flüge zu bezahlen. Um ihr nicht auf die Schliche zu kommen, flog sie grundsätzlich andere Routen als ich. Auf diese Weise konnte sie auch ein paar "ihrer Geschäfte" ungestört erledigen. Am Flughafen nahm ich also ihre braune Tasche und ging zusammen mit meinen drei eigenen Taschen zum Check-In. Da ich drei Surfboards, acht Kites und einiges an Kleidung mit mir hatte, hatte ich gesamt 150kg Gepäck. Meine Freundin sah besorgt auf die Waage und auf ihre Tasche. Vielleicht befürchtete sie, dass ich extra bezahlen oder sie ihre Tasche selbst nehmen müsste. Die Dame am Check-In ließ jedoch alle vier Taschen ohne zu zögern auf meinen Namen durch. Genau deshalb war ich für meinen HON Circle Status so dankbar, und gemeinsam warteten wir bis die Taschen auf dem Gepäckband hinter der Schranke verschwanden. Nach der ganzen Prozedur hellte sich ihre Stimmung gleich wieder auf. Eventuell hatte ich es mir alles nur eingebildet, dachte ich mir noch, als wir uns kurz zum Abschied küssten.

Während sie über Bangkok flog, nahm ich den Direktflug nach München. Nachdem ich deshalb ein paar Stunden vor ihr dort ankam, wartete ich in der Lounge auf sie, um etwas zu lernen und mich frisch zu machen. Als sie ankam und ich sie am Gate abholte, war sie mehr als überrascht. Sie hatte erwartet mich bei der Gepäckausgabe oder außerhalb des Sicherheitsbereichs des Flughafens zu treffen. Sie teilte ihren Unmut deutlich mit und begründete dies dadurch, dass sie Angst hätte, man hätte unser Gepäck gestohlen und wurde wieder nervös. Ich hatte jedoch im Vorhinein bereits mit Hilfe eines Lounge-Agenten die Arbeiter in der Gepäckshalle anrufen lassen, um diese wissen zu lassen, dass wir erst ein paar Stunden später kommen würden. Sie wusste aus vergangenen Erfahrungen, dass dies ohne Weiteres funktionierte, doch auch dies beruhigte sie zu meiner Verwunderung nicht. Also gingen wir gemeinsam zur Gepäckaufbewahrung und ich fragte nach meinen vier Taschen. Es dauerte ein paar Minuten bis ich sie aus dem

Lager erhielt. Als ich mich wieder umdrehte war meine Freundin verschwunden. Wo zum Geier war sie hin? In diesem Moment erhielt ich eine SMS von ihr, dass sie bereits bei den Taxis sei. Was? Warum würde sie mir nicht mit dem Gepäck helfen? Es war zwar nicht das erste Mal, dass ich eine ihrer Taschen trug, aber dieses Mal benahm sie sich wirklich seltsam. "Eventuell ist sie noch müde vom Flug. Ich bin ja Erste Klasse geflogen und habe schlafen können. Ja, das wird es wohl sein.", dachte ich bei mir.

Ich rollte den Gepäckwagen zum Ausgang des Sicherheitsbereichs. Der Gang, durch welchen man gehen muss, wenn man etwas zu verzollen hatte, war mit einem roten Schild versehen. Der andere, welchen ich nahm, da ich meines Wissens ja nichts zu verzollen hatte, war grün markiert. Da ich auch in der Vergangenheit schon immer viel Gepäck hatte, war es jedoch normal für mich, dass mich ein Polizeiinspektor oder jemand vom Sicherheitspersonal auch im grünen Gang anhielt, um mir ein paar Fragen zu meiner Herkunft und meinem Gepäcksinhalt zu stellen. Aus diesem Grund hielt ich schon in Vorahnung meinen österreichischen Pass bereit, um klarzustellen, dass ich lediglich "nach Hause" kam und nichts zu verzollen hatte. Auch dieses Mal wurde ich angehalten. "Darf ich fragen, ob Sie verzollbare Gegenstände bei sich haben?", fragte der Beamte. Als ich diesen Vorfall ein paar Jahre später reflektierte, hatte ich gelernt, dass High-Tech-Sicherheitskameras jede meiner Reaktionen bei dieser Befragung erfassten. Ein Team von Körperspracheexperten würde dann über die Kameras erkennen, ob ich log oder nicht. Natürlich ist es normal, dass man sich bei einer solchen Befragung unwohl fühlt, aber jeder Unschuldige würde sich ziemlich rational verhalten. Während ich ihm also mein Pass zeigte, erwiderte ich: "Ich komme gerade aus Australien zurück und habe nichts zu verzollen, da mir schon alles gehört hat, bevor ich nach Australien geflogen bin." Bis auf die Tasche meiner Ex-Freundin war das auch 100% die Wahrheit, doch an diese dachte ich zu keinster Sekunde. Er musterte die Taschen und die großen Surfboards ausgiebig.

Sie sahen alle ein bisschen schmutzig und sandig aus. Ich hatte Flip-Flops an, trug Shorts, war braungebrannt und das Salzwasser hatte meine langen, blonden Haare zusätzlich gebleicht. Meine Aussage passte ins Bild. "Wie waren die Wellen?", fragte er mich total überraschend. Später lernte ich, dass Beamte solche Fragen aus dem Nichts fragen müssen, um zu sehen wie ich reagierte. Um Zeit zu sparen und nicht jeden einzelnen für eine Detailkontrolle herausziehen müssen, fragen sie lieber solche "Überraschungs-Fragen", wodurch das Team im Hintergrund die Reaktion der Person noch besser beurteilen kann. "Oh Mann, sie waren verdammt gut, fast die besten Wellen meines Lebens", erwiderte ich wahrheitsgetreu und mein Gesicht hellte auf. "Willkommen zurück", sagte der Beamte nur und gab mir meinen Pass wieder. Sein Team im Hintergrund musste ihm gesagt haben, dass ich die Wahrheit sagte.

Ich hatte mit bestem Wissen und Gewissen die Wahrheit gesagt, aber zur gleichen Zeit hatte ich vielleicht auch gelogen, da ich keine Ahnung hatte, was in der Tasche meiner Freundin war, an die ich in dem Moment gar nicht gedacht hatte. Sobald ich durch den Security-Check war, kam sie auf mich zu und nahm ihre Tasche vom Gepäckwagen. "Klasse, jetzt wo ich beim Taxi bin, hilft sie mir", dachte ich. Auf der Heimfahrt hatte sie die Tasche bei sich auf dem Schoß, obwohl genügend Platz im Kofferraum gewesen wäre. Als wir in Innsbruck ankamen, hatte ich erwartet, dass wir uns nach all dem Herumreisen in den letzten Monaten ein paar Tage ausruhen würden. Zu meiner Überraschung berichtete sie mir, dass eine alte Freundin von ihr gerade in Italien wäre und sie gleich für einen Nachmittag dort hinfuhr, um sich mit ihr zu treffen. Ich war überrascht, dass sie mir das nur so kurzfristig mitteilte. Da ich mich so jedoch selbst mit meinem besten Freund Daniel ohne ihr Murren treffen konnte, war es auch für mich in Ordnung. Nach ihrer Italienreise habe ich die Tasche nie wieder gesehen. Obwohl ich nie herausfand was sich darin befand, denke ich, ich entging nur knapp einer Katastrophe, vor allem nachdem ich ihre "wahre Geschichte" später herausfand. Aufgrund all der späteren Informationen bin ich mir ziemlich sicher, dass sie mich dazu benutzt hatte, etwas für sie von Asien nach Europa zu schmuggeln. Sie musste gewusst haben, dass nur jemand mit einem einheimischen Pass so einfach durch den Zoll kam und sie absolut kein Risiko hatte, da die "Problemtasche" ja auf meinen Namen lief. Wenn etwas passiert wäre, hätte sie sich bestimmt in Luft aufgelöst, wie sie es auch bei vielen anderen Geschädigten vor und nach mir getan hatte. Was ich glaube, das in ihrer Tasche war? Ich bin mir nicht sicher, und werde es auch nie erfahren, doch ich denke nicht, dass es Drogen waren. Die hätte man zu leicht finden können. Ich glaube eher, dass es gestohlene Kreditkarten, Pässe oder Bargeld waren – oder alles zusammen. Irgendetwas eben, das man beim Durchleuchten nicht sofort sieht, das aber massive Probleme bereitet hätte, wenn die Beamten es beim Öffnen an der Sicherheitsschleuße gefunden hätten. Da sie in solche Aktivitäten bereits damals verwickelt war und es immer noch ist, würde das zu ihr passen. In Europa gab oder verkaufte sie den Inhalt dann wahrscheinlich weiter. Vielleicht hatte sie das öfter mit mir gemacht, aber rückblickend sticht dieses eine Mal extrem hervor, besonders wenn man ihren ganzen Hintergrund kennt, von welchem ich dir gleich erzählen werde. Ich bin nur froh, dass damals nichts passiert ist. Wenn du das nächste Mal eine Tasche für jemanden im Flieger mitnimmst, denk an meine Geschichte zurück. Glaub mir, ich tu es jedes Mal und trotzdem würde ich jederzeit die Tasche meiner jetzigen (neuen) Freundin stets mitnehmen, wenn sie mich fragt.

Was ist also mit meiner alten Freundin (jetzt Ex-Freundin) passiert? Die Beziehung war zum Scheitern verurteilt. Es war nur eine Frage der Zeit bis ich von ihren kriminellen Machenschaften erfuhr und ihr Netz aus Lügen zu bröckeln begann. Wenn ich in den ersten zwei Jahren unserer Beziehung ein bisschen aufmerksamer gewesen wäre, hätte ich es mit ziemlicher Sicherheit viel früher bemerkt. Dann wäre mir aufgefallen, wie extrem sie reagierte, besonders, wenn sie mit Ungeplantem konfrontiert wurde. Es wurde immer schlimmer. Sie schrie und flippte regelmäßig aus, wenn ihr etwas nicht passte. Einmal holten Hotelgäste in Argentinien sogar die Hotelsicherheitskräfte, da sie dachten ich würde meine Freundin schlagen. Als das Sicherheitspersonal ins Zimmer kam, stand sie splitternackt vor der Badezimmertür und hämmerte auf diese ein. Ich hatte mich im Bad eingesperrt, nachdem sie mich zuvor mit allem was sie fand beworfen und geschlagen hatte. Nun hoffte ich nur noch, dass die Tür ihrem Wutanfall standhalten würde. Ich bin mir sicher das Personal hatte gedacht, es wäre anders herum, als die Hotelgäste anriefen und sagten, sie hätten Tumult und laute Schreie aus dem Zimmer gehört. Unzählige Male versuchte ich mit ihr Schluss machen, doch sie benutzte immer verrücktere Strategien, um dies hinauszuzögern: Einmal täuschte sie eine Schwangerschaft vor, bis klar wurde, dass sie alles nur erlogen hatte. Ein anderes Mal war ich auf Mauritius für einen Videodreh, als mich meine Eltern anriefen um mir mitzuteilen, dass meine Exfreundin bei ihnen war. Ich hatte ihnen befohlen, sie ja nicht ins Haus zu lassen und den Code der Haustür sofort zu ändern nur für den Fall, dass sie trotz unserer Trennung auftauchen würde. Doch sie behaupteten, dass ihr Vater und Bruder bei einem Bootsunfall ums Leben gekommen wären. Obwohl ich diese Leute nie getroffen hatte, war ich besorgt um meine Exfreundin und fühlte mich scheußlich gerade jetzt die Beziehung beendet zu haben. Nicht nur ich, sondern auch viele andere unterstützten sie, als diese die schrecklichen Neuigkeiten auf Facebook lasen. Das Schockierendste dabei war, dass wir später herausfanden, dass sie alles nur erfunden hatte, um sich mehr Zeit zu erkaufen. Es funktionierte und anstatt die Beziehung final im Herbst 2010 zu beenden, zog sich der Prozess noch ein bisschen hin. Ein paar Monate hatte ich endlich "handfeste" Beweise für ihre Lügen: Social Media half mir dabei, als ihr Standort auf Facebook nicht mit der Geschichte übereinstimmte, welche sie mir erzählt hatte. Als ich sie darauf aufmerksam machte, hatte sie einen weiteren Wutanfall und redete mir ein, dass ich ihr nicht vertrauen würde. Sie hetzte sogar meine Familie und Freunde gegen mich auf. Das hätte auch fast funktioniert, doch ich hatte einfach genug von ihrem Theater. Ich zwang sie ihre Taschen zu packen, buchte für sie mit meinen Flugmeilen einen Hinflug nach Kanada und bat einen guten Freund sie zum Flughafen zu bringen. Es war ein harter Weg, aber schlussendlich war ich sie los.

Zuerst war es eine riesen Erleichterung, doch dann passierte etwas Seltsames. Erst schrieb mir die Fluggesellschaft meine Meilen wieder gut und teilte mir mit dass der Flug nicht angetreten worden war. Hä? Dann kamen von ihrer E-Mail nur noch Error-Meldungen retour, ihr Facebook Profil verschwand komplett und auch ihre Handynummer und ihr WhatsApp waren abgemeldet. Es war, als ob sie vom Erdboden verschluckt worden wäre. Natürlich verstand ich, dass einige Menschen Abstand nach einer Trennung brauchten, doch sogar gemeinsame Freunde aus der ganzen Welt begannen mich zu fragen, was denn mit ihr los sei. Wenige Tage später kam ein wenig Licht ins Dunkle und was ich da allerdings erfahren sollte war nicht sehr schön. Ich erhielt einen Anruf von einer Kollegin in Australien, die mir erzählte, dass ihre Kreditkarte gerade um EUR 25.000 für Leihwagen, Flugbuchungen, Hotels und teure Kleidung missbraucht worden war. Ein paar Tage später erzählte mir eine andere Freundin aus Deutschland, dass die Kreditkartenfirma ihre Karte nun blockiert hat, nachdem Buchungen von über EUR 10.000 für teure Dinge in Florida durchgeführt worden waren. Ein paar Wochen später erhielt ich zwei weitere E-Mails von Freunden, die ebenfalls zehntausende Euro durch Kreditkartenbetrug verloren hatten. Ich ahnte Böses, doch erst als all die Rechnungen und Belege den Namen meiner mittlerweile Ex-Freundin zeigten, wusste ich was Sache war. Ich stand unter leichtem Schock, blockierte aber sofort sämtliche meiner Kreditkarten, änderte meine Passwörter und informierte meine engsten Freunde und Familie das Gleiche zu tun. Es war gerade noch zur rechten Zeit, denn einen Tag später erhielt ich die Info, dass sie nun auch meine Karten versuchte zu missbrauchen. Polizeiberichte wurden aufgenommen, Befragungen wurden durchgeführt und das Bild wurde krankhaft klar. Es war jedoch noch weit von dem entfernt, was ich ein paar Monate später herausfinden sollte, als ich einen Telefonanruf einer ihrer Familienmitglieder erhielt.

Wie ich ganz am Anfang der Geschichte beschrieben hatte, hatte ich weder ihre Freunde noch ihre Familie je persönlich getroffen. Es war eine ihrer Methoden, damit ich nichts über ihre wahre Persönlichkeit herausfinden konnte. Daher war ich extremst überrascht, als ich plötzlich einen Anruf aus Kanada erhielt:

"Hi, spreche ich mit Julian Hosp?"

"Ja, bitte?", antwortete ich, und so begann sie:

"Wir haben uns nie persönlich getroffen, und ich habe versucht dich früher zu erreichen, habe es aber nie geschafft. Ich habe dir viel zu erzählen!", es war die Mutter meiner Exfreundin.

Und das tat sie dann auch fast zwei Stunden lang. Ich erfuhr, dass meine Exfreundin schon immer Ärger gemacht hatte und oft Schwierigkeiten mit dem Gesetz hatte. Zu meinem Schock war sie die Mutter von drei Kindern, durfte diese jedoch nicht sehen, da ihre kriminellen Tätigkeiten einen gefährlichen Einfluss auf sie ausüben würden. Sie kam mit Kreditkartenbetrug und Geldstehlen über die Runden und die Polizei versucht seit Jahren sie zu finden und zu verurteilen. Jedoch ändert sie immer wieder ihren Namen sowie ihre Identität und zieht so die gleichen Betrügereien immer und immer wieder durch. Nichts von dem, was ich über sie wusste entsprach der Wahrheit. Weder ihr Name, noch ihr Alter, ihr Beruf oder ihre Geschichten. Alles war komplett erlogen. Sie war keine Pilotin und ihr Vater wie auch Bruder waren noch am Leben. Es klang damals unglaublich, als ich es zum ersten Mal erfuhr und ist es auch heute noch. Drei Jahre lang waren wir uns sehr nahe und dennoch wusste ich überhaupt nichts über ihre wahre Persönlichkeit. Nach dem Telefonat musste ich mich erst einmal beruhigen. Es dauerte eine ganze Weile bis ich darüber hinweg war. Nicht um über sie hinweg zu kommen, das war schon lange passiert, jedoch über die Lügen und ihre brutale, manipulative Art. Wie sollte ich jemals wieder jemandem vertrauen? Ich dachte, dies würde sehr lange dauern. Doch nur ein paar Monate später, Mitte 2011, traf ich jemanden, der mir zeigte, dass man anderen Menschen doch vertrauen kann. Ich bin mit meiner Partnerin Bettina seit jeher zusammen und habe nie wieder von meiner Ex gehört. Ich weiß nur, dass sie noch immer von Menschen stiehlt und so lange weiter machen wird, bis sie gefasst wird. Es gibt jetzt sogar eine Webseite, welche vor ihr warnt, damit es anderen Leuten nicht genauso ergeht wie mir oder den anderen Geschädigten. Lügen haben eben kurze Beine!

Ich hoffe, diese Geschichte ist keine die du selbst auch erlebt hast. Sie gibt dir aber einige wichtige Lektionen fürs Leben, und damit meine ich nicht, keine Tasche für deine/n Freund/in mitzunehmen. **Die erste und wichtigste Lektion** sollte jedoch sein zu lernen Dinge, die einmal passiert sind, in der Vergangenheit zu lassen. Die ganze Geschichte liest sich wie eine verrückt-kranke Szene aus einem Film, ist aber leider eine Horrorgeschichte aus dem realen Leben, in diesem Fall meinem. Natürlich könnte ich mir im Nachhinein einreden, niemandem mehr zu vertrauen oder mich nie mehr zu verlieben, weil ich verletzt worden war. Aber das würde bedeuten in der Vergangenheit zu bleiben und nicht weiterzukommen. Natürlich bin ich bei manchen Dingen vorsichtiger geworden, doch beeinflusst es meinen Lebensstil nicht im negativen Sinne. Ich treffe so viele Menschen, die einmal verletzt worden sind und jetzt nichts mehr Neues probieren aus Angst wieder verletzt zu werden. Egal, ob es um den Verlust von Geld, ein gebrochenes Herz oder um die Enttäuschung eines Freundes geht. Obwohl diese Dinge schrecklich sind, muss man lernen, dass diese passiert sind wie sie sind, und dass man akzeptieren muss, diese nicht mehr ändern zu können. Sei für die Erfahrung dankbar, lerne daraus und werde eine bessere Person dadurch. Wenn ich meiner Exfreundin für all den Ärger und Stress, dem sie mich ausgesetzt hatte, vergeben kann, kannst du mit Sicherheit das Gleiche tun, was auch immer dich aus deiner Vergangenheit belastet oder dich wütend macht.

Zweitens lernte ich, nie eine Person oder Situation zu beurteilen, wenn ich mich nicht selbst darin befand. Diese Geschichte lehrte mich, dass es nahezu unmöglich war zu sagen "Das würde mir nie passieren" oder "Oh mein Gott, warum hast du das nicht bemerkt". Es ist leicht etwas im Nachhinein zu beurteilen, jedoch ist es eine komplett andere Geschichte, wenn du sie gerade selbst durchlebst und nicht den Vorteil der "Vogelperspektive" hast. Viele Menschen lesen oder hören Geschichten in denen Beteiligte scheinbar irrational reagieren. Allerdings hat es einen Grund warum die U.S. Armee es nicht erlaubt, Kampfsituationen von Leuten beurteilen zu lassen, welche nicht daran beteiligt waren. Es ist schlicht und ergreifend fast unmöglich, auch wenn es für einen Außenstehenden nicht so erscheint. Wenn du also das nächste Mal eine Situation oder Entscheidung von jemand anders beurteilen willst, mach eine kurze Pause und überlege dir, ob du als Außenstehender das Recht und Wissen hast, eine solche Beurteilung zu machen.

Die dritte Lektion ist ein berühmtes Zitat aus Mark Twains Notizbuch aus dem Jahre 1894: "Wenn du immer die Wahrheit sagst, musst du dich an nichts erinnern." Die Wahrheit zu sagen, ist immer die beste Lösung, denn ein Netz aus Lügen wird immer irgendwann entdeckt und spätestens dann zusammenbrechen. Wenn du also langfristige Beziehungen mit Leuten aufbauen willst, halte dich immer an die Wahrheit, auch wenn diese manchmal schmerzt. In manchen Kulturen ist es gängig, sich nicht die Wahrheit ins Gesicht zu sagen. Was ich jedoch gelernt habe, ist, dass auch in diesen Kulturen Topmanager und Führungskräfte sich trauen die Wahrheit zu sagen. Denn auch sie wissen, dass Lügen zwar manchmal auf kurze Dauer funktionieren, es jedoch nie sehr weit bringen werden. Halte dich also daran, und baue dir einen Ruf, der für Ehrlichkeit und Aufrichtigkeit steht.

Ich habe in meinem Leben tausende Menschen getroffen und nur ein ganz kleiner Prozentsatz davon war böse. Die Welt ist demnach gut und will auch Gutes tun. Wenn du jedoch nach dem Schlechten suchst oder es nicht in der Vergangenheit belassen kannst, wirst du auch weiterhin nur das Schlechte finden. Suche also nach dem Guten, so wirst du das Gute finden. Hätte ich an der Vergangenheit festgehalten und meiner Exfreundin nicht vergeben, wäre ich hängen geblieben und wäre nicht offen für eine neue Beziehung gewesen. Um zum nächsten Kapitel in deinem Leben zu gehen, musst du das vorherige abschließen. Wenn du also Probleme mit einem Kapitel aus deinem Leben hast, dann nutze diese Inspiration, jemandem zu vergeben, um dieses Kapitel zu beenden. Handle jetzt und sei offen für die neuen, aufregenden Dinge, die nur so in den Leben treten können.

NOTIZEN

20.

DIE BEZIEHUNGS-GESCHICHTE –
WAHRE LIEBE FINDEN

"Alles was ich weiß, weiß ich von dir,
alles was ich habe, hab' ich von dir,
alles was ich liebe, hat mit dir zu tun,
und so lang ich lebe, wird mein Herz nicht ruhn'.
Und so wird es immer bleiben,
du kannst gar nichts dagegen tun.
Weil du die Liebe meines Lebens bist."
- Philipp Poisel mit dem Lied "Liebe meines Lebens"

Es dauerte eine ganze Weile das Chaos zu beseitigen, das meine Exfreundin hinterließ und ich war froh sagen zu können, dass ich das alles nach ein paar Monaten hinter mir lassen konnte. Andernfalls hätte sich das Jahr 2011 sicher nicht so wunderbar entwickelt, wie es im Endeffekt war. In meinem Leben hatte ich einige "Quantensprungjahre", welche Jahre sind, in denen ich im Vergleich zu anderen Jahren extreme Verbesserungen und Fortschritte erlebt habe. Diese Quantensprungjahre passieren nie einfach so, sie waren vielmehr das Ergebnis all der harten Arbeit und Vorbereitung aus den Jahren zuvor. 2000 war mein erstes Quantensprungjahr, als ich im Alter von 14 Jahren einen massiven Fortschritt im Basketball gemacht hatte. 2004 war mein intellektuelles Quantensprungjahr, in dem ich mit all meinen neuen Lernstrategien bestens auf das Medizinstudium vorbereitet war. 2008 war mein Quantensprungjahr im Kitesurfen, als ich neue, geniale Verträge unterschrieb. Rückblickend schien es, als ob ich alle vier Jahre ein solches Quantensprungjahr erlebt hatte. Es lag nicht daran, dass diese Jahre an sich so besonders waren, sondern vielmehr daran, dass meine Anstrengungen im Basketballtraining, beim Studieren oder beim Kitesurfing aus den Jahren zuvor sich bezahlt machten. In der 17. Geschichte habe ich kurz angemerkt, dass ich mein Medizinstudium zwar 2010 abschloss, mich dann aber dem Unternehmertum widmete. Die letzten sechs Geschichten in diesem Buch werden sich auf die Jahre von 2011 bis heute, Anfang 2016, beziehen. 2011 war die Vorbereitung auf 2012, was auch ein Quantensprungjahr wurde, und jetzt in 2016 sieht es wieder ganz danach aus - doch mehr dazu in meiner letzten Geschichte. Bevor ich in den letzten fünf Geschichten vor allem vom meiner geschäftlichen Seite und den dortigen Lektionen berichten werde, wird diese Geschichte von meiner heutigen, privaten Situation erzählen.

Zur Verlängerung meiner HON-Circle-VIP-Mitgliedschaft erhielt ich 2011 als "Dankeschön-Geschenk" ein wunderschön gestaltetes Wein-Cuvée-Set von der Lufthansa AG. Ich beschloss, dass dies ein Grund zu feiern war und nachdem ich das ganze Jahr unterwegs gewesen war, rief ich Ende Mai ein paar Freunde an um gemeinsam los zu ziehen. Wir hatten an diesem Abend viel Spaß, zuerst in meiner Wohnung zuhause in Mils, dann in einem Club in Innsbruck. Nach ein paar Gläsern Wein war ich ziemlich betrunken und während ich tanzte, bemerkte ich ein Mädchen mit sehr dunklen Haaren und einem riesigen Tattoo auf ihrem Rücken. Normalerweise gefallen mir Tattoos nicht, doch ihres fand ich äußerst interessant, da es fast so schien, als ob es eine Geschichte erzählen würde (was es auch tatsächlich tut). Ich sprach sie an und wir beide hatten ein nettes, wenn auch kurzes Gespräch. Sie schien sympathisch zu sein und nachdem ich Single war, wollte ich nicht nur tanzen, sondern mehr. Meine Freundin hält heute stark daran fest, dass es nicht so passiert sei, aber nachdem dies meine Version der Geschichte ist, erzähle ich sie so, wie sie mir in Erinnerung geblieben ist. Vielleicht entschließt sich meine Freundin ja eines Tages, ihre Seite der

Geschichte zu veröffentlichen. Während unseres Gesprächs erinnerte ich mich an die wichtigste Lektion im Verkauf: "Gib dem Kunden niemals das Gefühl, dass er/sie etwas zu 100% haben kann. Durch diese Marktverknappung will er/sie es dann nur noch umso mehr." Daher sagte ich zu ihr: "Ich habe ein bisserl was getrunken und suche nach einem Platz zum Übernachten – zu dumm, dass ich eine Freundin habe. Deshalb kann ich leider nicht mit zu dir, auch wenn ich das gerne machen würde!" Dieses Mädchen, das ich damals in der Disco so anmachte, ist nun meine Freundin und heißt Bettina. Bis heute behauptet sie, dass sie meine Anmache total abstoßend fand, aber wenn das so war, warum sind wir am Ende zusammengekommen? Ich bin mir sicher, meine Anmache hatte ihren Teil dazu beigetragen. Jedoch ist noch viel wichtiger, dass Bettina eine kluge Frau ist und sicher erkannt hatte, dass hinter dem ganzen Machogetue eigentlich ein smarter Mann steckt. Diese Nacht durfte ich schlussendlich weder mit noch bei ihr verbringen. Ich nehme an, sie kannte die "Marktverknappung-Strategie" ebenfalls. Trotzdem hatten wir einen netten Abend, verknüpften uns via Facebook und blieben in Kontakt. Ein paar Tage später trafen wir uns wieder und was soll ich sagen? Junge trifft Mädchen. Junge versteht sich gut mit Mädchen und Mädchen versteht sich gut mit Junge. Ähnliche Interessen, Ideen und Fokus. Wir verliebten uns… und wenn sie nicht gestorben sind, dann leben sie noch heute. Genau das tun wir auch, doch dies ist nur die Kurzversion einer nun fast fünfjährigen, fantastischen Beziehung.

Ich war noch viel fürs Kitesurfen unterwegs und daher nicht oft in Österreich, doch wenn ich es war, verbrachten wir zwei viel Zeit miteinander. Das Lustige ist, dass wir uns zwar auf einer Party getroffen haben, wir beide aber keine Partyfans sind, und wir seitdem nie wieder wirklich ausgegangen sind. Es war also mehr als Zufall, dass wir uns genau an diesem Abend dort getroffen hatten. Wenige Monate später musste ich nach Dubai zu einem Kitecamp fliegen, um dort eine Gruppe von Kitesurfern zu trainieren.

Normalerweise hatte mich bisher mein Kitefreund Martin bei diesen Camps als Fotograf begleitet, doch dieses Mal konnte er aufgrund anderer Verpflichtungen nicht. Ich brauchte jedoch jemanden, der fotografieren und filmen konnte. Da Bettina sehr schnell lernt, fragte ich sie, ob sie mit mir in einen bezahlten Urlaub fliegen wollte. Sie war begeistert und so flogen wir gemeinsam in die Vereinigten Arabischen Emirate. Für sie war es das erste Mal in der Ersten Klasse und sie konnte nicht glauben, dass ich den ganzen Flug über schlief ohne den grandiosen Service auszunutzen. Es war wahrscheinlich mein 100. Erste Klasse Flug und daher war es nichts besonderes mehr für mich, was eigentlich traurig ist, das zu sagen.

Wir hatten in den Emiraten eine Menge Spaß und die Fotos wurden ausgezeichnet. Am wichtigsten war für mich jedoch, dass Bettina und ich miteinander klarkamen, auch wenn wir non-stop zusammen waren. Viele Paare können ein paar Stunden zusammen sein, doch wenn man sie zusammen in ein Zimmer schließt dauert es nur wenige Stunden, bis sie anfangen sich zu streiten. Manchen Paaren ist das nicht wichtig, doch für uns war dies ein guter Test für unsere Beziehung. So war ich sehr zuversichtlich, dass wir sogar nach der dreimonatigen "Verknallt-Sein-Phase" gut zusammenpassen würden. Ich bin davon überzeugt, dass eine Beziehung ähnlich wie ein Unternehmen ist. Am Anfang ist alles lustig und schön, doch erst nach ein paar Wochen zeigt sich, ob die Beziehung tatsächlich funktioniert oder nicht. Wenn die Basis nicht gut ist, wird eine Beziehung genauso wie ein Unternehmen zerfallen. Außerdem erfordert jede Beziehung wie jedes Unternehmen harte Arbeit, egal wie gut die Basis ist. Viele von Bettinas und meinen Freunden nennen unsere Beziehung "perfekt", das ist sie jedoch nicht. Wir haben unsere Probleme, wie es auch jedes Unternehmen hat. Ich möchte mich nicht als Beziehungsexperten bezeichnen und mit einer fünfjährigen Beziehung würden wir auch nicht mal in die Nähe des Guinnessbuch der Rekorde kommen. Nichtsdestotrotz bin ich nach vielen Gesprächen mit meinen Großeltern, welche bereits ihre Goldene Hochzeit feiern konnten, und vielen anderen Langzeitpaaren, der Überzeugung, dass der Vergleich zwischen Beziehung und Unternehmen gut funktioniert. Einige dieser Punkte möchte ich hier hervorheben.

Denk daran, dass gleich wie jedes Unternehmen, auch jedes Paar anders ist. Was für die einen klappt, klappt für andere wiederum nicht. Dennoch muss in jeder Beziehung die Basis stimmen, sonst zerbricht diese früher oder später wie ein Haus das auf einem brüchigem Fundament gebaut ist. Ein wichtiger, **erster Faktor** für eine gute Basis ist, gemeinsame Interessen zu haben. Das kann Sport, Musik, Kunst, Spiele, Computer oder irgendetwas anderes sein, das ihr gemeinsam genießt. Ich bin kein großer Fan davon, alles gemeinsam zu machen, doch ich glaube, ein paar gemeinsame Hobbies helfen zu vermeiden, dass man aneinander vorbei lebt. Etwas Schönes, das Bettina und ich regelmäßig tun, ist ein Morgen-Lauf, eine schöne Bergwanderung oder ein Spaziergang am Meer, seit wir in Hong Kong leben. Wir machen das zwar nicht täglich, aber wir genießen es sehr gemeinsam etwas zu unternehmen. Wenn du zum Beispiel extrem athletisch und aktiv bist, dein Partner jedoch lieber zu Hause bleibt, TV sieht und am Computer spielt, denke ich persönlich, dass ihr beide lieber Zeit mit jemand anders verbringen würdet, statt miteinander. Zu einem bestimmten Grad ist das ok, doch für eine gesunde Beziehung ist es wichtig einen gemeinsamen Nenner mit seinem Partner zu finden. Einer der Top-Faktoren, der Beziehungen umbringt (neben betrügen natürlich, was total inakzeptabel ist, wenn es sich nicht um eine offene Beziehung handelt) ist Eifersucht. Diese entsteht häufig genau durch solches "nebeneinander leben". Ein Sprichwort besagt: "Eifersucht ist eine Leidenschaft, die mit Eifer sucht, was Leiden schafft". Wenn Bettina mir also dauernd nachspionieren, in meinem Handy lesen oder Anrufe überprüfen würde, könnte ich nicht mit ihr zusammen sein und sie sieht das genauso. Vertrauen ist ein Geben und Nehmen und muss mit der Zeit aufgebaut werden. Eifersucht kommt meist dann auf, wenn ein Partner aufhört dem anderen voll zu vertrauen. Wenn das für dich so in Ordnung ist oder es dir sogar gefällt, solltest du daran auch nichts ändern. Ich habe zum Beispiel einen guten Kumpel, der mit einer südamerikanischen Frau verheiratet ist. Sie flippt jedes Mal komplett aus, wenn er sich um 30 Minuten verspätet oder wenn er das Telefon nicht beim ersten Klingeln abhebt. Es würde mich total aufregen, aber er liebt dieses Umsorgen, welches ich eher als "besessen" bezeichnen würde. Noch einmal, es gibt kein richtig oder falsch. Man muss einfach wissen, was man will und dann sicherstellen, dass man das auch hat.

Punkt Nummer Zwei einer guten Basis, welchen man am Anfang klären sollte, sind die Ziele fürs Leben. Willst du einmal heiraten und wenn ja, wann? Kinder? Wie viele und wann? Hier ist ein Tipp, wenn du das liest und jünger als 25 bist: Lebe dein Leben! Binde dich nicht zu früh, sonst riskierst du später das Gefühl, dass du etwas verpasst hast. Wenn du jemals die Chance hast, bei einem Kaffee mit meiner Mutter über mich zu reden, wird sie dir gerne die Geschichten erzählen, als ich Mädchen vor dem Haus, im Wohnzimmer, im Garten und in meinem Zimmer aufgereiht hatte, damit ich mit fünf oder sechs am selben Tag hin und her jonglieren konnte. Ich muss zugeben, diese verrückten Aktionen während meiner Reisen und auch zu Hause geben mir den Seelenfrieden, dass ich dahingehend genügend Erfahrungen im Leben hatte. Wenn du das also im Alter von 18 Jahren liest, du zum ersten oder zweiten Mal richtig verliebt bist und du glaubst, dass es für immer hält, dann glaube mir, dass ich das Gleiche mit meiner ersten Freundin dachte. Vertraue mir, lebe dein Leben, folge deinem Herzen und verpflichte dich nur dann, wenn DU dich dazu bereit fühlst. Dein älteres Ich wird dir dafür danken. Solltest du schon ein bisschen älter sein und nach einer ernsthaften Beziehung suchen oder schon in einer sein, solltest du mit deinem Partner klar stellen, was ihr für eure Zukunft wollt. Ich erinnere mich noch gut, wie Bettina mich ziemlich früh in unserer Beziehung fragte, ob ich

Kinder wolle. Es war damals eine unangenehme Frage, aber eine schlaue. So wusste sie, ob wir ähnliche Ziele hatten oder nicht. Hast du einen zehn- oder sogar zwanzig-Jahre-Plan für dich und deine Familie? In einem der nächsten Kapitel wirst du lesen wie wichtig das ist. Stelle also einen Plan auf und noch wichtiger, mach es gemeinsam mit deinem Partner, um zu vermeiden, dass ihr komplett aneinander vorbei plant. Beispielsweise habe ich einen guten Freund in London, der mit einem Mädchen gerne länger zusammen geblieben wäre, es jedoch aufgrund dieser Lebensziele schnell klar wurde dass dies nicht klappen konnte. Er hatte klare Ziele und Pläne und wollte relativ früh Kinder, doch sie wollte erst noch das Leben genießen und weiter auf Partys gehen. Gut, dass die beiden das rasch erkannt haben, dass das so nichts wird. Ziele und Pläne können für kurze Zeiten ruhig unterschiedlich sein, die langfristigen Visionen über Arbeit, Familie und Lebensstil sollten jedoch für beide Partner ähnlich sein.

Ich denke, in einer langfristigen Beziehung sollte nicht nur das Paar miteinander gut klarkommen, sondern auch die engere Familie - damit denke ich vor allem an Eltern und Geschwister. Mit meinen Eltern ist es relativ einfach klar zu kommen, solange man die lose Zunge meiner Mutter mit Vorsicht genießt. Bettina erzählte mir jedoch am Anfang unserer Beziehung, dass ihr Vater ein paar ihrer Ex-Freunde "heruntergemacht" hatte. Deswegen hatte ich ein bisschen Angst, als ich das erste Mal zu ihr nach Hause zum Grillen eingeladen war. Als wir die Auffahrt hinauffuhren, dachte ich der Nachmittag würde wie eine Szene aus dem Film "Meine Frau, ihre Schwiegereltern und ich" vor sich gehen und ich würde bestimmt lächerlich gemacht werden. Nun, nichts davon passierte und ich kam sogar nicht nur mit ihren Eltern, sondern auch mit ihrem Bruder und dessen Verlobte sehr gut klar. Auch als sich alle Elternteile einmal später trafen, war es großartig und alle sind heute regelmäßig in Kontakt. Ich hatte Ex-Freundinnen, bei denen das nicht der Fall war und es daher immer ein unbehagliches Gefühl war. Ich weiß nicht, wie deine Familiensituation ist oder ob dies für dich überhaupt wichtig ist. Für uns war es jedenfalls ein großes grünes Licht. Ebenso ist es interessant, wie du zu den Freunden oder Freundinnen deines Partners stehst. Du musst nicht beste Freunde mit ihnen werden, doch es hilft, wenn man immer wieder mal miteinander lachen kann. Ja, es wird Freunde geben (Bettinas als auch meine) ohne die der andere von uns auskommen könnte, doch in der Regel passt das schon. Einer meiner besten Freunde hatte eine Freundin, die ich innerhalb von drei Jahren nur ein- oder zweimal gesehen hatte. Sie wollte nicht um uns herum sein und sich mit "dieser Art von Menschen" abgeben, was auch immer sie damit meinte.

Der dritte, wichtige Punkt für eine gute und stabile Basis ist, "die Stimmung" in einer Beziehung. Bettina und ich streiten uns extrem selten. Und das sag ich nicht nur so, sondern das ist tatsächlich Fakt. In meinen vorherigen Beziehungen war das komplett anders, was mich wahnsinnig störte. Bettina und ich haben beide einen ziemlich ruhigen Charakter und wollen eine harmonievolle Stimmung. Ein guter Freund von mir in Hong Kong streitet tagtäglich mit seiner Freundin. Er sagt, er braucht und liebt das. Wenn sie ihn nicht anschreit und er nicht zurück schreien kann, fehlt ihm etwas. Eventuell waren meine Exfreundinnen ähnlich, nur mochte ich das nicht. Gut, dass Bettina das auch nicht mag. Wenn du also eine friedliche und harmonische Partnerschaft bevorzugst, dann mach das deinem Partner klar, wenn du es wild und feurig bevorzugst, tu es auch. Sex ist auch Teil dieser Harmonie und Stimmung. Es ist leider ein Thema, das bei Gesprächen zwischen Paaren oft unter den Teppich gekehrt wird, weil ein oder beide Partner Angst davor haben vom anderen abgelehnt zu werden. Wenn es Probleme auf diesem Gebiet gibt und diese nicht angesprochen werden, führt es unvermeidbar zu Problemen in der gesamten Beziehung und der Gefahr, dass Partner einander betrügen. Obwohl es für dich vielleicht unangenehm ist Sexthemen mit deinem Partner zu diskutieren, so musst du deine Wünsche klar aussprechen. Ansonsten ist es unmöglich Probleme zu lösen oder zu vermeiden. Du wirst überrascht sein, wie viele sexuelle Phantasien da draußen nicht erfüllt werden. Kennst du die Phantasien deines Partners? Ein guter Freund von mir in Asien hat zum Beispiel eine Freundin, bei der ich mir zu 99% sicher bin, dass er mit ihr Schluss machen wird, weil beide sexuell nicht zusammenpassen. Sie mag es sanft, während er Fesselspiele bevorzugt. Keiner der beiden spricht darüber, was dazu führt, dass er sie ständig mit anderen Frauen betrügt, um seine sexuellen Phantasien zu befriedigen. Bettina und ich sind sehr offen beim Thema Sex. In unseren monatlichen Beziehungstreffen (ja, wir haben diese wie du gleich lesen wirst) reflektieren wir unter anderem dieses Thema.

Egal wie gut die Basis auch ist, deine Beziehung wird nie funktionieren, wenn du keine Arbeit hineinsteckst. Bettina und ich sind jetzt seit knapp fünf Jahren zusammen und der wichtigste Unterschied im Vergleich zu meinen vergangenen Beziehungen ist, dass wir beide viel Energie in die Weiterentwicklung unserer Beziehung hineinstecken. Ja, die Basis ist gut, aber wenn wir uns nur darauf verlassen würden, hätten wir es sicherlich nicht länger als ein Jahr geschafft. Ich verstand, dass ich meine Beziehung so ernst wie ein Unternehmen behandeln musste. Auch ein Unternehmen, egal wie gut das Fundament ist, wird nicht profitabel sein, wenn man nicht daran arbeitet. Wie funktioniert dies in einer Beziehung? Ich denke, es ist wirklich einfach und die meisten wissen alle notwendigen Dinge, doch Wissen alleine bringt überhaupt nichts. Man muss es auch anwenden und tun. Ich möchte dir hier also zusätzlich zu den drei oben genannten, meiner Meinung nach wichtigsten "Basis-Beziehungs-Eckpunkten" noch drei Tipps mitgeben, die bei uns für die Erhaltung und Weiterentwicklung unserer Beziehung sehr gut funktionieren. Ich bin der Meinung, dass es oft Kleinigkeiten sind, die eine große Auswirkung haben. Eine dieser Kleinigkeiten, und auch mein **erster "Beziehungs-Arbeitstipp"** ist zum Beispiel unser Morgenritual und unsere Tagesgewohnheiten. Da ich normalerweise ein bisschen früher als sie aufstehe, nutze ich die Gelegenheit und verwöhne Bettina mit einem frisch gemachten Cappuccino, sobald sie aufwacht. Du musst das nicht nachmachen, sehe es vielmehr als Inspiration. Des Weiteren schreiben wir uns tagsüber kleine Liebesnachrichten auf WhatsApp oder per SMS. Wenn du nämlich oft an deinen Partner denkst und ihm oder ihr schreibst, wird es euch unvermeidbar näherbringen. Hin und wieder hinterlasse ich kleine Notizen auf dem Tisch oder schicke ihr eine E-Mail mit einem lustigen Foto. Dies sind Gesten für die man nur zwei oder drei Minuten braucht, und wenn du dir regelmäßige Erinnerungen auf deinem Smartphone einspeicherst, ist es fast kein Aufwand, bringt jedoch einen großen Wert in deine Beziehung. Natürlich ist es wichtig zu wissen, ob ihr das beide möchtet. Ein Freund von mir in den USA redet manchmal eine Woche lang nicht mit seiner Freundin, wenn er unterwegs ist. Für beide ist das ok, also funktioniert es auch. Eine gesunde Beziehung ist immer eine Mischung aus Geben und Nehmen. Wenn du dauernd gibst ohne etwas zurück zu bekommen, wird eure Beziehung nicht langfristig funktionieren, da sich nur einer von euch bemüht. Bettina und ich geben ohne etwas dafür retour zu erwarten, jedoch ohne dass einer darüber Buch führt. Ich denke, das ist äußerst wichtig und bezweifle dass ich in einer Beziehung sein könnte, in der dies nicht der Fall wäre. Wenn du so viel auf Reisen bist wie ich, hilft es, wenn du kleine Geschenke mitbringst. Es muss nichts Großes oder Teures sein. Zum Beispiel habe ich Bettina ein Hard-Rock-Café-Kuscheltier mitgebracht. Für mich war es ein kleines Geschenk, aber sie liebt es und hat es immer neben ihrem Bett sitzen, wenn ich weg bin.

Etwas, das wir erst im Laufe der Beziehung hinzugefügt haben, uns jedoch viel Wert bringt, sind unsere wöchentlichen Beziehungstreffen, welche zugleich **"Beziehungs-Arbeitstipp" Nummer zwei** darstellen. Wie funktionieren diese? Einmal pro Woche haben wir ein gemeinsames Treffen, nur wir zwei, und unternehmen irgendetwas das uns gut tut. Wenn du dies nicht unter der Woche einplanen willst oder kannst, dann mach es am Wochenende. Was machen wir da? Manchmal ist es ein nettes Mittagessen im Restaurant, manchmal kocht Bettina oder es ist ein Candlelight Dinner zu einem netten Anlass. Wenn ihr Kinder habt, stellt sicher, dass ihr zumindest ein- oder zweimal pro Monat ein bisschen Zeit für euch zwei alleine reservieren könnt. Bei der Arbeit oder mit anderen Freunden würdet ihr euch auch immer von eurer besten Seite zeigen, macht also mindestens das Gleiche für euren Partner. Während dieser Zeit miteinander gibt es die Regel weder Handy noch Computer zu benutzen. Qualität kommt vor Quantität. Wenn du kein Geld zum Essengehen ausgeben willst oder ihr lieber etwas anderes miteinander unternehmt, dann macht zum Beispiel Sport, geht in ein Museum oder malt etwas gemeinsam, es gibt unzählige Möglichkeiten. Verbringt jede Woche ein paar Stunden gemeinsam und sprecht darüber, was in euren Leben vor sich geht. Hör deinem Gegenüber zu und zeigt der anderen Person, wie viel er/sie dem/r anderen bedeutet.

"Beziehungs-Arbeitstipp" **Nummer drei** sind unsere regelmäßigen monatlichen und jährlichen Meetings. Ja, du hast richtig gelesen. Wie ich vorher schon kurz erwähnt habe, ruft Bettina, die selbsternannte und unbestreitbare Beziehungs-Beauftragte, was immer das bedeuten mag, einmal im Monat zu unserem Beziehungs-Meeting. Ich muss wie für eine Geschäftspräsentation bestens vorbereitet erscheinen. Wir gehen dann durch ein paar Punkte, welche wir verbessern sollten oder erstellen Pläne für die nächsten paar Monate. Wir sprechen darüber, was sich auf unseren Zielcollagen befindet und ob wir etwas am Partner vermissen. Im Gegensatz zu den wöchentlichen Treffen sind diese monatlichen Meetings eher resultatorientiert, um der Beziehung eine Richtung vorzugeben. In einer gut laufenden Firma würde das Gleiche passieren: Tägliche kleine Updates, wöchentliche Treffen und monatliche Abstimmungen. Falls du deine Beziehung als Partnerschaft ansiehst, macht es Sinn diese auch so zu handhaben. Genauso wie eine Firma ein Einweihungsdatum hat, sind für uns beide unsere Geburtstage, unser Jahrestag, Weihnachten und Silvester die fünf festen Beziehungstage im Jahr und wir verpflichten uns, diese unter allen Umständen miteinander zu verbringen. Bis jetzt haben wir es immer geschafft, obwohl es ein paar Mal fast nicht danach aussah. An Weihnachten vor ein paar Jahren hätte ich für ein Foto-Shooting auf die Philippinen fliegen sollen. So erklärte ich dem Organisator, dass ich nur kommen würde, wenn meine Freundin ebenfalls mitkommen dürfte. Sie stimmten zu und es zeigt, dass man immer einen Weg findet, wenn man etwas genügend schätzt.

Diese Tipps kann jeder befolgen, der sie befolgen will, egal ob man viel oder wenig Geld hat, egal ob ihr euch oft seht oder in einer Fernbeziehung seid und egal ob ihr Kinder habt oder nicht. Die Prinzipien und Grundregeln bleiben immer die gleichen, und du hast nun meine **drei wichtigsten Basis- und Arbeitstipps** kennengelernt. Wenn dir diese nicht gefallen, stelle andere für dich auf bzw. findet gemeinsam heraus was für euch am Besten passt. Beziehungen sind immer Arbeit, aber wenn man hineinsteckt, wird man eben jene Vorteile genießen, die eine gute Beziehung bietet. Ich habe gemeinsam mit Bettina mehrere Unternehmen gegründet und wir erlebten gemeinsam, privat wie geschäftlich, ein paar beeindruckende, einige der lustigsten und auch ein paar sehr traurige Erfahrungen. Es werden diese Momente sein, die uns aufgrund von unvergesslichen Erlebnissen, egal in welche Richtung die damit verbundenen Emotionen gehen, für immer aneinander binden. Als Beispiel unserer Anstrengungen für ein besonderes Erlebnis möchte ich dir von der Planung eines tollen Wellnesstages erzählen: Unser Plan war es eine gemeinsame Leberreinigung mit der Zuhilfenahme von einigen Gramm Bittersalz zu machen. Dies ging vollkommen schief, und anstelle eines schönen, entspannten Abends teilten wir uns die aufgrund fehlgeschlagener Durchführung die ganze Nacht die Kloschüssel. Es gibt allerdings viele Dinge die sich neben missglückten Leberreinigungen anbieten, um besondere Erinnerungen zu kreieren: Aus diesem Grund kombinierten wir beispielsweise eine Geschäftsreise in die USA mit einem Partytrip nach Las Vegas. Wir reisten gemeinsam durch Asien, verbrachten Zeit in Chiang Mai mit Tigern, entspannten uns bei Massagen in China, surften auf Bali und unternahmen romantische Städtereisen zum Beispiel nach Paris. Mache jeden Tag mit deinen Geliebten zu etwas Besonderem, als wäre es dein letzter Tag mit ihnen. Niemand erinnert sich an die Nächte, an denen man nur gemeinsam im Bett schläft, sondern an diese, in denen du die ganze Nacht durchgefeiert, etwas erlebt und die beste Zeit deines Lebens gehabt hast. Diese Erinnerungen helfen euch durch die rauen Zeiten einer Beziehung zu kommen, welche jeder zwangsläufig durchmacht. Sie werden dich daran erinnern, wie wunderbar die andere Person eigentlich ist, und warum du dich in sie ursprünglich verliebt hast, selbst wenn es in diesem Moment gerade nicht so einfach ist die liebenswerten Seiten zu sehen, bzw. du deinen Gegenüber gerade am liebsten auf den Mond schießen würdest. Ich bin kein großer Fan davon in der Vergangenheit zu leben, doch wenn du an vergangene Erfahrungen denkst, wirst du dich immer nur an besondere Momente erinnern können. Wenn du also viele positive davon hast, hilft das umso mehr. Niemand ist perfekt, auch du nicht. Akzeptiere also die Schwächen der anderen Person und genieße seine/ihre Stärken.

Die meisten wichtigen Punkte dieser Geschichte habe ich bereits ausführlich in den einzelnen Absätzen beschrieben. Natürlich gäbe es noch zig weitere hinzuzufügen, ich möchte allerdings nur die Kernpunkte dieser Geschichte und die Lektionen daraus hervorheben:

Die erste Lektion ist, eine Beziehung ähnlich wie ein Unternehmen zu sehen. Es braucht eine gute Basis, in der man auf die Werte, Ziele, und Ideen des anderen eingeht. **Die zweite Lektion** ist, dass jede Beziehung, egal wie gut die Basis auch sein möge, Arbeit benötigt. Wenn du nicht bereit bist zu geben, wirst du auch nichts nehmen dürfen. Kleine Dinge haben oft große Auswirkungen. **Die dritte Lektion** ist, wie in einer Firma nicht gleich aufzugeben, bloß weil es mal nicht rund läuft. Sei für die andere Person da und arbeitet euch gemeinsam durch die harten Zeiten, denn ich hoffe du stimmst mir zu, dass es nichts Besseres gibt als die Freude am Leben mit jemand besonderem zu teilen.

Unsere Beziehung ist nicht perfekt, aber wir arbeiten fest daran. Für uns ist es wichtig, dass die tägliche Verrücktheit um uns herum funktioniert. Ich hoffe, dieses Kapitel gibt dir ein paar Tipps, woran du mit deinem Partner arbeiten kannst damit dein persönliches und auch dein Familienleben erfüllter wird. Was du jetzt tun solltest, ist dir die obigen Lektionen zu Herzen zu nehmen und auszuführen. Wenn du schon in einer Beziehung bist, arbeite einen Plan aus wie du sie noch besser machen kannst. Zeigt einander Wertschätzung und kreiert Erfahrungen, die euch in Erinnerung bleiben. Wenn du derzeit auf der Suche nach einem Partner bist, definiere was ein guter Partner für dich ist. Nur wenn du weißt nach was du suchst, kannst du die-/denjenigen auch finden. Wissen ist jedoch nichts wert, wenn es nicht angewendet wird, daher fange nun an dich damit zu befassen und starte durch.

NOTIZEN

21.

DIE NAMENSLISTE-GESCHICHTE – MIT SECHS LEUTEN DIE WELT VERBINDEN

"Gute Partner zu finden ist der Schlüssel zum Erfolg in allem." – Robert Kiyosaki

Was würdest du mit EUR 10.000 tun, wenn dieser Betrag monatlich einfach so auf dein Konto kommen würde? Als würdest du zum Beispiel regelmäßig im Lotto gewinnen oder hättest ein anderes garantiertes monatliches Einkommen auf Lebenszeit. Das Durchschnittseinkommen in Deutschland beträgt zirka EUR 1.400 netto pro Monat. Daher war diese Frage nicht nur für mich, sondern auch für die meisten anderen Menschen während eines Investmentseminars in 2011 eine ziemliche Herausforderung. Natürlich hatte ich ein paar Ideen, doch bis zu diesem Zeitpunkt war das maximale monatliche Einkommen, das ich je verdiente hatte, lediglich die Hälfte davon. Sich deshalb vorzustellen, wie man es verdoppeln könnte und was man dann damit machen würde, war ziemlich schwierig. Der Sprecher gab uns ein paar Minuten Zeit und so schrieb ich drei Dinge auf ein Stück Papier: Erstens, spare Geld für später, zweitens, kauf eine Wohnung und drittens, kauf ein schönes Auto. Nun meine Frage an dich: Was würden deine drei sein? Schließlich verkündete er: "Die meisten von Ihnen werden Folgendes aufgeschrieben haben: erstens Schulden abbezahlen, zweitens Geld für später sparen, drittens eine Wohnung kaufen!" "Jawohl! Ich hatte es fast richtig gemacht!", dachte ich erfreut. Doch dann fuhr er fort: "Wenn Sie diese drei Ziele aufgeschrieben haben, dann schauen Sie bitte noch mal auf Ihr Blatt und fragen sich, ob diese wirklich Sinn ergeben. Warum zum Beispiel Geld für später sparen, wenn Sie garantiert EUR 10.000 im Monat verdienen? Warum in eine Wohnung investieren? Warum nicht ein anständiges Haus kaufen? Warum nicht das Geld dazu benutzen, um Spaß am Leben zu haben? Meine Damen und Herren, Sie denken viel zu klein und genau aus diesem Grund sind Sie hier!" "Wow, er hat Recht", dachte ich und fühlte mich in diesem Seminar zur richtigen Zeit am richtigen Ort. Bald erkannte ich, dass ich bisher viel zu sehr auf Dinge fokussiert war, welche ich entweder nicht wollte, oder dass ich meine Ziele vor allem im monetären Bereich wieder einmal zu klein gesteckt hatte. Das Seminar war spitze, denn es zeigte mir abermals, wie wichtig es war, sich immer wieder "den Deckel vom Kopf nehmen zu lassen".

Der Sprecher endete die zwei Tage mit "Denken Sie daran, meine Damen und Herren, Sie haben viel gelernt. Am Ende des Tages jedoch dürfen Sie nie vergessen, dass Sie ihr Ziel nur erreichen werden, wenn Sie es dem Universum mitteilen. Wenn Sie dem Universum Ihre Träume und Ziele nicht verraten, so können Sie noch so oft jede meiner Strategien anwenden, die Sie gerade gelernt haben. Sie werden nie EUR 10.000 pro Monat verdienen!" "Wow, was für eine Ansage", dachte ich und klatsche fleißig Applaus – ich war motiviert. Nach dem Seminar war mein einziges Ziel ein sechsstelliges Einkommen im Jahr zu verdienen. Sechsstellig bedeutet mindestens EUR 100.000 im Jahr bzw. knapp EUR 10.000 pro Monat.

Ich blickte noch einmal auf meine Notizen der letzten Tage. Auch wenn mir einiges vom vielen Lesen bereits bekannt war, so hatte ich über 30 Seiten mitgeschrieben. Zum ersten Mal hatte ich gelernt, ein Ziel richtig zu definieren. Ein Ziel sollte stets **SMART** sein:

S pezifisch
M essbar
A rbeit benötigen
R ealistisch
T ime (Zeit auf Englisch)

Um ein Ziel zu erreichen, musste man dieses zuerst durch diese fünf Punkte definieren. Das war oft gar nicht so einfach, vor allem weil ich Angst hatte, mir einen falschen oder zu knappen Zeitpunkt zu setzen. "Was passiert, wenn ich es zum Beispiel nicht schaffe, 15kg bis dahin abzunehmen? Hätte ich dann mein Ziel verfehlt?" Die Strategie war jedoch nicht, sich ein Ziel einfach nur als "Ziel" zu setzen, sondern vielmehr von da an einen Weg, ein WIE, zu erarbeiten. Es ist vergleichbar mit einem Navigationsgerät, das eine entfernte Zieleingabe bekommt und daraufhin den Weg ausarbeitet. Dann wird der Weg zum Ziel. Jetzt gilt es nur noch diesen Weg stur zu verfolgen. Kombiniert man seine Zielsetzung mit der so genannten 10x Regel, so konnte man seine Resultate um ein Vielfaches verbessern. Der Trick an dieser 10x Regel ist, dass man so "nach den Sternen griff und im schlimmsten Fall 'nur' den Mond erreichte". Man sollte sich also immer höhere Ziele stecken als ursprünglich geplant. Wie der Name dieser Regel schon besagt erhöht man sein ursprüngliches Ziel am besten um das Zehnfache, denn auch wenn man diese dann nicht erreicht, erhält man trotzdem mehr, als wenn man mit dem ursprünglichen, kleineren Ziel gearbeitet hätte.

Gesagt, getan. Zuhause stand ich also wieder vor meiner Zielcollage. Keines der Bilder darauf hatte ein Preisschild daneben, was schon mein erster großer Fehler war. So hatte ich zwar definiert was ich wollte, wusste aber nicht genau wie viel es kosten würde und was ich somit tatsächlich dafür tun musste. Mein zweiter Fehler war, dass ein paar Ziele wie die Mondumrundung oder ein Privatjet extrem groß und noch unvorstellbar für mich waren, andere jedoch wie mein Auto recht "normal" und nicht wirklich aufregend schienen. Ich hatte nichts "dazwischen". Mir fehlte etwas, wofür ich jetzt arbeiten konnte, um es dieses Jahr noch zu erreichen. Also pinnte ich ein neues Ziel vom Seminar dazu: Ich wollte bis Jahresende ein sechsstelliges Einkommen. Es war nicht so sehr das Einkommen per se, auch wenn ich mir damit sofort einen Audi A7 und meine erste Anlegerwohnung gekauft hätte, sondern vielmehr den Status aus sportlicher Sicht erreicht zu haben. Das Ziel war spezifisch und messbar (EUR 100.000), kostete mich harte Arbeit (wer verdient das schon einfach so), dennoch realistisch und hatte eine klare Zeitangabe (ein Jahr). Perfekt, nun war es an der Zeit, das WIE bzw. den Weg herauszufinden.

Jeder der große Träume hat, muss mit einem genauen Ziel beginnen. Meist hat man da jedoch noch überhaupt keine Idee, wie man anfangen soll. Dafür gibt es zwei Lösungen: Entweder man nimmt sich einen Coach, der einem den Weg zeigt, oder, wenn du dich in der gleichen Situation wie ich damals befindest, musst du den Weg selber herausfinden. Also googelte ich: "Wie verdient man ein sechsstelliges Einkommen pro Jahr". Hunderte von Webseiten mit schäbigen Vorschlägen poppten auf. Eine Fülle an Systemen, ähnlich wie dieses in Brasilien, mit welchem ich mir bereits die Finger verbrannt hatte, wurden dort beworben. Nachdem dies nicht das war, wonach ich suchte, überlegte ich kurz, und änderte die Suchanfrage auf "Was haben sechsstellige Verdiener gemeinsam". Die Antworten waren jedoch auch nicht viel besser. "Hmmm, vielleicht hat der Sprecher Recht und ich muss mein Denken verzehnfachen", dachte ich. Ich grübelte kurz und erkannte, dass ein siebenstelliges Einkommen bedeuten würde ein Millionär zu sein. Also gab ich etwas Neues ein: "Was haben Millionäre gemeinsam". Das Resultat waren über eine Million an Artikel, manche reine Blogeinträge, andere extrem gut erforschte Presseartikel. Ich durchforschte die verschiedenen Vorschläge, wie Millionäre ihr Geld verdienten oder was sie gemeinsam hätten: harte Arbeit, sparsamer Lebensstil, Geschäftsinhaber, Investor, schlau, gute Ausbildung, Sportler, und noch vieles mehr. Das

Problem war, dass sich die Artikel jedoch meist in sich selbst widersprachen. Denn ich kannte bereits einige Millionäre persönlich und diese arbeiteten ganz und gar nicht hart, da sie ihr Vermögen oft geerbt hatten. Ein paar von ihnen waren auch absolut nicht sparsam, so wie es der Artikel vorgeschlagen hatte. Ich kannte Millionärsärzte, welche natürlich studiert hatten, jedoch auch Sportler, die es zu Millionären geschafft hatten ohne auf der Uni gewesen zu sein. Wie passte das alles zusammen? Was hatte der professionelle Fußballer mit der Person zu tun, die im Lotto gewonnen hatte? Was vereinte alle gemeinsam? Plötzlich ging mir ein Licht auf.

"Natürlich, Millionäre umgeben sich mit anderen Millionären!" Das war die einzige Gemeinsamkeit, die alle Millionäre teilten. Alle Millionäre, die ich persönlich kannte, hatten Freunde, die meist auch Millionäre waren. Das klang ziemlich interessant, da sich das wieder auf das Konzept der "Fünf Menschen um dich herum" bezog. Doch ich wollte diese Idee noch ein bisschen weiter spinnen und so fragte ich mich: "Kann man alleine dadurch zum Millionär werden, wenn man um Millionäre herum ist?" Ich tippte diese Frage in Google ein, es kam jedoch nichts dabei heraus. "Hmm, interessant!" Ich musste es also selbst herausfinden. Daher ging ich zu meinem Flipchart und schrieb ganz oben in großer Schrift:

"Der Weg ist das Ziel!
Ursprüngliches Ziel: EUR 100.000 dieses Jahr.
Neues Ziel: Triff Millionäre!"

Als ich so dastand und nachdachte, wie ich dieses neue Ziel denn angehen sollte, kam mir eine Aussage aus dem Seminar in den Sinn: "Es geht nicht darum, die Antwort zu kennen. Es geht darum, die Frage zu wissen!" Meine Fragen waren also schlecht, weshalb ich nie die richtigen Antworten erhielt. Nach einem Moment des Grübelns versuchte ich es mit einer denkbar verrückten Frage: "Wie erreicht man Menschen auf der Welt". Ich drückte in Google Enter und eine Wikipedia-Seite wurde mir vorgeschlagen, dessen Titel ich zuerst gar nicht glauben konnte.

Er lautete: "Die gesamte Welt ist durch nur sechs Verbindungen miteinander verknüpft[13]". Hochskeptisch überprüfte ich die Referenzen des Artikels. Sie schienen korrekt zu sein, also las ich weiter. Der Artikel besagte, dass jede Person in der Welt theoretisch mit jeder anderen Person in Verbindung treten kann, indem man nur sechs andere Menschen als Verknüpfung benutzt. Wenn man also zum Beispiel mit dem berühmten Fußballer Lionel Messi in Kontakt treten will, könnte man theoretisch mit einem Fußball-spielenden Freund reden (1. Kontakt), dessen Trainer (2. Kontakt) vielleicht jemanden kennt, der in Barcelona spielt (3. Kontakt). Dieser kennt möglicherweise jemanden, der für den FC Barcelona arbeitet (4. Kontakt), der wiederum könnte den Trainer von FC Barcelona kennen (5. Kontakt), der schlussendlich Lionel Messi persönlich kennt (6. und letzter Kontakt). Ich war begeistert, denn ich begriff, dass ich auf diese Weise Michael Jordan, Bill Gates, Warren Buffet oder sogar den Präsidenten der Vereinigten Staaten erreichen konnte. Natürlich musste man selbst ein paar "gute Kontakte" haben. Ich erkannte, dass das Konzept der "Fünf Menschen um dich herum" in diesem Fall nicht wirklich was damit zu tun hatte, denn die Menschen mit denen du in Kontakt treten musst, um andere zu erreichen, brauchten ja nicht ein Teil deines inneren Kreises zu sein. Man brauchte vielmehr eine Art Netzwerk außerhalb seines inneren Kreises. Also suchte ich weiter nach Lösungen, um ein solches Netzwerk eventuell von jemandem anders zu kopieren. Auf meiner Googlesuche stieß ich auf den ehemaligen US Präsidenten Bill Clinton. Es hieß, dass er sich an alle Namen der Personen erinnern konnte, die er je in seinem Leben getroffen hatte. Er beschrieb dies als den Durchbruch seines Erfolges. Natürlich weiß ich nicht, ob das wirklich stimmte, aber ich war mir sicher, dass

---

13 https://en.wikipedia.org/wiki/Six_degrees_of_separation

zumindest ein Quäntchen Wahrheit dahinter steckte. Ich entschloss mich also es auszuprobieren und begann mein eigenes Projekt, welches ich "Namensliste fürs Leben" nannte. Da ich nicht sicher war, ob ich mir alle Namen merken konnte, wollte ich die Namen aufschreiben. Somit konnte ich mit ihnen regelmäßig in persönlichem Kontakt bleiben ohne jemanden zu vergessen. Ich hoffte, dadurch mehr Millionäre und eventuell sogar auch Milliardäre zu treffen, um so auch in deren Kreis zu gelangen.

Zuerst wollte ich eine Excel-Kalkulationstabelle benutzen, doch dann fand ich ein paar Apps im Internet, die genau das machen konnten, was ich brauchte. Im Englischen nennt man sie CRM Programme, was für **C**ustomer **R**elationship **M**anagement steht. Auf Deutsch bedeutet das soviel wie Kundenbeziehungsmanagement. Es sind online Versionen des guten alten Kontaktnotizheftes. Manche von ihnen sind kostenlos, doch es gibt auch welche für ein paar hundert EUR pro Monat. Da ich für kein spezielles Programm werben möchte, nenne ich keine Namen, du kannst jedoch gerne selbst online danach suchen. Wenn du nach meinem Namen suchst und CRM anhängst, wirst du auch ein paar Interviews von mir finden, in denen mich die Inhaber dieser Programme interviewten und mich fragten, warum ich genau dieses benutzte, um erfolgreich zu werden. Zunächst begann ich mit einem kostenlosen CRM Programm und ging mit der Zeit zu teureren über. Heute bezahle ich ein paar hundert Euro pro Jahr dafür. Kurz vorab: Meine Annahme war zu 100% korrekt und der einzige gemeinsame Nenner den die erfolgreichen Menschen hatten, war deren ausgezeichnete Vernetzung mit anderen erfolgreichen Menschen. Millionäre und Milliardäre sind wegen der riesigen Netzwerke, welche sie über Jahrzehnte hinweg aufgebaut haben, genau da wo sie heute sind. Die Benutzung dieser CRM Werkzeuge war ein Schlüssel-Faktor zu meinem Erfolg und darum bin ich überzeugt, dass mein Investment in diese Programme jeden Euro wert ist.

Das Erste was ich nun tat, war alle Leute die ich bereits kannte aus meinen Telefon- und E-Mail-Listen in dieses CRM Programm zu "importieren". Es waren zirka 500 Personen. Auf Facebook hatte ich viel mehr Leute, doch da ich die meisten davon nicht persönlich kannte, fügte ich sie nicht hinzu. Du kannst es genauso nachmachen und du wirst dieselben unglaublichen Resultate sehen. Sieht man die Twitter-Statistiken, so erkennt man einen Trend, dass Menschen mit vielen Followern auch meist relativ reich sind. Versteh mich jetzt nicht falsch: Ich weiß, dass es tausende Beispiele gibt, wo Menschen mit Milliarden von Dollar nur wenige Twitter Follower oder nicht einmal ein Twitter Konto besitzen. Jedoch habe ich noch nie jemanden mit Millionen von Twitter-Followern gesehen, der nicht mindestens eine Million Dollar besitzt. Falls du etwas anderes wissen solltest, lass es mich bitte wissen. Basierend auf diesem Fakt zog ich den Schluss, dass wenn ich die Menschenanzahl in meinem CRM Programm erhöhen würde, ich auch mehr Geld verdienen würde. Meine Hypothese stellte sich später als richtig heraus, und je mehr Menschen in mein Netzwerk kamen, desto mehr Geld verdiente ich. Es bringt natürlich rein gar nichts einfach so Leute hinzuzufügen. Man muss diese Leute schon kennen und "Wert" mit ihnen austauschen. Kurz darauf gab es eine neue Herausforderung: Mein CRM Programm war zwar großartig mir aufzuzeigen wen ich alles kannte, doch mit der Zeit waren es so viele Menschen, dass ich den Überblick verlor.

Also suchte ich nach einer Lösung. Ich wollte wichtigere Leute schneller herausfiltern, damit ich mich auf diese fokussieren konnte. Die meisten Menschen verbringen am liebsten Zeit mit Leuten "die sie gern haben" ohne sich weiter viele Gedanken darüber zu machen. Das ist auch ok so, nur bringt einen das leider meist nicht weiter. Nach etwas Nachdenken kreierte ich ein Fünf-Sterne-System, welches ich heute in meinen Seminaren oder Vorträgen erkläre. Wie funktioniert es: Wann immer Menschen interagieren, tauschen sie "Wert" miteinander aus. Dieser Wert muss nicht unbedingt in Geld gemessen werden, es ist vielmehr eine subjektive Schätzung. Hilft zum Beispiel eine Person der anderen mit Zeit, Energie oder einem Tipp, so zählt dies auch als "Wertgeben". Du gibst dir selbst grundsätzlich drei aus fünf Sternen. Dadurch bist du in der Mitte positioniert. Alle anderen, die auch drei Sterne haben, können gleichmäßig Wert mit dir tauschen. Wie bereits erwähnt muss es sich dabei nicht unbedingt um Geld handeln. Zwei-Stern-Personen sind Leute, denen du ein bisschen mehr Wert gibst, als du von ihnen bekommst und Vier-Stern-Personen geben dir mehr, als du ihnen geben kannst. Ein- und Fünf-Stern-Personen sind das Extrem. Bei einem Ein-Stern erhältst du praktisch null Wert zurück bzw. bei Fünf-Sternen kannst du fast nichts geben. Ich möchte hier dazu anmerken, dass das nichts damit zu tun hat, Menschen als minder- oder mehrwertig zu betrachten. Es ist eine relative Wert-Messung für dich, damit du die richtigen Menschen, die du deinem Netzwerk hinzufügst, nicht aus den Augen verlierst. Unterbewusst passiert das sowieso, doch nur wenn du es aktiv für dich nutzt, wird es dich weiterbringen. Anfangs ist es vielleicht ein bisschen schwierig alle richtig einzuteilen, doch bald wirst du dich daran gewöhnt haben. Du wirst sehen, dass es Menschen mit sehr viel Geld gibt, die dir aber keinen Wert bringen. Sie würden eine Eins oder Zwei sein. Das Gegenteil gibt es natürlich auch, denn du wirst Menschen mit wenig Geld treffen, die aber aufgrund ihrer anderen Qualitäten eine Drei, Vier oder sogar Fünf sein können. Das hängt davon ab, wie viel Wert du ihnen zurückgeben kannst. Ein weiterer wichtiger Wertfaktor ist Zeit. Wer ist immer für dich da, um dir zu helfen, wenn du ihn/sie brauchst bzw. wer löst sich genau dann immer in Luft auf? Denk außerdem daran, dass sich die Sterne mit der Zeit verändern, da dieses System relativ und auf dich bezogen ist. Eine Zwei kann eine Vier werden und umgekehrt. Genauso könnte eine Drei in deinem System für eine andere Person eine Eins oder Fünf sein. Jeder erhält unterschiedliche Werte von unterschiedlichen Menschen und es ist die Flexibilität die dieses System so großartig macht.

Höchstwahrscheinlich wird es sehr schwierig werden eine Menge Zeit mit Fünfern zu verbringen, weil du möglicherweise nicht einer von ihren wichtigen Personen bist. Ich bin mir sicher, dass sie dieses Sternesystem auch verfolgen, da jeder erfolgreiche Mensch den ich je getroffen habe genau das tut – bewusst oder unbewusst. Versuch also Zeit mit Dreiern und Vierern zu verbringen. Ruf sie regelmäßig an, treffe sie zum Kaffee oder zum Essen. Lerne stets Wert an andere zu geben, denn je öfter und besser du dies schaffst, desto "mehr Sterne" wirst du bei der anderen Person bewusst oder unbewusst bekommen. Mit der Zeit wirst du deine Fünfer einholen, da sie wahrscheinlich mittlerweile zu Vierer oder sogar Dreier geworden sind da du dich weiterentwickelt hast. Wenn du dich so wertvoll für andere gemacht hast, dass sie dich nie mehr verlieren wollen, hast du gewonnen. Aktualisiere deine Namensliste täglich und neben den Sterne-Bewertungen solltest du noch andere Dinge hinzufügen, um den Überblick zu behalten. Zum Beispiel notiere ich mir immer wie und wo wir uns getroffen haben oder was mir an der anderen Person besonders aufgefallen ist, damit ich mich später leichter an die Person erinnere. Ich füge auch ihren Herkunftsort und jetzigen Wohnort hinzu. Warum? Wenn ich zum Beispiel nach Los Angeles fliege habe ich immer jemanden, den ich dort treffen kann. Kenne ich jemanden in Europa, Südamerika, Südafrika oder Süd-Korea? Ich brauche einfach nur nachzuschauen und weiß sofort wer, wie, wo und was. Natürlich füge ich regelmäßig zusätzliche Hintergrundinformationen hinzu, doch verbringe ich nicht zu viel Zeit in dem System selbst, sondern mehr damit es aktiv und effektiv zu nutzen. Ein Jahr hat nämlich nur 365 Tage! Der Grund warum ich "nur" sage ist, würdest du es schaffen täglich eine Person zu treffen, so wären das "nur" 365 Personen pro Jahr. Es ist daher wirklich wichtig, dass du deine Zeit mit den "richtigen" Leuten verbringst. Das sollte dein Ziel mit der Namensliste sein. Lerne "nach oben zu netzwerken" indem du dich wie beim Konzept "Der fünf Menschen um dich herum" vor allem mit schlauen und guten Leuten umgibst. Besonders die Vierer und manchmal auch die Dreier sind wahrscheinlich deine besten Kandidaten dafür, denn die Lücke zwischen euch ist nicht allzu groß. Auf diese Art wurde ich einmal zu einer Harvard-Wiedersehens-Feier in Hong Kong eingeladen und du kannst dir sicher vorstellen, wie viele andere Vier- oder Fünf-Sterne man dort trifft. Das ist das Resultat, wenn man seine Zeit mit den richtigen Menschen verbringt und diesen Wert gibt.

Mit der Zeit wirst du immer weiter "nach oben kommen" und dadurch wirst du mehr und mehr Ein- und Zwei-Sterne Menschen auf deiner Liste haben. Oft sind das Leute, mit denen du am Anfang noch viel Kontakt hattest, doch über die Zeit blieben sie "stehen", während du dich weiterentwickelt hast. Dies ist ein schwieriger Moment, denn es sind eigentlich gute Bekannte, sie bringen dich nur nicht mehr wirklich weiter. Die beste und fairste Art mit ihnen in Kontakt zu bleiben, ohne dabei die wichtigen Drei-, Vier- und Fünf-Sterne aus den Augen zu verlieren, ist ein regelmäßiger Newsletter und natürlich Social Media. Es muss nicht viel sein, halte sie einfach auf dem Laufenden und gib ihnen das Gefühl, dass sie dir wichtig sind. Sag ihnen jedoch, dass du extrem beschäftigt bist, sodass du von niemandem die Gefühle verletzt, nur weil du auf Anrufe oder Nachrichten nicht antwortest. Deine Zeit für Einzelgespräche solltest du logischerweise mit den höheren Sternen verbringen. Dies ist definitiv keine Diskriminierung oder Abwertung, sondern vielmehr eine Tatsache wie die Welt funktioniert. Versuche sonst einmal Mark Zuckerberg zu kontaktieren. Wenn du nicht einer seiner engen Berater bist, wird er sich sicherlich keine Stunde für dich alleine Zeit nehmen. Für dich benutzt er Facebook, um dir einen Einblick in sein Leben oder in seine Arbeit zu geben. Nutze dieses System auch, sonst wird dir der Weg nach oben immer schwer fallen.

Der Tag nach dem Seminar, an dem ich mir ein klares Ziel steckte das **SMART** war, katapultierte mich in ein "neues Zeitalter". Ich arbeitete einen Weg aus, um mein Ziel von EUR 100.000 in diesem Jahr zu verdienen. Anschließend baute ich dafür meine Namensliste fürs Leben. Langsam, aber sicher kam ich den einflussreicheren Menschen näher. Schlussendlich erreichte ich mein Ziel, wie du in den nächsten Geschichten lesen wirst. Unter anderem erfüllte ich mir meinen Traum und kaufte mir einen Audi A7. Es war ein wunderbares Gefühl zu wissen, dass ich es durch klare Zielsetzung, Planung und viel Tun erreicht hatte. Ich hatte meinen "mentalen Deckel" entfernt. Dadurch war ich mehr geworden und hatte so mehr bekommen. Ich wünschte, jemand hätte mir all das bereits mit 16 Jahren erzählt. Oh, warte, das ist ja der Grund für dieses Buch gewesen. ;-) Doch besser heute damit anfangen, als nie. Egal wie alt du bist, wenn du dieses Konzept genau so umsetzt, wirst du die gleichen Resultate haben. Je früher, desto besser.

Konzentriere dich also auf die drei wichtigsten Lektionen dabei:

Erstens setze deine Ziele SMART, vergiss jedoch nicht, dass schlussendlich der Weg das Ziel sein sollte. Ein wichtiger Faktor auf dem Weg zu meinem Ziel, zum ersten Mal EUR 100.000 in einem Jahr zu verdienen, war es, mit den richtigen Leuten zu verkehren. Dafür startete ich meine Namensliste fürs Leben und teile seitdem **alle Menschen in fünf Sterne ein. Dies ist die zweite Lektion**. Als **letzte Lektion möchte ich diese nennen: Lerne mit den höheren Sternen** direkt Zeit zu verbringen, um "nach oben zu netzwerken". So wirst auch du die Welt mit sechs Kontakten verbinden. Es klingt alles ganz einfach, doch wie so oft im Leben sind es die kleinen und einfachen Dinge die wir tun, welche die größten Auswirkungen haben. Erarbeite dir jetzt deine SMART Ziele und egal was deine Ziele sein mögen, deine eigene Namensliste fürs Leben wird dir definitiv dabei helfen. Ja, diese wird dich einen ganzen Sonntag Zeit kosten, doch wird dich dieser Sonntag eines Tages zum Millionär machen. Handle also JETZT.

NOTIZEN

22.

DIE ROUTINE-GESCHICHTE – DIE EFFIZIENTESTE ART SEINE ZEIT ZU NUTZEN

"Das Geheimnis deiner Zukunft versteckt sich in deiner täglichen Routine." – Mike Murdock

An einer Eliteuniversität zu studieren bringt nicht nur den Vorteil einer exzellenten Ausbildung mit sich, sondern hilft auch sehr gute Beziehungen knüpfen zu können. Geht man mit dem Sohn des Topmanagers einer Firma auf die Uni, hilft einem das sicherlich selbst in der Zukunft. Daher bietet es sich an mit solchen Menschen so früh wie möglich zu netzwerken. Zwar traf ich wundervolle Leute an meiner Medizinuni, doch war dies nie und nimmer mit der Qualität der Kontakte auf einer Eliteuniversität vergleichbar. Durch meine Namensliste fürs Leben schaffte ich es viele neue, für mich wichtige Menschen relativ rasch zu treffen, was mir sehr half mich persönlich weiterzuentwickeln. Meine Namensliste und die "sechs Verbindungen die Welt zu vernetzen" aus dem letzten Kapitel brachten mich unter anderem in Kontakt mit einem spanischen Unternehmer. Er war ebenfalls Kitesurfer und so verbrachte er sehr gern Zeit mit mir. Geschäftlich war er für mich ein klarer "Fünfstern Kandidat". Da ich ihm jedoch viele Tipps beim Kiten geben konnte, war der Wertaustausch zwar auf sehr unterschiedlich Ebenen, aber dennoch relativ ausgeglichen. Er lebt in Barcelona, wo wir uns ein paar Mal nach zum Kitesurfen zum Mittagessen, meistens in einer typischen Tapas Bar, trafen.

Jedes Mal bestellten wir köstliche, einheimische Snacks und redeten über die Unterschiede der Arbeitsweisen in Spanien, Amerika und Österreich. Oft endete es in einer hitzigen Diskussion und ich stichelte provokativ, wie viel produktiver Deutsche und Österreicher im Vergleich zu den Spaniern mit ihrer Siesta waren. Er ließ sich nicht überzeugen und meinte, dass dies keine generelle Kulturverallgemeinerung zuließe, sondern rein wegen meines persönlichen Engagements so war. Nach einer kurzen Pause blickte er vom Essen hoch und meinte in feurig spanischem Englisch "Juliano, por qué glaubst du, dass DU so produktiv bist? Dime!" Mein Spanisch war durch meine langen Spanienaufenthalte sehr gut geworden und so schmunzelte ich immer, wenn er die beiden Sprachen vermischte. Ich war nicht sicher, ob er tatsächlich an der Antwort interessiert war oder ob er mich nur mit einer Zwischenfrage verwirren wollte. Viele hohe Geschäftsleute stellen oft einfach nur Fragen, um ihren Gegenüber zu testen – nicht um wirklich eine Antwort zu bekommen. Nach kurzem Grübeln zitierte ich eines meiner Lieblingszitate von Steve Jobs: "Jeden Morgen, wenn ich in den Spiegel schaue, frage ich mich, ob ich das was ich gerade tue, wirklich gerne tue. Und wenn die Antwort zu viele Male hintereinander 'Nein' ist, weiß ich, dass ich etwas anderes machen muss." Außerdem fügte ich hinzu: "Ich genieße wirklich, was ich tue und so fällt es mir leicht, alles dafür zu tun und es nicht als Arbeit, sondern eher als Hobby anzusehen." Er lächelte mich kommentarlos an. Wahrscheinlich hatte ich Recht gehabt. Tatsächlich hatte er mich nur testen wollen, um meine Reaktion zu sehen.

Zu meiner Überraschung unterbrach er meinen Gedankenverlauf erneut: "Der Grund warum ich dich frage, Juliano, es porque tengo einen Neffen, der mich an dich erinnert. Er kann auch machen was er will und muss wie du keinen regulären Job erledigen. Außerdem hat er große Träume und Ziele, bekommt aber letztendlich nichts wirklich hin. Ich kann den Grund dafür überhaupt nicht nachvollziehen und so frage ich mich, ob das wirklich aufgrund der Kultur ist wie du stolz behauptest, oder ob es ein individuelles Problem ist und du ihm vielleicht einen Tipp geben kannst?" Ok, er wollte also doch etwas wissen. Da es um seinen Neffen ging, fühlte ich mich mit meinem Vorurteil sofort schuldig. So hatte ich das nicht gemeint. Obwohl ich intensiv nach einer passenden Antwort suchte, fiel mir in diesem Moment nichts Kluges ein. Gleichzeitig wusste ich allerdings, dass es an irgendetwas anderem und nicht dem bloßen Kulturunterschied liegen musste. Bevor ich weiter darüber nachdenken konnte, brachte die Bedienung frischen Käse. Anschließend redeten wir über andere Themen wie zum Beispiel die Börse oder die Vorteile einer spanischen GmbH. Ich bekam keine Chance seine zuvor gestellte Frage zu beantworten, um meine Meinung noch einmal klar zu stellen. Wäre mir ein solcher "kultureller Ausrutscher" in Asien passiert, so würde diese Person auf Lebzeiten kein Sterbenswörtchen mehr mit mir sprechen, da ich "mein Gesicht verloren" hatte. Gut, dass die Spanier hier eher verzeihend waren. Nachdem wir "Adiós" gesagt hatten und ich zurück im Hotel ankam, hatte ich trotzdem ein richtig schlechtes Gewissen. Er hatte mir immer viele Tipps für meine Unternehmen gegeben und nun konnte ich ihm eine scheinbar einfache Frage nicht beantworten. Um meinen Frust abzubauen ging ich ins Fitnessstudio und erholte mich anschließend kurz in der Sauna. Ich begann darüber nachzudenken, was mich neben der Namensliste fürs Leben in den letzten Monaten am meisten weiter gebracht hatte. Zuerst kamen mir die Persönlichkeitsentwicklungsbücher in den Sinn, außerdem meine Auszeit in Cocos und all die Dinge, die ich seitdem gestartet hatte. Vielleicht sollte sein Neffe auch einmal eine Auszeit nehmen von dem, was er gerade tat? Was machte sein Neffe eigentlich? Ich wusste nur, dass er hart an seinen Projekten... Ich pausierte. "Das ist es!" Ich sprang von der hölzernen Bank in der Sauna auf, eilte in die eiskalte Dusche und anschließend (noch immer tropfnass) in den Aufzug. Diesen Gedanken durfte ich einfach nicht verlieren. Zurück im Zimmer öffnete ich sofort meinen Laptop und begann eine E-Mail an meinen spanischen Freund zu schreiben mit dem Betreff: "Die Macht einer täglichen Routine".

In der Sauna hatte ich plötzlich erkannt, was der Unterschied zwischen seinem Neffen und mir war. Wie ich in der Tauchgeschichte im 18. Kapitel bereits erzählt hatte, hing ich vor Cocos die ganze Zeit entweder am Computer oder am Telefon. Bis dahin hatte ich keine wirklichen Prioritäten oder Routinen in meinem Leben. Dies kam, weil ich während der Uni einen relativ regulären Tagesablauf gehabt hatte, doch dann plötzlich freie Zeiteinteilung im Geschäftsleben walten lassen konnte. Anfangs, war ich mit diesen gewonnen Freiheiten überfordert, doch während den zehn Tagen auf dem Boot verlor ich diese Gewohnheiten. Als ich wieder zurück war, konnte ich mein gesamtes neues Wissen dazu nutzen, meine Tage mit einer täglichen Routine um ein Vielfaches produktiver zu gestalten. Ich möchte den Inhalt der E-Mail mit dir in dieser Geschichte teilen, damit du in der Lage bist, effizientere Tage zu haben. Schnall dich also an und mach dich bereit, denn wir schalten ein paar Gänge hoch um Vollgas zu geben. Es ist übrigens egal, ob du in der Schule, an der Universität, angestellt, selbstständig oder arbeitslos bist. Die Prinzipien bleiben immer die gleichen. Während meine persönliche Routine also vielleicht für dich ungeeignet ist, wirst du die Konzepte übernehmen und deinen eigenen Rhythmus entwickeln können. Wenn du dich fragst, ob eine tägliche Routine wirklich so wichtig ist, dann lass mich dir einen kleinen Einblick in die Medizin des Gehirns geben: Unser Gehirn ist das Organ in unserem Körper, das, gemessen an seinem Gewicht, den meisten Blutbedarf hat. Es sucht daher ständig nach Möglichkeiten, weniger Energie zu brauchen, da es ohnehin am Limit läuft. Wann ist das Autofahren einfacher: Am Anfang oder nachdem es zur Routine geworden ist? Natürlich dann, wenn du dich nicht mehr anstrengend konzentrieren musst. Manchmal fährst du und kommst irgendwo an, ohne dich erinnern zu können, wie du genau da hingekommen bist. Das passiert, weil dein Gehirn so stark an die Abläufe gewohnt ist, dass es fast auf Autopilot schalten kann, um so Energie zu sparen und effizienter zu sein. Das Gleiche würde bei allem im täglichen Ablauf passieren, wenn wir es zur Gewohnheit werden lassen. Wenn du also den gleichen Zeitplan immer und immer wieder befolgst, wird es für dein Gehirn und somit auch für deinen Willen immer einfacher. Irgendwann wird das Nichtbefolgen sogar schwieriger sein, denn du brauchst für eine andere Tätigkeit als du gewohnt bist, mehr Energie. Solltest du bereits einen regelmäßigen Zeitplan haben, zum Beispiel weil du entweder zur Schule gehst, an der Universität studierst oder du in einem regulären Beruf arbeitest, wirst du schon zu einem gewissen Grad einen regulären Tagesablauf haben und musst lediglich ein paar wichtige Dinge ändern bzw. hinzufügen. Für alle, die ihren Zeitplan selbst bestimmen können bzw. müssen, wird dies, gleich wie für mich damals, eine ganz neue Herausforderung sein, welche dafür umso wichtiger ist. Fast alles, auch dein Gehirn, will hin und wieder Abwechslung. Deshalb macht es Sinn an sechs Tagen der Woche einen gleichen Tagesablauf zu verfolgen und am siebten Tag einen "Chaostag" einzulegen. So bleiben die sechs Tage machbar und man freut sich mental immer auf den "Tag, der anders ist".

Möglicherweise überrascht es dich, doch mein Tagesablauf für einen hochproduktiven Tag beginnt am Abend zuvor und nicht erst am Morgen. Warum? Wenn du einen Tag nicht richtig vorbereitest, wird es dich mehr Energie kosten am nächsten Morgen aktiv zu werden. Außerdem wirst du so in der Früh nicht richtig loslegen können. Ich versuche sieben bis acht Stunden Schlaf zu bekommen, doch das ist ein individuell unterschiedliches Bedürfnis. Donald Trump behauptet nur vier oder fünf Stunden zu brauchen, Tim Ferriss wiederum zehn. Wichtig: Schlafe so wenig wie möglich, jedoch so viel wie nötig, damit du möglichst viel Zeit untertags hast, Dinge zu erledigen. Beachte diese Regel streng, denn es bringt dir gar nichts, wenn du 20 Stunden Zeit hättest, diese aufgrund deiner Müdigkeit aber nicht nutzen kannst. Da ich vor 6:00 Uhr früh aufstehen will, gehe ich deshalb zwischen 22:00 und 23:00 Uhr zu Bett. Täglich stelle ich mir meinen Wecker, außer am Chaostag an dem ich so lange schlafe wie ich will. Ich benutze einen sogenannten Smart-Alarm, den man sich als kostenlose App herunterladen kann. Er weckt mich genau dann, wenn ich nicht gerade in einer REM Schlafphase bin. Dies ist die Tiefschlafphase und genau diese Zeit, wenn du beim Wecken mit einem "normalen Wecker" schlecht aufwachst. In meinem Leben habe ich oft mit verschiedensten Schlafprotokollen experimentiert, wo ich zum Beispiel ein bisschen weniger in der Nacht schlafe, dann aber am Nachmittag ein Nickerchen mache. Desweiteren habe ich schon einige Male polyphasische Schlafprotokolle[14] ausprobiert, bei welchen ich vier Stunden gearbeitet und dann zwei Stunden geschlafen habe, und diesen Sechs-Stunden-Zyklus vier Mal pro 24-Stunden wiederhole. Insgesamt war ich so noch immer 16 Stunden wach und habe acht Stunden pro 24-Stunden geschlafen, sie waren nur gleichmäßig über den Tag verteilt. Es funktioniert als Selbstständiger besser als man vielleicht denkt, doch die größte Herausforderung war immer einen Platz zu finden, an dem man alle sechs Stunden zwei Stunden lang ruhig schlafen konnte. Du kannst gerne alle drei Möglichkeiten ausprobieren und schauen welche am Besten für dich funktioniert. Bevor ich dann tatsächlich ins Bett gehe, lege ich meine Sportsachen für den Morgen bereit. Das erleichtert den Morgensport, da schon alles vorbereitet ist. Außerdem trinke ich mindestens zwei Gläser Wasser kurz bevor ich ins Bett gehe, denn wenn ich Glück habe, weckt mich meine Blase bevor es der Wecker tut.

Jeden Abend schreibe ich die wichtigsten fünf bis sechs Dinge für den nächsten Tag auf einen Zettel. Am nächsten Tag erledigt man diese dann der Reihe nach und lässt sich von nichts anderem aus dem Konzept bringen. Das ist ein Schlüssel-Faktor in der effizienten, täglichen Routine. Es dauerte eine ganze Weile, bis ich verstanden hatte welche Dinge wirklich wichtig sind. Manchmal taucht

---

14 http://www.highexistence.com/alternate-sleep-cycles/

noch eine Nachricht auf oder eine E-Mail kommt herein. Diese dringlichen, aber meist nicht wichtigen Dinge halten dich dann davon ab, einen konstanten Arbeitsfluss zu behalten, um die wichtigen Dinge zuerst zu erledigen. Die "dringende" Anfrage mag für den Absender wichtig sein, aber ist es das auch für dich? "Wichtige" Dinge sind nur diejenigen Dinge, die dir tatsächliche Resultate liefern. Eine Verkaufspräsentation vorzubereiten ist wichtig, denn diese bringt dir schließlich mehr Kunden ein. Doch wenn du vor der Wahl stehst, Kunden anzurufen oder diese Präsentation zu bearbeiten, würde ich stets die Kunden bevorzugen. Der Grund warum es also fünf Dinge am Abend sind, ist das Pareto Prinzip[15], welches besagt, dass 20% dieser Dinge 80% deiner Ergebnisse liefern werden. Das bedeutet, dass eines dieser fünf Dinge 80% deines Erfolges ausmacht. Wenn du mir nicht glaubst, dann lies es selbst nach oder noch besser, probiere es selbst aus. 20% deiner Kunden bringen 80% deines Einkommens, 20% deiner Kollegen machen 80% des Ärgers und 80% davon was du am Tag tust, hat fast keine Auswirkung - nämlich nur 20%. Du kannst dieses Pareto Prinzip bei allem anwenden und darum musst du es zu deinem Vorteil nutzen. Schreib diese fünf oder sechs Dinge also auf und kreise anschließend dasjenige davon ein, von dem du glaubst, dass es die meisten Resultate bringt. Am nächsten Tag ist es das Erste mit dem du beginnst und du darfst dich von nichts anderem aus dem Konzept bringen lassen, bis du damit fertig bist. Dies ist vielleicht sogar DAS wichtigste Prinzip in einer guten Tagesroutine. Es gibt sogar Strategien, bei denen du die anderen Dinge überhaupt nicht erledigst, da deren Auswirkungen oder Ergebnisse zu unbedeutend sind. Ich persönlich mache das nicht, doch du kannst das gerne ausprobieren.

Wichtig zur Erinnerung: Versuche jeden Tag dieselbe oder eine ähnliche Routine zu durchlaufen. Wie schon davor beschrieben, wird dir das über die Zeit einfacher und

---

15 https://en.wikipedia.org/wiki/Pareto_principle

einfacher fallen, auch wenn die ersten Male vielleicht ein bisschen länger dauern. Vor dem ins Bett gehen notiere ich mir noch ein paar Dinge über den Tag in mein Tagebuch: Was lief gut und werde ich wiederholen und bei was kann ich mich am nächsten Tag verbessern. Ich schreibe nie die schlechten Dinge auf, sondern konzentriere mich stets auf das Positive. Wenn du das Buch "Denke nach und werde reich" gelesen hast, verstehst du wie wichtig es ist, sich auf das zu konzentrieren was man will. Für all die wunderbaren Dinge in meinem Leben bin ich sehr dankbar. Selbst, wenn es so scheint, als ob nichts in deinem Leben gut laufen würde, musst du die Dinge heraussuchen, die gut laufen. Wenn du denkst, dass alles was du noch hast, dein Leben sei, dann sei genau dafür dankbar. Lass besonders am Abend kein bisschen Negativität an dich ran. Genauer gesagt heißt das: kein Facebook, keine E-Mails, kein Handy usw. Dazu gehören auch, wie schon in der 16. Geschichte über den 24-Stunden-Marathon und dem "Willens-Schiff", keine Fernsehnachrichten, Horrorfilme oder Radionachrichten anzusehen oder anzuhören. Ob du es glaubst oder nicht, sie "hacken ein Loch" in deinen eisernen Willen. Ich persönlich liebe es mir ein paar YouTube-Videos aus komplett anderen Bereichen als mein tägliches Leben anzuschauen. Dies sind bei mir zum Beispiel Quantentheorie- und Kosmologie-Dokumentationen oder andere Wissenschaftskanäle. Wenn du Geschichte oder Natur liebst, sieh dir solche Dokumentationen an. Sie sollten nicht zu lange sein, dir aber trotzdem wertvolles Wissen vermitteln, damit du kein "Fachidiot" in dem wirst, was du tagsüber machst. An Chaostagen schaue ich natürlich Filme oder Sitcoms an – da sind ja "Ferien". Wenn ich gerade kein YouTube schauen will, lese ich abends entweder ein Buch oder höre einen Podcast an. Beides funktioniert hervorragend um abzuschalten, gleichzeitig zu lernen und eventuell sogar so einzuschlafen.

Da ich alles bereits am Vorabend vorbereitet habe, bin ich morgens schnell wach, wenn mich mein Smart-Alarm weckt. Je nachdem wann du bei der Arbeit sein musst, musst du deine Routine auf etwas früher oder später anpassen. Wenn das bedeutet, dass du früher ins Bett gehen musst, dann tu es. In meinem ersten Jahr an der Medizinischen Universität musste ich gegen 4 Uhr aufstehen, also ging ich vor 21 Uhr ins Bett damit ich ausreichend Schlaf bekam. Als erstes setze ich mich an den Laptop und starte mit ein paar regelmäßigen, täglichen TO-DOs. Dazu gehören beispielsweise ein kurzes Update meiner Buchhaltung und meiner Namensliste. Außerdem lerne ich immer etwas für ein oder zwei neue Sprachen am Morgen. Ich mache das nie zu lange, aber 10-15 Minuten pro Sprache reichen völlig aus, solange man es konstant in der täglichen Routine macht. Ich bekomme KEINE E-Mails oder Nachrichten, da ich das automatische Aktualisieren, sowie alle Benachrichtigungen abgestellt habe. Alles muss im manuellen Modus abgefragt werden, sodass ich durch nichts in meinem Tun unterbrochen werde. Wenn du eine Firma leitest, ist Social Media Posting extrem wichtig, welches ich über ein Kalenderprogramm am Morgen aufsetze. Gleichzeitig schreibe ich meine E-Mails und hoffe, dass die/der andere meine so für sie/ihn gesetzte TO-DO-Liste so schnell wie möglich erledigt und mir binnen ein paar Stunden antwortet. An ihrer Stelle würde ich das nicht machen, doch hoffe ich, andere Geschäftspartner arbeiten "nach meinen Wünschen". Es ist wichtig einen Timer bzw. eine Stoppuhr für diese Dinge zu benutzen, andernfalls verbringst du zu viel Zeit mit manchen Tätigkeiten und konzentrierst dich nicht genug auf die wirklich wichtigen Dinge. Dazu benutze ich entweder eine Google Stoppuhr oder die Pomodoro Technik[16]. Ich persönlich brauche dieses "tägliche Aufräumen", um das Gefühl zu haben, ein paar einfache Dinge sofort abgehakt zu haben. Manche bevorzugen diese am Abend zu erledigen.

Jetzt bin ich bereit für kurzen Morgensport. Ich habe noch immer absolut keinen negativen Einfluss von der Außenwelt erhalten. Ich höre mir während der ersten Stunde

---

16 http://www.pomodorotechnique.com/

stets fröhliche Musik an, während des Sports wechsle ich entweder auf ein Audiobuch oder höre mir einen Podcast an. Egal was dich motiviert, du willst dir ganz sicher etwas anhören, denn Audio während des Sports verursacht nachgewiesener Weise einen Leistungsanstieg. Versuch den Morgensport auf jeden Fall vor deiner Hauptarbeit zu machen, um ein erhöhtes Aktivitätslevel zu bekommen. Anfangs wirst du eventuell eher müder untertags sein, weil du es noch nicht gewohnt bist, doch mit der Routine wird es fast zur Sucht – im Positiven natürlich. Gleichzeitig solltest du das Training auch nicht übertreiben: 20 Minuten Ausdauer, Joggen, Radeln, Schwimmen oder Ähnliches und 20 Minuten Gewichts-Training sind perfekt. Es gibt ein paar richtig gute High-Intensity-Programme, welche dir ein Komplettpaket in 30 Minuten liefern. Solltest du in einen Pool springen können, tu das. Ansonsten dusche dich für ein paar Minuten mit einer warm-kalt-warm Methode, um die Blutzirkulation und demnach deine Energie anzukurbeln. Danach stehe ich oft einfach so für ein paar Minuten unter der Dusche, denke daran wie großartig das Leben ist und danke dem Universum für den großartigen Start in den Tag – fast wie Meditation, welche ich jedoch danach mit Hilfe einer App auch noch für 10 Minuten mache, um meinen Geist zu resetten.

Nach all dem gehe ich zurück an meinen Computer, um mich nun zum ersten Mal an dem Tag all den positiven und negativen Geschehnissen der Außenwelt zu stellen. Wenn du zur Arbeit oder woanders hingehen musst, dann ist jetzt die Zeit das zu tun. Wenn du ein gutes Frühstück magst, iss es jetzt. Starte nun mit der wichtigsten Aktivität vom Vortag. Hör nicht auf, bevor es nicht beendet ist. Ohne wenn und aber, du musst das erledigen. Nutze weiterhin die Stoppuhr oder den Pomodoro Timer. Erst nachdem ich Aktivität Nr. Eins erledigt habe, schalte ich meine E-Mails und Social Media ein. Es ist sowieso noch "früh", also bin ich immer noch vorne dabei. Die wichtigen Nachrichten filtere ich heraus und antworte, unwichtige schiebe ich dagegen nach hinten. Erinnere dich an den Unterschied zwischen wichtig und dringend zu verstehen. Mein Telefon ist meistens auf stumm, damit ich nicht abgelenkt werde. Ich möchte die Kontrolle darüber behalten, worauf ich mich konzentriere. Deshalb lasse ich mich von niemandem unterbrechen. Je nachdem wie lange deine Aufgaben sind, kannst du weitere Aufgaben danach einbauen. Arbeite deine TO-DO-Liste vom Vorabend stur ab.

In einem sozialen Umfeld zu essen ist seit über 10.000 Jahren in unserer Gesellschaft wichtig. Deshalb halte Mahlzeiten entweder extrem kurz, um wenig Zeit zu "vergeuden" oder maximiere den Nutzen und iss gemeinsam mit anderen Leuten. Falls möglich natürlich mit anderen "hohen Sternen". Tagsüber wirst du oft kurze Pausen haben, wenn du zum Beispiel auf den Bus, ein Meeting oder einen Anruf wartest. Habe eine Liste an Dingen parat, welche du in zwei Minuten erledigen kannst. Ich scanne in dieser Zeit zum Beispiel kurz einen Beleg im Handy ein, update Facebook, Twitter oder Instagram, oder notiere mir einen Termin in meinem Kalender. So eine Liste fördert deine Produktivität enorm und wirkliche Top-Performer nutzen gerade diese kleinen Pausen, denn genau dies macht oft einen Unterschied zwischen "Durchschnitt" und "Spitze". Versuche die fünf oder sechs Dinge vom Vortag zu erledigen und gib dir eine kleine Belohnung, wenn du es schaffst. Erst danach darfst du etwas Hinzufügen oder Anderes machen. Am wichtigsten ist, dass dein Zeitplan höchst effizient und produktiv ist. Reflektiere am Abend und verbessere deine Routine Schritt für Schritt.

Ich drückte die "Absenden-Taste" und die fünfseitige E-Mail ging an den Neffen meines Freundes in Barcelona hinaus, um ihm hoffentlich zu helfen. Es funktionierte und seine Resultate verbesserten sich. Was für ein wunderbares Gefühl zu wissen, wie ein paar Tipps alles umdrehen können. Sechs Wochen später erhielt ich ein handschriftliches Dankeschön-Schreiben. Mit dem Brief in meiner Hand saß ich am Tisch und lächelte. Ich hatte so viele Tipps von ihm erhalten und jetzt konnte ich ihm nicht nur etwas zurückgeben, sondern auch mein kulturelles Vorurteil klarstellen, auch wenn er wahrscheinlich wusste, dass ich nur Scherze gemacht hatte.

Konzentriere dich auf die folgenden drei Punkte, um das meiste aus dieser Geschichte für dich mitzunehmen:

Erstens eine tägliche Routine ist ein Muss für jeden, um großartige Ergebnisse zu erzielen. Manche Führungskräfte wie Elizabeth Holmes gehen sogar so weit, täglich die gleiche Kleidung zu tragen. Das ist ziemlich extrem, doch du verstehst die Wichtigkeit darin es deinem Gehirn so einfach wie möglich zu machen.

Zweitens lerne zwischen Wichtigem und Dringlichem zu unterscheiden. Das ist der wahre Schlüssel, um produktiv zu sein. Schreibe dir eine Liste von fünf bis sechs Dingen und kreise den Punkt ein, der dir am wichtigsten sind. Dem Pareto Prinzip entsprechend wird dir dieser 80% deiner Ergebnisse einbringen.

Drittens, starte deinen nächsten Tag bereits am Abend. Alles gerät in Chaos, wenn du einen schlechten Start hast nachdem du aufwachst. Ich weiß, diese Geschichte enthält viel Information und es wird gerade am Anfang eine Herausforderung sein alles anzuwenden. Vergiss natürlich weder deine Gesundheit, noch die Menschen um dich herum, während du deine Produktivität maximierst. Nimm dir jetzt ein paar Minuten, oder sogar Stunden Zeit und plane deine eigene tägliche Routine, damit du effizientere Tagesabläufe hast und genau so zu einem "Leapfrog Highperformer" wirst.

NOTIZEN

23.

DIE MLM-GESCHICHTE –
GEGEN DEN STROM

"Wann immer du dich auf der Seite der Mehrheit wieder findest, ist es Zeit zu pausieren und noch einmal nachzudenken." – Mark Twain

In den vorherigen zwei Kapiteln erzählte ich dir von ein paar jener Fähigkeiten, die ich lernen musste, um ein erfolgreicher Unternehmer zu werden. Jedoch habe ich dir bisher noch nicht erzählt, was ich genau gemacht habe. Das werde ich dir in dieser Geschichte näherbringen. Ich wollte damals verstehen, was andere erfolgreiche Menschen getan hatten, um ihr Vermögen aufzubauen. Dabei erkannte ich, dass viele davon ein eigenes Unternehmen gegründet hatten. Wie schon im Kapitel 17, der Cashflow-Geschichte beschrieben, rede ich nicht von einem klein- und mittelständischen Unternehmen, sondern vielmehr von einem Unternehmen mit innerem Wert. Das ist wichtig zu verstehen, denn nur ein solches ermöglicht skalierbares Einkommen, was ja mein Ziel war um nicht mehr Zeit gegen Geld zu tauschen. Schulen lehren leider nicht viel darüber, wie man sein eigenes Unternehmen gründet und raten vielmehr, den vermeintlich "sicheren" Weg im Angestellten- oder Selbstständigen-Bereich zu gehen. Deswegen möchte ich dieses und das nächste Kapitel dem Unternehmensstart widmen und dir erzählen, wie ich zum Unternehmer wurde und wie dies jeder erreichen kann. In Kapitel 25 werde ich dir dann eine Übersicht all meiner derzeitigen Einkommen aufzeigen, um dir eine Idee davon zu geben, was vielleicht für dich interessant sein könnte und was ich in meinen fünf Jahren des Unternehmertums gelernt und genutzt habe. Wenn du also konkrete Tipps und Strategien für dich selbst suchst, dann werden dir diese drei Kapitel dabei helfen. Das Beste kommt eben immer am Schluss. ☺

Wenn du dich an meine zweite Geschichte, die Baum-Geschichte ganz am Anfang erinnerst, ein Unternehmensstart ist sehr gut damit vergleichbar. Hier wirst du am Anfang auch viel arbeiten müssen, doch die Resultate erst deutlich später sehen. Wie beim Baum werden die Resultate, oder Früchte, dafür irgendwann von alleine wachsen, auch wenn du dich nicht mehr darum kümmerst, was dein sogenanntes skalierbares Residualeinkommen darstellt. Es gibt vier Wege sein eigenes Unternehmen zu gründen, welches dir ein solches skalierbares Residualeinkommen bringen kann. Alle vier Optionen können in Teilzeit gestartet werden. Du kannst also zumindest am Anfang in deinem regulären Job bleiben bzw. deine momentanen Aktivitäten weiter fortführen. Im Laufe des Unternehmenswachstums solltest du jedoch darauf vorbereitet sein, 100% deiner Energie früher oder später darin hinein zu investieren.

Option Eins ist, dass du eine fantastische Idee hast und dementsprechend handeln wirst. Denk daran, nur eine Idee zu haben bedeutet noch gar nichts. Didi Mateschitz, der Gründer von Red Bull, mischte den Energydrinkmarkt nicht wegen seiner großartigen Idee auf, sondern wegen der exzellenten Ausführung im Vergleich zu anderen konkurrierenden Firmen. Es gibt sehr wenige Ideen da draußen, die nicht bereits von jemandem gedacht wurden. Keine Idee, egal wie großartig oder revolutionär, wurde ohne massivem Tun und beständigem Handeln je zur Realität.

Option Zwei ist, dass du einen Geschäftspartner kennst und du seinem/ihrem Unternehmen beitreten kannst indem du Wert ins Unternehmen bringst. Das Wichtige dabei ist jedoch, dass du einem Team nicht als Angestellter beitrittst, sondern mit Unternehmensanteilen, als ein wahrer Partner oder sogar Mitbegründer der Firma. So kannst du an den Profiten der gesamten Firma teilhaben. Wenn du oder deine Geschäftspartner wissen wie man Geld auftreibt, benötigen weder Option Eins noch Zwei unbedingt viel Geld im Voraus. Doch natürlich benötigen beide Optionen massive Arbeit. Genau das ist der Knackpunkt, warum diese beiden Optionen so schwer für die meisten Menschen sind. Wird das Unternehmen größer, so kreiert es einen inneren Wert und viele erfolgreiche Unternehmer verkaufen diese Teile dann an neue Investoren. Bill Gates ist nicht so reich wegen seines hohen Gehaltes, sondern wegen des Werts seiner Firmenbeteiligungen. Viele Jungunternehmer versuchen in seine Fußstapfen zu treten, doch viele dieser Startups scheitern. In 2011 wussten weder meine Freunde noch ich, wie man Geld auftreibt und außerdem hatte keiner von uns eine wirklich gute Idee. Aus diesem Grund waren damals weder Option eins, noch zwei die passenden für mich, doch heute sind genau diese mein Hauptfokus, wie du in der letzten Geschichte im Detail lesen wirst.

Option Drei ist ein Franchise, wie beispielsweise McDonalds oder ein anderes bewährtes System, zu erwerben. Du kaufst die Lizenz von der Mutterfirma inklusive einem komplettem System mit Logistik. Ein Franchisenehmer muss weder die richtigen Menschen kennen noch eine gute Idee haben, es ist also relativ simpel und die Erfolgschancen stehen hoch. Der Haken dabei ist jedoch, dass die meisten Franchiselizenzen deutlich mehr als EUR 50.000 oder sogar EUR 500.000 kosten. Personalausstattung und Einrichtung des Unternehmens sind bei diesem Betrag noch nicht inkludiert. Anfang 2011 begann ich gerade nach meiner Erfahrung in Brasilien meine Finanzen wieder auf die Reihe zu bringen, Option drei war also nicht im Möglichen. Ich glaube fest daran, dass es sinnvoll ist nur von Dingen zu sprechen, die man selbst erlebt hat und somit durch und durch versteht ohne nur von der Theorie zu sprechen. Da ich bis heute keine Erfahrung mit dieser Option habe, werde ich sie nur der Vollständigkeit halber auflisten, doch nicht mehr dazu anfügen.

Die letzte Option, **Option Vier**, ist einem "Network Marketing"-Unternehmen beizutreten. Bekannt ist diese Unternehmensstruktur auch als Multi-Level-Marketing oder kurz MLM. Gleichzeitig ist diese die umstrittenste aller Optionen. Da ich die anderen drei Optionen jedoch nicht nutzen konnte (ehrlicherweise wollte) und ich prinzipiell sowieso den "weniger bereisten Weg" bevorzugte, war ich für diese Option offen. Ich glaube, viele Leser und auch mein "jüngeres Ich" werden mit Network Marketing in der Zukunft, bzw. sind schon bereits jetzt, in Kontakt kommen. Da es eine Industrie mit jährlich mehreren Milliarden Euro Umsatz ist und jeden Tag weiter wächst, bin ich überzeugt davon, dass meine persönliche Erfahrungen und all die wertvollen Lektionen in dieser Geschichte besonders hilfreich sind. So viel kann ich dir schon verraten: Meine Erfahrung war nicht nur in Bezug auf mein Einkommen erfolgreich, sondern auch in Bezug auf das Lernen von unternehmerischen Fähigkeiten. Network Marketing half mir ein guter Sprecher, Verkäufer und Präsentator zu werden – alles Dinge, welche damals sehr neu für mich waren.

Die Idee von Network Marketing ist ziemlich einfach zu verstehen, wird jedoch oft missverstanden. Dieser Mangel an Verständnis verhalf Network Marketing leider zu einem sehr umstrittenen Ruf. Die Lösung die Network Marketing bietet ist, wie es der Name erraten lässt, ein Produkt oder eine Dienstleistung über ein Netzwerk von Menschen zu vermarkten. In einem traditionellen Unternehmen bezahlt eine Firma ein Marketing- oder Verkaufsteam um Produkte zu verkaufen oder zu vermarkten. Wenn Mitarbeiter gute Leistungen erbringen, erhalten sie eventuell einen Verkaufsbonus. Verlassen sie die Firma jedoch, erhalten sie vom zukünftigen Umsatz keine weiteren Provisionen, obwohl sie diesen ursprünglich für die Firma kreierten und mit ziemlich großer Sicherheit ebenfalls an der Etablierung des

Stammkundenstocks beteiligt waren. Es klingt nach einem guten Deal für den Arbeitgeber, doch wenn man bedenkt, dass dieser seine Mitarbeiter jeden Monat bezahlen muss, obwohl diese vielleicht nicht ihre volle Leistung erbringen, erkennt man schnell, dass eben jeder Vorteil immer auch einen Nachteil mit sich bringt.

So wurde nach anderen Lösungen gesucht, in der Hoffnung bessere Methoden für alle Parteien zu finden. Eine seit langem genutzte Alternative war der Direktvertrieb von Tür zu Tür. Dies funktionierte besonders bei Staubsaugern, Putzmitteln oder anderen Haushaltsartikeln. Heutzutage mit der Hilfe des Internets entwickelte sich dieses zum so genannten Affiliate-Marketing weiter, bei dem auf Blogs, Facebook, Instagram, Pinterest oder über E-Mail für Produkte geworben wird. Über einen speziellen Link verdienen Blogger, YouTuber oder Instagramer, sobald Umsatz darüber generiert wird. Umso mehr Personen durch diese Marketingaktivitäten erreicht werden und je mehr Umsatz generiert wird, desto mehr Provision bezahlt die Firma an ihre Affiliate-Partner aus. Der Nachteil für den Marketer jedoch ist, dass obwohl dies ein flexibles und skalierbares Einkommen bringen kann, man ein ziemlich großes Publikum benötigt, da die Provisionen meist nicht hoch sind. Sobald man aufhört ein Produkt oder eine Dienstleistung zu bewerben, geht außerdem meist auch das Einkommen zurück. Riesige Unternehmen wie Amway oder Tupperware begannen eine neue Strategie zu entwickeln. Begeisterte Nutzer von Produkten oder Dienstleistungen konnten selbst zum freien Mitarbeiter werden, und so durch den Weiterverkauf von diesen Produkten oder Dienstleistungen einen Zusatzverdienst generieren. Sie sind nicht bei der Firma angestellt, sondern arbeiten als unabhängiger Unternehmer auf Provisionsbasis. Der große Unterschied zwischen Network Marketing und dem Direktverkauf ist die Möglichkeit des Aufbaus eines wahren skalierbaren Residualeinkommens indem man andere Teammitglieder rekrutiert. Der rekrutierende Mitarbeiter verdient einen bestimmten Prozentsatz an den Umsätzen seines neuen Rekruten, und im Gegenzug dazu erhält dieser Training, Unterstützung und Hilfe. Wenn Leute diese Erklärung hören, verwechseln sie oftmals legitimes Network Marketing mit illegalen "Pyramidenspielen" oder "Schneeballsystemen". Während diese illegal sind, ist Network Marketing ein populäres Unternehmensmodell, das Milliarden von Euro in vielen Ländern der Welt umsetzt. Es ist für den Laien manchmal schwer, zwischen illegalen Systemen und legalen Network Marketing Firmen zu unterscheiden und du kannst eine detaillierte Erklärung auf der Österreichischen Wirtschaftskammer Webseite [17]nachlesen. Grob gesagt liegt der Hauptunterschied darin, wie sehr der Fokus auf dem eigentlichen Verkauf des Produktes oder der Dienstleistung im Vergleich zum Rekrutieren von neuen Teammitgliedern liegt. Network Marketing stellt eine faire Methode für alle Teilnehmer dar, solange es korrekt gehandhabt wird. Firmen generieren Umsatz und bezahlen dafür Provisionen. Das Konzept ist es für Leistungen bezahlt zu werden. Umso mehr Umsatz ein individueller Teampartner generiert, desto höher ist seine Vergütung und nach einiger Zeit auch sein Residualeinkommen. Das heißt, dass er irgendwann völlig unabhängig von der Zeit verdient. Leider gibt es immer wieder schwarze Schafe, welche Leute anlügen und so Unsicherheit und Negativität kreieren. Gerade in Amerika hat sich der Topunternehmer Eric Worre deshalb dafür engagiert, Network Marketing korrekt zu erklären und Vorurteile auszuräumen. Wenn du Englisch verstehst und dich das Thema interessiert, schau auf jeden Fall auf seine Webseite: http://www.riseoftheentrepreneur.org/

Gute Network Marketing Firmen haben großartige Trainingsstrukturen wie man eine unternehmerische Denkweise entwickelt, wie man bis zur Zielerreichung durchhält, Vereinbarungen einhält, verkauft, mit anderen

---

17 https://www.wko.at/Content.Node/branchen/oe/Direktvertrieb/Gewerberelevante-Vorschriften/Multilevelmarketing.html

Menschen zusammenarbeitet und Teams führt. Bis zu meinem Start in einem Network Marketing Unternehmen habe ich noch nie vor mehr Leuten als meiner Studiengruppe in der Medizin gesprochen. Jedoch wusste ich, dass wenn ich ein Unternehmen leiten wollte, ich ein ungleich besserer Redner werden musste. Heute habe ich durch meinen gewählten Weg bereits vor hunderten, wenn nicht sogar tausenden von Menschen gesprochen, was mir extrem hilft. Bevor ich nun meine eigene Geschichte erzähle, möchte ich paar wichtige Dinge klarstellen: Ich stehe Network Marketing sehr subjektiv gegenüber, denn ich habe während meiner Zusammenarbeit nicht nur gutes Geld verdient, sondern auch eine Menge an Erfahrung und Wissen sammeln können. Es ist also klar, dass ich Network Marketing gegenüber sehr positiv eingestellt bin, auch wenn mir bewusst ist, dass es nur für die wenigsten interessant sein wird ein solches Unternehmen mit aufzubauen. Viele Menschen werden hier nicht erfolgreicher sein als beim Start eines eigenen Unternehmens – wie hoch die Chancen auf Erfolg in diesem Quadranten sind bzw. wie hart man arbeiten muss, um Erfolg zu haben, wird bereits beim Cashflow Quadranten ziemlich gut dargestellt. Trotzdem sollte meiner Ansicht nach JEDER bei einem Network Marketing Unternehmen dabei sein. Dies hat nichts mit "Aktivem Rekrutieren" zu tun, was ich eben NICHT jedem rate, sondern hat vielmehr folgende drei Gründe: **Erstens** haben Network Marketing Unternehmen oft hervorragende Produkte, die man für sich nutzen kann, und am freien Markt nie zu diesem Preis mit gleicher Qualität bekommen könnte. **Zweitens** umgibt man sich dort mit hochmotivierten Personen, die daran interessiert sind, dass du erfolgreich bist. Und **drittens** haben Network Marketing Firmen oft steuerliche Vorteile, da du ein eigenes Unternehmen gründest. Ich werde, wie es in der Industrie üblich ist, keine der Firmen mit denen ich in der Vergangenheit zusammengearbeitet habe oder auch heute noch zusammenarbeite, beim Namen nennen. Es geht nicht darum, dass du meine Firmen auswählst, sondern vielmehr dass du erkennst, warum es eventuell auch für dich Sinn machen würde in einem solchen Unternehmen zu starten. Bevor du jedoch überhaupt daran denkst, sei dir im Klaren, dass du jede Woche neben deinem Haupteinkommen ein paar harte Arbeitsstunden da hineinstecken musst. Sieh Network Marketing wie deine eigene Firma, dann startest du mit der richtigen Einstellung. Da Network Marketing ein Mensch-zu-Mensch Geschäft ist, wird dich, gleich wie auch mich, höchstwahrscheinlich ein Bekannter oder Freund auf "eine Geschäftsmöglichkeit" ansprechen.

Während einer Kitereise in Thailand fragte mich ein guter Freund namens Michael, ob ich offen wäre etwas Geld auf der Seite zu verdienen. Da ich nach Einkommensmöglichkeiten suchte, war ich das natürlich. Seitdem ich Robert Kiyosakis Buch "Rich Dad, Poor Dad" gelesen hatte, verstand ich die Grundzüge von Network Marketing und erkannte sofort, worauf Michael hinauswollte. Er erklärte mir zuerst den Hintergrund der Firma und kam danach zum Geschäftsmodell. Ich muss noch heute schmunzeln, wenn ich an seine Kreise zurückdenke, die er während seiner Erklärung aufmalte, welche Menschen repräsentieren sollten. Wenn du je bei einer Network Marketing Präsentation warst, dann weißt du was ich meine. Schließlich sprach er die typischen, jedoch etwas zu einfach klingenden Worte: "Alles was du tun musst ist das Produkt zu benutzen und fünf Menschen finden, die das Gleiche tun. Dann finden diese 25 Menschen und diese wiederum 125 und bevor du dich versiehst hast du tausende von Menschen in deiner Gruppe und verdienst ein sechsstelliges Residualeinkommen!" Mir war sofort klar, dass es nicht so einfach werden würde. Um eine passende Firma auszuwählen, musst du zwei wichtige Faktoren beachten: Die allererste Frage die du dir stellen musst, ist, ob du das Produkt oder die Dienstleistung, die das Unternehmen vertreibt, magst und ob es gut ist. Würdest du es rein als Kunde kaufen ohne Hintergedanke daran zu verdienen? Wenn es zu überteuert oder nicht gut ist, werden es Menschen nicht benutzen und du wirst schnell frustriert zu der Gruppe gehören, welche glauben, dass Network Marketing nicht funktioniert, was es jedoch nachweislich tut. Manche Vertriebler sagen dir Sachen wie "Mach dir keine Gedanken über das Produkt – wir sind nur hier zum Rekrutieren. Du musst es nicht selbst benutzen, es ist wichtiger, dass andere dies machen." Frag dich dann selber: "Denkst du, Steve Jobs hätte Apple Computer verkauft und selbst aber Microsoft benutzt? Nein! Denkst du Elon Musk, der Eigentümer von Tesla Motors, würde je ein benzinbetriebenes Auto fahren? Niemals! Wenn du erfolgreich im Network Marketing werden willst, musst du denken wie ein Unternehmer und musst die Produkte oder Dienstleistungen, die du bewirbst, lieben. Du musst verstehen, dass es auch hier darum geht, Umsatz zu generieren, wie in jedem anderen Unternehmen auch. Nur bist du hier ein Teil eines gesamten Netzwerks selbständiger Firmeninhaber. Frage dich also wirklich selbst: "Würde ich das Produkt benutzen? Mag ich das Produkt? Macht es Sinn? Hat es einen guten Preis? Ist es gut ausgeführt? Sehe ich mich darin es zu verkaufen oder weiterzuempfehlen?" Wenn du diese Fragen mit einem klaren "Ja" beantwortet hast, kannst du zu Schritt zwei übergehen.

Als nächstes solltest du dir die Leute im Unternehmen anschauen. Wie sind der Firmengründer, die Inhaber und die Führungskräfte? Obwohl du ein eigener Unternehmer bist, bist du ihnen zu einem großen Teil ausgeliefert. Welche Vision und Ziele verfolgen sie? Kannst du dich damit identifizieren? Wie sind die Teampartner mit denen du zusammen arbeiten würdest? Du brauchst Hilfe und eine Anleitung. Wenn du das Gefühl hast, dass du kein gutes Training von ihnen erhalten würdest, kannst du ein Nutzer des Produktes bleiben. Dennoch würde ich dir nicht raten es zu bewerben, weil du, ganz egal welche Ausbildung du vorher hattest, in dieser für dich neuen Industrie ein Amateur bist und wie in jeder anderen Industrie auch Training brauchst. Neben den internen Trainings der Firma bin ich zu zahlreichen externen Seminaren gegangen, um meine Fähigkeiten noch mehr und schneller zu verbessern. Ich nahm zum Beispiel an einem Seminar mit Jordan Belfort vom "Wolf of Wall

Street", an Kursen für Versicherungsagenten und auch an Körpersprache-Trainings teil. Sie kosteten jede Menge Geld, doch waren sie nicht nur für Network Marketing relevant, sondern sind es auch heute noch mehr denn je. Sollte jemand behaupten, dass es "in dieser Firma" einfach sei tausende von Euro im Monat mit nur wenig Einsatz zu verdienen, so sei bei diesen Aussagen immer sehr vorsichtig. Dies sind meistens Sprüche von entweder Unerfahrenen die das wirklich glauben, oder Profis die eben solche Unerfahrenen locken wollen. Michael hatte mir das zwar nicht gesagt, doch hatte er es für sich selbst gedacht. Kurz nachdem ich nämlich mit ihm gestartet bin, gab er "sein Unternehmen auf" und ich stand alleine da.

Der Grund für die "Schwierigkeit", wo doch alles am Anfang so einfach und logisch ausgesehen hat, ist, genau wie in der Geschichte zuvor beschrieben, das Pareto Prinzip. Dies ist auch leider der Hauptgrund, warum Network Marketing einen teilweise so schlechten Ruf bekommen hat, abgesehen von Abzockerfirmen oder Lügnern natürlich. Damit du eine Person findest, die entweder dein Produkt kauft oder es gemeinsam mit dir aufbaut, hast du immer viel mehr andere welche daran kein Interesse haben. Das mag zuerst verwirrend klingen, doch lässt sich logisch erklären und trifft auch so in der gesamten Wirtschaft zu. Zum Beispiel ist Apple zwar eines der größten Firmen weltweit, doch gerade mal 20% benutzen ein iPhone[18]. 80% nutzen Apple also NICHT. Dies trifft auch im Network Marketing zu und du sprichst zum Beispiel mit zehn Menschen, aber nur einer oder zwei davon ist an dem interessiert, was du ihm/ihr erzählst. Das heißt gleichzeitig, dass acht oder neun Leute davon NEIN zu dir sagen werden, gleich wie bei Apple. Für viele Leute ist es jedoch niederschmetternd, mit zahlreichen Menschen zu sprechen und von den meisten zu hören, dass das Produkt schlecht ist, sie kein Interesse haben oder "damit"

---

18   http://de.statista.com/statistik/daten/studie/256790/umfrage/mark-tanteile-von-android-und-ios-am-smartphone-absatz-in-deutschland/

Geld zu verdienen nicht funktioniert. Diese Ablehnung ist der Grund, warum so viele Unternehmer, nicht nur im Network Marketing, scheitern. Ursprünglich hatte auch ich erwartet, dass ich mir ein bisschen leichter tun würde. Doch die meisten Menschen mit denen ich redete, rieten mir aufzuhören und wieder Arzt zu werden. Ich stellte mich den härtesten Ablehnungen meines Lebens. Dutzende von Menschen sagten "Nein" oder "Red nicht mit mir darüber" und so weiter. Mir war bewusst, dass jeder Unternehmer das Gleiche durchmacht, doch tatsächlich selber in den Schuhen zu stecken war eine erniedrigende Erfahrung. Viele meiner Freunde und Familie glaubten, es wäre nur eine Phase und dass ich bald wieder "zu Sinnen" kommen würde. Viele verstanden nicht, warum ich als bereits so erfolgreiche Person in diese Industrie einsteigen würde. Es war das linksseitige Denken im Cashflow Quadranten, das die Menschen davon abschreckte zu der rechten Quadrantenseite zu gehen. Jedoch wusste ich, dass wenn ich etwas wollte was andere nicht hatten, musste ich Dinge tun, welche sie nicht taten.

Schlussendlich funktionierte das Gesetz von großen Zahlen und nach sechs Monaten hatte ich endlich ein kleines Kernteam in Europa. Mein Training und Lesen hatte sich bezahlt gemacht und mit meinem strengen Zeitregiment konnte ich viel effizienter arbeiten als andere, welche jedoch meist mehr Wissen und Erfahrung mitgebracht hatten. Nach Monaten des Misserfolges war endlich ein bisschen Erfolg eingetreten, und ich sah "den Baum aus der Erde kommen". Nun kam eine andere Herausforderung auf mich zu: Menschen hassen es, wenn jemand aus "ihren Reihen kommt", dann aber hart daran arbeitet, um weiter zu kommen – und dies dann auch erreicht. Ich lernte die drei verschiedenen Phasen, welche mein Umfeld während meiner Network Marketing Karriere durchgingen: Zuerst war die "Keine Ahnung von nichts, aber eine Meinung zu allem" - Phase. Leute versuchten mir entweder zu zeigen, warum es nicht funktionieren konnte oder was ich alles falsch machen würde. Sie hatten keine Ahnung, wollten aber einfach zu gerne "ihren Senf dazugeben". Dadurch lernte ich wieder einmal nur jenen Menschen zuzuhören, die bereits erreicht hatten, was ich erreichen wollte – und keiner von denen mit dem "Senf" gehörte dazu. Nach einem knappen halben Jahr kam die Phase, in der ich ein paar kleine Erfolge zu verzeichnen hatte. Dieselben Leute begannen Entschuldigungen zu erfinden, warum ich es geschafft hatte, sie jedoch nicht. Sie meinten es funktionierte weil ich nicht arbeiten musste oder weil ich ein Arzt war oder weil ich keine Kinder hatte oder weil ich... Keine Ahnung was noch - es waren alles nur Ausreden, weil sie nicht den Mumm dazu hatten ihre Ziele zu verfolgen. Es erinnerte mich so sehr an die Kitesurf-Geschichte, auch wenn hier alles noch krasser verlief. Schlussendlich kam ich auch durch diese Phase und nach einigen weiteren Stolpersteinen hatte ich endlich meinen Durchbruch. Gemeinsam mit all dem Einkommen vom Kitesurfen und dem Kite Tricktionary Buch hatte ich mein Ziel, mindestens EUR 100.000 in einem Jahr zu verdienen, genau erreicht. Noch vor einem Jahr, hatte ich dies alles nur auf meiner Zielcollage, doch nun begann ich diese in die Realität umzusetzen. Binnen drei Jahren hatte ich mit meinem Team eine unglaubliche Organisation von weltweit knapp 27.000 Menschen aufgebaut. Denk einmal nach: 27.000 Menschen welche ein Produkt nutzen, mich meistens gar nicht kennen und an deren Umsatz ich aber dauernd mitverdiene. Weißt du, wie die Menschen jetzt reagierten? Einige gratulierten mir, andere hatten immer noch Ausreden parat und noch andere wurden zu Neidern. Zwar hatte ich in der Kitesurf-Geschichte schon mit solchen Umgangsformen Erfahrung gemacht, doch was ich hier erlebte sprengte meine Vorstellungskraft.

2011 und besonders 2012 waren unglaublich produktive Jahre. Ich schwamm zwar, so wie ich das eigentlich wollte, gegen den Strom, doch ich hatte mehr und mehr Leute um mich herum, die mir meinen Erfolg, nicht nur im Network Marketing sondern generell, nicht gönnten, Firmen, welche unverzeihliche Fehlentscheidungen trafen und diese auf mich abwälzten und ein Gewissen, dass mich jeden Tag fragte: "Willst du nicht endlich aufhören und mit dem Strom mit treiben?" Es wurde immer schlimmer und die Neider wurden stärker. Kurz darauf schrieben mir ein paar von ihnen auf Facebook und Twitter, um mir zu erklären, dass ich meinen Erfolg nicht verdient hätte, dass ich nur Glück hatte und nichts vom Geschäftsleben verstand. Neider sind Leute, die einfach nur neidisch sind. Es gibt keinen wirklichen Grund, denn eigentlich könnten sie genau dasselbe erreichen, doch das ist der Knackpunkt: Sie würden nie den gleichen Einsatz dafür bringen. Und anstatt dies zuzugeben, quälen sie lieber diejenigen, welche bereit sind, gegen den Strom zu schwimmen und hart zu arbeiten. Nachdem ich sie auf Facebook und Twitter blockierte, stellten sie meinen medizinischen Doktortitel in Frage. Einfach nur so, ohne Grund. Anfangs reagierte ich komplett falsch und versuchte gegen die Neider anzukämpfen, was komplett nach hinten losging. Ich lud meinen Medizinabschluss ins Internet oder rechtfertigte mich bei Anschuldigungen. Dabei streute ich nur noch mehr Salz in die Wunden und machte die Neider stärker. Es erschloss sich mir einfach nicht, dass es Menschen gab, die einfach so jemanden zu unterdrücken versuchten.

Ich verlor mein Selbstbewusstsein, wurde ruhiger und immer unproduktiver. 2014 und Anfang 2015 war deshalb eine der schwierigsten Zeiten meines Lebens. Es war zu viel Lärm, als dass ich mich hätte konzentrieren können und ich vergaß, was mich immer so stark gemacht hatte: 100% Fokus ohne darauf zu hören, was hinter meinem Rücken erzählt wurde. 2014 versuchte ich also nichts anderes, als von anderen zu lernen wie man mit diesen Neidern umgeht. Ich las Autobiographien von Menschen die Neider hatten, sah mir YouTube-Videos zu diesem Thema an und las Blogeinträge. Schließlich erkannte ich, dass der Grund, warum ich noch nie so viele Neider zuvor gehabt hatte, war, weil ich noch nie so erfolgreich zuvor gewesen war. Noch nie hatte ich so viel verdient oder so viel erreicht. Also musste ich lernen den Neidern dankbar zu sein, denn erst wenn man Neider hat, bedeutet es, dass man etwas erreicht hat.

Niemand ist neidisch auf dich, wenn du im Durchschnitt lebst, denn du stellst somit keine "Bedrohung" da. Um es in Oscar Wildes Worten zu sagen: "Die Anzahl unserer Neider bestätigt unsere Fähigkeiten". Der richtige Weg mit Neidern umzugehen ist komplett anders, als ich es tat:

Schritt eins: Sei dankbar dafür, dass du Neider hast. **Schritt zwei:** Ignoriere sie und blockiere den "Lärm". Konzentriere dich und mach weiter, weil nichts was du sagst oder tust etwas ändern wird. Es verschlimmert die Lage nur und motiviert die Neider, noch mehr gegen dich vorzugehen. **Schritt drei:** Steigere die Intensität, kämpf dich durch und geh weiter. Hör nie auf, denn dann geben die Neider irgendwann auf und suchen sie ein anderes "Opfer". Der Knackpunkt ist so schnell wie möglich so viele Resultate zu liefern, dass die Neider zu dem werden, zu dem fast alle Neider einmal werden, wenn du gut genug bist: Ein Fan. 2014 war somit eine große Lernerfahrung, die es mir zudem ermöglichte dieses Buch zu schreiben. Heute bin ich für jeden Neider dankbar, denn ich verstehe, dass ich mir Neid erarbeiten muss – Mitleid gäbe es geschenkt.

Ich hoffe, du bekommst einen Einblick in meine Erfahrungen im Network Marketing und wenn du genau so in diesem Bereich starten willst, dann verstehe folgende drei Lektionen: **Erstens**, wenn du nicht dein ganzes Leben lang Zeit gegen Geld tauschen willst, musst du entweder Geld zu Geld machen oder ein Unternehmen gründen. Nachdem du selbst wahrscheinlich noch wenig Geld hast macht es mehr Sinn, eine der vier Unternehmensoptionen zu wählen. Die **zweite Lektion** ist, dass Network Marketing gleich wie ein eigenes Unternehmen funktioniert. Sei dir also sicher, dass du vollen Einsatz zeigst, das Produkt toll findest und du dich damit identifizieren kannst. **Drittens**, verstehe, dass du durch Erfolg immer Neider anziehen wirst. Lass dich dadurch nicht so wie ich einschüchtern, auch wenn das leichter gesagt ist als getan. Lass dir deine Träume nicht wegnehmen, auch wenn du mal nicht wissen solltest, ob du das Richtige machst oder nicht. Bleib deinen Werten treu. Etwas ganz Wichtiges noch zum Schluss: Wenn du in deiner Network Marketing Firma erkennst, dass gerade die Firmeninhaber nicht die gleichen Werte teilen wie du, dann trenne dich, besser früh als spät. Der Grund warum ich das sage ist, weil es leider immer noch viele schwarze Schafe da draußen gibt, welche deinen Ruf zerstören können wenn du nicht schnell genug reagierst. Network Marketing war die beste Unternehmer-Schule für mich und die Beziehungen die ich aufbaute und Fähigkeiten die ich lernte, sind der Grund dafür, dass ich heute bin wo ich bin. Und das ist ein Ort, den viele nicht besuchen werden, weil sie nicht bereit sind durchzumachen, was ich durchgemacht habe. Denk immer daran, dass es gibt keinen Expressaufzug zum Erfolg gibt, sondern du die Treppe hochsteigen musst.

Bevor ich dir von meinem Umzug nach Asien in 2012 erzählen werde, was schlussendlich ein großer Erfolgsfaktor für mich war, möchte ich dich herausfordern selbst gegen den Strom zu schwimmen. Das kann jederzeit sein, wenn dir andere Menschen nicht zustimmen, du jedoch weißt, dass du gerade das Richtige tust. Wenn du willst, gründe so wie ich dein eigenes Unternehmen, egal ob es deine eigene Idee, ein Franchise oder Network Marketing ist. Bilde dich fort und lerne die Fähigkeiten, die du brauchst um ein Unternehmen zu leiten. Verstehe, dass du mit Erfolg auch immer mehr Leute hast, die hinter deinem Rücken reden. Egal ob gut oder schlecht – sie reden über dich! Dies ist der einzige Weg für dich zu wissen, dass du gegen den Strom schwimmst. Kämpfe dich durch, um so etwas Großartiges zu erschaffen. Starte jetzt!

NOTIZEN

24.

DIE ASIEN-GESCHICHTE –
ALL-IN GEHEN

"Ein Schiff im Hafen liegt sicher, doch dafür wird es nicht gebaut." – John A. Shedd

In der letzten Geschichte habe ich dir von meinen ersten Schritten im Unternehmertum erzählt und in dieser Geschichte nun werde ich dir meinen Weg zum Vollzeitunternehmer erzählen und beschreiben, welche Herausforderungen mich dabei erwartet haben und wie ich diese gemeistert habe. Wie jedes Unternehmen suchte auch ich nach Möglichkeiten den Umsatz zu erhöhen, um so mehr Gewinne einzufahren. Auf meiner Suche nach einem Markt mit vielen Menschen und viel Konsum, stach mir sofort Asien ins Auge. Es gibt keinen größeren Markt, wenn man bedenkt, dass fast zwei Drittel der Weltbevölkerung in Indien, China, Indonesien und Japan leben. Ich bin zwar während meinen Kitesurfingzeiten oft in und durch Asien gereist, doch hatte ich noch nie zuvor dort gelebt. Wie du sicher in den Geschichten zuvor bereits wahrgenommen hast, war ich immer schon immer davon überzeugt, dass Praxis mehr zählt als reine Theorie. Da ich nun Unternehmer geworden war und Asien als "die Lösung" sah, betrachtete ich Hong Kong als mein neues Ziel. Schließlich verkörpert es die wirtschaftliche Hauptstadt des Kontinenten. Bis dahin war ich finanziell noch nicht stabil genug, dass ich ohne meine finanziellen Reserven anzuknabbern dort hätte hinreisen können. Nachdem einige Expansionsversuche in andere Regionen Europas gescheitert waren, hielt ich an meinem Ziel nach Hong Kong zu ziehen fest. Ich sprach also mit meiner Freundin, Familie und Freunden darüber alles in Europa aufzugeben und klarerweise kamen von einigen Einwände: "Du sprichst kein Chinesisch. Du kennst niemanden dort. Du weißt nicht, was dich erwartet. Die Leute dort werden deine Ideen nicht akzeptieren." und noch unzählige weitere. Ich wusste, dass ich weit aus meiner Komfortzone gehen musste, wenn ich es tatsächlich schaffen wollte. Zwar war ich mit 16 in die USA gezogen, doch damals war alles vorab organisiert worden. Diesmal war ich komplett auf mich alleine gestellt. Ich sprach mit einem Kitsurfkumpel, der in Hong Kong lebte und fragte ihn nach seiner Entscheidung, damals nach Hong Kong gezogen zu sein. Er bestätigte, dass ihm damals auch alle abrieten zu gehen, es aber die beste Entscheidung seines Lebens war. Er bot mir an, dass ich bei ihm für die ersten Wochen übernachten könne und so beschloss ich auf das Motto meines Basketball-Idols Michael Jordan zu hören: "Du verpasst 100% der Würfe, die du nicht versuchst!"

Die Vorbereitungen liefen auf Hochtouren und jeder Tag näher zur finalen Abreise verunsicherte mich immer mehr, ob auch wirklich alles so funktionieren würde wie geplant. Hätte ich nicht einen Trick angewandt, hätte ich wahrscheinlich zu guter Letzt doch noch einen Rückzieher gemacht. Ich bin kein Superheld, der etwas kann was andere nicht können. Ich bin eher das genaue Gegenteil, doch ich lernte meine Reaktionen zu verstehen und deshalb Fähigkeiten zu entwickeln, mit denen ich mich selbst austricksen konnte, um meine eigenen Schwächen zu überwinden. Es gibt eine Geschichte von Hernán Cortés, dem Spanischen Erkunder, dem die Entdeckung der "Neuen Welt" in Amerika gutgeschrieben wird. Als er in der Neuen Welt um 1500 ankam, wollte er das aztekische Reich erobern, war sich aber nicht sicher, ob seine Männer entschlossen genug waren es zu auch tun. Sie würden eventuell daran denken sich zu ergeben und anschließend heimkehren wollen. Was hatte Cortés also gemacht? Er ließ ihre Boote verbrennen. Er zündete sie buchstäblich an. So gab es keinen Weg zurück und die Männer hatten keine andere Wahl als zu kämpfen, um zu gewinnen und zu überleben. Und das taten sie auch. Auch wenn diese Strategie nicht immer anwendbar ist, so hatte ich genau diese bei meiner Abreise verwendet. Ich verkaufte meinen Audi A7, buchte nur ein Hinflug-Ticket und unterschrieb sogar die Papiere ein Auslandsösterreicher zu sein. Hätte ich nie mehr wieder zurück können? Doch, natürlich, nur so machte ich es mir viel schwerer. Was hätten die meisten Menschen in meiner Situation getan? Das Gleiche wie ich bei meinen vorherigen gescheiterten Expansionsversuchen: Ich hatte die Boote nicht verbrannt und ließ mir eine Option B, C, D, oder sogar E offen. Sobald also etwas nicht funktionierte oder Unvorhergesehenes dazwischen kam, was immer der Fall war, konnte ich sofort zurück – was ich dann auch machte. Doch nun hatte ich nur eine Wahl: "Kämpfen und gewinnen."

Meine ersten paar Monate in Hong Kong waren tatsächlich ein ständiger Kampf, vor allem da ich kein Wort Chinesisch sprach und mit der Kultur meine Schwierigkeiten hatte. Alle dort sagten mir, ich würde nie Erfolg haben und so wollte ich immer wieder aufgeben und zurück nach Österreich gehen. Das hätte jedoch bedeutet, dass ich einen teuren Flug buchen, nach einem Leihwagen und einem Ort zum Wohnen hätte suchen müssen. So kam ich dann doch zu dem Entschluss, dass es viel einfacher wäre in Hong Kong zu bleiben und das "Tief" durchzustehen. Wäre ich nicht so mit dem "Rücken an der Wand" gestanden und hätte keine anderen Wahl gehabt als mich durchzusetzen, wäre ich sicher heimgekehrt. Lieber passte ich mich der Herausforderung an bis diese keine wirkliche Herausforderung mehr für mich war. Immer und immer wieder wurde mir erklärt, dass es nicht klappen würde und mehrmals wollte ich tatsächlich aufgeben. Ich sah kein Licht am Ende des Tunnels. Bei einem Event für Unternehmer traf ich auf einen zukünftigen Geschäftspartner, der ebenfalls aus Österreich kommt. Er verstand meine Situation nur zu gut aus eigener Erfahrung, und war von meiner Idee begeistert und überzeugt. Wie aus dem Nichts machte er mich mit zahlreichen einflussreichen

Leuten in Hong Kong bekannt, sodass ich vom einen Tag auf den anderen einen "Geschäfts-Durchbruch" hatte. Es war "Erfolg über Nacht" nach monatelangem Ringen.

Nach fast einem Jahr hatte ich gemeinsam mit Bettina und unserem Team nun endlich eine solide Grundstruktur für unser Unternehmen. Mein Team war großartig und motiviert. Basierend auf dem Erfolg in Hong Kong begannen wir in andere asiatische Länder zu expandieren: Philippinen, Thailand, Macau und noch einige andere. Als ich nach Hong Kong gekommen war, erhielt ich oft die Antwort, dass viele Themen, egal ob Essen, Religion, Social Media, Handys, Apps oder Business dort immer "anders seien als im Rest der Welt". Beispielsweise zeigte ich ihnen eine neue App und erhielt sofort zur Antwort, dass Menschen in Hong Kong noch nicht wirklich Smartphones nutzten. Erst dachte ich, das wäre wirklich so und versuchte Geschäftsmodelle anzupassen. Doch als ich in die anderen Länder reiste, um dort unser Unternehmen auch aktiv aufzubauen, erhielt ich dieselbe Antwort. Egal ob in Thailand, auf Macau oder sonst wo. Als ich nach Deutschland oder später auch in die USA expandierte, war es dasselbe. Da erkannte ich, dass mich die Leute mit ihren "Entschuldigungen für ihre Region" bewusst oder unbewusst hereingelegt hatten, nur um nicht aus ihrer Komfortzone zu müssen, weil sie diese "Neue Idee" noch nie zuvor gesehen hatten. Egal was es ist, Leute bleiben gerne bei ihrem Gewohnten. Um nicht zugeben zu müssen, dass sie etwas Neues nicht lernen oder nutzen wollten, verwendeten sie diesen Trick und redeten sich auf "die Anderen" hinaus. Es erinnerte mich an meine Eltern, welche sich auch lange weigerten Facebook zu nutzen, weil sie meinten, dass es in "ihrem Alter" nicht gebraucht werden würde. Lustigerweise sind sie heute die ersten, die meinen Facebook-Status nach einem Update liken und mich quasi "stalken". In Asien war es dasselbe und anstatt mich mit einer neuen Technologie an das Bestehende anzupassen, erkannte ich wie wichtig es war ganz vorne auf der Welle mit zu schwimmen. Das bedeutete, Klartext mit Leuten zu reden und ihre Liebe für die

Vergangenheit zwar zu akzeptieren, doch vielmehr nach jenen Leuten zu suchen, welche offen waren mit mir gemeinsam für die Zukunft zu bauen. Du musst nicht die erste Person sein, die auf etwas Neues aufspringt, jedoch sollte man besonders im Geschäftsleben versuchen so weit vorne wie möglich mit dabei sein. Nachdem ich dies verstanden hatte, gelang es mir schlussendlich auch. Nach meinem Erfolg versuchten auch andere Unternehmer ähnliche Geschäftsmodelle nach Hong Kong zu bringen, um auch einen Teil des Kuchens zu bekommen. Es schaffte jedoch keiner mehr, denn die Welle war vorübergegangen. Als ich nach Hong Kong kam wurde ich mit viel Ablehnung konfrontiert, weil ich eine neue Idee gebracht hatte. Doch du kannst kein neues Unternehmen auf einer alten Idee gründen, welche schon alle nutzen. Diejenigen, welche die Welle gemeinsam mit mir nahmen, hatten einen "tollen Ritt" und hatten gewonnen. Diejenigen die diese Chance verpasst haben, müssen nun auf die nächste Welle warten, die sicher kommen wird – nur ob sie diese dann auch erkennen und nutzen, ist eine andere Frage, denn diese Welle sieht natürlich wieder komplett neu und anders aus.

Solltest du dich also auf jede neue Geschäftsmöglichkeit stürzen oder auf dem Weg etwas Neues zu versuchen auch deine "Boote verbrennen"? "Deine Boote zu verbrennen" bedeutet nicht "deine Brücken niederzureißen". Brücken sind Wege, welche man immer wieder geht, besonders Verbindungen zur Familie, Freunde, aber auch das regelmäßige Einkommen. Für viele ist gerade der Schritt ins Unternehmertum dadurch schwierig, dass sie von Letzterem abhängig sind. Verbrenne niemals deine Verbindungen (Brücken), vor allem nicht dein Haupteinkommen. Die meisten Unternehmen können in der Teilzeit gegründet werden und so solltest du es als Zusatzeinkommen ansehen, solange es geht. Elon Musk, CEO von Tesla Motors und Space-X, riskierte jeden Cent, den er und seine Familie hatten, um diese Firmen zu starten und am Leben zu erhalten. Er war einige Male nahezu bankrott und er ist mit seinen hochriskanten jedoch erfolgreichen Aktionen sicher die Ausnahme von der Regel. Trotzdem rate ich dir nicht, immer den sicheren und traditionellen Weg zu gehen – au contraire! Ich denke, du solltest kalkulierte Risiken eingehen, Boote verbrennen und die Brücken aufrechterhalten. Den Kontakt zu meinen Freunden und zur Familie hielt ich immer, solange sie mich nicht negativ beeinflussen wollten – dann hätte ich diesen Kontakt zum Boot gemacht und "verbrannt". Vom Kitesurfen hatte ich auch noch genug Einkommen übrig und wusste, dass ich ein Jahr in Hong Kong überleben konnte, auch wenn ich weniger verdienen würde. Dies ist eine der wichtigsten Fragen, die du dir beim Übergang zum Vollzeitunternehmer stellen musst: "Wie lange könnte ich mit den Minimalausgaben bei meinem jetzigem Kapital ohne Einkommen überleben?" Wenn das nur ein paar Wochen sind, dann würde ich das Haupteinkommen nicht aufgeben. Hast du aber, so wie ich glücklicherweise, fast ein Jahr Zeit, dann sieht die Sache schon deutlich anders aus. Irgendwann muss jeder Unternehmer diesen Schritt wagen, nur wann der passende Zeitpunkt ist hat viel mit deiner Risikotoleranz und deinem Hintergrund zu tun.

Seit fast vier Jahren lebe ich nun hier in Hong Kong und suche ständig nach neuen Herausforderungen und somit Möglichkeiten. Ich war ursprünglich nach Hong Kong gekommen, gleich wie ich damals nach sechs Monaten im Studium ins Krankenhaus ging. Anstatt nur Theorie zu lernen wollte ich sofort in die Praxis gehen, und dies ist mir damals in der Medizin wie auch dieses mal im Unternehmertun in Hong Kong geglückt. Gemeinsam mit Bettina bin ich vom Teilzeitunternehmer im Network Marketing zu einem Vollzeitunternehmer mit mehreren unterschiedlichen erfolgreichen Firmen geworden. Network Marketing, jedoch vor allem Hong Kong, war eine der besten Unternehmerschulen bei denen ich mich "inskribieren" hätte können. Bleiben wir nun in Hong Kong oder ziehen wir weg? Ich fühl mich wohl im gewohnten Hong Kong und wegzuziehen ist gleich schwer wie damals herzuziehen. Das alte "Außerhalb der Komfortzone" ist nun zur eigentlichen

und neuen Komfortzone geworden . Veränderungen sind nie
einfach, für niemanden. Auch nicht für mich oder die besten
Unternehmer oder Veränderungs-Liebenden da draußen.
Manche Menschen lernen leider nie damit umzugehen und
bleiben stecken. Anpassungsfähigkeit ist etwas das jeder
lernen kann, wie eine Sprache. Wenn auch du einen großen
Umbruch in deinem Leben machen willst, den Schritt zum
Vollzeitunternehmer wagen willst oder einfach ein bisschen
Inspiration brauchst, nimm diese drei Lektionen aus meiner
Zeit in Hong Kong mit:

**Erstens, verstehe, dass jemand, der in ihrer/seiner
Komfortzone** bleiben will, jede mögliche Ausrede benutzen
wird, um dort bleiben zu können. Wenn man zum Beispiel
Kinder hat, wird das als Entschuldigung benutzt, obwohl
Kinder eigentlich ein Grund zur Verbesserung sein sollten.
Die zweite Lektion ist es seine Boote zu verbrennen, um
so "Hilfe" zu erhalten aus der Komfortzone auszutreten.
Jeder hat mit den Veränderungen beim Verlassen des
"sicheren Hafens" zu kämpfen und der Schritt zum
Vollzeitunternehmer ist hier nicht anders. Denke jedoch
daran, die Brücken wie Freundschaften und Netzwerke
aufrecht zu erhalten. Du brauchst diese immer und immer
wieder. Sei dir auch sicher, dass du genug finanziellen Puffer
hast, damit du nicht gleich nervös wirst, wenn mal kein Geld
aus deinem neuen Unternehmen herein kommt. **Die dritte
und letzte Lektion ist es dort hinzulaufen** wo die Welle
bzw. der Ball sein wird, und nicht dort, wo er bereits war
oder gerade noch ist. Wenn du dort hinrennst wo der Ball
schon ist, springt er weg zu jemand anders und du bist zu
spät. Im Geschäftsleben ist es genau gleich. Willst du also
erfolgreich sein, so erkenne Trends und reite deren Wellen
wie beim Surfen. Ich sage dir das, weil so viele Menschen
und Firmen hinter Trends fallen und diese versuchen dann
noch aufzuholen. Dies funktioniert meistens nicht und es
ist besser, sich eine neue Welle zu suchen. Du kannst diese
Lektionen in vielen Bereichen im Leben anwenden. Mein
Schritt ins Unternehmertum und mein Umzug nach Asien

wäre für andere vielleicht eine einfache Herausforderung gewesen, doch für mich war es schwer. Ich glaube nicht, dass Leute, welche scheinbar mit Veränderungen einfach klar kommen, dies einfach so können, sondern vielmehr deshalb, da sie Strategien entwickeln, die sie dazu "zwingen" sich auf diese Veränderungen anzupassen.

Lass mich dich nun zur Tat auffordern: "Schiffe im Hafen sehen wunderschön aus, aber das ist nicht wofür sie gemacht sind. Sie sind fürs Segeln gemacht!" Nimm neue Herausforderungen an und sei bereit, dich vor der Masse zu positionieren, um den nächsten Trend als Unternehmer zu nutzen.

NOTIZEN

25.

DIE LETZTE-GESCHICHTE – FINANZIELL FREI SEIN

"Wir haben nie zu wenig Geld. Wir haben zu wenig Menschen mit großen Träumen, die dafür sterben würden, dass sie Realität werden!" – Jack Ma, Gründer von Alibaba

In den letzten 24 Geschichten hast du viele Erinnerungen aus meinem Leben und deren Lektionen erfahren. All diese Geschichten führen zu dieser letzten Geschichte, in der ich alle Einkommensarten beschreibe, welche ich von anderen Millionären, bei Seminaren und aus Vorträgen gelernt habe, und mich schlussendlich heute finanziell frei mache. Viele Bücher geben oft nur allgemeine Tipps und so tun sich viele Leute schwer, die finanzielle Unabhängigkeit auch wirklich umzusetzen. Es ist wichtig zu verstehen, dass finanziell frei zu werden nicht unbedingt bedeutet, dass man eine Menge Geld verdienen muss. Es geht vielmehr darum, wie viel Geld am Ende des Monats übrig bleibt, wenn du alle Einkommen addierst, und davon deine regulären Ausgaben abziehst. Bleibt hier etwas übrig, dann bist du finanziell frei. Wenn nichts übrig bleibt, befindest du dich in der Gruppe der anderen 99% der Leute, die es auch noch nicht sind. Die meisten Leute schaffen die "finanzielle Freiheit" erst mit der Pension, doch mit harter, schlauer Arbeit kann man das binnen 10 Jahren oder sogar noch schneller erreichen. Wenn das derzeit nicht dein Ziel ist, dann lass mich noch einmal betonen, wie wichtig das ist, denn es erlaubt dir dein Leben so zu leben wie du willst, ohne dir Sorgen um Geld machen zu müssen. Ich behaupte nicht, dass du dadurch zu 100% glücklich wirst, lediglich dass du die

Dinge machen kannst, die dir hoffentlich Spaß machen. Dabei ist es ganz egal, ob es sich darum handelt in deiner Arbeit zu bleiben, Spenden gibst, Briefmarken sammelst oder mit deinen Liebsten Menschen um dich herum auf eine Weltreise gehst. Mit Geld kannst du dir kein Glück kaufen, doch es gibt dir Optionen und wenn du diese klug nutzt, kannst du sehr glücklich und zufrieden werden.

Als allererstes möchte ich dir einen Tipp zur Kontrolle deiner Ausgaben geben. Man muss diese so weit wie möglich senken, denn nur so kann man das übrig gebliebene Geld in die verschiedenen Einkommensmöglichkeiten investieren, die ich in diesem Kapitel beschreiben werde. Bereits in meiner Spar-Geschichte (Geschichte 6) habe ich beschrieben, wie ich am Anfang jedes Monats so viel Geld wie möglich auf die Seite legen versuche. Zu Beginn waren das lediglich 10%, doch mit der Zeit versuchte ich Schritt für Schritt mehr in diesen Topf zu bekommen. Heute versuche ich sogar 50% von allem eingehenden Geld zur Seite zu legen um es in skalierbare Einkommensarten zu investieren. Dies funktioniert nicht immer und bedeutet auch manchmal, dass ich keine Cafés besuchen kann oder ein Abendessen absagen muss. Das klingt geizig, jedoch ist mir die finanzielle Unabhängigkeit sehr wichtig und deshalb bin ich gerne dazu bereit kurzfristige Opfer zu bringen. Lies Geschichte Nr. 6 erneut, um dir das noch einmal ins Gedächtnis zu rufen. Um Ausgaben zu minimieren kannst du auch unnötige Kreditzahlungen minimieren. Im Allgemeinen sind Kreditkartenschulden, Konsumentenkredite oder andere Verbraucherschulden generell mit einem extrem hohen Zins versehen. Diese Kosten können schnell zu einer Schuldenfalle werden und daher lohnt es sich, solche Kredite so schnell wie möglich abzuzahlen. Erinnerst du dich, als ich nach meiner Brasilienreise fast bankrott ging und einen Kredit aufnehmen musste, um diesen Verlust zu decken? Ich bezahlte diesen Kredit so schnell wie möglich ab und vermied dadurch hohe Zinsen zu zahlen und unnötige Kosten zu generieren. Der Trick einen Kredit abzubezahlen ist der gleiche wie eine große Mahlzeit zu essen: Stück für Stück. Das bedeutet, dass wenn du zum Beispiel EUR 10.000 Schulden hast, nicht zu warten, bis du die gesamte Summe angespart hast, sondern zahle monatlich eine kleine Summe vom Kredit sofort ab. So verringerst du die Zinslast und siehst auch sofortige Erfolge. Wenn ich das damals geschafft habe, kannst du es wahrscheinlich 10x schneller. Vergiss nicht, finanziell unabhängig zu sein bedeutet, dass dein Einkommen aus skalierbaren Quellen höher als deine gesamten Ausgaben sind. Wenn du also deine Ausgaben nicht unter Kontrolle bekommst, kannst du noch ein so hohes Einkommen haben, du wirst es nie schaffen. Ich habe einen Freund zum Beispiel, der EUR 2.000 pro Monat aus Mieteinnahmen verdient. Er schafft es jedoch nicht seine Ausgaben darunter zu halten, und muss so unglaublicher Weise immer noch in einem regulären Job arbeiten, der wie er beschreibt, ihn extrem unglücklich macht. Ich kapier seine Hintergründe dafür nicht, denn wenn er einfach ein paar Mal ein paar Einschränkungen was seine Luxusausgaben anginge machen würde, könnte er seinen Job sofort kündigen. Jedem das, was er/sie will.

Nach der wichtigen Ausgabenreduzierung komme ich nun zum aufregenden Teil: Die Einkommensmaximierung. In der Cashflow-Geschichte im Kapitel 17 habe ich ein paar wichtige Grundkonzepte angesprochen, geh diese nochmal durch, wenn du sie noch einmal auffrischen willst. Außerdem erkläre ich dir meine persönlichen Erfahrungen, diese sind auf keinen Fall als Investmentempfehlungen zu sehen. Vielmehr sollen sie dir zeigen, was möglich ist, wenn man rationale Investmententscheidungen mit klaren Regeln und Strategien trifft. Von anderen erfolgreichen Menschen, Seminaren und Workshops hatte ich gelernt, dass alle Möglichkeiten um aus den vier Cashflow Quadranten Geld zu verdienen, in sieben Einkommensarten eingeteilt werden können:

Einkommensart 1 ist die einzig aktive, indem man Zeit gegen Geld tauscht und entspricht somit der linken Seite des Cashflow Quadranten (**A** und **S** Quadranten) – alle anderen sechs Einkommen werden auf der rechten Seite und demnach skalierbar sein. Bis zum Alter von 24 Jahren kamen 100% meines Einkommens aus dieser Einkommensart. Damals benutzte ich so viel Geld vom Kitesurfen wie möglich, um es in andere skalierbare Einkommen zu investieren. Heute kann ich mir dadurch erlauben, dass Einkommen 1 nur noch ein äußerst kleiner Prozentsatz ist. Es kommt hauptsächlich aus den Persönlichkeitstrainings, Coachings und öffentlichen Auftritten. Ich brauchte fast fünf Jahre dafür und dies kann jeder schaffen, der bereit ist Opfer zu bringen und harte Arbeit zu leisten. So lange du deine Ausgaben im Auge behältst und das Geld aus der Einkommensart 1 in die anderen Einkommensarten investiert bist du auf einem guten Weg dies zu schaffen.

Einkommensart 2 ist das Zins-Einkommen. Es ist das erste von vier Einkommen aus dem Investor Quadranten und ist dasjenige skalierbare Einkommen, das die meisten von uns kennen und wahrscheinlich auch nutzen – meist leider (noch) nicht all zu gut. Als ich noch jünger war, war dies das einzige mögliche Investment für Minderjährigere und ich lernte rasch die Macht der Zinsen und Zinseszinsen. Damals waren diese noch ziemlich hoch, doch heute sind sie fast bei null. Ein tagesfälliges Sparkonto, wo du somit dein Geld immer verfügbar hast, ist trotz des niedrigen Zinses sehr wichtig, weil man hier je nach Risikotoleranz drei bis sechs Monatsausgaben als Notgroschen liegen haben sollte. Eine Monatsausgabe sollte man sogar bar zuhause haben, für den Fall, das etwas passiert und man keinen sofortigen Zugriff auf sein Geld auf der Bank haben sollte. Dieser Notgroschen gibt einem den Seelenfrieden immer einen Notpolster zu haben, man muss jedoch im Gegenzug akzeptieren wenig bis keine Zinsen dafür zu bekommen. Beim Online Banking bieten viele Banken jedoch faire, attraktive Konditionen, weshalb es sich lohnt gerade in Zeiten des Internets, zu vergleichen.

Als ich in Venezuela Kitesurfen war, lernte ich dort einen Investor einer Peer-to-Peer Kreditplattform, kurz P2P genannt,

aus den USA kennen. Dieses Programm erlaubt Investoren
mit relativ geringem Risiko einen doch attraktiven Zins zu
erzielen. Das Konzept ist denkbar einfach und für praktisch
jeden nutzbar. Man sollte es nicht als Notgroschen nutzen,
doch gerade als relativ sichere und unabhängig von Aktien
und Immobilien, ist diese Zinsvariante hoch interessant.
Anstatt einer Bank verleiht man sein Geld direkt an Personen,
teilt dieses jedoch auf mehrere Personen auf, um so Risiko zu
streuen. Zum Beispiel leiht man EUR 1.000 an 100 Personen
von denen jeder EUR 10 bekommt. Andere Kreditgeber
machen dies über diese P2P Plattform ebenfalls und so erhält
jeder Kreditnehmer zum Beispiel EUR 1.000, aber eben nicht
von einer einzelnen Person, sondern beispielsweise von 100
verschiedenen. Der Kreditnehmer bezahlt den Kreditgebern
faire Zinsen in Relation zum Risiko. Da dieses auf die gesamte
Gruppe verteilt wird sind dadurch nie die gesamten EUR
1.000 gefährdet. Diese P2P Kreditplattformen werden auf der
ganzen Welt immer beliebter, da so höhere Zinsen erreicht
werden, da Banken außen vor gelassen werden. Ich benutze
zur Zeit zwei Firmen, eine hier in Europa und eine in Hong
Kong. Aus diesen bekomme ich fast 20% Rendite pro Jahr
und das mit einem akzeptablen Risiko – das ist in Zinszeiten
wie diesen exzellent. Natürlich kann man das Risiko bei P2P
Plattformen nie mit dem relativ sicheren Geld auf einem
Banksparkonto vergleichen. Am besten ist es die Beträge von
zum Beispiel EUR 50 oder 100 gleichmäßig jeden Monat zu
investieren, da du dir so ein tolles Nebeneinkommen aufbauen
kannst. Nach einem Jahr hast du zum Beispiel EUR 1.000
zusammengesammelt und verdienst knapp EUR 200 pro Jahr
an skalierbarem Einkommen, welches du dann entweder
weiter reinvestierst oder als Einkommen verwendest.

Vorsicht: Bei allen finanziellen Geschäften gibt es immer
ein Risiko. Führe deshalb deine eigenen Nachforschungen
durch, verlass dich nie auf das Wort anderer inklusive mir.
Ich gebe dir keine Anweisungen, sondern berichte lediglich
davon was ich persönlich nutze. Denke an meine Brasilien-

Geschichte: Investiere niemals in etwas ohne genau zu wissen, was du tust!

Einkommensart 3 sind Dividenden. Das erste Mal, dass ich von Dividenden las war in dem Buch von J.D. Rockefeller, der sagte: "Weißt du, was das einzige ist, was mir wirklich Freude bereitet? Es sind die Dividenden, die ich verdiene!" Da das von einem der reichsten Männer stammt der je gelebt hat, wollte ich schon damals mehr über Dividenden wissen. Die Details dazu lernte ich dann in demselben Seminar, über welches ich in Geschichte 21 erzählte. Dividenden werden von Firmen an deren Inhaber bezahlt. Sie stellen also einen Teil des Unternehmensgewinns dar und ist dadurch relativ gut kalkulier- und vorhersehbar. Der einfachste Weg einen solchen Teil einer Firma zu besitzen ist Aktien zu kaufen. Jetzt denkst du vielleicht "Auf keinen Fall, Aktien sind viel zu riskant und auch du, Julian, hast viel Geld im 2008er Börsencrash verloren!" Das stimmt, denn damals hatte ich ohne irgendeinen Plan mit Aktienoptionen spekuliert. Man kann sein Risiko enorm minimieren, indem man zumindest ein bisschen über Aktienhandel Bescheid weiß. Die meisten kaufen Aktien, um auf eine Wertsteigerung zu hoffen, heißt diese irgendwann teurer zu verkaufen als sie diese gekauft haben. Auch ich hatte Aktien so gekauft, doch das ist reinstes Zocken, denn niemand weiß, ob Aktien steigen oder fallen. Es ist daher das Beste direkt auf Unternehmensgewinne zu spekulieren und dies wiederum funktioniert am besten mit Dividenden. Am besten sucht man sich eine Firma mit einer langen Historie an Dividendenzahlungen. Manche Firmen erhöhen diese Dividenden über die Zeit, was sogar noch besser ist. Es gibt eine Liste an Aktien, welche die "Dividenden Aristokraten Liste" genannt wird – du kannst diese ganz einfach im Internet einsehen. Hier erfüllen Firmen sehr strenge Dividendenkriterien und ich persönlich liebe es Aktien von Firmen, die auf dieser Liste stehen, zu kaufen. Mir ist es egal, ob der Preis dieser Aktie danach nach oben oder unten geht, denn ich habe "Freude an den Dividenden, welche ich verdiene." Aktien mit Dividendenzahlungen sind recht gut vorhersehbar, da diese Firmen ihre Dividendenzahlungen bereits im Vorhinein fixieren. Das mag vielleicht für regelmäßige Aktienhändler kein langer Zeitpunkt sein, hilft jedoch dem "Normalverbraucher" sein Portfolio besser zu planen ohne sich stundenlang damit beschäftigen zu müssen. Wenn du noch nie Aktien gekauft hast, dann renne NICHT blind los, sondern informiere dich ausgiebig davor. Den oben notierten Disclaimer sollte ich nochmals hier her schreiben, doch ich hoffe, du hast die Investmentgrundkonzepte mittlerweile verstanden. Du kannst auch hier jeden Monat EUR 100 oder 200 regelmäßig investieren und so eine schöne Summe über die Zeit aufbauen. Meiner Meinung nach funktioniert dies am besten über sogenannte ETFs, was eine Kombination an bestimmten Aktien ist. Man kauf einen ETF, erhält aber gleichzeitig eine Vielzahl an Aktien, was automatisch das Risiko streut. Ich nutze zum Beispiel den amerikanischen ETF SDY, welcher die größten Firmen mit Dividendenzahlungen von dort zusammenfasst. Die Börse hat einen großen Nachteil: Zu viel Lärm um nichts, wenn jeden Tag die nächste vermeintliche Horrormeldung im Fernsehen gemeldet wird. Denke also immer an Warren Buffets Worte, welcher der erfolgreichste Investor aller Zeiten ist: "Sei gierig wenn andere Angst haben, aber ängstlich, wenn andere gierig sind!" Erfreue dich also an den Dividenden und spekuliere nicht auf Gewinnsteigerungen. Dann kann es dir nämlich egal sein, ob die Börse mal hoch oder mal runter geht. Solange eine Aktie oder ETF Dividenden bezahlt, behältst du sie (verkaufe sie, wenn sie die Dividendenzahlungen aussetzt). Ein guter Freund von mir nutzt diese Strategie bis heute noch nicht und erzählt mir immer wieder, wie viel Geld er gerade durch die letzte Gewinnsteigerung bei einer Aktie gemacht hat. Das klingt immer toll, und verleitet einen oft ebenfalls zu spekulieren, doch seine Unterfangen gehen zwei oder drei Mal gut, und dann erfahre ich, wie eine Aktie ihm wieder sein ganzes Geld genommen hat und er, wie ich damals nach Brasilien, von null anfangen muss. Sei also schlau und investiere rational.

Vorsicht: Ich bin KEIN Investmentberater. Aus reiner Vorsichtsmaßnahme und möglichem (wenn auch aufgrund des extrem hohen Handelsvolumen vernachlässigbarem) Interessenskonflikt möchte ich jedoch noch einmal betonen, dass ich selber in den ETF SDY, der hier genannt wird, investiert bin.

Einkommensart 4 ist das Einkommen aus "Kaufen und Verkaufen". Es ist eines der machtvollsten Investmenteinkommen, die es gibt, da es in vielen Fällen extrem skalierbar und mit hohen Gewinnen behaftet ist, solange man sich an die Regeln hält. Denk nur mal daran, wie viel Geld im Import-Export-Geschäft gemacht wird. Genau das ist im Prinzip Einkauf-Verkauf. Bitte schau dir unbedingt noch einmal die Spar- und Brasilien-Geschichte an bevor du denkst, hier Geld verdienen zu wollen, denn gerade mit den Lektionen dort ist eigentlich alles zum Einkauf/Verkauf gesagt. Es gilt immer, ein Experte zu sein in dem Feld in dem du agieren willst und musst das Geld bereits beim "Kaufen" verdient haben. Du kannst einfach nie wissen, dass etwas im Preis nach oben steigt, schon gar nicht, wenn du dich nicht wirklich darin gut auskennst. Egal ob es um Wein, Briefmarken, Schuhe, Bitcoins, Diamanten, Münzen, Aktien, Immobilien, usw. geht. Deshalb liegt der Fokus in den anderen Einkommensarten auch immer auf reguläre Einnahmen und nicht auf der Wertsteigerung, da ich mich keinesfalls im Stande sehe Aktien oder Immobilien so zu beurteilen, um vorherzusagen was steigt und was nicht. In meinem Leben habe ich mit Basketballausrüstungen, Flügen und Kites gehandelt und immer gutes Geld verdient. Alles andere kaufe ich nur, wenn ich auch regelmäßige Ausschüttungen bekomme. Es gibt eine Ausnahme für mich: Gold und Silber. Ich kaufe mir immer wieder eine Gold- oder Silbermünze, wenn der Goldpreis gerade niedrig ist. Dies sehe ich nicht als Anlage, sondern rein als historischen Inflationsschutz und auch, weil ich mich immer ein bisschen wie Dagobert Duck fühle, wenn ich die Münzen in meinen Händen halte. ☺ Ansonsten, mach es wie die Reichen: Kaufe nur Dinge, bei denen du dich zu 100% auskennst und einen mehr als guten Preis bekommst. Du musst deine eigene Nische finden, sie studieren und deine Einkommensart 4 erfolgreich aufbauen.

Einkommensart 5 sind Immobilien, welche einer meiner Lieblings-Einkommen darstellen. Sie sind jedoch relativ zeitaufwändig und ohne meinen Vater, der mich sehr dabei unterstützt Immobilien zu bewerten und zu restaurieren, könnte ich es auch gar nicht tun. Genau wie bei Einkommensart 4 beschrieben, kaufe ich keine Immobilien in der Hoffnung auf eine Wertsteigerung, sondern rein wegen des Mieteinkommens. Meine ersten Immobilien befanden sich genau da wo ich aufgewachsen bin, weil ich mich dort gut auskannte. Das kann ich nur weiterempfehlen. Desweiteren macht es gerade hier Sinn viel zu lesen und dich zu informieren. Immobilien haben viel mit Erfahrung zu tun. Grundsätzlich wäre es spitze, wenn dein Pensionseinkommen aus Dividenden und Mieteinnahmen bestehen würde, da diese extrem stabil und vorhersehbar sind. Umso früher du also mit dem Aufbau deines Einkommens beginnst, desto besser arbeitet der Zinseszins für dich. Es hat einen Grund warum die Reichen ihr Geld in Immobilien investieren. Genau deshalb solltest du das auch.

Eine der Fähigkeiten, die ich in den letzten Jahren gelernt habe solltest du auch lernen, denn sie wird dir auch mit wenig Geld helfen, das Investmenteinkommen zu nutzen: Die Fähigkeit Gelder von Investoren für solche Investments aufzustellen. Stell dir vor, du kaufst Wohnungen für EUR 1 Million ohne dein eigenes Geld zu benutzen, weil du das Geld anderer Leute verwenden kannst. Du bringst dafür die Arbeit und Zeit mit an den Tisch. Den Gewinn teilt ihr euch dann fair und so haben die Investoren einen interessanten Profit bei ihrem Investment und du ein skalierbares Einkommen ohne eigenes Kapital verwendet zu haben. Große Investoren nutzen dieses Konzept ständig, doch man kann schon im Kleinen damit anfangen. Um die bisherigen Einkommensarten kurz zusammen zu fassen: Einkommensart 1 basiert auf Zeit (je länger du arbeitest, desto mehr verdienst du), während Einkommen 2 bis 5 auf der Menge des Geldes basieren, das du "zur Arbeit schickst". Die letzten zwei Einkommen 6 und 7 entstammen dem B-Quadranten und basieren darauf, wie viel Wert du mit einem Produkt oder Service an wie viele Menschen vermitteln kannst. Es ist auch dieser Quadrant, den so ziemlich jeder Milliardär für seinen Reichtum genutzt hat. In Kapitel 23 habe ich diesen Quadranten bereits besprochen und so möchte ich nur noch ein paar Kernaussagen hier erneut aufzeigen.

Einkommensart 6 sind Lizenzen, Patente und Honorare, die zum Beispiel Erfinder, Autoren, Sänger oder Musiker erhalten. In diese Kategorie fällt auch mein Kitesurfbuch "Kite-Tricktionary". Berühmte Sänger oder Autoren verdienen deshalb so viel Geld, weil sie ein Netzwerk von Verlegern und Distributionen für den Vertrieb ihrer Produkte und Dienstleistungen nutzen. Gerade mit den heutigen Medien und Technologien ist dieses Einkommen einfacher denn je zu erreichen. Möchtest du von diesem Einkommen profitieren? Dann überlege dir ein Thema worüber du schreiben möchtest, so wie bei mir damals das Kitesurfen. Jeder hat die Möglichkeit es tun, doch es geht darum es tatsächlich auch zu tun. Das Buch zu beenden ist 10% der Arbeit, denn dann fängt der schwierige Teil an: Vermarktung. Egal, ob du ein Sänger, Maler oder Erfinder bist: Leute müssen von deinem Talent wissen. Nutze also Social Media oder was dir sonst einfällt, um bekannt zu werden. Die Einkommensart 6 ist ein extrem einfaches und doch machtvolles Einkommen, solange du gewillt bist hart zu arbeiten und ein gutes "Produkt" für die Welt da draußen hast. Also nutze es!

Einkommensart 7 ist das machtvollste Einkommen von allen, denn es ist ein Unternehmen mit "innerem Wert" zu gründen. Es ist das Einkommen, das Menschen wie Elon Musk oder Mark Zuckerberg erlaubt, Milliardäre zu werden ohne wirklich am Anfang Geld gehabt zu haben. Wenn du dein eigenes erfolgreiches Unternehmen starten willst, musst du drei Fähigkeiten lernen: Erstens musst du lernen wie man Geld auftreibt. Selbst wenn du schon ein Millionär bist, musst du andere Menschen davon überzeugen in dein Unternehmen zu investieren, damit es noch schneller wachsen kann. Zweitens, musst du lernen wie man andere großartige und talentierte Menschen anzieht. Du bist vielleicht ein Genie, doch du kannst nicht alles selbst erledigen und dein Unternehmen wird nur so stark sein wie sein schwächstes Glied. Steve Jobs, der ein großartiger Unternehmer und Vermarkter war, schaffte es Steve Wozniak als seinen Ingenieur und Jony Ive als seinen Designer zu haben. Ohne sie hätte er Apple nie so großartig machen können. Das sind nur ein paar Beispiele über die Wichtigkeit dieser Fähigkeiten. Die dritte Fähigkeit ist, dass du der am härtesten arbeitende Mensch bist den du kennst und zudem nie aufgibst. Sein eigenes Unternehmen zu gründen ist schwierig und nur diejenigen, die nie aufhören zu kämpfen, werden erfolgreich sein. Nach diesem Buch wird genau diese Einkommensart 7 mein Hauptfokus sein. Es wird mich 100 Stunden pro Woche kosten und ich werde nicht sofort dafür bezahlt werden. Doch mit harter Arbeit werde ich es schaffen und erfolgreich werden.

Wer EUR 1 Million im Jahr verdienen will, muss EUR 2.740 am Tag oder EUR 115 in der Stunde verdienen. Um Steve Jobs zu zitieren: "Bleib hungrig. Bleib verrückt!" Bald bin ich 30 Jahre alt und eines meiner Ziele war es vor meinem 30. Geburtstag Millionär zu sein. Weit bin ich davon nicht mehr weg, obwohl ich noch vor 6 Jahren fast bankrott war. Wenn ich das schaffe, kann es jeder schaffen. Vergiss jedoch bei all dem Kapitalismus nicht, dass es im Leben um einen tieferen Sinn geht. Wenn du nämlich irgendwann einmal, hoffentlich in der sehr entfernten Zukunft, auf deinem Sterbebett liegst, wird es dir schei$egal sein, wie viel Geld du wirklich hast. Das einzige was dich kümmern wird sind die Leute, die du positiv beeinflusst hast und die Spur, die du im Universum hinterlassen wirst. Verschwende deine Zeit also nicht damit Geld hinterher zu laufen, sondern benutze es, um so schnell wie möglich ein Residualeinkommen aufzubauen, damit du dich um die wichtigen Dinge im Leben kümmern kannst. Nimm dafür die drei wichtigsten **Lektionen aus diesem Kapitel mit: Erstens**, komm so schnell es geht weg davon, Geld gegen Zeit zu tauschen. Du musst die Denkweise entwickeln, dass deine Zeit dein wertvollstes Kapital ist. **Lektion zwei ist es, die sieben Einkommen** zu nutzen und Geld aus Geld oder aus Wert zu generieren. Wahrscheinlich dauert es eine ganze Weile bis du dies meisterst, doch wenn du es geschafft hast, wirst du dein Leben dominieren! **Die dritte Lektion ist es nach einem tieferen Sinn in deinem Leben** zu suchen, etwas dass dich jeden Morgen motiviert aufstehen lässt. Habe große Träume und setz dir Ziele, denn du musst wissen wohin du gehst, andernfalls "verläufst" du dich.

Ich hoffe, diese 25 Geschichten haben dir ein paar wertvolle Lektionen mitgegeben, die dir helfen werden nach vorne zu sehen und deine Zukunft aufzubauen. Mein Wunsch ist, dass wer immer dieses Buch liest, motiviert ist, genauso zu wachsen, wie ich es auch tat und noch immer tue. Wenn ich es tun kann, dann kannst du es auch. **Mein letzter Aufruf zum Tun ist folgender:** Wenn du dieses Buch hilfreich gefunden hast, würde ich mir sehr über dein Feedback auf Amazon freuen oder wo auch immer du dieses Buch gekauft hast. Ich würde mich auch über eine persönliche Nachricht von dir freuen, welche Geschichte dir am besten gefällt oder dich am meisten inspiriert hat. Außerdem würde es mich freuen, wenn du ein oder zwei Personen in deinem Umkreis davon erzählen würdest und ihnen vielleicht besonders von der einen oder anderen Geschichten erzählst, warum dieses Buch auch relevant für sie sein könnte. Je mehr du anderen gibst, desto mehr bekommst du zurück. Hilf mir die Welt zu einem besseren Ort zu machen – lass uns gemeinsam daran arbeiten. Ich danke dir für die gemeinsame Reise und freue mich, dich online oder offline einmal persönlich zu treffen.

NOTIZEN

WAS KOMMT ALS NÄCHSTES?

*"Bei jeder Entscheidung ist das Beste, was du tun kannst,
das Richtige. Das Schlechteste wäre nichts zu tun." –
Theodore Roosevelt*

Anfang 2015 begann ich dieses Buch zu schreiben, als ich im Urlaub in Phuket, Thailand darüber nachdachte, was ich alles meinem jüngeren Ich und damit auch der Welt zurückgeben möchte: So entstand ein Werkzeug mit 75 wertvollen Lektionen verpackt in insgesamt 25 Geschichten. Zuerst verfasste und veröffentlichte ich die englische Version. Jetzt, als ich dieses Kapitel auf Deutsch schreibe, ist es genau ein Jahr her und wieder der Beginn eines neuen Jahres. Während ich schrieb, fragten mich viele Menschen wie ich es veröffentlichen werde oder wer überhaupt ein solches Buch kaufen würde. Es war oft das Sicherheitsdenken, das sie selbst davon abhielt ein solches Projekt zu starten. Doch ich hatte "Ja" gesagt und arbeitete die Details erst unterwegs aus. Obwohl ich mit dem Schreiben nun fertig bin, stehen viele der nächsten Schritte noch in den Sternen: Drucken, Produktion, Marketing? Vielleicht denkst du, ich sei verrückt ein Buch zu veröffentlichen ohne einen ganz klaren Plan bis ans Ende zu haben und ich gebe zu, du magst Recht haben. Doch ich hatte mir zum klaren Ziel gesetzt, das englische Buch bis Ende 2015 und das deutsche Buch Anfang 2016 zu veröffentlichen. Da du dieses Buch jetzt entweder in deinen Händen hältst, als eBook liest oder als Audioversion hörst, wirst du feststellen, dass ich mein Ziel umgesetzt habe, auch wenn mir der genaue Weg beim Schreiben noch nicht klar war.

Es war in Anbetracht der eigenen Erinnerungen und Lektionen eine unglaubliche Reise. Als ich schrieb, flog ich manchmal in der Economy Klasse von Bangkok nach Chiang

Mai und andere Male war es auf einem Flug in der Business Klasse Flug von Zürich nach Hong Kong. All dies prägte mein Schreiben und so ließ ich es in die jeweils passenden Kapitel einfließen. Auf einer Reise nach Europa hatte ich ein paar melancholische Gedanken, dann schrieb ich die Brasilien-Geschichte. Andere Male kam ich gerade von einem Basketballspiel oder vom Kitesurfen nach Hause und machte mich an die freudigen Kapitel. Autoren schildern, dass man durch das Schreiben sich selbst findet. Ich muss zugeben, dass es fast wie Meditation ist, wenn man auf die Tastatur tippt und die eigenen Gedanken als Worte auf dem Bildschirm erscheinen. Rückblickend waren die ersten paar Kapitel einfacher zu schreiben, da ich natürlich extrem motiviert war, als ich damit anfing. Wie mit allem wurde es nach einer Weile zur Routine und die Aufregung ließ nach. Ich begann darüber nachzudenken den Titel zu "10 Geschichten für mein jüngeres Ich" zu ändern und fand sofort unzählige Ausreden, warum zehn Geschichten ausreichend wären. Da ich ein ziemlich langsamer Schreiber bin, war es viel, wenn ich zwei Seiten am Tag schaffte. Was war also die Lösung? Ich "verbrannte meine Boote". Ich erzählte allen Leuten um mich herum, dass ich 25 Geschichten schreiben würde. Damit wussten sie es und ich konnte es nicht abkürzen. Wir haben alle ähnliche Probleme – der Unterschied liegt nur darin, wie wir damit umgehen. Ich bin kein Naturtalent, doch ich lernte wie ich meine Hindernisse überwinden konnte und habe diese Tricks in diesem Buch an dich weitergegeben. Sogar jetzt wollte ich es beim E-Book belassen und mir die Arbeit des Taschenbuchs oder Hörbuchs ersparen. Rate mal, was ich daher in weiser Voraussicht schon getan habe? Ich habe meine Freunde bereits wissen lassen, dass sie es im Taschenbuchformat lesen oder im Audiobuchformat hören können werden. Immer benutzte ich den gleichen Trick, da er funktioniert. Jedes Mal weiß ich, dass ich wahrscheinlich versuchen werde einen Rückzieher zu machen, also muss ich Vorsorgemaßnahmen ergreifen. Sobald ich es anderen erzählt habe, setze ich mich selbst genug unter Druck, dass ich es durchziehe. Für dich mag etwas ganz anderes funktionieren und was immer es ist, benutze es, um auch etwas durchzuziehen. Das heutige Unternehmensumfeld mit Social Media und den tollen Möglichkeiten Online ein Unternehmen zu starten, erlaubt jedem ein Unternehmen für nur ein paar hundert Euro zu beginnen. Dieses wiederum hat dann das Potential buchstäblich Millionen an Euro zu verdienen. Wer das nicht nutzt, ist selbst schuld.

Wenn du dieses Buch von Anfang an gelesen hast, müsstest du jetzt deine langfristigen, mittelfristigen und kurzfristigen Ziele aufgestellt haben. Du solltest eine tägliche TO-DO-Liste geschrieben und eine gute Tagesroutine begonnen haben. Du verstehst die mentalen Einstellungen, welche zu Erfolg führen und wie du rational mit Geld umgehst. Egal ob du reich oder arm bist, einen Uniabschluss hast oder nicht, du berühmt bist oder nicht - all diese Schritte können von einem jeden der will umgesetzt werden. Menschen werden nicht erfolgreich wegen der großen Hilfe, die sie in ihrem Leben erhalten, sondern deshalb weil sie ein klares Motiv haben, etwas zu verfolgen und mit dem Rücken an der Wand stehen. Vielleicht ist das auch was du brauchst, um keine Ausreden mehr zu haben: Einen klaren Grund, warum du dich weiterentwickeln willst. Stell dir vor, wie toll es sein wird, wenn du finanziell unabhängig bist oder du frei wählen kannst, wohin und wann immer du reisen willst. Welchen anderen Personen oder Menschen wolltest du schon immer beweisen, dass mehr in dir steckt, als sie je geglaubt haben? Alle diese Faktoren sollten dich basierend auf den Lektionen dieser 25 Geschichten motivieren ins Tun zu kommen. Auch ich lese sie mir immer und immer wieder selbst durch, wenn ich Selbstzweifel habe. 2016 wird ein kraftvolles Jahr und wenn du dir Ziele setzt, vergiss nicht, sie riesig zu machen – es kostet die gleiche Energie wie ein kleines Ziel oder ein kleiner Traum – mach diese also gleich groß!

Menschen lesen oft Erfolgsgeschichten und Bücher die sich hauptsächlich auf die derzeitigen bzw. finalen Errungenschaften beziehen. Meist sind die Leser selbst jedoch erst noch bei ihren ersten Schritten einer langen Reise. Ich weiß wie es ist, wenn man gegen seine Familie, Freunde oder heute auch Social Media geht, welche dir einreden versuchen, dass du es nicht schaffen wirst und lieber auf deinem bisherigen Weg bleiben sollst. Am schwierigsten ist es sich gegen einen Ratschlag von Menschen zu entscheiden, die einen beschützen wollen und es gut mit einem meinen. Mein größtes Ziel in diesem Buch war es dir zu zeigen, dass ich ein durchschnittliches Kind ohne spezielle Voraussetzungen war. Der einzige Unterscheid ist, dass ich stets den "weniger oft begangenen Weg" wähle, um so außergewöhnliche Ergebnisse zu erzielen. Viele Menschen gehen lieber den "gewohnten Weg" und werden keine solchen Entscheidungen treffen. Ich hoffe, dass meine Geschichten genau diese Menschen dazu inspirieren auch etwas anderes zu probieren und Neues zu wagen, weil sie eben nicht die einzigen sind, die gegen den Strom schwimmen und so manche der Lektionen vorab erfahren werden. Vielleicht überlegst du gerade etwas Neues zu beginnen oder du hast bereits den ersten Schritt in ein neues Unterfangen unternommen. Doch durch diese Furcht, was andere über dich denken werden, bleibst du wie gelähmt stehen. Denk daran: es geht nicht darum, was andere von dir denken. Menschen haben sowieso eine Meinung über dich. Die einzige Angst vor der du Angst haben solltest, ist Angst selbst - vergiss das nie! Es gibt keinen anderen Weg diese Ängste zu überwinden, außer zu akzeptieren, dass sie existieren, und trotzdem weiterzumachen. Ich weiß, dass es schwer ist, denn ich erlebe es jeden einzelnen Tag. Wie alles andere Schwere wird dies dir auch tolle Resultate bringen. Werden Bettina und ich 2016 in Hong Kong bleiben? Ich weiß es noch nicht. Bettina und ich werden dahin gehen, wo uns die größten Möglichkeiten erwarten. Wir haben beide keine Angst etwas Neues auszuprobieren. Ja, wir werden vielleicht versagen, doch mit jedem Versagen lernen wir eine Lektion. Und genau diese Lektion wird unser Wissen und unsere Fähigkeiten für neue Projekte in der Zukunft stärken und fördern. Das ist der Zyklus in welchem wir alle lernen.

Hiermit möchte ich mich noch einmal bei allen Menschen bedanken, die dieses Buch möglich gemacht haben, denn ohne sie wäre es mir nie gelungen dieses Projekt zu kreieren, um anderen die Augen zu öffnen:

- Am allermeisten möchte ich mich bei meiner Partnerin Bettina bedanken. Sie kümmerte sich um alles, was es benötigte, um dieses Buch zu veröffentlichen. Egal ob es um die Logistik, Übersetzung, das Korrekturlesen oder die Kommunikation ging.
- Patricia Zinnecker fürs Korrekturlesen
- Nada Orlic für das Cover, das Layout und den Gesamtstil
- Ash Wiggins für die Hörbuchversion
- Bei all den Menschen, die mir Feedback zum Titel, Cover und Inhalt gaben. Es sind so viele, dass ich gar nicht alle beim Namen nennen kann.

Gerne kannst du mich auf Social Media kontaktieren, ich würde mich freuen zu wissen, was dir am besten am Buch gefallen hat. Hättest du gerne etwas mehr über etwas Bestimmtes erfahren? Ich würde gerne DEINE Erfolgsgeschichte lesen oder hören, nachdem du diese 25 Geschichten gelesen hast – nichts würde mich glücklicher machen, als zu hören wie dir dieses Buch geholfen hat. Wenn du mich persönlich treffen willst, findest du mich entweder beim Kitesurfen, beim Basketballspielen oder bei meinem nächsten Unternehmen in Shorts und T-Shirt, um die Welt zu verändern und meine Spur im Universum zu hinterlassen.

Wissen ohne Handeln ist das Gleiche wie das Wissen erst gar nicht zu besitzen.

Cheers,

Dr. Julian Hosp

Über den Autor

Dr. Julian Hosp wurde 1986 in Österreich geboren. Mit 16 zog er nach Amerika und spielte danach Profibasketball in Österreich. Anschließend wurde er für 10 Jahre Profikitesurfer und bereiste die Welt. Hier schrieb er sein erstes Buch "Kitesurfing Tricktionary". Das Medizinstudium absolvierte er an der Universität Innsbruck im Jahr 2011, entschloss sich danach jedoch Unternehmer zu werden und nicht als Arzt zu arbeiten. Rückblickend beschreibt er diese Entscheidung als eine der schwersten seines Lebens, da er deshalb enormen Druck von seinem Umfeld bekam. Im Jahr 2012 zog Julian, zusammen mit seiner Partnerin Bettina, nach Hong Kong, um seine Unternehmen online und offline in Asien zu erweitern. Heute ist er nicht nur ein erfolgreicher Autor und Unternehmer, sondern auch ein gefragter Speaker, Trainer und Coach für Individuen und Firmen weltweit.

Sein Lebensmotto ist "Gib immer 100%, egal ob im Privat- oder Geschäftsleben.

Heute lebt Julian in Hong Kong und wenn er nicht gerade mit seinen neuesten Ideen die Welt verändern will, spielt er Basketball oder rockt die Wellen beim Kitesurfen.

Die besten Wege Julian zu kontaktieren sind:

www.25geschichten.de
www.facebook.com/25stories
www.twitter.com/25_stories
www.instagram.com/25stories

WELLARD ASYLUM SERIES

ASYLUM

J.S. CANNON

CONTENTS

The cruelest thing of all is false hope...
SISTER JUDE - AHS

For all the tortured souls...
May you find your vengeance and peace.

WHAT YOU NEED TO KNOW

Please visit the link or scan the QR code below for a full list of tropes and trigger warnings. linktr.ee/jscannon